Arnulf Baring

Es lebe die Republik,
es lebe Deutschland!

Arnulf Baring

Es lebe die Republik, es lebe Deutschland!

Stationen demokratischer Erneuerung
1949 – 1999

Deutsche Verlags-Anstalt   Stuttgart

Die Deutsche Bibliothek – CIP-Einheitsaufnahme

Baring, Arnulf:
Es lebe die Republik, es lebe Deutschland! :
Stationen demokratischer Erneuerung 1949 – 1999 /
Arnulf Baring. -
Stuttgart : Deutsche Verlags-Anstalt, 1999
ISBN 3-421-05194-1

© 1999 Deutsche Verlags-Anstalt GmbH, Stuttgart
Alle Rechte vorbehalten
Typografische Gestaltung: Brigitte Müller
Druck und Bindearbeiten:
Graphischer Großbetrieb Pößneck GmbH, Pößneck
Printed in Germany

ISBN 3-421-05194-1

Inhalt

ERSTES KAPITEL

Stunden Null

Im Dresdner Höllensturm

Wir ahnten nichts Böses. Wovor sollten wir uns auch fürchten? Städte wie Rom, Paris oder Dresden bombardiert man nicht. Zwar waren in den Wochen, den Monaten zuvor schon vereinzelt Bomben ins Stadtgebiet gefallen, aber das war aus Versehen geschehen, so redeten wir uns ein. Niemand in Dresden zweifelte daran, daß diese weltberühmte, wunderschöne Stadt vom Luftkrieg verschont bleiben würde.

In meiner Familie war diese Überzeugung besonders stark. Ein Großteil unserer Vorfahren war mit den hannoverschen Königen im 18. Jahrhundert nach England gegangen, dort reich und mächtig geworden, auch zu politischem Einfluß gelangt. Mitglieder des britischen Zweigs der Familie hatten uns, die wir, wie Hunderte anderer königstreuer Welfen auch, Hannover nach 1866 verlassen hatten und als Exilanten in das antipreußische Königreich Sachsen gegangen waren, immer wieder besucht. Sie waren begeistert von der Lage und Ausstrahlung Dresdens gewesen und würden nicht zulassen, daß diese Stadt, die mit Prag und Wien verglichen wurde, den Beinamen Elbflorenz trug, im Luftkrieg Schaden leiden würde.

Schwere Zerstörungen waren vollkommen ausgeschlossen, eine Vernichtung der Stadt lag jenseits des Vorstellbaren. Bis in die Nacht ihres Untergangs wähnten sich die Dresdner in absoluter Sicherheit, nahmen an und richteten sich darauf ein, daß die Bombenflotten der Alliierten es nicht wagen würden, dieses Juwel europäischer Kunst und Kultur zu zerstören.

Wir, das waren meine Großmutter Anna und ich, sie sechsundsechzig, ich zwölf Jahre alt. Seit 1943, als in Berlin, wo ich mit meinen Eltern und Geschwistern seit 1938 wohnte, wegen zunehmender Luftangriffe die Schulen geschlossen worden waren,

7

lebte ich bei ihr, der Mutter meiner Mutter, der Witwe Stolze, geb. Jacobs, Elisenstr. 19, im ersten Stock eines vierstöckigen Mietshauses in der Johannstadt, und besuchte das Staatsgymnasium in der Holzhofstraße, jenseits der Albertbrücke, auf der nördlichen Seite der Elbe, wo schon mein Vater und mein Onkel in den zwanziger Jahren ihr Abitur gemacht hatten.

Wir fühlten uns so sicher, daß wir auch am Abend des 13. Februar die Sirenen zwar hörten, aber nicht beachteten; es hatte immer wieder in den Wochen zuvor umsonst Fliegeralarm gegeben. Wir bleiben also in den Betten liegen; es war nach zehn Uhr, also Schlafenszeit. Plötzlich aber sah ich durch einen Spalt meines verdunkelten Fensters viele sogenannte Christbäume schräg über uns schweben, in weiß, grün und rot, Zielmarkierungen, die den Himmel strahlend hell erleuchteten. Ich kannte sie von Berlin her, wußte gut, was sie bedeuteten, rief meiner Großmutter im Zimmer gegenüber zu, daß wir eilig in den Keller müßten. In Schlafanzügen, mit Pantoffeln, die Mäntel nur übergeworfen, kamen wir unten an, als die ersten Bomben schon krachten. Es ging für diesmal glimpflich ab: Wir lagen nicht im Zentrum des ersten britischen Luftangriffs. Als die Einschläge vorüber waren und wir verdattert aus dem Keller nach oben kamen, brannte es in den Nachbarhäusern und bei uns auf den Dachböden. Mit drei Frauen rannte ich die Treppe hinauf. Wir schleppten und schütteten Sand auf die Flammen, vor allem auf die ekelhaft zischenden Brandbomben. Unsere Feuer ließen sich rasch löschen.

Ungeheure Hitze ging von einer Postkartenfabrik aus, die in Steinwurfweite in den Hinterhöfen lag und lichterloh brannte. Meine Großmutter jammerte, daß in ihrer Wohnung alle Fensterscheiben durch den Luftdruck zersprungen waren. Sie fragte mich sorgenvoll, wie wir wohl in den nächsten Tagen die Winterkälte aushalten, die großen Fenster irgendwie mit Pappe oder Holz abdichten könnten. Auch mir war vollkommen unklar. wo solche Schätze, noch dazu in so großen Mengen, zu bekommen sein würden.

Vorerst war allerdings nicht der Frost unser Problem. Wir hatten andere, entgegengesetzte Sorgen: Die Hitze war so groß, daß man es in der Nähe der Fenster nicht aushalten konnte, der

Funkenflug so stark, daß ich in der Küche und in der Kammer, meinem Schlafraum, die Vorhänge herunterriß, weil ich fürchtete, daß sie Feuer fangen könnten. Das Wasser war ausgefallen. Weil man nicht sicher sein konnte, wie es mit dem Großbrand im Hinterhof weitergehen würde, hatten wir uns inzwischen angezogen. Aber wir dachten natürlich, daß alles vorüber sei.

Den Beginn des zweiten Großangriffs, drei Stunden nach dem ersten, bekamen wir viel zu spät und nur dadurch mit, daß es plötzlich sehr laut wurde. Wir hörten das Jaulen von Bomben. Detonationen in unmittelbarer Nähe. Es krachte gewaltig. Die Sirenen waren offenkundig ausgefallen. Das Knistern und Knattern des Feuers der Postkartenfabrik hinter uns war so groß, daß wir das tiefe Brummen der anfliegenden Bomberflotten nicht gehört hatten.

Mit Mühe und Not erreichten wir noch gerade rechtzeitig über viele Stufen den bergenden Keller, wo die meisten Mieter des Hauses verängstigt, zu Tode erschrocken, die ganze Zeit sitzen geblieben waren: Dutzende von Frauen, viele Kinder. In meiner Erinnerung sehe ich keine Männer. Obwohl sicher einige wenige alte, jenseits der Sechzig, dabei waren. Der Keller schwankte bald darauf, ich weiß nicht, wie lange, mir war es eine Ewigkeit lang, wie ein Schiff im Sturm auf dem Meere. Ich drückte, wie viele andere auch, meinen Kopf in ein Kissen, mußte dann heftig husten, ja fürchtete zu ersticken, denn dichter Staub füllte rasch unseren ganzen Keller.

Volltreffer hatten beide Nachbarhäuser bis ins Erdgeschoß zusammenstürzen lassen. Die Nachbarn rechts durchbrachen mit Hämmern und Äxten den nur leicht zugemauerten Notdurchgang in unseren Keller, krochen wie Gespenster durch die Lücke. Die Nachbarn links baten mit Klopfzeichen um Hilfe, wußten offenbar nicht wohin, was tun. Als es aus der Luft wieder ruhig wurde, der Angriff also anscheinend vorüber war, schlich ich nach oben. Unser Haus gab es nur noch bis zum zweiten Stock. Brandbomben waren bis ins Parterre gefallen; auf beiden Seiten des Hausflurs standen die Wohnungen in hellen Flammen, brannten lichterloh. Überall im Treppenhaus lag Geröll. Die schwere, massive Eingangstür war zerborsten, ins Innere des Hausflurs geflogen. Fahrräder, die bei unseren Nachbarn im Erdgeschoß an

Zugvorrichtungen von der Decke hingen, waren durch den Luftdruck zusammen mit den Türen gleichfalls in den Hausflur geschleudert worden, wo es an verschiedenen Stellen brannte.

Ich arbeitete mich durch bis zum Hauseingang und sah von dort nach draußen – in die Hölle. Es war wie bei einem Gewitter, nur aus Feuer. Es tobte ein gewaltiger Sturm, so daß Millionen von Funken fast waagerecht durch die Luft flogen. Brennende Balken, Mauerstücke, Steinbrocken fielen herab, krachten lärmend, tobend auf die Straße.

Ich hielt es für ausgeschlossen, daß man da hinaus könnte, mit dem Leben dort davonkäme, stieg zurück in den Keller, der tief und kühl war, und sagte meiner Großmutter, daß wir hier unten bleiben müßten, bis das Feuer, die Hitze nachließen. Aber mit ihrem besonderen Instinkt sagte Anna zu mir, man müsse sofort, sofort hinaus. Sie packte meinen Arm, ließ keine Einwände gelten und zog mich mit einer Entschiedenheit, die keinen Widerspruch duldete, hinter sich her die Kellertreppe hinauf.

Gemeinsam mit Marie Hillig, der Wohnungsnachbarin und besten Freundin meiner Großmutter, strebten wir dem Hauseingang zu. Bei den am Boden liegenden Fahrrädern stolperte Anna, fiel; ich lief weiter, weil es da, wo sie lag, brannte, kam zum Hauseingang, sah draußen, daß es noch viel schlimmer geworden war, lief zurück, faßte meine Großmutter, die sich wieder hochgerappelt hatte, und stand mit ihr einen Moment lang unschlüssig im Hauseingang.

Mein Mariechen, wie Anna ihre Freundin stets liebevoll nannte, war verschwunden. Bis zu ihrem Lebensende, 25 Jahre später, hat sich meine Großmutter grämend gefragt, wo sie wohl abgeblieben sein könnte. Vermutlich ist sie, während ich meine Großmutter zum Eingang holte, allein hinausgelaufen und von herabfallenden Steinbrokken oder brennenden Holzbalken erschlagen worden.

Wir beide, Anna und ich, hakten uns fest ein, um nicht fortgerissen zu werden, jeder das Köfferchen mit den Ausweispapieren, Lebensmittelkarten, dem Notwendigsten vor der Brust, hielten mit der anderen Hand die Wolldecken fest, die wir uns übergeworfen hatten, und kämpften uns Meter für Meter durch das Inferno vorwärts. Wir konnten uns im Sturm kaum aufrecht halten.

Südlich der Holbeinstraße wurde es einfacher. Hier standen Villen, gab es Vorgärten; die Hitze ließ etwas nach. Den Rest der Nacht verbrachten wir, wie Unzählige andere auch, auf dem Striesener Platz. Anna und ich saßen im schlammigen Becken des Neptunbrunnens auf unseren Köfferchen – schweigend, benommen, immer von neuem unsere Decken in das Schmutzwasser tauchend, um nicht vom Funkenflug in Brand zu geraten, uns auch gegen die Hitze zu schützen. Niemand sprach. Das Feuer zischte, ja brüllte. Wir hatten Angst. War es denn jetzt vorüber? Oder mußten wir, noch einmal drei Stunden später, mit einem dritten Angriff rechnen, der uns im Freien antreffen, unsere Lungen durch den Luftdruck der Sprengbomben zerreißen würde? Müßte man vielleicht, später am Tage, mit Tieffliegern, mit Feuer aus Bordkanonen rechnen? Im Volksempfänger war seit Wochen von der Luftjagd auf Zivilisten die Rede gewesen.

Der Morgen kam, und er kam auch nicht. Ganz hell sollte es am Tage danach in Dresden überhaupt nicht werden. Es blieb statt dessen den ganzen 14. Februar lang bei dem Licht, das wir alle aus Träumen, aus Alpträumen kennen. In dem, was wir für Morgengrauen hielten, tappten wir beide, meine Großmutter und ich, rußschwarz, die Kleidung voller Brandlöcher, mit angesengten Haaren und vom Rauch fast erblindet – ich hatte noch Tage später stark entzündete, schmerzende Augen, Anna ging es besser – vor die Stadt an ungezählten Toten vorbei, an Verkohlten, Erstickten, Halbverbrannten, zu Kindergröße Geschrumpften. Wir gingen nicht allein, waren Teil vieler Rinnsale Schiffbrüchiger: Endlos lange, langsame, schweigende Züge Vermummter bewegten sich übermüde tappend aus der Stadt, alle mit rauchgeschwärzten Gesichtern, verdreckten, verbrannten Kleidern, zu zweit, zu dritt, manche allein – leergebrannt, ausgeglüht wie ihre ganze Stadt, in einer einzigen Nacht steinalt geworden. Besonders furchtbar war es vor einem abgebrannten Lazarett, aus dem sich Verwundete, Amputierte, Kopfverletzte mit dicken Verbänden vergeblich zu retten versucht hatten. Sie waren übereinander gestürzt, lagen dicht an dicht ineinander verkeilt, reglos, leblos – alle tot.

Wir suchten Unterschlupf bei meinem Patenonkel Hellmuth Zimmermann und seiner Frau Renate, bei denen sich schon ein, nein: zwei Dutzend Menschen zusammendrängten. Am Nachmittag fand uns dort mein Vater, der auf der Durchreise war. Sein Zug hatte im Morgengrauen des 14. Februar weit vor der Stadt angehalten. Von dort ab war er gelaufen, viele Stunden lang, mit angstvollem, entsetzt verkrampftem Herzen, vorüber an den Stätten seiner Jugend, den Wohnungen seiner Verwandten und Freunde: überall Ruinen, leere Fensterhöhlen, nirgendwo ein ihm bekannter, lebender Mensch. Vor dem Haus meiner Großmutter hatte er einen Jungen meines Alters und Aussehens verschüttet liegen sehen, mich daher wie alle Verwandten und Freunde für tot gehalten. Am Terrassenufer, wo sein Vater, mein Großvater gelebt hatte: überall das gleiche Bild der Verwüstung. Er ahnte nicht, daß seine Schwester, meine Tante Ursula, unter der Albertbrücke saß, gemeinsam mit meinem Großvater, der an sich bettlägerig war. Sie hatte ihn nur mit letzter Kraft und freundlicher Hilfe im Lehnstuhl aus dem brennenden Hause auf die Elbwiesen gerettet, wo sich Tausende, Zehntausende zu beiden Seiten des Flusses nach den Luftangriffen des 13. Februar frierend versammelten. Sie warteten und hofften, daß die Feuer rundum sich legten.

Wochen später, als im Hause meiner Großmutter der Keller ausgegraben wurde, fand man 73 Leichen, wie mit Kreide an den Resten der Hauswand stand. Über den Verlust ihrer Wohnung, all ihrer Habe, hat meine Großmutter nie ein Wort verloren. Aber bis zum letzten Tage hat sie immer wieder bedauert, daß wir den schönen Kuchen, den sie am 13. Februar gebacken hatte, und vor allem den großen Braten, den sie auf dem Balkon kalt hielt, in jener Nacht nicht mitgenommen hatten. »Dann hätten wir doch wenigstens hinterher etwas Gutes zu essen gehabt«, pflegte sie noch ein Vierteljahrhundert später betrübt zu sagen.

Zur Erinnerung an einen Menschen, ohne den ich nie dreizehn geworden wäre, dem ich verdanke, daß ich noch lebe, habe ich meine jüngste Tochter Anna genannt.

(1995)

Der 8. Mai 1945

Der 8. Mai 1945 – ein strahlender, warmer, wunderschöner Tag – war mein Geburtstag, der dreizehnte. Ich war damals nicht weit jenseits der Berliner Stadtgrenze, im Süden der Stadt. An sich hatten wir in den Westen gewollt, meine Mutter und die Geschwister, weil es zu Hause nicht mehr auszuhalten war, seit die Russen da waren. Irgendwie, zu Fuß, wollten wir los, über die Elbe, zu den Amerikanern, wo es viel besser sein sollte. Mit einem kleinen Handwagen, vollgepackt, unser Kleinkind obendrauf – so waren wir verzweifelt auf und davon. Nach knappen zwei Kilometern hatte ein russisches Fahrzeug dieses Wägelchen gestreift und dabei zwei seiner Räder zerbrochen. Rasch entmutigt gaben wir die Flucht auf. Bei Bekannten in der Nähe, in einem Siedlungshaus in Klein-Machnow, das ihnen auch nicht gehörte, fanden wir Unterschlupf.

Im Kellergeschoß wohnten sowjetische Soldaten; diese bodenständigen russischen Bauern gingen nur ungern in obere Stockwerke, denn sie waren das nicht gewohnt. Deshalb waren Freunde in Charlottenburg im 4. Stock fast unbehelligt geblieben, während es uns zu Hause, neben der Einfallstraße, in einer Erdgeschoß-Wohnung, übel erwischt hatte. Also im Keller wohnten die Russen, zu ebener Erde ein Altkommunist, Rolf Helm, der später in der DDR zu hohen Würden kommen sollte, mit seiner Frau, die in großer Sorge um ihre Söhne war; später stellte sich heraus, daß beide zuletzt noch gefallen waren. Im Dachgeschoß wohnten wir, meine Mutter und drei Kinder, seit 14 Tagen. Mein Vater war vermißt.

Die Russen feierten. Wir wußten nicht, warum an jenem 8. Mai gerade besonders laut, besonders fröhlich, wußten nichts von Keitels Unterschrift jenes Tages in Karlshorst. Unsere Russen sangen, einer spielte Harmonika. Sie saßen auf und neben ihrer »Stalinorgel«, die furchterweckend im Garten stand, aber seit mehr als einer Woche eine malerische Attrappe geworden war. Der Krieg in Berlin war zu Ende, das schien sicher. »Gitler« und

»Gebbels« waren, wie unsere russischen Mitbewohner immer wieder freudestrahlend versicherten, offenbar tot.

Schon Anfang Mai, als es stille geworden war in der Luft über uns, auch kein Donner aus der Ferne mehr zu hören war, hatte das große Feiern begonnen. Es wurde uns immer dann unheimlich, wenn einer von unseren Russen doch noch irgendwo Alkohol aufgetrieben hatte. Würden sie im Keller bleiben? Oder würden sie, gefährlich angeheitert, doch diesmal hinaufsteigen: »Frau, komm«?

Sie buken friedlich, wie jeden Tag, in ihrem Keller Plinsen, Plindishi, wie sie sie nannten, gaben auch meinem Bruder, der anderthalb Jahre alt war und überhaupt von ihnen verwöhnt wurde, welche ab. Aus großen olivgrünen Büchsen mit amerikanischer Beschriftung – ich bekam eine erste Vorstellung davon, daß die USA also nicht nur Waffen und Lastkraftwagen an die Sowjetunion geliefert hatten – füllte der russische Koch große Brocken weißen Fetts in seine brutzelnde Pfanne, die er hinterher mit einem großen Taschentuch auswischte, das er wegwarf. Meine Mutter wusch es, faltete es zusammen und schenkte es mir zum Geburtstag, zusammen mit Peter Roseggers »Schriften des Waldschulmeisters«, die sie vor Monaten schon gekauft und für mich aufgehoben hatte. Bücher waren so ziemlich das einzige, was in unserer alten Wohnung niemand angerührt hatte.

Jener 8. Mai ist für mich in der Erinnerung der erste Tag, an dem sich das Gefühl verbreitete, daß alles vorüber sei – wirklich, endgültig. Der Einmarsch der Russen war zunächst keine Befreiung gewesen, ganz im Gegenteil Inferno, Hölle, völliges Ausgeliefertsein; er schien der Beginn allgemeinen Untergangs. Die ersten Tage nach der Eroberung werden mein Alptraum sein, so lange ich lebe.

Aber inzwischen waren die Russen schon vierzehn Tage da. Es gab ab und an wieder Brot zu kaufen, von Lebensmittelkarten war die Rede, also einer Neueröffnung der Geschäfte, und in der Praxis unseres guten, alten bescheidenen Hausarztes war nach turbulenten zwei Wochen wieder Ruhe eingekehrt. Statt der Hunderte von verzweifelten Frauen, denen er unermüdlich Tag und Nacht mit Trost und Tat beigestanden hatte, saß da jetzt wieder eine Normalkundschaft mit ihren üblichen Krankheiten,

die Dr. Erdmann gut noch nebenher betreuen konnte. Denn weil
er schon vor 33 Kommunist gewesen war, wie sich zu allgemei-
nem Erstaunen herausstellte, war er mittlerweile Bürgermeister
geworden. Bald sollten sogar die Schulen wieder anfangen, was
wir Kinder allerdings ziemlich voreilig fanden. Als man dann im
Juli tatsächlich wieder mit dem Unterricht begann, muß es für
Vorübergehende ein eigentümlicher, beängstigender Eindruck
gewesen sein, uns Schulkinder auf dem Hof zu beobachten: Wir
waren so schwach vor Hunger, daß wir in den Pausen nur her-
umhockten, auf dem langen Mäuerchen saßen, uns unterhielten
– einfach keine Kraft zum Rennen, zum Spielen, zum Toben.

Überhaupt der Hunger. Ich habe damals nicht geglaubt, daß
ich irgendwann im Leben wieder satt werden würde. Als wir
fluchtartig die Wohnung verließen, hatten andere, wahrscheinlich Nachbarn, unsere bescheidenen, kostbaren Vorräte an sich
genommen – zwei Säcke Kartoffeln, zehn Pfund Zucker – »organisiert«, wie man damals beschönigend sagte, denn »stehlen«,
das taten nur Russen, die übrigens das Eingemachte, das ihnen
ohne Zucker zu sauer war, ärgerlich an die Wand geworfen hatten.

Wir lebten wochenlang von angesengtem Korn, das ich zusammen mit Rolf Helm aus dem brennenden Teltower Speicher geholt und viele Stunden lang in der Kaffeemühle gemahlen hatte.
Dazu gab es halbverbrannten Sirup, eine dickliche Soße mit
schwarzer Ruß-Schicht, von dem wir eine Waschwanne voll, ebenfalls aus Teltow, herangeschleppt hatten.

Das größte Geschenk im Rückblick: die Stille. Wenn ich an den
frühen Mai 1945 denke, dann zunächst an diese Lautlosigkeit,
diese Ruhe, Tag für Tag unter einem blauen Himmel. In der warmen Sonne sitzen und kaum noch Angst haben. Kein Verkehr,
natürlich keine Autos (der russische Verkehr vom Süden her in
die Stadt spielte sich, nachdem die Kampftruppen mit ihren
Panzern erst einmal vorbeigerauscht waren, im wesentlichen mit
Panjewagen ab), keine S- oder U-Bahn, keine Behörden, keine
Polizei, Dienststellen, Ämter, Schulen, nichts. Nur zu Fuß, trotz
des Hungers, alle Wege. Zu den Tanten nach Charlottenburg,
das war mit Ach und Krach an einem Tag zu schaffen, immer in
der Hoffnung, dort etwas zu essen zu bekommen. Zu Freunden

nach Pankow, da mußte man übernachten. Solche Fernexpeditionen wagte man natürlich erst, nachdem sich die Lage beruhigt, die Kämpfe aufgehört, die schüchterne Hoffnung ausgebreitet hatte, wir würden nicht getötet, nicht verstümmelt, nicht verschleppt, nicht von Mutter und Geschwistern getrennt zur Zwangsarbeit nach Rußland, nach Sibirien, verfrachtet werden. Eine unendlich friedvolle Stille, trotz allen Elends – das ist der hervorstechendste Eindruck in der Erinnerung.

Natürlich, denn dieser Frieden über dem Land war der vollkommenste Gegensatz zu dem sich ständig steigernden, bösartigen Lärm der Zeit vorher. Jede Nacht Luftangriffe. Das Pfeifen und Jaulen der Bomben, das jeder von uns, der damals schon lebte, auf immer im Ohr hat. Dumpf dann die Detonationen, anhaltend laut das hilflose Bellen der Flak. Einige lange, schwere Tagesangriffe: Hunderte von Kondensstreifen der anfliegenden, meist amerikanischen Geschwader am blaßblauen Himmel über uns (denn auch im Frühjahr 1945 war das Wetter meist strahlend schön); ihr tiefes, lähmendes Brummen, das den Boden leise beben ließ. Der Himmel rot in den Nächten; Flächenbrände in der Innenstadt, die sich ungehindert ausbreiteten, derer niemand mehr Herr werden konnte. Man glaubte, die Hitze bis zu uns draußen zu spüren. Qualvoller, sich lang hinziehender Untergang einer Stadt, die unter unseren Augen zu Staub zerfiel, zu Geröllbergen.

Was empfand man damals, Anfang 1945? War man zornig, ja haßerfüllt? Oder gleichmütig, inzwischen abgestumpft, apathisch? Welche Wirkungen hatte der Bombenkrieg auf uns Deutsche? Man muß versuchen, sich in die damalige Stimmungslage zurückzuversetzen.

Natürlich hat es Ressentiments, Rachsucht, gegeben, wenn man sich richtig erinnert. Verständlicherweise. In einem von den Westalliierten wohl nicht richtig vorausgesehenen Ausmaß hat ihr unmenschlicher Bombenkrieg tatsächlich Führung und Bevölkerung des Dritten Reiches »zusammengeschweißt«, wie man damals sagte, zumindest in den großen, schwer bombardierten Städten.

Man muß die sich ständig verschärfenden Luftangriffe der Engländer und Amerikaner zusammen mit ihrer Forderung nach einer »bedingungslosen Kapitulation« Deutschlands sehen. Dieser drohend klingenden Formel völligen Ausgeliefertseins verlieh der ›Bombenterror‹ anschauliche Glaubwürdigkeit und ließ den Deutschen, die gleichzeitig vom Osten her eine dunkle Wand immer näher rücken sahen, ihre Lage rundum hoffnungslos erscheinen. Offenbar, so schien es uns, waren nicht nur die Sowjets, sondern auch die Westmächte zum Äußersten entschlossen und keiner Alternative fähig, etwa eines Separatfriedens, zu erträglichen Bedingungen, im Falle eines Sturzes der Hitler-Herrschaft. Das mußte in der Bevölkerung die fatalistische – und dem Regime natürlich willkommene, von ihm propagandistisch unablässig bestärkte – Auffassung verbreiten, daß man gar keine andere Wahl habe, als verbissen weiterzumachen, trotz allem und gegen alles durchzuhalten, auf ein Wunder zu hoffen – auf neue Waffen, auf ein Auseinanderbrechen der gegnerischen Koalition, was weiß ich. Wie hieß es doch damals, amtlich und privat? »Wir werden siegen, weil wir siegen müssen.« Das war natürlich absurd. Und doch traf es, was auch ich damals dachte.

Schon zwei Jahre vorher, Anfang 1943, nach Stalingrad, dem Wendepunkt des Krieges, wie viele wußten oder doch ahnten, war die Siegeserwartung der Deutschen tiefem Pessimismus gewichen. Dem widerspricht nicht, sondern es bestätigt diese These, wenn gerade in einer heraufdämmernden Verzweiflungsstimmung es Goebbels mit Leichtigkeit gelingen konnte, auf der berühmten Kundgebung vom 18. Februar 1943 im Berliner Sportpalast seine Zuhörer zu fanatisieren.

Meines Erachtens beweist diese Veranstaltung des Reichsministers »für Volksaufklärung und Propaganda« das Gegenteil von dem, was sie beweisen sollte: nicht Zuversicht und Entschlossenheit, sondern Wankelmut, eine übertönte Entmutigung. Die Massenhysterie des Sportpalastes war ein unübersehbares Zeichen der inneren Labilität unseres Volkes zu jener Zeit. Im Saale und am Radio suchten sich Menschen mit großen Worten und Temperamentsausbrüchen eine Zuversicht zu suggerieren, die sie insgeheim mehr und mehr verloren hatten. Wer genau hinhört, wird bemerken, daß die bekundete Entschlossenheit gerade in ihrer Übersteigerung tiefe Ratlosigkeit verbarg.

In den Monaten und Jahren seither hatten Skepsis, Resignation und Verzweiflung weiter um sich gegriffen. Es gab dennoch viel Durchhaltetrotz, *weil* es sehr viel Angst vor der Zukunft gab – und gerade deshalb hielt das Volk bis zuletzt still, hielten Volk und Führung zusammen. Man sah keinen Ausweg und fürchtete das Kriegsende ebenso, wie man es herbeisehnte. Denn war man schon gegenüber den Westmächten voll Angst, so gegenüber den Russen voll blanken Entsetzens – eine Folge schlechten Gewissens: daß Millionen sogenannter »Ostarbeiter« ins Reich verschleppt worden waren, das wußte schließlich jeder, und viele wußten weit mehr. Die panische Russenangst war natürlich zugleich eine Folge der Propaganda vom Untermenschen. Im Frühjahr 1945 war sie aber nun auch die Folge dessen, was man vom Augenschein wußte, von ersten Flüchtlingen hören konnte; es bestätigte aufs Schlimmste die Schreckbilder der Propaganda.

Wer wird, wenn er sie gesehen hat, die Wochenschauaufnahmen vom Gegenstoß bei Lauban vergessen können? Schon vorher gab es verbürgte Bestätigungen. In ihrem Erinnerungsbericht aus Ostpreußen schreibt Marion Gräfin Dönhoff: »Tatsächlich waren nackte Frauen in gekreuzigter Stellung ans Scheunentor genagelt, 12jährige Mädchen vergewaltigt worden. In Nemmersdorf fand man später 62 Frauen und Kinder erschlagen in ihren Wohnungen auf. An den Bildern, auf denen man tote Frauen mit abgerissenen Kleidern in den Straßen und auf Dunghaufen liegen sah, war nichts gestellt.«

Angst vor den Russen, Angst bei vielen Luftangriffen, Angst vor dem Ende. Ich konnte mir damals in Berlin die Niederlage nur als Vernichtung, als Vertreibung, Verschleppung oder Erschießung vorstellen, als Nacht ohne Morgen, als das Ende schlechthin, für uns alle. Ich klammerte mich daher – ja an was eigentlich? Wie wohl Hitler auch an irgendwelche Wahnsinns-Hoffnungen, an irgendeine wunderbare Errettung. Und eigentlich klammerte ich mich an Worte. Noch heute habe ich ganze Passagen von Führerreden aus dem Januar 1945 im Ohr; ich muß sie mir also wohl damals immer wieder vorgesagt haben. Am Neujahrstag 1945 hatte Adolf Hitler von dem »felsenfesten Glauben« gesprochen, »daß die Stunde kommt, in der sich der Sieg endgültig dem zuneigen wird, der seiner am würdigsten ist: dem Großdeutschen Reiche.« Unserem Deutschland – das hoffte auch ich.

Mein Glaube, mein Vertrauen – oder Hitlers Macht über mich, wenn man will – erlosch ganz plötzlich, kurz darauf, von einem Tag auf den anderen: mit dem 13. Februar in Dresden. Ich mochte lange begriffsstutzig gewesen sein. Von da ab wußte ich: es war aus. Wenn dies möglich war, ungehindert, in einer Nacht, dann war das Ende nahe.

Es quälte sich hin indessen, bis endlich Schluß war. Die Russen zögerten mit ihrer letzten Offensive, mit einer Entscheidungsschlacht um Berlin, die längst entschieden war, ehe sie anbrach. Unser Leben damals schien uns eine Gnadenfrist. Ich weiß noch genau, daß wir uns in der Schule weigerten, im März und April, Aufgaben zu erledigen, zu lernen, weil es uns sinnlos, zwecklos schien: war der Krieg erst beendet, war alles Gelernte, davon war jeder überzeugt, für die Katz.

Dann ging es plötzlich ganz schnell. Am 16. April setzte der »Iwan«, wie man damals sagte, über die Oder. Ununterbrochen war seither das dumpfe Grollen des Schlachtenlärms zu hören, immer lauter, immer näher. Tieffliegerangriffe, während man vor den Geschäften in langen Schlangen wartete. Bis zuletzt kein Plündern, aus Angst; vor der Droste-Schule sah ich eine Frau angebunden, mit einem Schild um den Hals, daß sie Volksgenossen bestohlen habe. Später sah man erhängte Soldaten, gleichfalls beschildert: sie seien zu feige gewesen, ihre Familien zu verteidigen. Es half alles nichts mehr. Am 24. April abends, der letzte Soldat im Keller: »Wir ziehen ab. In einer halben Stunde werden die Russen da sein.«

Keiner spricht. Größere Angst als in jener unendlichen Wartezeit zwischen den Fronten, den Welten, kann niemand haben vor dem Ungewissen, dem allzu Gewissen. Die ersten Soldaten, Kampftruppen, das ging noch. Aber dann. Wo sich bloß verstecken? Wohin mit den Müttern, den Schwestern? Nirgendwo ist es sicher; am ehesten noch, wenn wir dicht beisammen bleiben. Mehrfach hinter das Haus geführt, an die Wand gestellt, mit erhobenen Armen, es wurde gezielt, auch geschossen, am Ohr vorbei. Warum? Weil man mich, so lang, wie ich war, für einen

Soldaten hielt? Oder auch nur, weil ich keine Uhr heraus-
zurücken hatte? Oder eben nur so? Wer weiß.

Plünderung. Lastwagen, übervoll beladen, auch Möbel, Radios,
Stehlampen; es quillt aus Koffern und Kisten heraus. Auf der
Straße verstreut Pelzmäntel, Fotoapparate, ganze Bündel großes
Geld. Niemand hebt etwas auf. Warum auch? Es wird ja doch
gleich wieder weggenommen werden, und der Gipfel der Sinnlosigkeit wäre es, die Geldscheine einzusammeln, die jetzt, nach
dem Ende unserer Zeitrechnung, nur noch bedrucktes Papier
waren – dachte ich, dachten alle. Niemand ahnte, daß dieses
Buntpapier, das noch nach Wochen draußen herumlag, bis 1948
weitergelten würde.

Tote deutsche Soldaten auf den Straßen. Erst nach Tagen wage
ich mich während der Dämmerung in die Nähe, um ihre Papiere
an mich zu nehmen, damit man später die Familien benachrichtigen kann. Viele, viele Selbstmorde in der Nachbarschaft; die
Leichen werden – es ist ja Sommer – in den Gärten vergraben.
Keineswegs nur Nazis. Viele Verzweifelte. Unser Zahnarzt mit
der ganzen Familie; das Gift reichte nicht, die jüngsten Kinder
wurden in der Badewanne ertränkt. »Vom unübersehbaren Heer
unserer Toten« sprach Pfarrer Heyden – oder war es Dilschnei-
der? – beim ersten Gottesdienst in der fensterlosen, dachlosen,
bis auf die Straße vollen Paulus-Kirche. Und doch spürte man an
diesem Tage leise Hoffnung in der groß gewordenen Gemeinde,
Dankbarkeit für wunderbare Errettung, Vertrauen auf einen
neuen Anfang.

Es war ein neuer Anfang, war wie am Anbeginn der Welt, als
die Erde wüst und leer gewesen war, Gott aber das Licht von der
Finsternis geschieden, Pflanzen und Tiere und zuletzt den Menschen geschaffen hatte. Wir alle waren neue Menschen, wie neu
geboren. Wer es nicht miterlebt hat, kann es kaum nachfühlen,
wer es miterlebt hat, kann es nicht vergessen. Er wird sein Leben
lang immer wieder eine stille Dankbarkeit für all die Dinge empfinden, die nachfolgenden Generationen selbstverständlich scheinen, aber es eben doch keineswegs sind: nie Hunger haben,
immer ein richtiges Dach über dem Kopf, warm anzuziehen und
Heizung im Winter, ein ruhiger Nachtschlaf, Frieden, Sicherheit,
kein amtlich geförderter Fanatismus – gar nicht zu reden von

dem, verglichen mit damals, einfach märchenhaften Wohlstand, der inzwischen über alle bei uns im Westen gekommen ist. Kein einziger von uns hätte das, was wir erreicht haben, vor dreißig Jahren auch nur entfernt für denkbar gehalten. Wir sollten uns vielleicht ab und an unseres Ausgangspunktes erinnern, jener Stunde Null einer neuen Schöpfung. Wer das Gestern vergißt und verdrängt, wird vom Ansturm der Gegenwart übermäßig verwundbar. Ihm fehlen Vergleichsmaßstäbe. Sorgen und Ängste des Tages werden dann übermächtig.

Schon im Sommer 1945 gab es immer wieder Rückfälle in die Angst; der Schock wirkte nach. Einmal stürzten wir aus der Schule nach Hause, atemlos: »Die Mongolen kommen!« Wir rissen alles, was wir noch an Wäsche hatten, aus den Schränken, knüllten es, traten darauf herum, warfen es in den Schmutz, in die hinterste Kellerecke, damit niemand auf den Gedanken käme, es uns doch noch wegzunehmen. Alle Angst umsonst; die Mongolen waren ein Gerücht.

Lange schienen auch die Amerikaner eins zu sein. Dann trafen sie doch noch ein, zunächst nur drei, Anfang Juli, mit einem Jeep, standen vor dem Rathaus, rosig, rundgenährt, pralle Hintern in knappen Hosen, geistesabwesend wiederkäuend, wie es uns schien, dem großen, respektvollen Kreis Neugieriger, die wir auf das Gerücht dieser Ankunft hin in Windeseile zusammengelaufen waren und leise unsere Beobachtungen austauschten. So sahen also die berühmten Amis aus. Würden sie sich gegen die Russen in den Westsektoren durchsetzen? Das schien uns lange fraglich. Würden sie auf Dauer bleiben? Kaum. Anfang 1945 hatte Margret Boveri in ihrem Tagebuch notiert: »(Joachim Schwelien) erklärte mir, er sei Kommunist, aber deutscher Kommunist. Das hinderte ihn nicht, mich davor zu warnen, nach dem Einzug der Westalliierten mit diesen zusammenzuarbeiten. Das werde nämlich denen, die westlich kollaborierten, schlecht bekommen, so bald die Sowjets in Berlin wieder allein herrschten.«

Lange blieb die Lage unübersichtlich. Aber als drei Jahre später die große Krise um Berlin kam, die Blockade, zeigte sich, daß Angelsachsen in solchen Situationen »störrisch« werden. Westalliierte und Deutsche waren 1948 in Berlin zum ersten Male und ganz handfest gegenseitig aufeinander angewiesen. Gemeinsam bestand man die Probe. Sie bedeutete, weit über Berlin hinaus, einen Umschwung der Gefühle auf beiden Seiten; sie schuf eine Bindung zwischen den Gegnern von gestern, zwischen Siegern und Besiegten. Die Erfahrung einer Notwendigkeit gemeinsamen Handelns nahm das Westbündnis der späteren Bundesrepublik vorweg. Nunmehr begann die Rückkehr der Deutschen in den Kreis der westeuropäisch-atlantischen Völker. Am 8. Mai 1949, dem vierten Jahrestag der Kapitulation, verabschiedete man in Bonn das Grundgesetz, die Verfassung der neuen Bundesrepublik Deutschland.

(1975)

Wolfskinder

Wolfskinder? Das Wort wird den wenigsten etwas sagen. Kaum einer wird Eberhard Fechners Fernsehfilm von 1991 über das Thema noch in Erinnerung haben. Zu Wolfskindern wurden nach 1945 Tausende elternlos gewordener, allein übriggebliebener ostpreußischer Jungen und Mädchen. »Wir hungerten. Die Großmutter starb, dann die Tante, die erst 18 war. Dann starb Mama. Es blieben nur die Schwester und ich.« – »Ich war 13 Jahre, als die Mutter starb, und hatte die kleinen Geschwister. Und sie hat gesagt: ›Ruth, du bist die Älteste, verlaß die kleinen Geschwister nicht.‹ Der kleinste Bruder war drei Jahre alt. Der war ausgehungert, den habe ich immer geschleppt, und dann bin ich betteln gefahren.«

Nachdem ab September 1945 die neue Grenze zu Polen mit Stacheldrahtzäunen und Todesstreifen hermetisch abgeriegelt worden war, hatten deutsche Kinder nur dann eine Überlebenschance, wenn es ihnen gelang, irgendwie nach Norden zu entkommen, um dort Eßbares zu erbetteln, auch einen Unterschlupf. Denn man überlebt als Kind nicht lange einsam in den Wäldern. Diese Waisen, die man in Litauen *vokietukai,* kleine Deutsche, nannte, kamen vielfach mit dem Zug in die ihnen bis dahin unbekannte Nachbarregion. Personenzüge waren selten, außerdem hatten die meisten kein Geld für Fahrkarten. So versuchten sie es mit Güterzügen, bei jedem Wetter, auch bei strömendem Regen und schneidender Kälte, in offenen Waggons, auf Puffern, in Bremserhäuschen. Wurden die Kinder erwischt, gab es Schläge, ja sie riskierten, rücksichtslos aus den Waggons oder von den Dächern und Puffern der Güterzüge gestoßen zu werden, ungeachtet aller Folgen. Andere versuchten, auf Brettern über die Memel zu setzen. »Was denkst du, wie viele Kinder da reingefallen sind. Das Brett fiel um – das Kind war weg.«

In jenen Zeiten wurden Kinder schnell zur Handelsware. Auf den litauischen Bauernhöfen wurde jede Hand gebraucht. Außerdem suchte, wer keinen eigenen Nachwuchs hatte, mit der

Aufzucht dieser fremden Kinder für sein Alter vorzusorgen. »Ich ging von einem Bauern zum nächsten. Irgendwo unweit von Mariampole traf ich eines Tages Leute, die mich für einen halben Liter Schnaps kauften und mitnahmen.« Natürlich mochte man keine unnützen Esser. In der Regel durfte nur das eine Kind, für das man Arbeit hatte, auf dem Hof leben, nicht seine Geschwister. Sie wurden manchmal bei Verwandten der Bauern in Nachbardörfern untergebracht. Andernfalls mußten sie selbst weitersuchen. Häufig verläuft sich die Spur eines Kindes, wenn es fortlief, weil es die Behandlung nicht mehr ertrug oder ihm das Arbeitspensum zu schwer wurde. So kam es oft vor, daß sich Geschwister verloren, die sich anfangs noch regelmäßig sonntags getroffen hatten. Wer ein kleines, unselbständiges, vielleicht sogar krankes Geschwisterkind auf den Hof mitbringen durfte, konnte sich glücklich schätzen. Aber natürlich bedeutete das doppelte Arbeit. Das Kind mußte versorgt und sein Essen verdient werden.

Viele Wolfskinder sind, oft erst Jahrzehnte später, in den Westen, zu deutschen Verwandten, ausgereist. Andere sind in Litauen geblieben und Litauer geworden. Manche, die ganz, ganz jung in die Fremde gerieten, wissen nicht einmal mehr, daß ihre Eltern – und damit sie selbst einst – Deutsche waren.

Die Eroberung Ostpreußens war weit schlimmer als die Leiden später eroberter deutscher Gebiete. Mord, Raub und Plünderungen, Vergewaltigungen und Verschleppungen nahmen kein Ende. Die sowjetische Armeeführung hatte in Flugblättern zu Härte und Grausamkeit gegen die Deutschen aufgefordert. Zumal Königsberg sollte als Nest des deutschen Militarismus vernichtet werden. Ostpreußen war das personifizierte Feindbild, ein Land, das absichtlich und mutwillig zerstört werden mußte, um am Feind Rache zu üben.

Dieser Vernichtungsimpuls könnte erklären, weshalb Moskau zunächst zögerte, das verwüstete Gebiet zu annektieren. 1944 scheint Stalin einige Zeit lang erwogen zu haben, das nördliche Ostpreußen mit Litauen zu vereinigen. Als klar war, daß das Königsberger Gebiet an die Sowjetunion fallen werde, scheint der sowjetischen Militär-Administration in Deutschland ein Befehl vorgelegen zu haben, ostpreußische Flüchtlinge als Arbeitskräfte in ihre Heimat zurückzuschicken, da man zu jener Zeit nicht daran interessiert war, ein menschenleeres Gebiet zu übernehmen. Bis zum heutigen Tage ist nicht wirklich erklärlich, aus welchen Gründen die sowjetische Regierung noch nach der Potsdamer Konferenz, auf der ihr das nördliche Ostpreußen zugesprochen wurde, fast ein Jahr lang zögerte, dieses Gebiet in die UdSSR einzugliedern. Erst im Juli 1946 wurde Russisch Ostpreußen als Kaliningrader Oblast an die RSFSR angeschlossen. Für unsere in Ostpreußen verbliebenen oder dahin zurückgekehrten Landsleute hat es jedenfalls nie mehr ein Ende ihrer Stunde Null gegeben.

Auch in Litauen waren unsere Wolfskinder nicht sicher. Es kam dort zu Massen-Deportationen litauischer Bauern. Zumeist umstellten Bewaffnete nachts die Gehöfte und teilten den Familien mit, daß sie verbannt würden. Mit eilig zusammengerafftem Gepäck wurden sie unter strenger Bewachung zum nächsten Bahnhof gebracht, für den Fall der Flucht mit sofortiger Erschießung bedroht. Von Soldaten in Viehwaggons gestoßen und hinter vernagelten Türen überlegten die Insassen, wo man sie wohl umbringen werde. Die Züge standen oft noch mehrere Tage in Bahnhofsnähe, bis die Fracht vollzählig war. Am Ende mehrwöchiger Irrfahrten landete man meist in Westsibirien oder Kasachstan.

Litauer erhoben sich gegen ihre grausame Unterdrückung. Viele Männer und Frauen, in der Bevölkerung »Waldleute« genannt, leisteten dem Sowjetregime über Jahre hinweg bewaffneten Widerstand, der erst 1952 endgültig gebrochen werden konnte. In Südlitauen versuchten diese Waldleute sogar, Kontakte zum Kaliningrader Gebiet anzuknüpfen, um auch die Menschen dort zur Auflehnung gegn die ·Russen zu ermutigen, was aber mißlang. Die Litauer schätzten die Lage falsch ein. Für sie war es ein Jahr nach Kriegsende völlig undenkbar, daß die Deutschen das Territorium jemals aufgeben würden. Doch die Perspektive der ostpreußischen Bevölkerung hieß damals schon Ausreise und keinesfalls aktiver Widerstand.

(1996)

Gedanken in Auschwitz

Schon einige Kilometer vor Auschwitz wird die Landschaft
häßlich. Wir sind in den südöstlichen Ausläufern des oberschle-
sischen Industriegebiets. Die Gegend ist flach und kahl, ab und
an unterbrochen durch dürftige Kiefernschonungen. Die Städte
sind lieblos zusammengewürfelte Steinhaufen. Mir ist, als nä-
herte ich mich einem verwünschten Ort, als sei die Zeit zwanzig
Jahre zurückgedreht oder als gäbe es Auschwitz als Lager heute
noch, ohne daß ich davon wüßte. Leichter Nebel verhüllt das
Land; es regnet. Wir sind in einem Industriegebiet, es gibt viele
Schornsteine. Dichter schwarzer Qualm quillt träge aus ihnen
heraus. Ich habe Angst vor dem Qualm. Ich kenne ihn von
Photos. Hier ist es nicht geheuer. Und der Trupp dort vorne? Er
trottet dahin, so erschöpft und müde. Als wir näherkommen,
sehe ich, daß es Frauen sind, anscheinend auf dem Heimweg
von der Arbeit. Sie scheinen so bedrückt, als lähme das Entsetzen sie noch immer – aber wahrscheinlich bilde ich mir das
ein. Natürlich, es wird am Regen liegen. Aber steht dort nicht
eine Streife? Sie halten die Wagen an, kontrollieren die Papiere.
Ich habe Angst. Mir ist plötzlich, als sei ich ein Häftling auf der
Flucht, der aus dem Wagen geholt und ins Lager zurückge-
bracht werden könnte. Aber es ist polnische Polizei.

Wir nähern uns Auschwitz. Linkerhand tauchte das Städtchen
auf: spitze Giebel, darüber ein alter Kirchturm. Es ist hier viel
gebaut worden in den letzten Jahren. Man sieht zahlreiche Ein-
familienhäuser, gerade erst fertig geworden, noch unverputzt.
Wir kommen an einer großen Villa aus der Vorkriegszeit vorüber.
Hier sollen die Auschwitzer Kommandanten gewohnt haben;
gegenüber, auf der anderen Straßenseite: das Kommandanten-
Gästehaus. Dahinter eine Siedlung, wie man sie aus den Vor-
städten vieler deutscher Städte kennt: Wohnblocks, wie man sie
vor zwanzig Jahren baute. Hier waren damals die Wachmannschaften des Konzentrationslagers mit ihren Familien untergebracht.

Dann sind wir am Lager. Es wirkt ganz anders, als ich es mir vorgestellt hatte. Es ist relativ klein, besteht aus etwa zwei Dutzend solider, zweistöckiger Steinhäuser. Sie waren in polnischer Zeit Kasernen, dienten dann dem KZ-Stammlager und beherbergen jetzt das Auschwitz-Museum: riesige Räume mit Frauenhaaren, mit Krücken und Prothesen, mit Kinderwagen, mit Koffern, mit Schuhen. Ein Berg von Brillen. Ich sehe den Erschießungshof, den Bunker in Block 11, in dem man die Vergasungen an russischen Kriegsgefangenen erprobte. Und dann bin ich in der einzigen in Auschwitz erhaltenen Vergasungs- und Verbrennungsanlage. Alle anderen wurden vor dem Abzug gesprengt.

Man geht heute als Besucher wie damals die Häftlinge einige Stufen hinab unter die Erde und kommt zunächst in den Entkleidungsraum, dann durch eine verschraubbare Tür in den Duschraum, die Gaskammer. Nach der Vergasung, dem Abscheren der Haare und Ausbrechen der Goldzähne wurden die Häftlinge in den Verbrennungsöfen nebenan »weiterbehandelt«, wie man damals sagte, die Reste in die Weichsel gestreut. Die erhaltene Anlage ist sehr klein. Das System war offenbar verbesserungsfähig, wie ich gleich sehen werde, wenn wir nach Birkenau kommen, in das eigentliche Vernichtungslager, das größte seines Zeichens, mit fünf derartigen Anlagen, deren gesprengte Trümmer von der hier geleisteten Arbeit durchaus einen Eindruck vermitteln.

Der Regen hat zugenommen. Es beginnt dunkel zu werden, als wir von Auschwitz zum Lager Birkenau hinüberfahren. Wir überqueren die Bahnlinie. Ich sehe die berühmte Rampe, auf der die Unglücklichen ankamen, aller ihrer Habseligkeiten beraubt und mehr oder weniger willkürlich sortiert wurden. Soweit sie nicht zu den wenigen Prozenten der arbeitsfähigen Männer gehörten, wenn sie also alt, krank, schwach, Frauen oder Kinder waren, wurden sie sofort – wie es in der Amtssprache hieß – der »Sonderbehandlung« zugeführt.

Nach einigen hundert Metern überqueren wir von neuem eine Bahnlinie, einen Gleisanschluß, der an unserer Seite, neben der Straße, ins Lager Birkenau führt. Ich erinnere mich: man wollte die Transporte von der Rampe an der Bahn ins Lager sparen; mit diesem Gleis konnte man die Waggons bis vor die Tür der Verbrennungsanlagen fahren.

Auschwitz selbst ist nur ein kleines Kasernengelände; Birkenau hat sich im Laufe der Zeit aus einem bescheidenen Neben-
lager zum eigentlichen Auschwitz, zu einer riesigen Baracken-
stadt entwickelt, in der die Arbeitsfähigen, nicht sofort Ver-
gasten, lebten.

Nur ein Teil des Lagers ist im ursprünglichen Zustand erhalten. Ich bin durch die niedrigen Hütten gegangen, in denen
jeweils Hunderte zusammengepfercht leben mußten, ohne Wasser, ohne Licht, fast ohne Heizung, ohne sanitäre Anlagen, zugig
und mitten im Schlamm. Die Gegend hier ist ein Regenloch.
Allein Kälte und Feuchtigkeit müssen vielen Häftlingen, die noch
nicht zur Vergasung bestimmt waren, damals vorzeitig ein Ende
gemacht haben.

Ein großer Teil der primitiven und provisorischen Stein- und
Holzbaracken, die damals das riesige Lagergelände bedeckten,
ist längst wieder verfallen. Über weite und kahle Flächen hinweg
sehe ich in der Ferne Zäune und Wachttürme. Kein Baum, kein
Strauch. Es ist, als weigere sich die Landschaft, diese Öde wieder
zu bedecken. Als lehne sie es ab, das Geschehene zu überwachsen
und damit zu verharmlosen.

Als ich nach meinem Rundgang wieder in den Wagen steige,
fürchte ich mich vor meinen polnischen Begleitern. Was könnte
ich sagen? Worüber könnten wir hier sprechen? Aber auch sie
sagen nichts. Einer bietet mir eine Zigarette an. Schweigend fahren wir in der Dunkelheit zurück. Es ist schwer, in Auschwitz ein
Deutscher zu sein. Es ist unmöglich, von hier aus beruhigt an die
Deutschen zu denken. Man spürt die Angst, merkt das Mißtrauen gegen die Nachbarn im Westen. Wenn man in Auschwitz
ist, traut man ihnen alles zu. Wenn man in Auschwitz an
Deutschland denkt, hält man alles für möglich.

Wenn man in Auschwitz, der größten unter den zahllosen
Mordstätten des Nationalsozialismus, an Deutschland denkt,
kann man vor allem nicht begriffen, daß von den alliierten
Gerichten höchstens zweitausend, von deutschen Gerichten (bis
1961) nur 131 Personen als Mörder verurteilt worden sind,
wenn man andererseits weiß, daß zwischen März 1942 und April
1945 insgesamt 45 000 Männer der Waffen-SS den Wachmannschaften und Lagerstäben der Konzentrationslager angehört

haben; wenn man schätzt, daß allein die Polizeikräfte in Polen, die an der Vernichtung der Juden mitgewirkt haben, sich auf etwa 25 000 Mann beliefen; wenn man annimmt, daß die sogenannten Einsatzgruppen in der Sowjetunion, denen wahrscheinlich weit über eine Million Menschen zum Opfer fielen, allein etwa 3 000 Mitglieder hatten, die jeweils hinzukommandierten Polizeieinheiten und einheimischen Hilfswilligen nicht mitgerechnet. Wie soll man sich erklären, daß jetzt noch nicht einmal tausend übrig sind, die auf ihren Mordprozeß warten?

Die »Zentrale Stelle der Landesjustizverwaltungen zur Verfolgung nationalsozialistischer Gewaltverbrechen« in Ludwigsburg ermittelt in der Tat nicht etwa gegen alle Deutschen, die an nationalsozialistischen Massenmorden mitgewirkt haben und noch nicht verurteilt sind. Sie ermitteln nur gegen diejenigen, denen voraussichtlich nachgewiesen werden kann, daß sie eigene Verantwortung trugen und ihre Befehlsgewalt oder Entscheidungsfreiheit in den Dienst der Mordpläne stellten; darüber hinaus ermittelt sie gegen alle die Männer ohne eigene Befehlsverantwortung, die besonders grausam handelten und sich bemühten, Zahl und Leiden der Opfer ohne Zwang zu vermehren. Man sucht also – wie ich kürzlich las – nur besonders schwere, besonders unerträgliche Arten des Mordes zu sühnen. Aber dieser Sprachgebrauch selbst ist unerträglich. Mag auch der Ludwigsburger Zentralstelle wegen ihres kleinen Mitarbeiterstabes kein Vorwurf zu machen sein, man darf ihre Abgrenzung nicht hinnehmen. Der Autor Jürgen Baumann hat vollkommen recht, wenn er sagt: »Ich glaube nicht, daß wir uns mit dem bisher Geschehenen begnügen können, selbst wenn Verfahren der vorliegenden Art zu einer Dauereinrichtung würden und selbst wenn diese Verfahren unsere Gerichte auf Jahre hinaus mit Arbeit versorgen würden. Die Erschütterungen, die unsere Rechtsgemeinschaft durch solche Verfahren zweifellos erleiden würde, sind heilsame Erschütterungen.« Wie soll der verbrecherische Charakter der nationalsozialistischen Untaten im Bewußtsein unseres Volkes festgehalten werden und das verkümmerte Rechtsbewußtsein wieder erstarken, wenn auf Grund der Ludwigsburger Abgrenzung beispielsweise die meisten der mehreren zehntausend Polizisten, die Juden, Polen und Russen erschossen oder Ghettos absperrten, damit niemand entkommen konnte, nie in die Ermittlungen eingeschlossen, nie vor Gericht gestellt werden?

Freilich ist – vor allem bei den Fragen des Täter- oder Gehilfenwillens und des Befehlsnotstandes – schon in den bisherigen Prozessen deutlich geworden, wie wenig die herkömmliche Vorstellung vom Verbrecher oder auch einer Verbrecherbande der neuartigen Erfahrung gerecht wird, daß der Staat selbst kriminell wird und seine Machtmittel wie seine Autorität für verbrecherische Ziele einsetzt. Wer alles muß überhaupt als strafrechtlich verantwortlich angesehen werden, sei es als Täter oder als Gehilfe? Nach unserem Strafrecht ist *jede* Handlung oder Unterlassung dann eine Tötungshandlung, wenn sie nicht hinweggedacht werden kann, ohne sie der Tod nicht eingetreten wäre. Damit wären nicht nur der Schütze an der Grube und der Türschließer der Gaskammer Täter, sondern auch die Hintermänner, die Organisatoren am Schreibtisch, mag man bei ihrer rechtlichen Beurteilung auf den verbrecherischen Willen oder auf ihre Beherrschung des Geschehnisablaufs, ihrer Machtapparate abstellen, mit denen sie ihre Verbrechen vielstufig und arbeitsteilig ins Werk setzten. Aber wie steht es mit den Landräten, Bürgermeistern und Ortspolizeibeamten, die die Transporte vorbereiteten und zusammenstellen, den Bahnbeamten, die für Züge sorgten, den Lokomotivführern, die sie in Bewegung setzten, den Wachmannschaften, die die Elendszüge bewachten, den Chauffeuren der Gaswagen, ja aller Lastkraftwagen, die die Unglücklichen zu ihrer Todesstätte karrten? Wie steht es vor allem mit den Parteifunktionären und Verwaltungsbeamten, die in der einen oder anderen Weise für einen reibungslosen Ablauf der Aktionen sorgten, mit den Geschäftsleuten, die Gaskammern und Verbrennungsanlagen projektierten und errichteten, Giftgas lieferten oder auch Häftlinge als Arbeitskräfte ausbeuteten? Wie mit den Diplomaten, die die Regierungen der von Deutschland abhängigen Staaten zu Judengesetzen zu veranlassen suchten, später ihnen zuredeten, sich die Lösung der Judenfrage von Deutschland abnehmen zu lassen, wobei sie von diesen Regierungen Kopfgelder als Beitrag zu den »Deportationskosten« zu ergattern suchten, während sie zugleich dem Ausland der nichtunterworfenen Welt gegenüber die Todestransporte nach Kräften verschleierten? Wie weit geht die strafrechtlich faßbare Verantwortung, wo beginnt die nur moralische Schuld? Was haben wir von den Verfassern und Kommentatoren der vielen Hunderte von Gesetzen, Verordnungen und Anordnungen zu halten, die durch Sonderregelungen allmählich die Juden aus der deutschen Volksgemeinschaft verdrängten und ihre Sonderbehandlung ermöglichten und vorbereiteten, was von denen, die Juden wirtschaftlich oder gesellschaftlich ausschlossen und propagandistisch die Sonderstellung jüdischer Mitbürger vorbereitet haben, Haßparolen weitergaben oder es doch unterließen, gegen Diffamierungen anzugehen?

Sieht man also näher zu, dann zerfallen die Verbrechen des nationalsozialistischen Staates vor unseren Augen in eine Vielzahl mehr oder weniger bedeutsamer Einzelbeiträge, mit denen beträchtliche Teile unseres Volkes den Verbrechensapparat mitgeschaffen und bedient haben. Oft hing es von Zufälligkeiten ab, ob und wie der einzelne Deutsche dann strafrechtlich schuldig wurde; die Abgrenzung der individuell zurechenbaren Schuld von der der Mitschuldigen ist daher oft ebenso schwierig wie die Beantwortung der Frage, wo die Grenze zwischen strafbarem und nur verächtlichem Verhalten liegt.

Die gesellschaftliche Ermöglichung der nationalsozialistischen Untaten, also die Verbindung von gesellschaftlicher Gesamtkonstellation und verbrecherischer Einzelhandlung und damit die Verflochtenheit von Taten, Tätern und deutscher Geschichte in den ersten Jahrzehnten dieses Jahrhunderts tritt besonders eindringlich in einem Text Dietrich Goldschmidts hervor. Er macht deutlich, weshalb die Erkenntnis dieses Zusammenhangs dem bürgerlichen deutschen Lebensgefühl so schwer fällt: »Dieses ist auf die Dauer seiner Welt und Geltung ewiger Werte eingestellt. Hier stehen sich Gut und Böse in immerwährendem, scharf getrenntem Gegensatz gegenüber: staatliche Autorität, Ordnung, Bildung, Wissenschaft auf der einen Seite, zersetzende Kritik, Unordnung, Chaos, Verbrechen auf der anderen. Daß die soziale Wirklichkeit nicht in dieser strengen Zweiteilung organisiert ist, ja, daß beide Teile zusammenfallen können und daß im Offizier, Juristen, Arzt die ständige Möglichkeit der Pervertierung zum

Verbrecher liegt, ist eine Erkenntnis, gegen die sich gerade der herkömmliche Bürger wehrt... Seiner Betrachtung fehlt daher auch der Blick für die latent immer gegebene Möglichkeit einer ähnlichen gesellschaftlichen Deformation in der Zukunft.«[*]

Wenn man als Deutscher in Auschwitz an Deutschland denkt, hat man Angst vor dem eigenen Volk, Angst vor seiner Zukunft.

(1964)

[*] Die Texte der erwähnten Autoren sind 1964 in dem Buch von Reinhard Henkys »Die nationalsozialistischen Gewaltverbrechen. Geschichte und Gericht« erschienen.

ZWEITES KAPITEL

Im Anfang war Adenauer

Der Kölner Konrad Adenauer

Friedrich Naumann hat einmal gesagt, Bismarck habe Europa von Preußen aus gedacht. Naumann meinte, es sei »nicht unnütz, sich rein theoretisch den Fall zu denken, daß dasselbe große Talent zur gleichen Zeit nicht in Preußen, sondern in Österreich oder Bayern entstanden wäre. Auch an diesen Plätzen würde ein Bismarck die Weltgeschichte beeinflußt haben, aber anders.« So wenig man Bismarck und Adenauer gleichsetzen kann – hier lassen sie sich vergleichen. Adenauers politische Welt, vor allem seine außenpolitischen Vorstellungen bleiben unverständlich ohne den Hintergrund der Landschaft, aus der er stammt. Sie wurzeln im Rheinland, genauer: in Köln.

Im Denken dieses Pragmatikers gibt es im Grunde nur einen festen Punkt – seine Vaterstadt. Nicht nur den widerstrebenden Wilhelm Vocke hat er mit bewegender Wärme und Begeisterung zu überzeugen versucht, »daß Köln der eigentliche Mittelpunkt des Abendlandes« sei. Kölner Stadtgeschichte ist für ihn Menschheitsgeschichte, jedenfalls Geschichte der europäischen Grundlagen: »Das ›heilige Köln‹, von den Römern gegründet, von den Werken des Christentums geformt, im humanistischen Geiste gewachsen, war im hohen Mittelalter einmal das Herz Europas«. Als Kölner weiß man, daß Albertus Magnus, den Dante später »Albert von Köln« nannte, aus Paris gekommen war. Man weiß, daß sein Schüler Thomas von Aquin von Köln aus nach Paris ging. Man kennt die vielen Fäden, die beide Städte seit Jahrhunderten verbunden haben.

Manche Einzelheiten mögen Adenauer später wieder entfallen sein. Er wußte von ihnen, ohne sie immer zu kennen. Wie der Mann schienen seine Auffassungen aus der Kölner Landschaft gewachsen. Was aber den Geist der Rheinlande eigentlich ausmacht, ist schwer zu fassen. Boisserées Klage über das fast völlige Fehlen einer rheinischen Geistesentwicklung, Joseph Hansens Vorwurf, das Rheinland des 18. Jahrhunderts habe vom Geist der Lessing und Kant, der Goethe und Schiller kaum Kenntnis genommen, kommen dem Betrachter noch heute in den Sinn. Man hat lange Heine wie Marx aus dem Bewußtsein verdrängt; Friedrich Engels blieb immer für Adenauer nur ein mißratener Verwandter seines Freundes Robert Pferdmenges. Was diese Landschaft geformt hat, ist so alt, daß es ins Unterbewußtsein gesunken, in den Volkscharakter eingegangen ist. Adenauer hat daher sein Lebensgefühl, seine Weltsicht, die geistigen Grundlagen seiner Politik Außenstehenden nie recht verständlich machen können. Seine Überzeugungen schienen weniger aus dem Verstand als aus einem Instinkt, einem ererbten Wertsinn und Gefühl für Proportionen zu stammen. Ein Leben lang ist bei Adenauer ein landsmannschaftliches Selbstgefühl spürbar, das sich mit einem starken persönlichen Selbstbewußtsein verbindet; wie Carl Zuckmayer in *Des Teufels General* könnte er sagen: »Vom Rhein – das heißt vom Abendland. Das ist natürlicher Adel.« Schon 1925 rechnete Gustav Stresemann unter dem Eindruck der prunkvollen Kölner Feier tausendjähriger Zugehörigkeit der Rheinlande zum Reich, Konrad Adenauer neidvoll unter die Oberbürgermeister, die er »Könige der Gegenwart« nannte – was kaum übertrieben ist, wenn man bedenkt, daß Adenauer bei der Eröffnung der Kölner Zeitungsmesse 1928, der ersten und bisher einzigen Presseausstellung der Welt, den französischen Ministerpräsidenten Edouard Herriot im Festsaal des Gürzenich wie von gleich zu gleich fürstlich empfangen konnte. Schon damals ist er ein republikanischer Monarch, dem der Stolz auf seine Stadt und ihre Geschichte deutlich anzumerken ist – sie prägten ihn wie er sie. Treffend spricht Hans-Peter Schwarz von der deutschen und europäischen Politik Adenauers »mit dem Kölner Dom als Zentrum«, was nur insofern mißverständlich ist, als es eine klerikale Abhängigkeit Adenauers anzudeuten scheint. Heinrich Böll, sein bald ebenso berühmter Mitbürger, der für das Verständnis Adenauers bei aller Gegensätzlichkeit unentbehrliche Interpret Kölns, hat mit Recht betont, daß geistliche Macht in seiner Vaterstadt weniger ernst genommen werde, als man es gemeinhin in deutschen Landen glaube. Zwar mag Adenauer geradezu wie ein Kirchenfürst wirken; ein scharfsinniger Beobachter hat bemerkt, »in Rot gekleidet würden bei ihm alle jene Züge hervortreten, die wir von den Kardinalsporträts her kennen«. Aber es gab kaum einen weniger klerikalen Mann als ihn – eine Haltung, die übrigens vom sanften Robert Schuman wie von Alcide de Gasperi geteilt wurde, dessen Beziehungen zu Papst Pius XII. geradezu eine Tragödie waren.

Adenauers Überzeugung, daß Köln in der Mitte des Abendlandes liege, ist nicht so sehr geographisch zu verstehen. Sie entspricht eher der inneren Balance einer Bevölkerung, die Katholizismus und Liberalismus, Nordeuropa und Südeuropa, französische Lebensart und preußische Tugenden vereint. Freilich in einer durchaus akzentuierten Verbindung. Wie sagte Adenauer im Februar 1948 zum *Rheinischen Merkur?* »In den Ländern des deutschen Westens lebt eine natürliche Sehnsucht aus der Enge nationaler Beschränktheit in die Weite gesamteuropäischen Bewußtseins.« Dieses Bewußtsein – hier muß man Adenauer korrigieren – ist weniger gesamt- als westeuropäisch; das Rheinland empfindet sich vor allem als ein Teil des europäischen Westens. Zugleich hat es als westlicher Bezirk Deutschlands bei allem selbstverständlichen Zugehörigkeitsgefühl ein selten geäußertes, aber deutlich empfundenes Selbstbewußtsein gegenüber den übrigen Deutschen, vor allem denen im Norden und Osten. Beides zusammen, die Stellung in Deutschland *und* in Westeuropa, machen Vorzug und Bestimmung der Rheinlande aus. Adenauer sagt es ganz deutlich: Man glaubt sich hier nicht nur zur Vermittlung zwischen den deutschen Ländern, zum »ausgleichenden Faktor zwischen dem nüchternen zentralistischen Norden und den von starker landsmannschaftlicher Eigenwilligkeit geprägten Ländern des deutschen Südens« berufen, sondern auch zum vermittelnden »Glied zwischen Deutschland in seiner Gesamtheit und den westeuropäischen Ländern«. Westeuropa ist nahe. Paris und Brüssel liegen in Köln dem Herzen ungleich näher als Berlin, von Warschau und Prag ganz zu schweigen. »Zwischen Loire und Weser (!) schlug einst das Herz des christlichen Abendlandes. Der Stil des Kölner Doms, des ehrwürdigen Wahrzeichens des deutschen Westens, hat seine Wurzeln im französischen Boden.«

Beim Graben im heimatlichen Geschichtsgrund also stieß Adenauer auf die Verwandtschaft mit Frankreich, und nicht nur in den Tiefenschichten einer fernen Vergangenheit fielen die Verbindungen ins Auge. Täglich hatte er als Kind, wenn er an St. Aposteln vorüberkam, in der Kirchenmauer die zweisprachige Ortsbezeichnung aus französischer Zeit lesen können. »Cloître SS Apôtres St. Aposteln Kloster«; als er studierte und seinen Referendardienst absolvierte, galt im Rheinland noch immer Napoléons Code Civil. Von daher, als geschichtsbewußter Kölner, kann ein Mann, der die französische Literatur und Kultur so wenig kennt wie die französische Küche, ein miserables Französisch spricht und erst im hohen Alter in Frankreich gereist ist, glaubwürdig fortfahren: »Eine Erneuerung des abendländischen Gedankens kann nur das Ergebnis einer fruchtbaren Begegnung zwischen Deutschland und Frankreich sein.«

Wie seine Zuneigung zum französischen Nachbarn scheinen auch seine antipreußischen Affekte nicht von ihm selbst, sondern aus seiner Heimat zu stammen; Adenauers Abneigung gegen Preußen ist historisch bedingt.

Als es 1815 zur beiderseits unerwünschten Verbindung der Rheinlande mit Preußen kam, trat dieses seine Herrschaft mit starkem Selbstgefühl an. Waren nicht die rheinischen Kurfürstentümer beim Einrücken der Franzosen wie ein Kartenhaus zusammengefallen, während sich der preußische Staat trotz seiner Niederlage behauptet und aus eigener Kraft erneuert hatte? Hatte sich nicht die Bevölkerung der Rheinlande rasch den Franzosen angepaßt und damit einen Mangel an Eigenständigkeit bewiesen, der sie dazu vorherbestimmte, in einem stärker geprägten Staatswesen aufzugehen? Zum Überlegenheitsgefühl der Protestanten gegenüber den Katholiken kam bei den Preußen noch die Überzeugung, es sei ein Mangel, den man schleunigst beheben müsse, daß das Rheinland den Disziplinierungsprozeß des absoluten Staates nicht durchlaufen habe.

Dem Überlegenheitsgefühl der einen entsprach ein gestörtes Selbstbewußtsein der anderen Seite. Alle Traditionen waren abgebrochen, die historischen Herrschaften, unter denen man gelebt hatte, für immer dahin. Das Heilige Römische Reich, eine übernationale Ordnungsmacht, bestand nicht mehr; der Reichspatriotismus des Rheinlands fand innerhalb der norddeutsch-protestantischen Landesgrenzen kein Betätigungsfeld. Die Errungenschaften der französischen Herrschaft drohten verlorenzugehen, je mehr der Reformeifer in Preußen erlahmte – eine Befürchtung, die sich allerdings als unbegründet erwies. Im Gegenteil: Preußen verwestlichte. So gelang es, allerdings erst nach einem Menschenalter, die Errungenschaften des französischen Strafprozesses in der ganzen Monarchie einzuführen.

Auch im deutschen Westen hatte die neue Herrschaft gute Seiten. Zum ersten Male in der rheinischen Geschichte wurde ein fester und einheitlicher Unterbau für ein modernes Unterrichtswesen gelegt, ohne das die spätere Industrialisierung gar nicht denkbar gewesen wäre. Die wichtigste Leistung Preußens war sein Beitrag zur Entfaltung des Wirtschaftslebens. Vor allem durch eine weitblickende Verkehrs-, Zoll- und Handelspolitik wurden die Grundlagen teils geschaffen, teils erneuert, auf denen das Rheinland und Westfalen ihre spätere Schlüsselstellung aufbauen konnten. Dieser wirtschaftlichen Entwicklung war es sicherlich zu verdanken, wenn sich das Rheinland trotz fehlender politisch-gesellschaftlicher Integration und trotz schwerer Konflikte wie des Kulturkampfes (eine Jugenderinnerung Konrad Adenauers, die ihn noch als alten Mann mit Empörung erfüllte) mit der Zugehörigkeit zu Preußen allmählich abfand.

Was blieb, war der Stachel politischer Zurücksetzung. Längst war man sich beim näheren Umgang mit den fremden Landesherren – auch dank preußischer Initiativen – als älteste deutsche Kulturlandschaft der eigenen Vergangenheit und des eigenen Wertes bewußt geworden, hatte sich wieder, ja in gewisser Weise zum ersten Male, ein rheinisches Sonder- und Selbstbewußtsein gebildet, das durch die zunehmende wirtschaftliche Bedeutung dieses preußischen Westens wie die fortdauernde politische Vormachtstellung des preußischen Ostens gleichermaßen bestärkt wurde. Der Vorrang der ostelbischen Gutsherrschaft in Verwaltung und Militär der preußischen Monarchie ließ keine Gleichberechtigung des rheinischen Bürgertums zu. Von einer angemessenen Beteiligung des wirtschaftlich führenden westdeutschen Landesteils an politischen Entscheidungen Berlins konnte jedenfalls bis zum Ende des Kaiserreichs keine Rede sein.

Sogar im Rheinland selbst besetzten Preußen aus den östlichen Provinzen – man nannte sie spöttisch die »armen Litauer« – die Mehrzahl der Beamtenstellen. Wer als Rheinländer mitreden wollte, ging – wie Adenauer – in die Kommunalverwaltung. Aber auch sie wurde den Rheinländern erst spät zugebilligt: erst 1850, fast ein halbes Jahrhundert nach Einführung der Steinschen Städteordnung in den altpreußischen Städten, gab man ihnen das Recht, ihre Bürgermeister und Beigeordneten frei zu wählen; erst 1887, später als alle anderen preußischen Provinzen, erhielt die Rheinprovinz eine Selbstverwaltungsorganisation.

An rheinischen Ressentiments gegen die preußische Herrschaft hat Konrad Adenauer ein Leben lang festgehalten. Diese tiefe Abneigung läßt leicht übersehen, wie nachhaltig das Rheinland und gerade er selbst preußisch geprägt worden sind. Der Lebenslauf seines Vaters ist bezeichnend: Berufssoldat geworden, um den Zivilversorgungsschein für die mittlere Beamtenlaufbahn zu erwerben. 1866 wurde er bei Königgrätz schwer verwundet und wegen besonderer Tapferkeit vor dem Feinde zum Leutnant befördert, schied aber – da er die erforderliche Kaution für die Heiratserlaubnis nicht aufbringen konnte – aus der Armee wieder aus, um als Sekretär, später als Kanzleirat am Kölner Oberlandesgericht zu wirken. Sind es nicht die preußischen Beamtentugenden des Fleißes, der Pflichttreue, der Pünktlichkeit, Redlichkeit, Unbestechlichkeit, auch des Ehrgeizes, die der Vater dem Sohn – nach dessen dankbarem Zeugnis – vermittelt hat? Hat man nicht von Konrad Adenauer gesagt, er habe Auftreten und Haltung eines preußischen Generals und gibt es etwas Preußischeres als sein Motto für Paul Weymars autorisierte Biographie? »Ich habe den Wunsch, daß später einmal, wenn die Menschen über den Nebel und Staub dieser Zeit hinwegsehen, von mir gesagt werden kann, daß ich meine Pflicht getan habe.«

Adenauer mag im übrigen Deutschland ausgemacht rheinisch wirken; den Kölnern ist er immer sehr preußisch vorgekommen. Übrigens auch Franzosen. In einer Auseinandersetzung hielt ihm der französische Hochkommissar André François-Poncet vor, er sei zu mindestens einem Viertel ein Preuße. Adenauer nahm das verständlicherweise übel auf, sind für ihn doch viele, wenn nicht alle deutschen Fehler und Gebrechen im Preußischen beheimatet:

Zentralismus, Militarismus (dieser ein besonderes Übel und ein besonders preußisches dazu), Nationalismus, selbst Materialismus und Marxismus. Für ihn sind die deutschen Sozialdemokraten von Bebel bis Schumacher vor allem eine preußische Partei, ihre Führer die Erben der preußischen Junker. »Sie haben genau dieselben Herrschaftsgelüste wie jene gehabt, nur daß sie zunächst ihre Herrschaftsansprüche verlagern vom militärischen auf das wirtschaftliche und außenpolitische Gebiet.« Für Adenauer ist noch der Nationalsozialismus, dessen Namensbestandteile ihm beide gleichermaßen widerwärtig sind, auf demselben Grunde gewachsen: er ist ein besonders verderbter Sozialismus gewesen.

Ohnehin kein geistig interessierter Mensch, war er offenbar zu einer genaueren, differenzierten Analyse des vermeintlich Preußischen der genannten Phänomene nicht aufgelegt oder nicht imstande. Man gewinnt den Eindruck, als sei ihm alles, was östlich des Bergischen Landes lag, letztlich rätselhaft und unheimlich geblieben. Seine Phantasie blieb rheinisch-katholisch begrenzt.

Spätestens jenseits der Weser begann für ihn eine Welt, die er weder kannte noch kennen wollte. Er wußte wahrscheinlich, daß es Wittenberg und Weimar gab, er hatte als Staatsratspräsident sogar Ostpreußen besucht (und es dort ganz nett gefunden), aber im Grunde war ihm all das - und erst recht alles noch weiter Östliche – fremd und gleichgültig. »Adenauer weiß wenig von Osteuropa, und oft erweckt er den Eindruck, sich noch weniger dafür zu interessieren«, meinte der amerikanische Verbindungsoffizier Charles Thayer. Schon der Brocken lag für ihn in Asien. »Hier sehe ich ja wie ein Hunne aus«, stellte der Kanzler bezeichnenderweise eines Tages fest, als er porträtiert worden war. »Kein Wunder. Ich hatte eine Großmutter, die stammte aus dem Harz.« Er habe sich, gestand Adenauer nach dem Zweiten Weltkrieg, in Berlin immer wie in einer heidnischen Stadt gefühlt. Wenn man sich erinnert, wie Roon, der doch immerhin aus Pommern stammte, zumute war, als er von Koblenz nach Posen versetzt wurde (er fühlte sich nach Sibirien verbannt), kann man den gebürtigen Kölner begreifen, der schon in den zwanziger Jahren vertraulich zugab, bei Braunschweig beginne für ihn die asiatische Steppe; in Magdeburg ziehe er immer die Vorhänge zu; wenn er über die Elbe fahre, spucke er jedesmal aus dem Fenster.

Bereits am Ausgang des Ersten Weltkrieges war Adenauer überzeugt, daß sich das Rheinland von Preußen trennen müsse – zum eigenen Besten wie zum Besten des Reiches. In seiner Rede vor rheinischen Politikern vom 1. Februar 1919, diesem in vieler Hinsicht bemerkenswerten frühen Zeugnis seines außen- und innenpolitischen Denkens, sprach er sich für eine Teilung Preußens durch Neugliederung der deutschen Bundesstaaten aus.

Sein Projekt eines westdeutschen Bundesstaates im Rahmen des Reiches, das er in verbesserter Form noch einmal im Herbst 1923 vorlegen sollte, ist bemerkenswert und für Adenauer charakteristisch. Es versprach nämlich nicht nur gleichzeitig den Interessen des Rheinlands, des Reiches und der westlichen Nachbarn Deutschlands zu dienen, sondern ganz entschieden auch denen Adenauers und seiner Vaterstadt. Seine Konzeption hatte nämlich nicht nur ihre außen- wie innenpolitischen Komponenten, die genau zusammenpaßten und einander vollkommen ergänzten; sie hatte zugleich – und auch dies war ihm offenkundig bewußt – eine kommunal- wie personalpolitische Seite: Würde nicht Köln, der rheinischen Metropole, ganz von selbst die Rolle der Landeshauptstadt zufallen? Hatte nicht der Oberbürgermeister der größten rheinischen Stadt, zumal wenn er Adenauer hieß und dessen Energie, Übersicht und Autorität besaß, alle Aussichten, an die Spitze des neuen Bundesstaates berufen zu werden und damit, angesichts des voraussehbaren wirtschaftlichen wie finanziellen Gewichts des neuen Gebildes (wie die Geschichte des späteren Bundeslandes Nordrhein-Westfalen zeigen sollte), auch eine einflußreiche Rolle im Reiche zu spielen? Es war durchaus nicht zufällig, wenn Adenauer in einem entscheidenden Augenblick unter seinem Vorsitz eine Versammlung rheinischer Oberbürgermeister und Abgeordneter am 1. Februar 1919 in Köln zusammenkommen ließ, um dort zum Vorsitzenden eines gemeinsamen Ausschusses der Parteien berufen zu werden, der die Frage einer Westdeutschen Republik bearbeiten sollte.

Es hatte viele Gründe, aber lag nicht an ihm, wenn seine Initiative damals ohne Erfolg blieb. In weiser Beschränkung wandte er daher alle Tatkraft dem Aufbau und Ausbau seiner Vaterstadt zu. Köln war – wie er meinte – von der preußischen

Regierung unter der Monarchie ebenso vernachlässigt worden wie jetzt unter sozialdemokratischer Führung. Immer wieder beklagte er sich öffentlich darüber, daß andere Städte des Rheinlands bevorzugt würden: Essen als Zentrum der Schwerindustrie, Düsseldorf als Stadt der Hochfinanz, Koblenz als Sitz des Oberpräsidenten und des Kommandierenden Generals; Bonn habe eine Universität, Aachen die Technische Hochschule, Düsseldorf eine Kunstakademie – Köln nichts von alledem.

Adenauer plante großzügig, ging mit Kühnheit und Optimismus zu Werke; nicht nur Kölner Mitbürgern war das, was er seinen gesunden Leichtsinn nannte, höchst unheimlich. Kein Wunder, daß die Anleihenschuld der Stadt schon am Ende seiner ersten Amtszeit auf mehr als 300 Millionen Mark angewachsen war und er 1929 nur mit einer Stimme Mehrheit, der Verwaltungsstimme, also im Grunde seiner eigenen, wiedergewählt wurde. Aber an seinen Leistungen war nicht zu zweifeln: ein Grüngürtel, der die ganze Stadt einrahmte, die neue Mühlheimer Brücke, ein großzügiges Messegelände mit vorausschauender Ausstellungsplanung, neue Hafenanlagen, die wiederbegründete Kölner Universität. Bei allen seinen Unternehmungen war ihm das Amt des preußischen Staatsratspräsidenten nützlich, gab es ihm doch die Gelegenheit, bei seinen häufigen Reisen nach Berlin zwanglos bei maßgebenden Männern des Reiches und Preußens vorzusprechen und Vergünstigungen für Köln in die Wege zu leiten. So hatten die beschwerlichen Reisen nach Berlin auch in Adenauers Augen einen Sinn.

Doch bei aller Arbeit für Köln verlor er nie sein größeres Ziel aus den Augen, dem zuzustreben ihm vorläufig die Umstände verboten. Adenauers Schwager, der damalige Stadtkämmerer und spätere Oberstadtdirektor Kölns, Dr. Willi Suth, hat diesen Zusammenhang deutlich bezeichnet: »Im Hintergrund stand für ihn immer ein großes außenpolitisches Konzept: von Köln aus sollte der Brückenschlag zum demokratischen Westen erfolgen.«

Der Nationalsozialismus, Krieg und Niederlage konnten die Grundlagen der außenpolitischen Konzeption Konrad Adenauers nicht ändern. Zwar meint Rüdiger Altmann, Adenauer habe überhaupt keine Konzeption besessen; man tue ihm wohl nicht unrecht mit der Vermutung, »daß er ein realpolitisches und intel-

lektuell durchdachtes, der weltpolitischen Lage angemessenes
Bild einer gesamteuropäischen Politik nie gehabt« habe. Dieser
Behauptung wird man schon insofern kaum widersprechen können, als der erhobene Anspruch außerordentlich ist; wird doch
eine Konzeption hier zugleich an ihrem realpolitischen Gehalt
und ihrem intellektuellen Niveau, an der weltpolitischen Lage
und den gesamteuropäischen Erfordernissen gemessen. Man
muß sich aber fragen, ob es überhaupt irgendein Konzept der
letzten zwanzig Jahre gibt, das allen vier hier erhobenen
Forderungen gerecht geworden wäre. Wie dem auch sei – auch
bei bescheideneren Erwartungen steht wohl fest, daß beim ersten
Kanzler der Bundesrepublik von einer Gesamtschau europäischer Politik keine Rede sein konnte – dazu war er zu wenig
intellektuell, dazu waren seine geographischen Horizonte zu eng.
Weltpolitische oder auch nur gesamteuropäische Vorstellungen
fehlten ihm. Nicht nur der Norden und Osten Europas (was
angesichts der dort in der Nachkriegszeit herrschenden sozialistischen und kommunistischen Regierungen allenfalls verständlich
gewesen wäre) – selbst der europäische Süden hatte in seinem
politischen Denken keinen Platz. Nicht nur Schweden, Polen und
Spanien, sogar Österreich und Italien (von dem man vielerorts
bis zu den Wahlen vom 18. April 1948 fürchtete, es werde den
Kommunisten in die Hände fallen) lagen am Rande seines Ge-
sichtskreises. Als Adenauer in der Nachkriegszeit wieder begann,
sein Interesse außenpolitischen Fragen zuzuwenden, richtete es
sich zunächst hauptsächlich auf die Nachbarn im westlichen
Dunstkreis der Rheinlande. Seine rheinische Weltsicht hatte ihn
schon vor Jahrzehnten zu außenpolitischen Grundvorstellungen
geführt, an die sich jetzt unschwer anknüpfen ließ. Wie damals
ging es jetzt wieder um den Versuch, die Interessen Deutschlands,
seiner westlichen Nachbarn und nicht zuletzt die des Rhein-
landes in einer ausgewogenen Lösung aufeinander abzustimmen.
Schon im Herbst 1945 konnte Adenauer daher mit Vorschlägen
hervortreten, die auf seinen Gedankengängen der zwanziger
Jahre beruhten. Sie lassen sich im Grunde in einem Satze zusam-
menfassen: (West-)Deutschland, das in jeder Hinsicht zu Westeuropa gehöre, und insbesondere der im Rahmen eines westdeutschen Staatsverbandes neu zu errichtende Rhein-Ruhr-Staat

müßten sich vor allem mit Frankreich und den Beneluxländern wirtschaftlich verflechten, wobei das Endziel eine Union westeuropäischer Staaten, ein vereinigtes (West-)Europa sei. Indem eine solche Lösung eine selbständige deutsche Wirtschafts- und damit auch Rüstungspolitik in Zukunft unmöglich machte, entsprach sie dem Sicherheitsverlangen der Nachbarn Deutschlands, besonders Frankreichs, dessen Berechtigung Adenauer schon 1919 nüchtern erkannt und anerkannt hatte. Zugleich entsprach diese Lösung aber auch den wohlverstandenen Interessen Deutschlands. Sie schloß ein für allemal, so hoffte er, das »Unstete und Schaukelnde« aus, das Adenauer schon 1926 an der deutschen Außenpolitik der Ära Stresemann mißfallen hatte. Der weitere Verlauf der deutschen Geschichte seither hatte ihn nur in der Auffassung bestärken können, daß die Deutschen einer unabhängigen Politik, gar einer Mittlerrolle zwischen Ost und West (in der sie vorzugsweise ihre nationale Bestimmung zu erkennen meinen), in keiner Weise gewachsen seien. Er war aus dem Desaster Deutschlands mit der Überzeugung hervorgegangen, daß man die Deutschen künftig vor sich selber schützen müsse, indem man sie so fest wie nur möglich mit den Staaten des europäischen Westens verbände. Zwar war Mißtrauen ein Grundzug seines Wesens; Adenauer mißtraute ohne Unterschied allen Menschen und Völkern. Aber sein Mißtrauen gegen das eigene Volk war besonders groß, weil er es für besonders gefährdet hielt – vor allem durch sich selbst. Er bezweifelte das politische Augenmaß der Deutschen, vermißte bei ihnen die Fähigkeit, die eigenen Möglichkeiten richtig abzuschätzen.

Verständlicherweise hat sich Adenauer nur vor Vertrauten besorgt über die inneren Gefährdungen Deutschlands ausgesprochen; öffentlich pflegte er seine Furcht in die weniger überzeugende Formel zu kleiden, eine Neutralisierung Deutschlands werde auf seine Sowjetisierung hinauslaufen. Er sah seine ganz persönliche Aufgabe darin, Deutschland – oder doch einen möglichst großen Teil des Landes – fest im Westen zu verankern; vom ersten Tag seiner Kanzlerschaft an wird er für dieses Ziel arbeiten. Enthusiastisch wird er die Montan-Union als »das Ende des Nationalismus«, dieses »Krebsschadens Europas« begrüßen, wird die Westverträge im Mai 1952 im Bundeskabinett nachdrücklich mit der Begründung verteidigen, es komme darauf an, eine Bindung Deutschlands auf lange Sicht herbeizuführen; er müsse Tatsachen schaffen, an die auch jede künftige deutsche Regierung gebunden sei. Als Ende August 1954 trotz jahrelanger Kämpfe die Europäische Verteidigungsgemeinschft scheitert, wird er in einem langen nächtlichen Gespräch zwei befreundete Außenminister, Josef Bech und Paul Henri Spaak, sorgenvoll beschwören, in den gemeinsamen Anstrengungen nicht nachzulassen: »Wenn ich einmal nicht mehr da bin, weiß ich nicht, was aus Deutschland werden soll, wenn es uns nicht doch noch gelingen sollte, Europa rechtzeitig zu schaffen... Nutzen Sie die Zeit, solange ich noch lebe, wenn ich nicht mehr bin, ist es zu spät – mein Gott, ich weiß nicht, was meine Nachfolger tun werden, wenn sie sich selbst überlassen sind, wenn sie nicht in fest vorgezeichneten Bahnen gehen müssen, wenn sie nicht an Europa gebunden sind... Wenn wir jetzt aufgeben, ist Europa gescheitert, und alles war und bleibt vergebens...«.

Zunächst aber sah er nach 1945 eine Chance. Zwanzig Jahre früher waren seine Vorstöße umsonst gewesen. Jetzt schien plötzlich ihre Verwirklichung in den Bereich des Möglichen gerückt. Denn inzwischen hatte sich die europäische Gesamtsituation von Grund auf verändert. Adenauer war sich gleichgeblieben, aber die Verhältnisse hatten sich auf ihn zu entwickelt.

Der Zweite Weltkrieg hatte das schon vorher erschütterte internationale System der Zwischenkriegszeit zum Einsturz gebracht. Mehr noch: Europa hatte 1945 zu bestehen aufgehört. Ost- und Südosteuropa, ja ein erheblicher Teil Mitteleuropas waren hinter einem Eisernen Vorhang verschwunden, wobei völlig ungewiß war, ob er sich je wieder heben würde. Das Deutsche Reich war zugunsten Polens nach Westen gedrückt und dort obendrein auseinandergerissen worden. Preußen (oder was davon das Dritte Reich überdauert hatte) war verschwunden, ehe es auch formal aufgelöst wurde. Aber zur Genugtuung war kein Anlaß; denn an seiner Stelle hatte sich eine weit größere, geradezu gigantische Gefahr erhoben: Die Sowjetunion war bis in die Mitte Europas gelangt und hatte an Elbe und Werra Fuß gefaßt. Ein totalitäres Über-Preußen, eine asiatisch-atheistische Weltmacht – so meinte Adenauer – dehnte sich jetzt zwischen

Lübecker Bucht und Beringmeer, zwischen Thüringer Wald und Tschuktschen-Halbinsel, und hatte nicht nur begonnen, den Ostteil Deutschlands wie des Kontinents kommunistisch zu revolutionieren und ihrer Hegemonie zu unterwerfen, sondern war darauf aus, wie es schien, in ganz Westeuropa auf kaltem Wege die Macht zu ergreifen. Niemals zuvor, oder doch seit Jahrhunderten nicht mehr, hatte sich das Abendland einer vergleichbaren äußeren Bedrohung gegenüber gesehen.

Es ist nur auf den ersten Blick verblüffend, daß Adenauer schon im Herbst 1945, erheblich früher als die meisten deutschen und auch westlichen Politiker, die neue Lage öffentlich wie privat ruhig und richtig analysierte. So wie man damals im westlichen Lager hoffte, das Scheitern der Kriegskoalition doch noch vermeiden zu können, genauso wollte man in Deutschland die Spaltung des Reiches, auf die viele Tatsachen unmißverständlich hindeuteten, einfach nicht wahrhaben. Man weigerte sich, einen Zustand anzuerkennen, den man als vollkommen unnatürlich und daher unhaltbar empfinden mußte. Nicht jedermann war so klarsichtig und zugleich so kühl, schon damals die sowjetisch besetzte Zone schlicht abzubuchen: »Der von Rußland besetzte Teil«, sagte Adenauer am 5. Oktober 1945 zu Vertretern des *News Chronicle* und der *Associated Press,* »sei für eine nicht zu schätzende Zeit für Deutschland verloren.« Ihm lagen die Gebiete, um die es ging, sowieso ferne. Zudem erkannte er offenbar frühzeitig, welche Möglichkeiten die neue Lage für Westdeutschland, für das Rheinland, für ihn selbst bot. Das Unglück des Vaterlandes, das er nicht herbeigeführt hatte und für das andere verantwortlich waren, hatte auch eine Seite, aus der sich etwas machen ließ. Die neue Lage war auf ihn und sein Konzept zugeschnitten. In einer radikal vereinfachten Situation, in der Deutschlands Osten in den Machtbereich der Sowjetunion geraten und Westdeutschland auf den europäisch-atlantischen Westen angewiesen war, hatten seine alten Ziele plötzlich Chancen der Verwirklichung. Hemmungen und Hindernisse, die in der Weimarer Republik seinem Vorhaben eines dauerhaften Ausgleichs mit den westlichen Nachbarn auf der Grundlage einer westdeutsch-westeuropäischen Wirtschaftverflechtung im Wege gestanden hatten, waren beseitigt. Preußen war ausgelöscht,

Berlin kam als Hauptstadt nicht mehr in Frage, Deutschland diesseits der Grenze würde nicht mehr vom Nordosten her regiert werden, möglicherweise das wirtschaftliche und das politische Machtzentrum künftig in einer Landschaft zusammenfallen. Bot sich nicht seine Heimat, das Land an Rhein und Ruhr, ganz von selbst als Kerngebiet eines neuen westdeutschen Staatsgefüges an?

Man muß freilich immer im Auge behalten, daß es sich bei solchen Erwägungen um alles andere als ein geschlossenes Gedankengebäude handelte. Nur die allgemeine Richtung lag fest: eine westeuropäische Einigung unter Einschluß Westdeutschlands. Alles andere blieb bewußt offen, alle Einzelheiten wurden der Gunst des Augenblicks überlassen. Den Politiker machte, nach Adenauers Auffassung die Fähigkeit aus, sich bei seinen Vorhaben von den Gegebenheiten der Stunde leiten zu lassen; anpassungsfähige Beweglichkeit war in seinen Augen die Vorbedingung politischen Erfolges.

Seine Vision einer westdeutschen Westintegration war so einleuchtend wie naheliegend; das meinte er wohl, wenn er wiederholt betonte, Politik müsse einfach sein. Die Wirklichkeit, mit der er als Kanzler zu tun haben sollte, aber war durchaus kompliziert und verwirrend. Hier half ihm, war Robert Musil im »Mann ohne Eigenschaften« den »Möglichkeitssinn« genannt und vom Wirklichkeitssinn unterschieden hat. Adenauer besaß dieses Gespür, eine Mischung aus Begabung, Tatsachenkenntnis und Erfahrung, ofenbar in hohem Maße. Er ahnte die Proportionen der Probleme, er ertastete politische Tendenzen und fühlte, was sich aus einer Situation möglicherweise machen ließ – so wie Winston Churchill einmal gesagt hat, man müsse die Politik weniger im Kopf als in den Knochen haben. »Adenauer hat, obwohl alles andere als ein gefühlsbetonter Mensch, die Politik mit dem Gefühl erfaßt, er hat den jeweiligen Wind, ich möchte fast sagen: gewittert«, meinte ein Journalist, Hans Werner Graf Finck von Finckenstein, der den Kanzler gut kannte. Freilich vereinfachte ihm sein Instinkt die Gegebenheiten ganz erheblich; er verhalf ihm damit zu einer Sicht der Welt, die nur den Zeiten des Kalten Krieges wirklich angemessen war. Adenauer hatte nichts übrig für »alles Gestrüpp und allen Ballast«, die den Menschen hindern, »die Grundlagen des Ganzen zu sehen«. Der Wille wie die Fähigkeit zur Vereinfachung bedeuteten auf der anderen Seite eine große Stärke: immer zu Antworten auf die Herausforderungen des Tages in der Lage und zur Entscheidung bereit zu sein.

Sein rheinisches Konzept, die nüchterne Lagebeurteilung und die praktisch-taktische Begabung Adenauers waren innenpolitisch erprobt worden, ehe er sich in die Außenpolitik begab, die in den ersten Nachkriegsjahren keineswegs an der Spitze seiner Sorgen und Tätigkeiten gestanden hatte: nur langsam wuchs er in die Außenpolitik hinein, schrittweise erweiterte sich seine Rolle und Perspektive vom Rheinischen ins Nordwest-, ins Westdeutsche, ins Europäische und endlich Weltpolitische.

Schon in den zwanziger Jahren war ihm durchaus bewußt gewesen, daß seine außenpolitischen Pläne innenpolitische Voraussetzungen hatten; weil ihm damals in Preußen wie im Reich eine breite innenpolitische Basis fehlte, war er nicht weit gekommen mit seinen Projekten. Jede Außenpolitik ist nur soviel wert wie die gesellschaftlich-politische Kräftekonstellation, von der sie getragen wird. Nach der Auflösung Preußens und dem Zerfall des Reiches aber schienen seine Chancen von vornherein weit größer als damals, im Westen, am Rhein, um seine Person einen neuen Machtkern zu bilden und die politischen Kräfte Westdeutschlands an ihn zu binden.

In Wirklichkeit sah es indessen zunächst anders aus. Als die britische Militärregierung im Oktober 1945 den Kölner Oberbürgermeister wegen Unfähigkeit brüsk entließ und aus der Stadt wies, schien seine kurze Nachkriegskarriere bereits beendet. Zwar wurde das gleichzeitige Verbot, »weder direkt noch indirekt irgendeiner wie auch immer gearteteten politischen Tätigkeit nach(zu)gehen«, bald wieder aufgehoben. Aber Adenauer blieb durch den Verlust des Amtes seines lokalen Rückhalts, seiner angestammten Aktionsgrundlage in der rheinischen Metropole beraubt. Doch mit dem Ende des Dritten Reiches war in ihm eine derartige politische Energie erwacht, »daß man glauben muß, er selbst habe gespürt, daß nun seine Stunde gekommen sei«, schrieb Felix von Eckardt, sein langjähriger Pressechef, im Rückblick Jahre später. Umsichtig und zähe setzte sich der alte

Mann allmählich durch – erst in der CDU-Führung der britischen Zone, dann gegenüber den restlichen Landesverbänden, insbesondere dem Anspruch der Berliner CDU, die Zentrale einer Reichspartei zu sein. Sein außenpolitischer Scharfblick kam ihm dabei zustatten: er brauchte nur zuzusehen, wie seine Konkurrenten um Jakob Kaiser ohne sein Zutun im Laufe der Zeit an den Gegebenheiten scheiterten. Als der Parlamentarische Rat zusammengerufen wurde, war seine Position schon so gefestigt, daß er auf den Präsidentenstuhl gelangte. Ein Jahr darauf war er Bundeskanzler – noch dazu in Bonn, das in mehreren Abstimmungen »unter nicht sehr löblicher Beeinflussung«, wie Alfred Grosser kritisch konstatierte, an Stelle des Zweizonen-Mittelpunkts Frankfurt zur Bundeshauptstadt bestimmt worden war. Wieder ein Jahr später wurde Adenauer auch zum Vorsitzenden der CDU-Bundespartei gewählt, deren Gründung er hinausgezögert hatte, solange unsicher war, ob die Parteiführung an ihn fallen werde.

Der neue Staat hatte ein rheinisches Machzentrum unter einem rheinischen Kanzler, als sich Adenauer 1949 anschickte, im Westteil des geschlagenen und geteilten Landes die von den Tatsachen nahegelegte und zugleich in seinen Augen einzig sinnvolle Politik der Eingliederung in den Westen zielstrebig in die Wege zu leiten.

(1971)

Entscheidungszentrum Bundeskanzleramt

Im Anfang war Adenauer – so läßt sich der Beginn der Bundesrepublik kurz kennzeichnen. Die Verfassung war noch nicht verabschiedet, der erste Bundestag nicht gewählt, der Bundesrat nicht konstituiert. Es gab den Bundespräsidenten so wenig wie eine Bundesregierung, geschweige das Bundesverfassungsgericht. Bonn war noch nicht zur Hauptstadt bestimmt. So große Verbände wie der Deutsche Gewerkschaftsbund, so mächtige wie der Bundesverband der Deutschen Industrie waren noch nicht entstanden, der Zusammenschluß der CDU-Landesverbände zu einer Bundespartei in weiter Ferne. Aber es gab bereits nach außen und innen einen Repräsentanten des entste-

48

henden westdeutschen Staates: den Präsidenten des Parlamentarischen Rates.

Adenauer saß als Präsident nicht in den Ausschüssen, in denen die eigentliche Verfassungsarbeit geleistet wurde; die Entstehungsgeschichte des Grundgesetzes weiß von eigenständigen Beiträgen des späteren Bundeskanzlers nicht viel zu berichten – so wichtig seine vermittelnde Tätigkeit, zumal in den formlosen, von ihm einberufenen interfraktionellen Besprechungen der Parteien auch gewesen sein mag. Wesentlich wichtiger für die weitere politische Entwicklung Adenauers wurde das, was Theodor Heuss später seine »Hintergrundsfunktion« nannte: in aller Stille Kontakte mit den führenden alliierten Militärs und Zivilisten anzuknüpfen. Die deutschen Politiker in den Ländern hatten damals zumeist nur Verbindung zu den verschiedenen für ihr Gebiet zuständigen Befehlshabern. In Bonn kamen die Vorsitzenden der Fraktionen und Ausschüsse des Parlamentarischen Rates mit alliierten Offizieren und Beamten zusammen, um Teilfragen zu besprechen.

Allein Adenauer konnte im Namen des Ganzen auftreten, nachdem er gleich zu Beginn der Verfassungsberatungen im September 1948 durchgesetzt hatte, daß nicht, wie bisher, die Konferenz der Ministerpräsidenten, sondern der Parlamentarische Rat (und damit in erster Linie er selbst) von den alliierten Wünschen unterrichtet wurde und mit den Alliierten direkt über das Vorhaben eines Staatsgrundgesetzes verhandeln konnte. Adenauer war durch sein Präsidentenamt herausgehoben; ihm fiel die Aufgabe zu, die deutschen Bedenken und Einwände gegen alliierte Interventionen geltend zu machen. Mußte er damit nicht den Militärgouverneuren, ihren Vertretern und Verbindungsoffizieren frühzeitig als der deutsche Sprecher schlechthin erscheinen? Heuss sah es so. Ohne Bestallung – denn wer hätte ihn ernennen sollen? – war er dennoch schon in diesen Monaten auf ganz natürliche Weise der Sprecher der werdenden Bundesrepublik gegenüber den westlichen Mächten geworden. Dadurch wurde zugleich seine Stellung im Lande selbst gefestigt. Es gab damals noch kein Besatzungsstatut; auf allen Gebieten hemmten alliierte Vorbehalte. In dieser Zeit mußte Adenauers Zugang zu den höchsten Machthabern der Besatzungsmächte auf seine innenpolitische Position zurückwirken. Schon im Parlamentarischen Rat ließen ihn seine vermuteten Einflußmöglichkeiten zum gesuchten Gesprächspartner aller derer werden, die als Politiker, hohe Beamte und Offiziere, als Wirtschaftsführer, Wissenschaftler oder Journalisten im kommenden Staat für ihre Anregungen Aufmerksamkeit, ihre Vorhaben Förderung, ihre Person Verwendung zu finden hofften.

Einer breiteren Öffentlichkeit war diese Bedeutung Adenauers damals keineswegs bewußt. Sie sah – soweit sie sich überhaupt schon eine Meinung gebildet hatte – in Kurt Schumacher und nicht in Konrad Adenauer den fähigsten deutschen Politiker. Doch Schumacher war von März 1948 bis April 1949 ans Bett gefesselt; nachdem er schon im Ersten Weltkrieg einen Arm verloren hatte, mußte er sich Ende September 1948 ein Bein amputieren lassen. Das hinderte ihn zwar nicht, durch seine engsten Vertrauten weiter die Partei zu führen und erheblichen Einfluß auszuüben. Aber Schumacher war vom Krankenlager aus völlig außerstande, sich eine der Adenauerschen vergleichbare Position aufzubauen – selbst wenn er es, was sehr zweifelhaft ist, gewollt hätte. Welchem der alliierten Militärgouverneure wäre es in den Sinn gekommen (von ihren persönlichen Vorbehalten gegenüber dem westdeutschen SPD-Vorsitzenden ganz abgesehen), ihn in seiner Wohnung in Hannover aufzusuchen?

Die Position, die Adenauer im Parlamentarischen Rat errungen hatte, wäre eine Episode geblieben, wenn er es nicht verstanden hätte, sich nach der Bundestagswahl vom 14. August 1949 im Handstreich den Weg zur Macht zu ebnen.

Der Wahlkampf hatte ihm zwar die Gelegenheit gegeben, sich in der Bevölkerung bekannt zu machen, aber ihn keineswegs als Führer seiner Partei oder gar des Landes erwiesen. Die Wahl ließ die Frage offen, wem die künftige Regierungsgewalt zufalle. Man konnte die bisherige bürgerliche Koalition des Frankfurter Wirtschaftsrates fortsetzen oder zu einer Großen Koalition von CDU und SPD übergehen. Beide Lösungen konnten aus dem Wahlergebnis gerechtfertigt werden, beide hatten in beiden Lagern ihre Anhänger. Da riß Adenauer die Initiative an sich: Die Konferenz vom 21. August 1949 in seinem Rhöndorfer Haus brachte die Entscheidung, deren historischer Bedeutung er sich durchaus bewußt war, in seinem Sinne und zu seinen Gunsten; noch in seinen letzten Lebensjahren hat Adenauer auf die Frage, was er für seine wichtigste politische Leistung halte, auf diese Sitzung hingewiesen und sich die Verhinderung einer Großen Koalition wie die Schaffung eines bürgerlichen Blocks zum besonderen Verdienst angerechnet.

Die CDU/CSU-Bundestagsfraktion, die an sich zur Entscheidung über die Koalitionsfrage berufen gewesen wäre, hatte sich noch nicht konstituiert. Adenauer, an sich nur Vorsitzender der CDU in der britischen Zone, machte sich die Tatsache zunutze, daß es noch immer keine gemeinsame Parteiorganisation der CDU im Gebiet der drei Westzonen gab, die das Recht hatte, für die Gesamtpartei Entscheidungen zu treffen und verbindliche Erklärungen abzugeben. Indem er in sein Haus einlud, hatte er es zudem in der Hand, den einen oder anderen seiner innerparteilichen Gegner zu übergehen. Bei einer Versammlung an einem anderen Ort wäre zweifelhaft gewesen, wem das Präsidium der Sitzung zufiel. »In Adenauers eigenem Hause konnte diese Frage gar nicht aufkommen. Mit schöner Selbstverständlichkeit nahm Adenauer als Hausherr den Vorsitz für sich in Anspruch«, wie Robert Pferdmenges später berichtete. Mit gleicher Sicherheit ergriff der Hausherr als erster das Wort. Gegen zunächst heftigen Widerspruch konnte er sich im Laufe des Tages mit seiner Konzeption einer kleinen Koalition durchsetzen, in der ihm das Amt des Bundeskanzlers, Theodor Heuss, dem Vorsitzenden der FDP (der von diesem Vorschlag bis zu dieser Stunde keine Ahnung hatte), das des Bundespräsidenten zufiel. Zwar schlug möglicherweise nicht er selbst, sondern einer der Teilnehmer Adenauer als Bundeskanzler vor – angeblich zu seiner Überraschung, tatsächlich aber wohl aufgrund vorheriger Absprache. Vorausschauend hatte Adenauer schon von der Zusammenkunft seinen Hausarzt befragt; er mag die Runde für seine Kandidatur auch durch die Mitteilung bewogen haben, dieser meine, er könne das Kanzleramt (nur) für ein, zwei Jahre übernehmen. Niemand scheint versucht zu haben, Adenauer auf diese Frist festzulegen.

Am 12. September 1949 wurde Heuss zum Bundespräsidenten gewählt, drei Tage später – bekanntlich mit seiner eigenen

Stimme – Adenauer zum Bundeskanzler. In diesem Augenblick waren die Koalitionsverhandlungen noch nicht abgeschlossen; die Minister wurden daher noch nicht ernannt. Doch der Aufbau der Führungszentrale des neuen Staates, einer Machtapparatur für den eben gewählten Bundeskanzler, hatte bereits begonnen: Auf den 16. September datiert man die Errichtung des Bundeskanzleramtes.

Der neue Regierungschef machte von Anfang an deutlich, daß er die detaillierten Vorschläge organisatorischer und personeller Art, die die Ministerpräsidenten der Länder, die sich für die eigentlichen Väter des entstehenden Bundesstaates hielten, in den vorangegangenen Monaten für die kommende Bundesverwaltung hatten ausarbeiten lassen, nicht zu beachten gedachte. Lag nicht die Organisationsgewalt insofern nunmehr bei der Bundesregierung und, dank seiner Richtlinienkompetenz, wesentlich beim Bundeskanzler selbst? Es wurde daher gar nicht in Betracht gezogen, die Vorgängerin des Bundeskanzleramtes, die Direktorialkanzlei des Verwaltungsrates des Vereinigten Wirtschaftsgebiets, mit dem Personal ihrer leitenden Beamten zu übernehmen.

Dabei war an geeigneten Kandidaten großer Mangel. Adenauer selbst kannte kaum jemanden, der in Betracht kam. Durch seine Zurückgezogenheit während des Dritten Reiches hatte Adenauer Jüngere, etwa Männer des Widerstandes, nicht kennengelernt; auch nach 1945 hatte ihn seine Tätigkeit im Zonenbeirat, in der CDU der britischen Zone und dann im Parlamentarischen Rat zwar mit Politikern aller Schattierungen und Stufen, aber nur selten mit Männern zusammengeführt, die nicht nur seine politische und religiöse Grundeinstellung teilten, sondern auch über die nötigen Verwaltungserfahrungen und das erforderliche Organisationstalent verfügten.

Zu ihnen gehörte der kurz zuvor zum Vizepräsidenten des Landesrechnungshofes in Nordrhein-Westfalen ernannte Aachener Stadtkämmerer Dr. Hans Globke. Ehe Adenauer sich endgültig entschied, Globke in die Dienste des Kanzleramtes zu nehmen, hat er offenbar seine Erkundigungen eingezogen. Dabei wurde anscheinend dem problematischen Kommentar zu den Nürnberger Gesetzen, den Hans Globke zusammen mit dem damaligen Staatssekretär Dr. Wilhelm Stuckart verfaßt hatte und der später die Grundlage wiederholter Angriffe auf den »Organisator der Bundeskanzlei« abgeben sollte, nur geringe Beachtung zuteil. Andererseits erwies sich, daß schon unmittelbar nach Kriegsende geachtete Gegner Hitlers wie Jakob Kaiser, Otto Lenz oder der Berliner Kardinal Konrad Graf von Preysing bereit gewesen waren, für Globke auszusagen: er sei ein Mann des inneren Widerstandes gewesen und habe zu denen gehört, an die man sich damals hilfesuchend gewandt habe.

Globke selbst riet indessen davon ab, ihn zum Staatssekretär des Bundeskanzleramtes zu ernennen, da das politisch inopportun sei; Adenauer berief ihn daher in sein Amt, ohne ihm dessen Leitung anzuvertrauen, und setzte mit Globkes Hilfe die Suche nach einem Staatssekretär fort.

Mehrere Kandidaten, die Globke vorschlug, lehnte Adenauer ab. Schließlich nannte er den Namen des Rechtsanwalts Dr. Otto Lenz. Wie einige andere Kandidaten kam er aus dem deutschen Widerstand. Früheres Mitglied des Zentrums, schon mit 26 Jahren 1929 Pressereferent im preußischen Justizministerium und persönlicher Referent des Ministers, war er bereits 1934 mit Männern wie Jakob Kaiser und Dr. Josef Wirmer in Verbindung getreten. 1938 freiwillig aus dem Justizdienst ausgeschieden, war er in eine Anwaltspraxis eingetreten und hatte unter anderem 1943 den Oberleutnant Josef Müller (»Ochsensepp«) aus dem Stabe des Admirals Canaris, einen Verbindungsmann des Widerstandes zum Vatikan, vor dem Reichskriegsgericht verteidigt. Einige Monate nach dem 20. Juli 1944 verhaftet und wegen Nichtanzeige eines hochverräterischen Unternehmens zu vier Jahren Zuchthaus verurteilt, war er im April 1945 von den Russen befreit worden, hatte in Berlin die CDU mitbegründet und sich 1948 in einer Anwaltsgemeinschaft mit Josef Müller, der inzwischen CSU-Landesvorsitzender und bayerischer Justizminister geworden war, in München niedergelassen. Adenauer kannte ihn, mißtraute ihm (»Lenz ist doch ein Zigeuner«), hatte Meinungsverschiedenheiten mit ihm zu der Zeit gehabt, als Lenz – wie auch etwa Jakob Kaiser und Josef Müller – versucht hatte, das Schwergewicht der CDU nach Berlin zu legen. Adenauer zögerte daher, ihn zu sich zu nehmen. Es war wohl vor allem auf die Bemühungen des zeitweilig bei Adenauer einflußreichen Dr.

Johann Jakob Kindt-Kiefer zurückzuführen, wenn der Bundeskanzler seine Meinung änderte. Kindt-Kiefer, der damals mit Lenz befreundet war (später gab es Auseinandersetzungen), berichtete Beispiele der besonderen Entschlußkraft von Lenz, die Adenauer beeindruckten. Lenz wurde daher mit den Geschäften eines Staatssekretärs des Bundeskanzleramtes betraut und trat sein Amt am 18. Januar 1951 an. Nachdem Professor Walter Hallstein, der seit Sommer 1950 die etatmäßig ausgewiesene, aber unbesetzte Stelle des Kanzleramts-Staatssekretärs vorübergehend innegehabt hatte, mit der Errichtung des Auswärtigen Amtes am 16. März 1951 dorthin als Staatssekretär hinübergewechselt war, übernahm Lenz auch formell das Amt des Staatssekretärs des Bundeskanzleramtes, das er bis zu den Bundestagswahlen 1953 innehaben sollte, um dann von Globke, der schon in den Jahren zuvor den vorzüglichen Verwaltungsapparat des Amtes aufgebaut und geleitet hatte, abgelöst zu werden.

Globkes wichtigste Leistung, das Referentensystem des Bundeskanzleramtes, ermöglichte ihm – und damit dem Bundeskanzler – die wirksame Lenkung des gesamten Bonner Regierungsapparates. Ohne Vorbild in den früheren Reichskanzleien, denen sachliche Ressortarbeit unbekannt war, hat Globke das Kanzleramt mit einer (im Laufe der Zeit wachsenden) Zahl qualifizierter Referenten ausgestattet, deren jeder große Sachbereiche der Ministerialverwaltung koordinierte und kontrollierte. Der Referentenstab des Bundeskanzleramtes, dessen Aufgaben das entsprechende Vorwort des Bundeshaushaltsplans exakt beschreibt, hatte – und hat – die Vorlagen der Minister zu beurteilen, den formlos-informativen Kontakt zu den Referenten der einzelnen Sachgebiete in den Ministerien zu halten, die Entscheidungen des Regierungschefs, in Eilfällen ohne vorherige Rücksprache mit den Ministerialressorts, vorzubereiten und in der Durchführung zu überwachen. Operative Planung wie taktische Koordinierung der Regierungsarbeit, zu der auch die zentrale Steuerung der Personalpolitik gehört, lagen im Bundeskanzleramt – der Führungszentrale, einem politischen Generalstab des Bundeskanzlers.

In der Außen- wie der Verteidigungspolitik der ersten Jahre bedurfte es dieses Kontrollapparates aus dem einfachen Grunde nicht, weil es in beiden Bereichen unter dem Besatzungsstatut zunächst keine deutschen Zuständigkeiten und daher auch keine mit ihnen befaßten Kabinettsmitglieder und Ministerien gab, die man hätte anleiten können oder müssen. Zwar gab es auf beiden Gebieten schon Dienststellen, aber sie waren im Bundeskanzleramt selbst angesiedelt und bedeuteten einen unmittelbaren Machtzuwachs des Kanzlers, mittelbar auch Globkes, da sie sein personalpolitisches wie nachrichtendienstliches Tätigkeitsfeld erweiterten.

Die Personalpolitik ist von Anfang an Globkes Feld und eine Grundlage seines still wirkenden Einflusses gewesen. Viel weniger weitherzig in der Frage der Konfessionszugehörigkeit als der Bundeskanzler und schon aus den Zeiten des Dritten Reiches ein Vertrauensmann des Klerus, war er nach 1949 bereit, zumal dem Kölner Kardinal Dr. Joseph Frings, einem eifrig um die berufliche Förderung der deutschen Katholiken bemühten Manne, sein Ohr zu leihen.

Ganz allgemein hat Globkes Bemühen, den Bundeskanzler gerade auch in personellen Fragen immer auf dem laufenden zu halten, ihm nicht nur einen ständigen Kontakt etwa mit der Organisation Gehlen oder dem Bundesamt für Verfassungsschutz nahegelegt, sondern ihn möglicherweise darüber hinaus veranlaßt, auch diskreten Zuträgerdiensten sein Ohr zu leihen. Auch die Linie zwischen dem Journalismus einerseits, einer Werbe- und Informationstätigkeit für die Regierung andererseits war nicht immer klar gezogen. Wohin gehörte Klaus Otto Skibowski, ein Vetter und späterer Public-Relations-Manager Rainer Barzels? Wohin Rolf Vogel? Gerade er scheint mir eine charakteristische, schwer zu bestimmende Erscheinung: teils Journalist, teils Werbefachmann in den Diensten des Bundespresseamtes, teils Mitarbeiter des Geheimdienstes, wie man munkelte, um im unübersichtlichen Bonner Gelände Kontaktstellen und Nachrichtenkanäle, Ausplauderer von Geheimnissen und versteckte Gegner ausfindig machen zu helfen, heute Herausgeber eines Informationsdienstes und als Reserveoffizier des Rundfunkbataillons 701 im Kriegsfall an der psychologischen Kampfführung beteiligt – ein gewandter, aktiver, vielseitiger Mann, bestaunt, belächelt, aber auch von vielen gemieden.

Public Relations in großem Stil waren die selbstgewählte Aufgabe von Otto Lenz. Lebendig und lebensfroh, findig und fintenreich, von quirliger Aktivität, ganz unkonventionell, überhaupt kein Beamtentyp, als der er sich auch nicht fühlte, unbekümmert in seiner Amtsführung, die dem akkuraten Globke oft die Haare zu Berge stehen ließ, ein Mann der Kontakte nach allen Seiten und zu allen Arten von Menschen – zur innerdeutschen Opposition wie in die DDR, zu anderen christlichen Parteien Europas wie zur Industrie, zur Hochkommission wie zu ausländischen Geheimdiensten. Es entsprach in keiner Weise der landläufigen Vorstellung von einem Staatssekretär, daß man Otto Lenz im Bundeskanzleramt wie in seiner Bonner Rechtsanwaltspraxis (telephonisch) erreichen konnte. »Es sei für ihn immer sehr merkwürdig gewesen«, bemerkte später Bundesinnenminister Robert Lehr, »daß ein Staatssekretär gleichzeitig auch Rechtsanwalt sein konnte; er wisse nicht, ob der Rechtsanwalt dem Staatssekretär genützt habe, die umgekehrte Annahme sei vielleicht richtiger.« Überhaupt liebte es Lenz wenig, auf seinem Stuhl im Bundeskanzleramt festzusitzen; er war oft selbst für den Regierungschef unauffindbar, weil er wortlos davongefahren war zu einem seiner unzähligen Gespräche, seiner zahlreichen Projekte. Lenz war der Auffassung, daß Minister ausschließlich Gesetzentwürfe vorzubereiten hatten. Er hielt es für die Aufgabe Globkes und Hallsteins, das Bundeskanzleramt ordentlich zu verwalten. Der Bundeskanzler und er selbst als sein Staatssekretär hatten Politik zu machen.

Allerdings sah Lenz durchaus Unterschiede der Kompetenzen. Er kannte seine Grenzen. Mochte er auch zeitweilig in der Wirtschafts- und Sozialpolitik eine große Rolle spielen oder gelegentlich in der Außenpolitik tätig werden – seine Interessen und Fähigkeiten wandte er in erster Linie der innerdeutschen wie auswärtigen Informationspolitik zu. Als er im Oktober 1953 als Staatssekretär zurückgetreten war, hat Adenauer in einem Dankschreiben seine Hauptverdienste vorsichtig umschrieben: Lenz habe sein »Interesse erfolgreich den Fragen zugewendet, die mit der öffentlichen Meinungsbildung zusammenhängen«, und dabei »wesentlich dazu beigetragen«, einerseits Tätigkeit, Absichten und Erfolge der Bundesregierung in Deutschland bekannt zu machen und andererseits die Ziele der deutschen Politik dem Ausland näherzubringen. Diese eher dürren Worte galten einer der bemerkenswertesten organisatorischen Begabungen der Ära Adenauer.

Lenz war überzeugt, moderne Massengesellschaften erforderten eine umfassende Öffentlichkeitsarbeit des Staates; in einer Zeit, in der jede Firma die Notwendigkeit von Public Relations begriffen habe, müsse sich auch der Staat entsprechender Einrichtungen bedienen. Ihn beunruhigte die Tatsache, wie er sagte, daß für die CDU abgegebene Stimmen allein Adenauer galten. Es komme darauf an, meinte er, die Menschen für »die konstanten Kräfte der Demokratie« zu gewinnen, damit eines Tages, wenn der Kanzler nicht mehr da sei, ein Team an seiner Stelle das Vertrauen eines Großteils der Bevölkerung besitze.

Presse und Rundfunk (das Fernsehen war damals noch bedeutungslos) spielten in den Erwägungen des Staatssekretärs ebenso eine Rolle wie die Meinungsforschung und eine moderne Kontaktpflege. Zwar gelang es Lenz nicht, der Bundesregierung zu einer eigenen Rundfunkanstalt zu verhelfen, wohl aber, das Bundespresse- und Informationsamt auszubauen und anzuleiten, dessen Wachstum in der Ära Lenz sich Jahr für Jahr am Haushaltsplan ablesen läßt. Dabei wurde ihm als dem eigentlichen Bundespressechef bald bewußt, wie eng gezogen die Grenzen dieses Amtes blieben. Lenz schwebte daher eine Erweiterung zu einem Informationsministerium vor. Das Projekt, das Lenz seit seinem Amtsantritt 1951 intern im Gespräch gehalten hatte, wurde von Gegnern seiner Pläne im Bundespresseamt dem *Spiegel* zugespielt und kam dadurch im Herbst 1953 an die Öffentlichkeit. Damals hieß es, man plane in diesem Ministerium eine Zusammenfassung des bisherigen Bundespresseamtes, der Bundeszentrale für Heimatdienst, bestimmter Meinungsforschungsinstitute, der Propaganda-Abteilung des Bundesministeriums für gesamtdeutsche Fragen, des Auslandsartikeldienstes *Deutsche Korrespondenz,* einer wehrpolitischen Abteilung sowie neu zu errichtender Abteilungen für Film und Funk; zeitweilig war auch von einer Einbeziehung der Arbeitsgemeinschaft Demokratischer Kreise und des Gehlen-Dienstes, eines Vorläufers des Bundesnachrichtendienstes, die Rede.

Der Bundeskanzler, der häufig Initiativen zu ermuntern schien, ohne sich festzulegen (»tun Sie, was Sie glauben, tun zu müssen«), hatte Lenz offenbar zunächst in seinen kühnen Plänen eines Propagandaministeriums bestärkt (wie das Lenzsche Projekt kurzerhand genannt wurde). Die außerordentliche Heftigkeit, mit der man auf diesen Gedanken in der in- und ausländischen Öffentlichkeit reagierte, besonders seitens der drei Hochkommissionen und der Bundespressekonferenz, ließ es Adenauer aber angezeigt erscheinen, sich deutlich zu distanzieren: Er habe, so hieß es nun, ein Informationsministerium nie für wünschenswert gehalten, seiner Errichtung von Anfang an ablehnend gegenübergestanden. Dabei war der Kanzler allerdings vorsichtig genug, diese Auffassung nicht selbst zu äußern, sondern durch Herbert Blankenhorn, den Leiter der Dienststelle für auswärtige Angelegenheiten, aus seinem Urlaubsort Bühler Höhe telephonisch verbreiten zu lassen, so daß Adenauer später, als seine Äußerung ihre Wirkung getan hatte, ausstreuen lassen konnte, in dieser scharfen Form sei sie gar nicht gefallen.

Inzwischen war (und blieb) das Vorhaben von Lenz gescheitert. Doch wäre der Eindruck falsch, als sei Lenz bei seinen Bemühungen insgesamt kein Erfolg beschieden gewesen. Es hatte sich lediglich als unmöglich erwiesen, im Bereich der Bundesverwaltung, im Rahmen der Bonner Behördenorganisation, von Staats wegen alle die Aktivitäten zusammenzufassen, die Lenz in den Formen des Privatrechts in den vorangegangenen Jahren in die Wege geleitet hatte.

Lenz hat der »modernen Meinungspflege« zahlreiche Kanäle geöffnet. So war er maßgeblich beteiligt an der Gründung der *Deutschen Atlantischen Gesellschaft e. V.* (deren erster Präsident er wurde), der *Gesellschaft für Auslandskunde,* der *Bundeszentrale für Heimatdienst* sowie vor allem der *Arbeitsgemeinschaft Demokratischer Kreise e. V.*, deren Präsident der spätere CDU-Bundestagsabgeordnete Hans Edgar Jahn war und die allein im Jahre 1953 rund 2500 Veranstaltungen mit rund 200000 Teilnehmern durchgeführt hat. Lenz rief die *Deutsche Korrespondenz GmbH* und die *Mobilwerbung* ebenso ins Leben wie das *Europa-Bildungswerk e. V.* oder die *Gesellschaft Freies Europa.* Diese verschiedenen Organisationen hatten teils generell für die Regierungspolitik zu werben, teils eines ihrer Ziele besonders zu unterstützen; so war die Deutsche Atlantische Gesellschaft für NATO- und Verteidigungsfragen zuständig, die Gesellschaft Freies Europa für die Propagierung der europäischen Konzeptionen der Bundesregierung wie etwa des Schuman-Plans. Bei der Anleitung der – mittelbar oder unmittelbar – seinem Einfluß unterliegenden Propaganda-Institute ließ sich Lenz von einem Brain-Trust beraten, dem neben Hans Edgar Jahn und Erich Peter Neumann die Journalisten Ernst Friedlaender und Dr. Peter von Zahn angehörten sowie von Fall zu Fall jeweils zuständige Beamte als Sachverständige.

Wichtiger als Ratschläge war die Finanzierung aller gegründeten Unternehmungen. Solange und soweit aus dem Dispositionsfonds des Bundespresseamtes keine Mittel verfügbar waren, entwickelte Lenz bei der Beschaffung von Geldern besondere Fähigkeiten. Es gelang ihm überdies, frühere Beziehungen zur Industrie auszunützen wie neue Verbindungen anzuknüpfen – nicht nur zu Wirtschaftskreisen, sondern etwa auch zur amerikanischen Hochkommission, wo Dr. Shepard Stone zeitweilig für die Finanzierung der Europa-Propaganda der Bundesregierung eine große Rolle gespielt hat. Wenn SPD-Pressechef Fritz Heine schon im September 1952 die Summe von 36 Millionen nannte, die Wirtschaftskreise aufzubringen entschlossen seien, so entsprach diese Zahl dem, was man in Bonn zu dieser Zeit gerüchteweise schon lange hatte hören können.

Für den Wahlausgang im Herbst 1953 mindestens ebenso wichtig wie die Wahlgelder war die systematische Verwendung der Meinungsforschung. Erst nach dem Wahlkampf, den die CDU – auf Veranlassung von Lenz – konsequent auf Umfrageergebnisse aufgebaut und damit gewonnen hatte, erfuhr eine breitere Öffentlichkeit, daß es so etwas wie Demoskopie überhaupt gab. Zu diesem Zeitpunkt nutzte das Bundeskanzleramt die Ergebnisse von Meinungsbefragungen schon seit Jahren. Lenz war bereits vor seiner Bonner Tätigkeit mit Erich Peter Neumann befreundet und kannte daher das von Neumann und seiner Ehefrau Dr. Elisabeth Noelle-Neumann (die als Austauschstudentin 1938 in den Vereinigten Staaten die Methode der Meinungsforschung kennengelernt und über sie promoviert hatte) seit 1946 aufgebaute Allensbacher Institut und die dort geleistete Arbeit; es ist durchaus möglich, daß er noch vor seinem Amtsantritt dem Bundeskanzler die neuen Möglichkeiten politischer Analyse nahebrachte. Jedenfalls wurden die ersten Verträge zur ständigen Untersuchung und laufenden Berichterstattung über die politische Stimmung im Volke – übrigens nicht nur mit Allensbach – im Dezember 1950 oder Januar 1951 abgeschlossen.

Auf einem anderen Blatte steht, wie der Bundeskanzler die Umfrageergebnisse verwertete; es ist bekannt, daß er sich bei der Formulierung seiner Politik keineswegs immer nach ihnen gerichtet hat. So wurde die Bewaffnung der Bundesrepublik gegen den Willen einer Mehrheit der Bevölkerung in die Wege geleitet.

So sehr Adenauer aus den Lenzschen Aktivitäten Nutzen zog – im Grunde waren sie ihm unheimlich. Dem Bundeskanzler paßte der Ehrgeiz seines Mitarbeiters nicht, eine eigene Politik zu treiben; ihm war der Gedanke unerträglich, durch Aktionen seines Staatssekretärs politisch unter Umständen vor vollendete Tatsachen gestellt zu werden. Lenz seinerseits empfand selbst, daß seine Amtsführung – und je mehr sich der Staat der Bundesrepublik konsolidierte, desto stärker – aus dem Rahmen normaler Dienstobliegenheiten eines hohen Staatsbeamten herausfiel. Es kam hinzu, daß er mit der Zeit immer kritischer gegenüber Adenauer geworden war. Schon vor dem Bundestagswahlkampf 1953 erwog er daher gelegentlich seinen Rücktritt. Als er dann ankündigte, er werde für den Bundestag kandidieren, war Adenauer sehr erleichtert und zufrieden; er meinte, als Abgeordneter werde Herr Lenz ja nach Herzenslust Politik treiben können. Möglicherweise hat der Kanzler Lenz mit der Aussicht auf ein Ministeramt noch zu seinem Schritt ermutigt – um später, nach der Wahl, nach dem Schiffbruch des geplanten Informationsministeriums und dem darauf folgenden Rücktritt von Lenz, die frei gewordene Stellung eines Staatssekretärs des Bundeskanzleramtes Dr. Hans Globke zu übertragen.

(1971)

60

Theodor Heuss

Diese eigentümlich zeitlose, eher kontemplative als aktive Erscheinung, wollte als erster Präsident der eben begründeten Bundesrepublik nach seinen eigenen Worten politisch vor allem ein neues Klima, einen besseren Stil zu schaffen versuchen. Wer Heuss je hat reden hören, weiß, wie er die Menschen anzusprechen, zu lösen, im Gespräch zusammenzuführen vermochte; wer ihn nicht mehr erlebt hat, spürt noch auf den gedruckten Seiten die sanfte Gewalt seiner Reden, in denen er – wie Golo Mann sagt – »auf beispielhafte Weise« die Aufgabe erfüllte, »seinem Amt, dem neu geschaffenen, unbewährten, einen Stil zu geben und durch sein Amt der Nation«. Heuss war als Schriftsteller wie als Politiker, in seinen Reden wie in seinen Schriften, ein Meister behutsam-persönlicher Würdigungen, einer liebevoll-eindringlichen Charakterisierung von Menschen und Dingen, bei der er Vertrautes und Unbekanntes, Vergangenheit und Gegenwart, Ernst und Heiterkeit zu verbinden und versöhnen wußte.

Aber ein Mann der Tat war er nicht. Thomas Dehler hat mir gegenüber geklagt, Heuss habe nie in seinem Leben etwas in Bewegung gesetzt, um nichts wirklich gekämpft, sei im Grunde seines Wesens kein Liberaler gewesen. Ein Mann der Atmosphäre und des Gesprächs, des Wortes und der Feder, an deren Wirksamkeit er glaubte, war Heuss im Grunde ein Parlamentarier des vergangenen Jahrhunderts, ein typischer 1848er, eine Figur der Paulskirche. Der Höhepunkt seines politischen Einflusses lag im Parlamentarischen Rat, als bei der Arbeit am Grundgesetz Worte und Taten zusammenfielen. Sicher nicht zufällig hat Karl Dietrich Bracher in seiner Rede auf Heuss gerade dieser Zeitspanne so breiten Raum gewidmet. Dagegen hat er die Amtszeit des ersten Bundespräsidenten nicht nur viel kürzer behandelt, sondern auch offenbar als problematisch empfunden. Wiederholt macht Bracher auf die »tagespolitische Abstinenz«, auf »die selbst auferlegte Disziplin tagespolitischer Enthaltung« aufmerksam und stellt fragend fest, daß Heuss im Unterschied zu

Adenauer die politischen Möglichkeiten seines Amtes vielleicht nicht voll erschöpft habe.

Die Frage ist berechtigt. Der Zweifel, den Bracher anklingen läßt, wiegt schwer. Wenn Heuss die Legitimation und den Sinn seiner Bundespräsidentschaft darin sah, »über den Kämpfen, die kommen, die nötig sind, die ein Stück des politischen Lebens darstellen, als ausgleichende Kraft vorhanden zu sein« – hat er sich an diesen Vorsatz gehalten? Hätte er etwa zusehen dürfen, wie die Opposition verketzert wurde – auch wenn er die Außen- und Innenpolitik Adenauers im wesentlichen guthieß?

Heuss besaß in der Innen- und erst recht in der Außenpolitik keine eigenen Konzeptionen. Einmal, weil feste politische Maßstäbe ohnehin nicht seine Sache waren; es war bezeichnend für ihn, rhetorisch zu fragen, wer sich »in dieser verwirrten Zeit des Maßstäblichen gewiß sein« könnte. Er lebte mit dem, was ihm als geschichtliches Gesetz erschien, fühlte sich dem »Elementaren« verpflichtet, wie er zu sagen liebte, äußerte oft die Besorgnis, man könne dem Leben durch Begriffe Gewalt antun. Zum anderen fehlten ihm, besonders außenpolitisch, präzise Vorstellungen. Heuss, der dank seiner umfassenden Bildung und ungezwungenen Würde eine Atmosphäre der Weltbürgerlichkeit um sich zu verbreiten wußte, war zeitlebens lokal verwurzelt, im besten Sinne provinziell geprägt und ohne eigentliches Verständnis für das politische Leben anderer europäischer oder gar außereuropäischer Völker. Zahlreiche Auslandsreisen in früheren Jahren hatten seine kulturellen Horizonte erweitert, ihm aber politisch keine tieferen Einsichten vermittelt. Der bestimmende Einfluß Friedrich Naumanns, dann Ernst Jäckhs hielt Heuss auch später von einer eingehenden Beschäftigung mit außenpolitischen Problemen ab. Bundespräsident geworden, erlag er rasch der Ausstrahlungskraft des acht Jahre älteren Adenauer, der sich – weit agiler und energischer als er – in erstaunlich kurzer Zeit die westdeutsche Außenpolitik konzeptionell und praktisch angeeignet hatte. Heuss achtete, ja bewunderte ihn, weil er Eigenschaften besaß, die ihm selbst abgingen; zudem blieb er nicht unbeeindruckt von der starken Zustimmung, die seine Frau, Elly Heuss-Knapp, dem Bundeskanzler entgegenbrachte. Auch die engeren dienstlichen Mitarbeiter, die leitenden Beamten des Bundespräsidialamtes, standen wohl weithin im Banne des Regierungschefs, von dem ihr berufliches Fortkommen abhing. Sie bestärkten Heuss anscheinend darin, die repräsentativen Züge seines Amtes, die ihm obendrein mehr zusagten, zu betonen, da ihm eigene politische Wirkungsmöglichkeiten verfassungsmäßig versagt seien.

Zweifellos hat der Bundespräsident des Grundgesetzes weit geringere Kompetenzen als der Reichspräsident der Weimarer Verfassung. Ebenso unzweifelhaft aber ist das Bild, das die deutsche Öffentlichkeit – einschließlich der Verfassungsjuristen – von der Schwäche der Institution des Bundespräsidenten hat, wesentlich geprägt worden durch die zurückhaltende Amtsführung des ersten Bundespräsidenten. Von der Verfassung her ist vielleicht auch eine ganz andere Deutung der präsidentiellen Stellung und Kompetenzen denkbar. Schon die unterschiedliche Amtsauffassung von Theodor Heuss und Heinrich Lübke läßt den Spielraum ahnen, den der Verfassungstext den jeweiligen Bewohnern der Villa Hammerschmidt offenbar einräumt. Konrad Adenauer hat im Jahre 1959 die Befugnisse eines Bundespräsidenten zeitweilig für so bedeutsam gehalten, daß er sich bekanntlich bereit erklärte, Staatsoberhaupt zu werden. Wäre er bei diesem Entschluß geblieben und gewählt worden, hätte er der Präsidentschaft kraft seiner starken Persönlichkeit sicherlich ein ungleich größeres Gewicht gegeben als Heuss – beispielsweise indem er »in ihm geeignet erscheinenden Fällen« die Bundesregierung unter seinem Vorsitz hätte tagen lassen!

Wenn der erste Bundespräsident den Widerspruch zwischen dem Verfassungsgebot der Wiedervereinigung und einer Außenpolitik bewaffneter Westintegration empfunden hätte, wäre er sicherlich in der Lage gewesen, seiner Stimme Gehör zu verschaffen. Ein Staatsoberhaupt, das sich als ausgleichende Kraft im Verfassungsleben begriff, hätte gerade im außenpolitischen Entscheidungsprozeß auf eine Berücksichtigung der großen parlamentarischen Gruppierungen – der Regierung, des Parlaments, insbesondere der Opposition – dringen müssen.

Heuss aber war von Anfang an mit dem, was Adenauer tat oder plante, einverstanden, war erleichtert, den Staat in so guten Händen zu wissen, sah im Grunde wenig, das ihm zu tun blieb.

Er griff ein bei Personalfragen. Gelegentlich hatte er innenpolitische Anregungen zu machen. Da er nicht telephonieren mochte,
verfaßte er gern, wie das so seine Art war, mehrseitige
Gedankenskizzen, die er als Briefe oder kleine Denkschriften an
die jeweils Zuständigen schickte, wobei er freilich beim Bundeskanzler immer wieder erleben mußte, daß sie wenig beachtet
abgelegt wurden.

(1971)

Gründungsstufen, Gründungsväter

Diese Bundesrepublik ist nicht an einem Tage erbaut worden, so wenig wie Rom. Kein einzelnes Datum kann hinreichend ihre Gründung bezeichnen. Den 23. Mai 1949, das Inkrafttreten des Grundgesetzes, als Staatsgründungstag zu feiern, ist oberflächlich. Denn es vereinfacht die Zusammenhänge. In Wahrheit zog sich die Entstehung der Bonner Republik über Jahrzehnte hin. Erst allmählich gewann dieser Raum unseres politischen Handelns im Innern und nach außen seine unverwechselbaren Konturen. »Im Laufe der Zeit«, sagte Gustav Heinemann 1974, »ist die Bundesrepublik Deutschland ein Staat im vollen Sinne des Wortes geworden«.

Es begann 1944, zunächst nur auf dem Papier, weit vom Schuß, in London, mit der Aufgliederung dessen, was vom Großdeutschen Reich Adolf Hitlers nach der Kapitulation übrig bleiben würde, in drei, später vier Besatzungszonen. Als Stalin, Truman und Churchill im Sommer darauf, Ende Juli/Anfang August 1945, in Potsdam zusammenkamen und für das Reparationsproblem und die polnische Westgrenze eine Paketlösung beschlossen, wurde klarer, was die Aufteilung Deutschlands bedeutete – territorial, wirtschaftlich, sozial, damit politisch. Erst recht, wenn ihre Kriegskoalition eines Tages auseinanderbräche – was absehbar war. Folgerichtig kam die Entscheidung Lucius D. Clays, im Mai 1946, die Lieferung demontierter Maschinen aus seiner Zone an die Sowjetunion einzustellen, und der gleichzeitige Entschluß, die amerikanisch-britische Bizone zu bilden: Der Anfang der Weststaatsgründung. Ein früher Hauch von Bundesrepublik lag in der Luft.

Die Truman-Doktrin, das Debakel der Moskauer Konferenz, dann der Marshallplan machten im Frühsommer 1947 eine politische Zusammenfassung der drei Westzonen des verblichenen Reiches unvermeidlich. Währungsreform und Marktwirtschaft schufen vom Sommer 1948 an die stabile ökonomische und soziale Grundlage des neuen Gebildes, ohne die alles Spätere undenkbar gewesen wäre. Anschließend zimmerte der Parlamentarische Rat, vermeintlich provisorisch, das neue Staatsgehäuse, das am 8. Mai 1949, vier Jahre nach der bedingungslosen Kapitulation, im Bauplan, dem Grundgesetz, fertig vorlag. Im August die ersten Bundestagswahlen, im September 1949 die Errichtung der Staatsspitze: die Wahl des Bundespräsidenten, die des Bundeskanzlers, die Bildung der ersten Bundesregierung. Aber Herr im Haus blieben noch auf fünfeinhalb Jahre zumindest rechtlich, anfangs auch faktisch, die Hochkommissare der drei Westmächte. Daher ist auch der Tag der Souveränitäts-Erlangung, der 8. Mai 1955, ein Gründungsdatum.

Und die leidenschaftlichen Kämpfe jener Frühzeit um Wiedervereinigung, Remilitarisierung, Westintegration? Rührten sie nicht daher, daß immer erneut, den Zeitgenossen nur halbbewußt, um Grundfragen der gesellschaftlichen und politischen Gesamtverfassung gerungen wurde, um die farbige, verdeutlichende Ausmalung des zunächst nur blaß Skizzierten, ja um weitreichende Umbauten am ursprünglich gar nicht Geplanten, entgegengesetzt Begonnenen? So war die sogenannte *Wieder*bewaffnung in Wirklichkeit, wie Ernst Nolte richtig gesehen hat, als *Neu*bewaffnung eines zunächst waffenlos geplanten und errichteten Staates die zweite und wichtigste Entstehungsphase der Bundesrepublik: ihre Umgründung. Nach rechts hin.

Und rutschte damals nicht sowieso alles nach rechts? So schien es. Die Union, schon vom Namen her eine zeitgemäß-entnazifizierte, aus Reue christlich getönte Erscheinungsform des deutschen Volksgemeinschafts-Gedankens, zog damals alles an sich, sog es ein, was politisch rechts von der Mitte stand – die Deutsche Partei (DP), den Bund der Heimatvertriebenen und Entrechteten (BHE), die konservativen, sich 1956 abspaltenden Teile der FDP –, und da links damals niemand mehr war außer einer kopflosen, hilflosen SPD, der Gruppe 47 und dem pathetischen Einzelkämpfer Wolfgang Abendroth, gelang es 1957 der sozialkonservativen Sammlungsbewegung CDU/CSU, einen triumphalen Sieg zu erringen, der vorher und nachher in der Bundesrepublik nicht seinesgleichen hat. Ganz allein hatte die Union vier Jahre lang die absolute Mehrheit im Bundestag, konnte daher vier Jahre lang allein regieren.

Und dann diese neue Bundeswehr damals, ab 1956. Ein geradezu wilhelminischer Militarismus, unter der Führung des hochintelligenten, aber impulsiven und unberechenbaren Franz Josef Strauß, schien einer Wiederkehr des Faschismus den Weg zu bereiten. Man schüttelt heute den Kopf, schüttelte ihn vielleicht schon damals über diese Angst vor einem Faschismus, dessen Epoche doch vorüber war, offenkundig. Es war ein Gespenst, das junge Leute, linke Leute, in den sechziger Jahren eine ganze, neu heranwachsende Generation, heimsuchte, bedrückte. Lauter Narren? Kindsköpfe? Nein. Viele erwachsene, respektable, nachdenkliche Menschen unter ihnen. Eine schiefe, aus den Ängsten unserer Vergangenheit genährte Deutung der Wirklichkeit, die allmählich diese Wirklichkeit verwandelte. Und damit die Republik.

Zunächst Gegenbewegungen des Nie wieder, des Ohne mich. Ein lange Zeit ohnmächtige Aufbegehren – gegen ein Phantom. Beispielsweise der 1956 entstandene Grünwalder Kreis, ein Ableger der literarischen Gruppe 47, eine politische Parallelschöpfung durch den gleichen Hans Werner Richter. Publizisten, Schriftsteller, auch einige Politiker; viele gute Namen, die oft erst später bekannt wurden, wie etwa Ernst Nolte oder Hans-Jochen Vogel. »Es war eine Ad-hoc-Gründung gegen auftretende Refaschistiesierungstendenzen, die sich mit der Entstehung der Bundeswehr zeigten«, schrieb Richter 1974 über diesen Kreis, wobei er im Rückblick selbst zweifelte, ob damals tatsächlich solche Gefahren bedrohlich groß waren. »Auf jeden Fall vermuteten wir sie überall und glaubten sie überall zu finden, nicht nur bei der diskutierten Möglichkeit einer Aufnahme ehemaliger SS-Offiziere in die Bundeswehr, sondern auch in der Gründung eindeutig nationalsozialistischer Verlage. Wir wandten uns geschlossen gegen solche Tendenzen mit großen Tagungen, mit Verbotsforderungen, mit Anzeigen und natürlich mit unseren publizistischen Möglichkeiten. Nicht ohne Spott nannten die deutschen Zeitungen den Grünwalder Kreis eine ›demokratische Feuerwehr‹.«

Solche fatalen Deutungen der westdeutschen Entwicklung fanden in den folgenden Jahren zunehmend Glauben. Und ebenso fand die ›Widerstands‹-Haltung Nachahmung; das Arsenal des Protests und der Auflehnung vergrößerte sich von Jahr zu Jahr.

Gleichzeitig wuchs die Wirksamkeit von Presse, Funk und besonders Fernsehen; das Zeitalter der Großmedien begann. Die stille Revolution des öffentlichen Bewußtseins und Verhaltens mußte in einer Demokratie freier Wahlen politische Machtverschiebungen vorbereiten und nach sich ziehen.

Aktionsgruppen gegen eine westdeutsche Atombewaffnung waren in den fünfziger Jahren der Ursprung außerparlamentarischer Opposition gewesen. Mit der Regierungsaktion gegen den *Spiegel* im Spätherbst 1962, mit diesem offenbaren Angriff auf das Symbol westdeutscher Pressefreiheit (und damit auf die Freiheit schlechthin), konnte die These, uns drohe ein autoritärer, ja ein faschistoider Staat, erstmals bei größeren Gruppen Widerhall finden – bei überraschend großen Minderheiten der Jugend, unter Schriftstellern, Künstlern, Hochschullehrern, in Kirchen, Gewerkschaften, außerparlamentarischen Bewegungen, in der unmittelbar betroffenen Presse ohnehin.

Im Jahre darauf war die autokratische Ära des alten Konrad Adenauer endlich vorüber. Fast allgemein damals herbeigesehnt, gerade auch in seiner eigenen Partei. Im Oktober 1963 war eine ungewöhnliche Konstellation am Ende, eine Kombination von Kräften und Menschen, die in dieser Weise nie wiederkehren würde.

Adenauers ungeliebter Nachfolger – nur ein Interregnum. Ludwig Erhard als Bundeskanzler blieb epigonal, war obendrein glücklos, ohne die Kraft der Erneuerung, ohne den Elan eines eigenen, neuen Anfangs, der damals vielerorts von ihm erwartet wurde; dabei war seine Regierungserklärung eine Fanfare gewesen und auch so aufgenommen worden.

Nach seinem Sturz, der Ermordung eines Vereinsamten, aus den eigenen Reihen, kam es im Dezember 1966 zum Bündnis der nationalen Versöhnung – von Strauß bis Wehner, von Kiesinger bis Brandt –, zu einem Sammelsurium von allem und jedem, was unsere Politik zu bieten hatte. Ein Kräftefeld hatte sich herausgebildet, das allmählich links wuchs, rechts abnahm, sonst wäre diese Koalition nicht zustandegekommen. Damals waren beide Lager fast gleichstark; zwei ebenbürtige Partner, die als Gegner in entgegengesetzten Richtungen zogen. Die Erneuerung unserer Politik, eine gleichberechtigte, volle Einbeziehung der Linken ließ sich schwer an. Was immer diese Koalition unternahm, sie tat es mit großem Ächzen. Sie war ein Koloß – viel zu groß, viel zu schwerfällig, und eben hin- und hergerissen. Sie konnte sich nicht halten, war ebenfalls eine Zwischenphase der Unentschiedenheit, ein zweites Interregnum. Nur ihren Gegnern schien sie bedrohlich stark, nur Außenstehenden jagte sie Furcht ein.

Die Überzeugung, daß es mit der freiheitlichen Demokratie in der Bundesrepublik tatsächlich zu Ende gehe, wenn man sich nicht außerparlamentarisch sammle (denn die Opposition war ja praktisch verschwunden) und mit aller, mit allerletzter Kraft gegen das übermächtige Mammutkartell der Großen Koalition zur Wehr setze, brachte beim Kampf um die Notstandsgesetze 1967/68 Hunderttausende auf die Straße. Die Notstandsgesetze erschienen einer ständig wachsenden Schicht, zumal in der jungen Intelligenz des Landes, als Symbol und Instrument einer wirklichen Formierung der Gesellschaft, als Beweis einer nochmaligen, diesmal rücksichtslosen Umgründung der Bundesrepublik nach rechts, zurück in einen Staat des Unrechts, der Willkür, Unterdrückung und Gewalt.

Man fragte sich gern, ob es denn schon wieder so weit sei. Man hatte – furchtsam, aber doch erhoben von dem Gefühl, diesmal historisch auf der richtigen Seite zu stehen – die makabre Ahnung, demnächst auswandern zu müssen. Worauf man geradezu hoffte, von Herzen. Weg aus diesem verhaßten Land. Einfach abhauen. »Ich war also dieser junge politisch engagierte Schriftsteller, der nicht glaubte, daß es in Deutschland jemals gelingen würde, der sich gerade entschieden hatte, aus Deutschland wegzugehen« so beginnt »Die Reise«, das autobiographische Bekenntnisbuch Bernward Vespers. So könnten viele damals Junge aus jenen Jahren zu berichten beginnen. Neue Werther, neue Büchner – im Maß unserer Tage.

Die verzweifelten, gleichzeitig verspielten Schlußfolgerungen aus einer Fehldiagnose interessieren hier nicht. Was indessen wichtig ist: die enorme Wirkung, die scheinbar Ohnmächtige, plötzlich von Triumphgefühlen und Allmachtsanwandlungen Ergriffene in dieser Phase breiten Bewußtseinswandels über Nacht hatten, als nämlich der Koloß wider Erwarten weit zurückwich, von dem man sich eben noch übermächtig bedrängt gefühlt hatte. Ihre irrlichternde Einschätzung der Situation, vor allem ihr Traum, daß »es« in Deutschland vielleicht doch noch gelingen könnte, mobilisierte gewaltige Energien, die teils als Bereitschaft zu vernünftigen Veränderungen, teils als Entschlossenheit zu fundamentalem Wandel in FDP und SPD einströmten. Die Stimmung schlug weit mehr zugunsten der Sozialliberalen um, als die Wahlergebnisse des September 1969 erkennen lassen; diese Stimmung ermöglichte und rechtfertigte den Regierungswechsel, der nicht ganz zu Unrecht ein Machtwechsel genannt worden ist.

Kein Austausch des Regierungschefs hat sich bisher in Bonn ohne Dramatik vollzogen: von Adenauer zu Erhard so wenig wie von Erhard zu Kiesinger, von Kiesinger zu Brandt so wenig wie dann von diesem zu Schmidt. Aber niemals in diesen dreißig Jahren war der Einschnitt so tief, niemals wurde er auf allen Seiten so stark empfunden wie 1969. Ein großer, hoffnungsvoller Aufbruch. Eine Linkskoalition an der Macht, nach zwanzig Jahren Unionsherrschaft. Nach vier Jahrzehnten zum ersten Male wieder ein Sozialdemokrat als Kanzler. Eine Regierungserklärung, gedacht als Posaune vor Jericho: »Wir wollen mehr Demokratie wagen ... In der Bundesrepublik stehen wir vor der Notwendigkeit umfassender Reformen ... Wir fangen erst richtig an.« Selbst wenn man das zeitweilig heftige Gerede von einer neuen Republik, von systemüberwindenden Reformen, von irgendeinem ganz neuen, unvergleichlichen Sozialismus nicht voll zum Nennwert nimmt: Es gab damals wirklich Ansätze einer Umgründung der Republik nach links.

Der Machtwechsel von 1969 bedeutete etwas viel Vernünftigeres, Wichtigeres, auch Einfacheres, als die tönenden Redensarten und übertriebenen Versprechungen jener hochgestimmten Zeit ahnen lassen. Die Jahre der Ära Brandt/Scheel bewiesen die Lebensfähigkeit unseres Regierungs- und Parteiensystems, die Assimilationskraft der Bundesrepublik.

Sie hat bisher alle Oppositionen anzuziehen und zu integrieren verstanden. Die schubweise Staatsgründung, die zunehmende Stabilität unserer sozialen Verhältnisse und die wachsende Zustimmung, die Staat und Gesellschaft in der Bevölkerung fanden: das sind drei verschiedene Aspekte desselben Vorgangs, dem auf der anderen Seite ein Verschwinden fast aller System-Gegner entsprach, rechts wie links. Die außerordentliche Vitalität der Bundesrepublik läßt sich (was bei uns kein geschichtliches Vorbild hat) an ihrer wiederholt bewährten Fähigkeit zur Konsens-Bildung ablesen – erst auf der Rechten, dann auf der Linken.

Zunächst hat sich die Union, in ihren großen Tagen, hier Verdienste erworben. Es war vielleicht der bedeutendste innenpolitische Erfolg Konrad Adenauers, aus den konzeptionellen und personellen Trümmerstücken aller alten Parteien rechts von der Sozialdemokratie etwas völlig Neues zu schaffen, dabei sogar die Restbestände des Nationalsozialismus, rechtsradikale Kräfte, aufzusaugen und seiner erfolgreichen, modernen, reformkonservativen Sammlungsbewegung einzugliedern. Das ging ohne bewußten Opportunismus nicht ab, war aber nicht nur im Interesse der CDU, sondern unseres Landes, weil es der inneren Befriedigung diente, ausgebrannte Wunden am Volkskörper vernarben ließ. Diese Leistung Adenauers hat ein Gegner wie Willy Brandt, selbst eine herausragende Integrationsfigur in der Ära nach Adenauer, auf der anderen politischen Seite, zum 100. Geburtstag des ersten Bundeskanzlers verständnisvoll und anerkennend hervorgehoben.

Die SPD (das war nach dem Unionssieg 1957 mit der absoluten Mehrheit im Bundestag völlig klar geworden) konnte nur dann aus ihrem Ghetto ausbrechen, wenn sie sich weitete, also die bestehende, populäre Gesellschaftsordnung als Ausgangspunkt und Rahmen beabsichtigter Verbesserungen akzeptierte. Kaum hatte sie dies getan, ging die Initiative, die Integrationskraft, auf sie über. Sie begann einerseits, in die politische Mitte vorzudringen, und konnte andererseits zunehmend neue, veränderungsgeneigte, bisher links abseits stehende Generationen für sich gewinnen, dabei auch einen beträchtlichen Teil intellektueller Meinungsführer aus der vorher heimatlosen Linken (zeitweilig) an sich binden. Kultur und Politik, Geist und Macht – der alte Traum! – schienen sich zu versöhnen, als Schriftsteller und Publizisten, Journalisten und Wissenschaftler seit den frühen sechziger Jahren bereit waren, sich bei Wahlkämpfen für die SPD Willy Brandts auszusprechen; Hans Werner Richters Gruppe 47 machte 1961 den Anfang. Nach 1966, während der Großen

Koalition, kamen die Sympathien dieser ›Nonkonformisten‹, in deren Mitte man die Studentenbewegung, dann die APO, emporwachsen sah, auch der inzwischen oppositionellen FDP zugute.

Der Sieg der Sozialliberalen 1969 wurde somit zum entscheidenden Test der Elastizität, der Wandlungsfähigkeit unserer Staats- und Gesellschaftsordnung. Es gelang ihr, sich verändernd, die neuen Kräfte zu integrieren, damit unser politisches Gefüge zu konsolidieren.

Nach außen, international, wurde die Konsolidierung durch die gleichzeitige Neue Ostpolitik bewirkt, die ihrerseits wiederum positiv auf die westdeutsche Innenpolitik zurückwirkte. Denn diese Ostpolitik war eine Befreiung Bonns aus den Erwartungsschlingen, die man sich früher selbst gelegt hatte. Nach zwanzig Jahren der Selbstverbote, einer außenpolitischen Selbstblockade durch eine Deutschlandpolitik, die man mit der Hallstein-Doktrin charakterisiert hat, gewann man plötzlich Handlungsfreiheit, Unbefangenheit, Selbstvertrauen. Man nahm die Verhältnisse, wie sie sind, sah die Grenzen dort, wo sie liegen, ging vom Rahmen der Bundesrepublik als der Grundlage eigenen Handelns aus. Plötzlich empfand man die bisherigen Hemmungen gegenüber Ostberlin (ob man einen Brief annehmen dürfe, wer wen wo treffen dürfe) als lächerlich, als einen Zopf, den man abschneiden müsse. Die Bundesrepublik wurde weltläufig, wurde sie selbst; sie begann, Außenpolitik nach dem Maß ihrer wirtschaftlichen Leistungsfähigkeit zu treiben, die provinzielle Beschränkung auf eine ohnehin unlösbare »Deutsche Frage« abzuwerfen. Erwachsen werden: kindliche Träume fahren lassen, sich mit dem Machbaren, dem Erreichbaren, begnügen lernen.

In den frühen siebziger Jahren zeigte sich, daß die inneren und äußeren Grenzen der Bundesrepublik viel enger gezogen waren, als alle jene gemeint hatten, die über Jahr und Tag träumend teils ein größeres Deutschland, teils eine ganz andere, neue Republik erstrebten. Lange hatten sich beide neudeutschen Staaten gehemmt gefühlt, hatten gezögert, im Bewußtsein ihrer Amputationen, ihre Gestalt als endgültig und voll handlungsfähig zu begreifen. Doch allmählich gewöhnten sie sich an ihre Existenz, empfanden sie zunehmend als normal, wuchsen hinein in ihre Rollen, wurden der Welt und sich selber fast selbstverständlich.

Dem einen dämmerte es früh, anderen später. Nach Jahrzehnten war den Deutschen allgemein klar geworden, was sich eigentlich 1945 ereignet hatte.

Wenn sich die Gründung der Bundesrepublik über ein Vierteljahrhundert hinzog, dann sind die Väter, die Schöpfer dieses Staates nicht allein im engen Zeitraum der ersten Nachkriegsjahre zu suchen, sondern finden sich, in oft ungewolltem Zusammenwirken, über die Jahrzehnte unserer Nachkriegsgeschichte verteilt. Die langwährende Gründungsphase der Bundesrepublik hat es mit sich gebracht, daß es mehrere Generationen westdeutscher *Founding Fathers* gibt. Auch wenn man nur die wichtigsten derer nennt, die an diesem langwierigen Bauprojekt führend beteiligt waren, sind ihre Namen mit verschiedenen Perioden unserer jüngsten Vergangenheit verknüpft.

Am Anfang, an der Spitze, übermächtig, der alte Konrad Adenauer, inzwischen seiner Kanten und Schärfen entledigt, beinahe schon ins Mythische entrückt – immer weiter wachsend. Im Bereich der Wirtschaft war ohne Frage Ludwig Erhard der eigentliche Gründer – mit einem einzigen, großen, aus Phantasie und Mut geborenen, dann zähe durchgehaltenen Entschluß. Natürlich muß man auch Kurt Schumacher nennen, zumal wegen seiner historischen Entscheidung, die SPD auf einen strikten Antikommunismus festzulegen. Außerdem war er der Schöpfer der parlamentarischen Opposition, die es vor ihm nicht gab.

In der Aufbruchphase der späten sechziger Jahre ist Willy Brandt, allein schon wegen des Mutes, das Unausweichliche zu tun, trotz seiner Fehlschläge und Schwächen, die herausragende, geschichtsmächtige Figur gewesen. Vor ihm und nach ihm der selbstlos ehrgeizige, herrschsüchtige, unerschöpfbar energische Herbert Wehner. Er hat eine auseinanderstrebende, oft illusionäre Partei diszipliniert, dadurch regierungsfähig gemacht und 1966 mit an die Macht gebracht. Ohne ihn wäre daher 1969 nicht möglich gewesen, so wenig er anfangs die sozialliberale Koalition wollte. Doch was immer die Sozialdemokraten wollten und taten – es wäre 1969 nicht zum Machtwechsel, nicht zur linken Erweiterung dieses unseres Staates gekommen ohne Walter Scheel, den zielstrebigen Führer der unentbehrlichen Liberalen. Und neben ihnen, zu Unrecht fast vergessen, Gustav Heinemann.

Ihn, nicht Heuss, muß man neben Adenauer nennen. Wenn Adenauer unseren Staat, das Parteiensystem und die Kanzlerdemokratie, geschafften hat, so hat Heinemann, dieser Mann beider Lager (nie stand die SPD, aller Polarisierung zum Trotz, der CDU näher als in seiner Person), die Grundlage und Voraussetzung zu beschreiben und zu prägen versucht, auf der unser Gemeinwesen aufbaut: das Bild des mündigen, des mutigen, freiheits- und verantwortungsbewußten Bürgers.

(1979)

Die unvergleichliche Bedeutung der USA

Ich kann über Amerikaner und Deutschland nicht unbefangen sprechen. Der Grund ist die erste Begegnung mit Amerikanern in meinem Leben, ein Augenblick ganz überwältigenden, zunächst unglaublichen Glückes für mich. Ich lebte damals wie heute in Berlin, war fast noch ein Kind, wohnte mit meiner Mutter und zwei Geschwistern am Südrand der Stadt. Der Einmarsch der Russen war keine Befreiung gewesen, ganz im Gegenteil: eine Hölle.

In den darauf folgenden Wochen wurde es ein wenig besser, die Lage normalisierte sich langsam. Die Erschießungen, die Vergewaltigungen hörten auf, auch die Selbstmorde. Doch die große Angst blieb. Die Ungewißheit, was aus uns allen werden würde. Die große Sorge, russisch werden zu müssen, vielleicht sogar doch noch verschleppt – irgendwohin – und damit als Mensch ausgelöscht, verkrüppelt, getötet.

Aber eines Tages, Anfang Juli 1945, kamen dann tatsächlich die ersten Amerikaner. Ich konnte sie mit eigenen Augen sehen. Da standen sie, nur eine Handvoll, um ihren Jeep vor dem Zehlendorfer Rathaus herum. War diesen wenigen Leuten zuzutrauen, sich gegen die Russen in den Westsektoren durchzusetzen? Das schien uns im ersten Moment fraglich. Unsere Angst saß tief. Noch eine ganze Zeitlang zweifelten wir, ob sich die Amerikaner wirklich in Berlin würden behaupten können. Doch sie blieben!

Das Auftauchen der Amerikaner im Sommer 1945 war für alle Deutschen, die in den amerikanischen Einflußbereich gerieten, der Beginn einer ganz neuen Zeitrechnung. Die Entschlossenheit der USA, über Jahrzehnte hinweg die Freiheit der Westberliner zu verteidigen, hat mein Leben, das Leben meiner Mitbürger bis heute geprägt. Wir alle waren damals plötzlich neue Menschen, wie neu geboren – endlich frei. Kein einziger von uns hätte 1945 das, was wir im Westen Deutschlands in den letzten vierzig Jahren erreicht haben, was wir geworden sind, auch nur entfernt für denkbar gehalten.

Als die Amerikaner 1945 doch noch kamen – ich erinnere mich genau –, bis zuletzt unerwartet, war dies die »Stunde Null« einer neuen Schöpfung. »Had I been present at the creation I would have given some useful hints for the better ordering of the universe«. Dean Acheson übertrieb nur wenig, als er diesen Satz seinem Memoirenwerk »Present at the Creation« als Motto voranstellte. Zwar war er ebensowenig wie Alfons X., im 13. Jahrhundert König von Kastilien und Urheber dieses Satzes, Zeuge bei der Erschaffung der Welt. Aber Acheson stand Pate bei einer nach meiner Überzeugung fast ebenso großartigen Schöpfung: Der Gründung der westlichen Welt, die es in dieser Form vorher nicht gegeben hatte, der festen Allianz freier Völker über viele Jahrzehnte hinweg.

War Acheson nur Pate? Ein großer Erfolg, sagt man, hat viele Väter. Hier waren es nicht mehr als eine Handvoll. Natürlich Harry S. Truman, den ich persönlich für den größten amerikanischen Präsidenten dieses Jahrhunderts halte. An erster Stelle würde ich allerdings George C. Marshall nennen. Lucius D. Clay, der voller Bewunderung für ihn war, sagte später einmal, die Größe Marshalls habe darin bestanden, daß er in Milliarden dachte, wo das übrige Washington nur in Millionen rechnete, die es für die Sanierung des kranken Europa allenfalls anzulegen gedachte. Doch wie kam es zu dem erstaunlichen Entschluß der Amerikaner, sich permanent in Europa festzusetzen – und das zwei Jahre nach Hitlers Tod?

Bei Kriegsende hatte zunächst nur Josef Stalin gewußt, was er wollte. Dieser Krieg, sagte er im Frühjahr 1945 zu den jugoslawischen Kommunisten, wie Milovan Djilas berichtet hat, sei nicht wie andere Kriege. Nach diesem Krieg werde jeder der Sieger den Völkern, die er mit seinen Truppen besetzt habe, das eigene System aufzwingen. Das war zu diesem Zeitpunkt keineswegs die Absicht der USA.

Es gab in der westlichen Welt nur einen einzigen Politiker, den Stalins Absichten nicht überraschten: Winston Churchill. Im Gegensatz zum britischen Premier unterschätzten Männer wie Franklin D. Roosevelt, aber auch Charles de Gaulle aus einer Mischung von Optimismus und Fatalismus heraus Stalins Zielstrebigkeit. Besonders die Amerikaner wurden durch Stalins

Rücksichtslosigkeit bei der Erweiterung der sowjetischen Machtsphäre überrumpelt. Was nach Kriegsende in Osteuropa geschah, ist nach meiner Einschätzung der wichtigste Grund für die rasche Entstehung antirussischen Ressentiments in den USA, eine folgenreiche Umorientierung der amerikanischen öffentlichen Meinung.

Da sich Stalin die Chance, zu einem späteren Zeitpunkt ganz Deutschland, ja den Westteil des Kontinents insgesamt seinem Einflußbereich einzuverleiben, nicht verbauen wollte, mußte er hier vorsichtiger verfahren als in Osteuropa. So wurde die russisch besetzte Zone Deutschlands tatsächlich viel langsamer sowjetisiert als andere osteuropäische Staaten. Bei seinem Entschluß, behutsam zu Werke zu gehen, spielte meines Erachtens eine große Rolle, daß Roosevelt im Februar 1945 in Jalta zu Stalin gesagt hatte, es werde ihm unmöglich sein, vom amerikanischen Volk, – vom Kongreß, die Zustimmung für eine längere Truppenstationierung in Europa zu erlangen; zwei Jahre seien das Höchste. Stalin scheint sich daraufhin entschlossen zu haben, bis 1947 in Mittel- und Westeuropa stillzuhalten.

Natürlich nicht ganz und gar. In seiner Zone wurden Schritt für Schritt planmäßig die Grundlagen der späteren sozialistischen Entwicklung gelegt, wurden Institutionen eingerichtet, die lange Zeit als Modell für ein wiedervereinigtes Deutschland angepriesen wurden. In ihrer Mischung aus Zielstrebigkeit und Elastizität waren die Russen durchaus nicht erfolglos.

Stalins Ziele waren indessen widersprüchlich. Ein Widerspruch bestand darin, daß er die Deutschen für sich gewinnen wollte, auf der anderen Seite aber auf massiven Reparationen bestand. Das war zwar verständlich angesichts der enormen Zerstörungen in Rußland. Doch er verlangte auch Reparationen aus den Westzonen, was ihn den Westmächten entfremdete, wie sich an Clays Entscheidung vom Mai 1946 zeigte. Denn durch Stalin, der zudem die Kornkammern Deutschlands unter Verschluß hielt, gerieten sie, vor allem die wohlhabenden USA, in die Situation, die Lasten der besiegten Deutschen übernehmen zu müssen. Es blieb ihnen nichts anderes übrig, als die eigenen Steuerzahler zur Kasse zu bitten, wenn sie »ihre« Deutschen nicht hungern lassen wollten. Daß die Amerikaner nach einer längeren Zeit der Unschlüssigkeit schließlich doch zu diesem finanziellen Aufwand und darüber hinaus zu einem langfristigen Engagement in Europa bereit waren, ist nicht zuletzt deshalb so erstaunlich, weil Demokratien geizig sind. Naturgemäß wenden sie den Blick nach innen, sind im wesentlichen innenpolitisch orientiert. Außenpolitik interessiert sie grundsätzlich wenig. Warum auch? Zumal in Großraumstaaten – man denke an Länder wie Kanada, Indien oder Brasilien, natürlich ebenso an die USA – hat die überwältigende Masse der Bevölkerung nie eine Grenze gesehen. Es bedurfte (und bedarf) großer propagandistischer Anstrengungen, um in Demokratien die eigene Bevölkerung für die konkrete Außenpolitik zu interessieren oder gar zu einem außenpolitischen Engagement, zu finanziellen Opfern, zu bringen. So bezweifle ich, daß Amerika in den Krieg eingetreten wäre, wenn Japan nicht Pearl Harbor bombardiert und Hitler nicht den rätselhaften Entschluß gefaßt hätte, von sich aus den Vereinigten Staaten den Krieg zu erklären.

Die idealistische Grundhaltung der Amerikaner legte, nachdem der Krieg ausgebrochen war, den Gedanken an einen Kreuzzug für Freiheit und Demokratie nahe, ein edles Motiv für die Überwindung der außenpolitischen Apathie. Der Gedanke des Kreuzzuges enthält das Versprechen, nach der Vernichtung des Bösen im Namen des Guten werde man zur gewohnten Abgeschiedenheit zurückkehren. Darüber hinaus enthält er keine Perspektive; über die Zeit danach schweigt er sich aus. Der Kreuzzug gegen die Deutschen endete also für die meisten mit der bedingungslosen Kapitulation des »Reiches«. Für die Zeit danach fehlte denn auch eine politische Planung – von einzelnen Stimmen und Projekten abgesehen.

Die Lage war lange tatsächlich ziemlich unübersichtlich. Wie sollten sich da die USA schon während des Krieges auf ein detailliertes Programm gesellschaftspolitischer Umgestaltung in dem verhaßten und weit entfernten Deutschland festlegen? Wie konnte ein solches Programm aussehen, wo man doch nur eine von drei, später vier Siegermächten in Deutschland sein würde? Nur eines war sicher: Man wollte gemeinsam mit den Verbündeten den Nationalsozialismus und Militarismus der Deutschen ein für allemal beseitigen, mit den Wurzeln ausrotten.

Doch wie konnte das geschehen? Für den großen Verbündeten, die Sowjetunion, war die Antwort leicht: Für sie lag die Ursache des deutschen Nationalsozialismus im Kapitalismus. Um die Wurzeln des Faschismus auszurotten, mußte sie nur die Industrie enteignen und ein sozialistisches System errichten, nicht mehr, nicht weniger. Dem konnten die USA kaum beipflichten. Ihre eigene Wirtschaftskrise der frühen dreißiger Jahre hatten sie überstanden, ohne dem Faschismus anheimzufallen.

Wo die Russen auf Enteignung des Kapitalismus, auf Sozialismus setzten, vertrauten die Amerikaner anfangs auf Erziehung. In ihren Augen – und darin wurden sie von namhaften deutschen Emigranten in den USA unterstützt – lag das eigentliche Problem Deutschlands in der Obrigkeitshörigkeit der Bevölkerung, im autoritären Charakter der Deutschen. »Entnazifizierung« und »Umerziehung« waren demnach 1945/46 die Vokabeln, auf die man setzte. Politische Bildung im weitesten Sinne sollte die deutsche Mentalität umformen, sollte die Unmündigkeit der Deutschen beenden.

Dieser Glaube an die positive Wirkungskraft gesamtgesellschaftlicher Umerziehungsmaßnahmen war sicherlich naiv. Wie konnte man glauben, ein ganzes Volk im Denken und Handeln, durch Worte, durch Erziehung, tiefgreifend verändern zu können?! Zumal in einer Umgebung des Elends, der Armut, des Hungers. Was in der russischen Zone als Ergebnis einer drakonischen Politik entstand, nämlich ein kommunistisches Herrschafts- und Gesellschaftssystem, drohte im Westen infolge der Verelendung wirklich zu werden. Man mußte fürchten – und Stalin durfte es hoffen –, daß die hungernden, frierenden, hoffnungslosen Deutschen verzweifeln und sich in ihrer Ratlosigkeit dem Kommunismus freiwillig ausliefern würden.

Es wurde daher den Eingeweihten vor Ort wie in Washington spätestens im harten Winter 1946/47 klar: Ohne eine wirtschaftliche Stabilisierung in Deutschland würde die amerikanische Position dort sinnlos und unhaltbar werden. Darüber hinaus war ohne eine grundlegende Sanierung Deutschlands die Sanierung Westeuropas nicht möglich. Und ohne eine solche Sanierung würde Europa ganz der Sowjetunion anheimfallen.

Mit wirtschaftlicher Hilfe allein war es freilich nicht getan. Die

USA mußten sich politisch in Europa festlegen, wenn die Stabilisierung Westeuropas gelingen sollte. Und die Glaubwürdigkeit ihres Engagements hieß damals wie heute: Sie mußten eine langfristige Stationierung amerikanischer Truppen in Europa akzeptieren.

Der nüchterne Marshall war 1947 mutig genug, diesen kostspieligen Wahrheiten ins Auge zu sehen – und dann zu handeln. Damit wurde er ein Glücksfall für sein Land, für Europa und die entstehende gemeinsame Allianz. Mit der Verkündung seines Plans am 5. Juni 1947 in Harvard wurde der Westteil des europäischen Kontinents verfestigt und gleichzeitig das neue, westliche Deutschland aus der Taufe gehoben.

Man kann Marshalls Entschluß, in Deutschland müsse etwas Durchgreifendes geschehen, auf den Tag genau datieren: Die Moskauer Außenministerkonferenz vom 10. März bis 24. April 1947 hatte, wie mehrere Zusammenkünfte dieser Art zuvor, in einer Sackgasse geendet. Marshall verließ Moskau mit der Überzeugung, daß ein Kompromiß über eine gemeinsame Verwaltung Deutschlands mit der Sowjetunion weder jetzt noch später zu erzielen sei. Bei der Zwischenlandung in Berlin traf er am 25. April mit Militärgouverneur Clay auf dem Tempelhofer Flughafen zusammen, um das nun Nötige zu besprechen. Im Gespräch der beiden Männer entstand offenbar die Grundidee des Marschall-Plans. Clay sagte Marshall, was er ihm am 2. Mai noch einmal schriftlich mitteilen sollte: Deutschland sei bankrott. Es müsse dringend etwas geschehen. Ohne Kredite, die aber unter den gegebenen Umständen nicht zu beschaffen seien, könne er, Clay, die ihm zugedachte Aufgabe, die Westzone zu sanieren, nicht lösen. Die westlichen Nachbarn Deutschlands, vor allem Frankreich, die deutsche Lieferungen wie etwa Kohle bezögen und deutsche Dienstleistungen wie Kriegsgefangene oder Transportraum in Anspruch nähmen, seien teils nicht gewillt, teils nicht in der Lage, dafür zu bezahlen.

Die Kosten dieses ruinösen Verlustgeschäfts trugen die USA, und dies auf unabsehbare Zeit. Die Schlußfolgerung der beiden Männer war klar: Man mußte einen Weg für Deutschlands wirtschaftlichen Wiederaufbau finden, der die direkten Subventionen für die Deutschen und die indirekten für ihre Nachbarn sobald wie möglich entbehrlich machen würde. Man mußte also ein Konzept der Kooperation in Europa entwickeln, das den notleidenden europäischen Siegern, vor allem Frankreich, aber auch Großbritannien, einen Ersatz für ihre bisherigen Vorrechte in Deutschland bot. Amerikanische Spenden und Kredite sollten also an die Stelle deutscher Reparationen treten. Insofern war es paradoxerweise wesentlich das geschlagene, entmachtete, auch moralisch völlig diskreditierte Deutschland, das die Amerikaner durch seine extreme Schwäche zwang, sich aktiv in Europa zu etablieren, wenn sie nicht das Feld ganz der Sowjetunion überlassen wollten.

Natürlich spielten bei diesem Entschluß auch andere Probleme eine Rolle. Die Wende der Vereinigten Staaten in die Weltpolitik hatte am 21. Februar 1947, an einem trüben Freitagnachmittag, in Washington begonnen: Im State Department traf die Mitteilung aus London ein, Großbritannien sehe sich künftig außerstande, Griechenland und die Türkei zu stützen, die ohne auswärtige Hilfe zusammenbrechen bzw. unter den Einfluß Moskaus geraten würden.

Seit dem 12. März, dem Tage der Verkündung der Truman-Doktrin, lag es in der Luft, daß die USA bereit seien, anstelle der Briten künftig die Bürde einer Führungsmacht der westlichen Welt auf sich zu nehmen. Aber noch wußte man nicht, was das praktisch hieß. Das wurde erstmals am 5. Juni klar, und zugleich zeigte sich mit diesem Tage, daß die Deutschen eine wichtige Rolle bei dem amerikanischen Versuch zu spielen haben würden, die Situation in Europa zu stabilisieren, also mitzuhelfen, den Krater zu füllen, den die Explosion des »Dritten Reiches« dort aufgerissen hatte.

1947 war das entscheidende Jahr für die amerikanische Entschlossenheit zur Weltmachtrolle, für die Gründung eines neuen deutschen Staates westlicher Prägung. Zwei Jahre amerikanischen Zögerns, schwankender Entscheidungen und widersprüchlicher Planungen waren zu Ende – sehr auf Betreiben und sehr zur Erleichterung amerikanischer Militärs. Wieso gerade der Militärs?

Man muß sich immer wieder über die Tatsache wundern, daß es in dieser alten Demokratie mit ihren eingewurzelten zivilistischen Neigungen damals hauptsächlich Militärs waren: George

C. Marshall, Lucius D. Clay, in Japan Douglas MacArthur, also vor allem die führenden Militärs vor Ort, die die wesentlichsten Nachkriegsentscheidungen herbeiführten. Unter dem Zwang der örtlichen Verhältnisse, denn die Lasten der Besatzung waren an den Soldaten hängengeblieben, nicht an den Politikern oder den Diplomaten des State Department. Militärs waren für die Zukunft Deutschlands oder Japans verantwortlich. Nicht ohne Zögern, nicht ohne Widerstreben entwarfen sie die neue Politik: Es ist bekannt, wie lange Clay die Zusammenarbeit mit den Russen retten wollte. Doch dann lenkten sie ihr Land in eine neue Richtung: energisch, zielstrebig, mit glücklicher Hand. Alles in allem: eine große Erfolgsgeschichte, mit der sie obendrein erreicht haben, was sie sich ursprünglich von ihren pädagogischen Maßnahmen versprochen hatten: neue, demokratische Deutsche, eine richtige, funktionierende Republik, ein Land der Freiheit, der Zuflucht für Verfolgte aus vielen Teilen der Erde, ein verläßlicher Pfeiler der Allianz, der westlichen Welt.

Die Veränderungen unseres Nationalcharakters, die man sich von der Umerziehung versprach, haben stattgefunden – wenn auch ganz anders als ursprünglich geplant. Man kann heute so weit gehen zu behaupten, daß die Deutschen gar keine richtigen Deutschen mehr seien, alles traditionell Deutsche abgelegt hätten. »Richtige« Deutsche finde man weitaus häufiger in der DDR, dem konservativeren, traditionelleren der beiden deutschen Staaten. Die Westdeutschen hingegen hätten sich amerikanisiert – weit mehr als Franzosen oder Briten, ungleich stärker als Italiener, Spanier oder Griechen.

Was ist mit einer solchen Behauptung gemeint? Sicherlich wird »Amerikanisierung« häufig als synonym mit Modernisierung verstanden. Insofern ist sie weltweit. Zu ihr gehört alles, was an industriellen Errungenschaften und Konsumgewohnheiten von den USA als der technologisch führenden Macht der Erde übernommen wird – überall. Aber in der Bundesrepublik, der stärksten, modernsten Industriemacht Westeuropas, übernahm und übernimmt man mehr als anderswo amerikanische, englische Vokabeln. Fast jeder von uns ist zumindest ein bißchen auch Amerikaner. Viele junge Leute identifizieren sich vage sehnsüchtig in ihrem Lebensgefühl mit den USA. Übrigens nicht nur bei uns – auch im anderen deutschen Staat. Daher sagt der junge Edgar Wibeau, der von Ella und New York schwärmt, 1973 in Ulrich Plenzdorfs Ostberliner Buch »Die neuen Leiden des jungen W.«: »Jeans sind eine Einstellung und keine Hosen.«

Wie kommt das alles? Was bedeutet es? Zunächst und ganz einfach: Unsere Gesellschaften haben sich einander angeglichen. Die westdeutsche Wirtschaft hat in den letzten Jahrzehnten den Übergang vom patriarchalisch geleiteten Familienbetrieb zum managergeführten Großkonzern vollzogen, die Umwandlung der meisten Betriebe in Aktiengesellschaften bewerkstelligt. Gleichzeitig ist die Bundesrepublik aus einer Klassengesellschaft zur weitgehend nivellierten Mittelstandsgesellschaft geworden. Die westdeutsche Gesellschaft hat sich also homogenisiert und harmonisiert, regionale Differenzen wurden eingeschmolzen, traditionelle Besitzstände eingeebnet, die Verhältnisse egalisiert. Die Träger der Staatsgewalt in Beamtenschaft und Militär sind demokratisiert worden. Klassen, Schichten und Geschlechter emanzipieren sich. Der Trend zum Zweiparteiensystem hat sich mit den *catch-all-parties* auch in der Bundesrepublik durchgesetzt. Zunächst, in den fünfziger Jahren, hat sich die CDU entideologisiert, in den sechziger Jahren die SPD. In allen heutigen westdeutschen Parteien sind die früher langfristig angelegten Programme zu bloßen Wahlplattformen geschrumpft; die aus den USA übernommene Demoskopie ist wichtiger geworden als die Verläßlichkeit einer festen Mitgliederbasis.

Natürlich hatten alle diese Veränderungen *auch* andere Ursachen als die Allianz mit den USA. Nur in Stichworten möchte ich andeuten, welche Faktoren das neue, demokratische Westdeutschland mitgeprägt haben.

1. Durch den Verlust der früheren Ostgebiete des Deutschen Reiches wurden die Großgrundbesitzer als Klasse ausgelöscht, ihrer noch in der Spätzeit Weimars so außerordentlich verhängnisvollen politischen Rolle wurde für immer ein Ende gemacht.

2. Der deutsche Militarismus hatte unter Hitler, für alle sichtbar, in die Katastrophe geführt. Die Rolle der Armee als Staat im Staate war damit in allen politischen Lagern diskreditiert und beendet. Eine eigenständige, autonome preußisch-deutsche Militärgeschichte hatte ihr Ende gefunden.

3. Auf der anderen Seite gab es neue Eliten. Unternehmer, Manager, Bankiers erlebten einen beträchtlichen Machtzuwachs; Bürgerlichkeit wurde zur allein prägenden Lebensform. Die Wirtschaft, ökonomische Orientierungen und Werte haben Deutschland vor 1945 niemals so ausschließlich prägen können wie seither.

4. Das Kleinbürgertum, Gewerbetreibende, der Mittelstand sind seit 1945 aus ihrer Minderposition herausgewachsen und von ihrer Anhänglichkeit an vorindustrielle Leitbilder, von der Neigung zum Autoritarismus geheilt.

5. Auch die Arbeiterschaft wurde seit 1945 zunehmend in die Gesellschaft integriert und verbürgerlicht. Alte Spannungen innerhalb der Arbeiterschaft sind durch die neuen Einheitsgewerkschaften schon bald nach dem Kriege beseitigt worden.

6. Auch der Konfessionsgegensatz hat sich eingeebnet und verloren. Die Bedeutung der Konfessionen schwand, der Religion überhaupt. Die Säkularisierung wirkte als Homogenisierung der Westdeutschen.

7. Besonders wichtig war, daß in der Bundesrepublik erstmals die Schaffung eines funktionsfähigen parlamentarischen Verfassungssystems gelang, das sich auf einmütige Zustimmung stützen konnte. Weimar war noch weithin ein Obrigkeitsstaat gewesen, eine Ersatzmonarchie. Das Grundgesetz aber wurde nach und nach von allen Parteien und Gruppen im Lande als Grundlage des gemeinsamen Lebens akzeptiert. Es ist die erste deutsche Verfassung, die alle Lager von rechts bis links eint.

8. Ganz wesentlich dabei war, ist und bleibt, daß diese neue, demokratische, freiheitliche Gesellschaft der Bundesrepublik fest in die Gemeinschaft der westlichen Demokratien integriert ist. Kernstück dieser Einbindung ist die Allianz mit den USA. Ein Ende der Europäischen Gemeinschaft oder einen Austritt aus der Europäischen Gemeinschaft, beide ganz hypothetisch, würde die Bundesrepublik überleben können – eine Aufkündigung der Allianz mit den USA aber nicht. Die Allianz, die NATO, ist das Rückgrat unserer Freiheit und Demokratie. Ohne den Rückhalt der USA würde die Bundesrepublik Deutschland in äußerste Bedrängnis geraten, vielleicht sogar untergehen.

Den Kern unserer Amerikanisierung macht also nicht die

Angleichung der Lebensverhältnisse aus. Entscheidend ist etwas Politisches: Das Bekenntnis zu den Werten der von den USA geführten westlichen Welt, das Eintauchen in und Durchtränktwerden von diesen gemeinsamen westlichen Grundüberzeugungen. Mit der Amerikanisierung verließen die Deutschen ihren früheren Sonderweg zwischen Ost und West, vergaßen ihr früheres antiwestliches Sonderbewußtsein, Sendungsbewußtsein.

(1987)

DRITTES KAPITEL

Kampf um Berlin, Volksaufstand, Mauerbau

1948, 1958, 1968: Drei Berlin-Krisen

Vom untergegangenen Reich ist uns Berlin als Restposten verblieben. Das letzte Stück Deutschlands, über das noch nicht endgültig verfügt wurde, wie Heinrich Albertz einmal gesagt hat, bildet eine unabweisbare Mahnung an die Offenheit der deutschen Frage. Denn eindeutig, das zeigt die geteilte Hauptstadt, hat die Auflösung des Reiches bisher nicht zu einer allseits akzeptierten Neuregelung geführt. An Berlin wird aber auch deutlich, woran es spätestens seit dem Westfälischen Frieden kein Vorbeikommen mehr gibt: Daß die deutsche Frage eben keine deutsche, sondern eine europäische ist – und mehr als das. In der Politik zählen Interessen; nicht moralische Forderungen wie das abstrakte »Selbstbestimmungsrecht«. Das Interesse unserer Nachbarn an der Aufrechterhaltung des Status quo, das ja in vieler Hinsicht auch unser eigenes ist, muß nicht ausschließen, daß wir unseren Landsleuten in der DDR im Lauf der Zeit vielleicht zu etwas mehr Selbstbestimmung, etwas mehr Freiheit verhelfen können. Wir sollten geduldig und hoffnungsvoll auf das Ziel einer Finnlandisierung Osteuropas hinarbeiten, und Berlin, Ost- wie West-Berlin, könnte dabei eines Tages Sitz gemeinsamer Institutionen zweier konföderierter deutscher Staaten werden.

Zugegeben, das sind optimistische Visionen, die in den Bereich der Futurologie, nicht in den der Geschichtsschreibung gehören. Der Blick auf die Nachkriegsgeschichte der deutschen Hauptstadt ist weit weniger erfreulich. Denn da mit einer wie auch immer gearteten Lösung des Berlin-Problems der Zugriff auf Deutschland verbunden ist, bildete die Stadt in den letzten vier Jahrzehnten einen ständigen Irritationsfaktor, einen Zankapfel, das Kind im Kreidekreis. Man darf nicht verkennen, daß Berlin aus diesem Grunde für den Westen und ganz besonders für Bonn immer eine Last bedeutet hat, die eine dauernde politische Kraftanstrengung verlangte und verlangt. Auch nach dem Viermächte-Abkommen vom September 1971 ist die Freiheit der West-Berliner vom ungebrochenen Interesse und von der Aufmerksamkeit des Westens abhängig. Die Landkarte zeigt unzweideutig, daß hier kein naturwüchsiger Zustand herrscht: Die geographischen Gegebenheiten legen eine ganz andere Lösung nahe.

Am heftigsten wurde in den drei Krisen am Ende der vierziger, fünfziger und sechziger Jahre um die Stadt gerungen. Die eigentliche Ursache dieser Krisen bildete die Diskrepanz zwischen der langfristig angelegten sowjetischen Zielstrebigkeit und der westlichen, auch gerade der amerikanischen Unentschiedenheit und Kurzsichtigkeit. Für diese Schwäche fehlt es nicht an Beispielen. Schon die im Herbst 1944 getroffenen Vereinbarungen über das Besatzungssystem in Deutschland lassen eine erstaunliche Naivität der westlichen Unterzeichner (Großbritannien und die USA, Frankreich kam erst nach Kriegsende hinzu) erkennen. Eine verbindliche Regelung des Zugangs zum mitten in der sowjetischen Besatzungszone gelegenen besonderen Berliner Gebiet, das gemeinsam verwaltet werden sollte, beschränkte sich allein auf die Luftkorridore; zu Wasser und zu Land glaubte man sich auf das gute Herz des östlichen Alliierten verlassen zu dürfen. Das erwies sich als Irrtum, denn statt der erwarteten zwanzigjährigen freundschaftlichen Zusammenarbeit kam es vom ersten Tag an zu Schwierigkeiten. Dennoch fanden sich die Westmächte nach ihrem Einzug in Berlin bereit, in der ersten Sitzung der Alliierten Kommandantur am 11. Juni 1945 alle in den vergangenen zwei Monaten von den Sowjets geschaffenen Einrichtungen, alle von ihnen erlassenen Befehle, pauschal als Grundlage der künftigen gemeinsamen Arbeit zu akzeptieren; während die Russen andererseits ihr Vetorecht in diesem Gremium fortan dazu benutzten, jede von ihnen nicht gewünschte Entwicklung zu verhindern. Als drittes Beispiel möge der Verzicht auf Einflußnahme an der wiedergegründeten Friedrich-Wilhelms-Universität Erwähnung finden: die Sowjets hatten den Amerikanern die verlangte Mitsprache in personellen Angelegenheiten mit der dünnen Begründung verweigert, die im Ostsektor gelegene Lehranstalt sei nicht allein für Berlin, sondern auch für die Mark Brandenburg zuständig. Man beugte sich diesem Urteil.

Auf der anderen Seite steht die Entschlossenheit, mit der die Sowjets von Anfang an die Grundlagen für ihre künftige Herrschaft schufen und, man kann es nicht anders nennen, die Unverschämtheit, mit der sie noch auf Jahre hinaus, in gemilderter Form bis auf den heutigen Tag, die Westsektoren als ihr Terrain betrachteten und behandelten. Besonders extrem kommt dies in der Praxis des Menschenraubes zum Ausdruck, ein Thema, das in jüngster Zeit mehr und mehr in Vergessenheit geraten ist. Dabei waren Entführungen aus den westlichen Sektoren bis weit in die fünfziger Jahre hinein gang und gäbe. Es sei hier nur an den Fall des Rechtsanwalts Walter Linse erinnert, der am 8. Juli 1952, also sieben Jahre nach Ankunft der Amerikaner in der Stadt und immerhin einige Jahre nach Gründung der beiden Republiken, am hellichten Tage unter spektakulären Umständen entführt wurde (das gleiche Schicksal traf übrigens sechs Jahre später seinen Nachfolger im Vorsitz des Bundes Freiheitlicher Juristen). Und es gab hunderte, ja tausende solcher Fälle.

Während also die Russen, denen die Leichtfertigkeit ihrer westlichen Partner kaum entgangen sein wird, den von Roosevelt in Jalta angekündigten Abzug der Amerikaner aus Europa für das Jahr 1947 erwarteten und die entsprechenden Vorbereitungen trafen, lösten eben diese Vorbereitungen jenseits des Atlantik eine allmähliche Umorientierung aus. Doch die Westmächte waren sich überhaupt nicht sicher, ob sie ihre Stellungen in Berlin würden halten können, als die dunklen Wolken der ersten Krise am Horizont aufzogen.

Die Berliner Blockade war keineswegs, wie man in vielen Büchern liest, eine Folge der Einführung der westlichen Währung in Berlin. Die Schlinge um die Stadt wurde bereits seit dem pathetischen Auszug der Sowjets aus dem Kontrollrat im März 1948 unaufhaltsam zugezogen – was den Amerikanern übrigens Zeit zur Einlagerung von Lebensmitteln gab. Am Tag der Währungsreform war die letzte Verbindung zum Westen der Eisenbahnverkehr mit Nahrungsmitteln und Versorgungsgütern für die Bevölkerung. Die Westmächte hatten diese kontrollierte Eskalation, ein Grundmuster sowjetischer Außenpolitik, ohne ernsthaften Widerstand hingenommen und waren zunehmend auf den Luftverkehr ausgewichen. Die dann so berühmt gewordene Luftbrücke hatte man zunächst jedoch nicht für eine Lösung der Schwierigkeiten gehalten. Man verstand sie, wie der Erste Bürgermeister Friedensburg sagte, als einen gewissen Ersatzverkehr, der nicht mehr leisten könne, als den Tag hinauszuschieben, an dem die Westmächte sich aus Berlin würden zurückziehen müssen. Es war nicht die Politik, sondern die Technik, die Berlin damals rettete – und die sowjetische Raffgier. Denn in einer Kompromißformel hatten die Botschafter der drei Westmächte für die Beseitigung der Behinderungen auf den Transitwegen einem fröhlich überlegenen Stalin die Anerkennung der ostdeutschen Währung in ganz Berlin zugestanden. Mit anderen Worten: Die Stadt wäre der Sowjetwirtschaft anheimgefallen. Doch der Diktator beging, in Siegerlaune, den Fehler, bei der konkreten Aushandlung des Abkommens durch die Berliner Militärgouverneure noch mehr herausholen zu wollen, als er bereits erreicht hatte. Vielleicht hielt er auch eine Einigung für überflüssig. Denn die Sowjets wähnten sich zu diesem Zeitpunkt ihrer Sache so sicher, daß sie mit der politischen Vernichtung des Gesamt-Berliner Magistrats bereits die lokale Machtergreifung durch ihre deutsche Schwesterpartei eingeleitet hatten. Sie blieb dann doch auf den Ostsektor beschränkt. Der gewählte Magistrat zog um ins Schöneberger Rathaus.

Welche Ziele verfolgten die Kommunisten mit ihrem Vorstoß? In erster Linie ging es darum, den Zusammenschluß der drei Westzonen zur Bundesrepublik Deutschland zu verhindern. Der Putsch vor Ort sollte die Stellung der Westmächte nachhaltig schwächen. Falls dieses entfernter liegende Ziel nicht erreicht werden konnte, blieb immer noch die Vertreibung der Westmächte, um die Konsolidierung der SBZ/DDR durch Einverleibung Berlins sicherzustellen. Die entscheidende Schwäche des sowjetischen Vorgehens lag darin, daß zwei unterschiedliche, aber sehr weitreichende Ziele gleichzeitig verfolgt wurden. Man konnte jedoch nicht zugleich die Westmächte in Berlin besiegen und in Westdeutschland zu einem Kurswechsel veranlassen wollen. Durch den sowjetischen Druck festigte und fing sich die lange schwankende, zögernde und gespaltene Haltung des Westens. Die Vereinigten Staaten übernahmen dank der beherzten Männer an ihrer Spitze, vor allem Clays und Trumans, eine Führungsrolle, zu der allein sie fähig waren. So wurde schließlich das Schlimmste verhindert – wenn auch nicht die weitgehende Spaltung der Stadt, die ja nicht erst mit dem Mauerbau begann, sondern durch ihn zum Abschluß gebracht wurde.

Die Teilung der Stadt im Sommer und Herbst 1948 symbolisierte eindringlich den Bruch der Kriegskoalition, der nun einen Freiraum wenigstens für den glücklicheren Teil der besiegten Deutschen bot. Die Westmächte hatten sich nicht nur aus schlichter Gutmütigkeit vieles von den Russen bieten lassen, sondern versucht, alle Risse zu kitten, um den Besetzten gegenüber den Schein der Einigkeit zu wahren. Das ging nun nicht mehr. Im Gegenteil: Ohne die Berliner Bevölkerung wäre der Kampf um die Freiheit der Westsektoren nicht zu gewinnen gewesen. Eine frühe Andeutung dieser Situation hatte bereits der Widerstand gegen die brutale Zwangsvereinigung von SPD und KPD im ersten Friedensjahr geliefert. Nun wuchs, besonders in den Vereinigten Staaten, das Gefühl dafür, daß die Deutschen, die Berliner, etwas für das Lager der Freiheit bedeuten könnten.

Ein weiterer Aspekt der Ereignisse 1948/49 liegt darin, daß die erste Berlin-Krise mit sowjetischen Argumentationsmustern und Rechtsstandpunkten bekanntmachte, die dann auch im folgenden nicht wieder aufgegeben wurden und bereits unschwer erkennen ließen, daß die Zeit der Auseinandersetzungen um Berlin nicht vorbei sei, sondern bestenfalls eine Atempause folgen könne. Einmal abgesehen von der phantasiereichen Behauptung, es habe nie eine Blockade gegeben, sondern allenfalls eine westliche »Selbstblockade«, um mit Hilfe der Flugzeuge die Stadt auszuplündern, hatten die Westmächte in sowjetischer Sicht ihre Berliner Rechte dadurch verwirkt, daß sie sich des Bruchs der Potsdamer Beschlüsse schuldig gemacht hatten; diese Beschlüsse verlangten in der Moskauer Interpretation die Sowjetisierung Deutschlands. Da der Westen Deutschlands gespalten hätte, habe er nun in Berlin, auf dem Territorium der SBZ/DDR, nichts mehr zu suchen.

Das sowjetische Trachten blieb also unverändert auf die Beseitigung der »lebensunfähigen Anomalie« West-Berlins gerichtet. Man darf daher nicht glauben, daß die Jahre nach 1949 frei von Behinderungen, Störungen und ernsten Eingriffen blieben.

Die zweite große Krise begann, als der Standpunkt Moskaus 1958 in eine Initiative einfloß, mit der eine zeitlich fixierte Regelung des Abzugs der Westmächte erzwungen werden sollte. Das Chruschtschow-Ultimatum drohte damit, der DDR »ihre Souveränität zu Lande, zu Wasser und in der Luft« zu gewähren, gleichzeitig werde die UdSSR den Kontakt zu den Westmächten in allen Berlin betreffenden Fragen abbrechen. Chruschtschow setzte eine Frist von sechs Monaten. Wofür, war aber bewußt unklar gehalten. Sollten bis zum 27. Mai 1959 Verhandlungen begonnen haben? Ein Abkommen unterzeichnet sein? Oder war die restlose Erfüllung aller sowjetischen Forderungen gemeint? Wie auch immer: Das Ultimatum, im Ton konziliant, in der Sache obskur, stählte im Westen nicht die Bereitschaft, die Stadt, koste es was es wolle, zu verteidigen. Der Wind blies damals stärker von Osten, wie Mao Tse-tung triumphierend auf der kommunistischen Weltkonferenz in Moskau erklärt hatte, und die Neigung, ihm das zu glauben, war allenthalben groß. Die Sowjetunion hatte die Phase der Unsicherheit nach Stalins Tod hinter sich gebracht und besaß in Chruschtschow einen energischen Führer, der sich anschickte, sein Land von einer Kontinentalmacht in eine Weltmacht umzuwandeln. War es nicht der Beweis sowjetischer Überlegenheit gewesen, als Moskau ein Jahr zuvor, im Oktober 1957, den Sputnik, einen ersten künstlichen Erdsatelliten, ins All geschossen hatte wie eine rote Fahne an einem riesigen, unsichtbaren Mast?

Daher reagierte der Westen auf Chruschtschows Vorpreschen mit Nervosität. Lokal hatte man in Berlin den Russen nichts entgegenzusetzen, und welcher Franzose, Brite, Amerikaner wäre bereit gewesen, um der Freiheit Berlins willen den Atomkrieg zu riskieren? Man suchte nach Auswegen, Kompromissen. Manch einer empfahl damals den Rückzug – und nicht nur im stillen Kämmerlein. Demokratische Politiker wie der britische Premier Harold Macmillan begaben sich auf Pilgerfahrt nach Moskau, um die Situation auszuloten. Zunächst sah es ganz so aus, als ob

London und Washington sich zum Nachgeben bereitfänden, wie der greise Bundeskanzler Adenauer erschreckt registrierte. Für ihn stand die Angelegenheit auf Messers Schneide.

Und wieder verfehlten die Sowjets am Ende das Ziel einer abschließenden Regelung der deutschen Frage, nunmehr auf die DDR beschränkt, weil sie alles auf einmal wollten. Zum bedingungslosen Abzug aus Berlin fanden sich die Westmächte auch diesmal nicht bereit. Sie hatten zwar am 10. Juni 1959 einen Vorschlag gemacht, der die moralische Räumung ihrer Position bereits ahnen ließ. Unter anderem hatten sie darin den Kommunisten einen Zugriff auf die Meinungsfreiheit in den Westsektoren eingeräumt! Gromyko lehnte jedoch im Auftrag seines Vorgesetzten ab. Chruschtschow reichten solche Zugeständnisse nicht. Aber was er eigentlich wollte, blieb bis zuletzt unklar. Er hatte das erste Ultimatum stillschweigend verstreichen lassen und zauberte fortan die Drohung mit dem separaten Friedensvertrag zwischen der UdSSR und der DDR immer wieder hervor, um sie genauso schnell verschwinden zu lassen. Wie seinerzeit bei der Blockade, ließ Moskau auch jetzt verlauten, es gebe kein Ultimatum und habe nie eines gegeben. Chruschtschows unberechenbares Verhalten erinnerte eher an Imponiergehabe als an politische Strategie, was die Lage aber nicht ungefährlicher machte. Seine mal wüsten, mal subtilen Drohungen – am liebsten mit einer imaginären 100-Megatonnen-Bombe – verfolgten offenbar den Zweck, die Situation ständig unter Spannung zu halten.

Ihren Höhepunkt erreichte die Krise im Zusammenhang mit dem Mauerbau 1961. Es darf nicht unerwähnt bleiben, daß diese Maßnahme alles in allem mehr bedeutete als eine Zementierung des Status quo, wie auch die folgende Entwicklung zeigte. Schließlich unterliegt ganz Berlin dem Viermächte-Status, und manche Anzeichen deuten darauf hin, daß die Sowjets darauf gefaßt waren, die Westmächte würden eine solch eklatante Verletzung ihrer Rechte nicht hinnehmen. Aber die Mehrzahl der westlichen Politiker betrachtete den Akt des Mauerbaus als Selbstverständlichkeit oder zumindest als das gute Recht der DDR, wie Senator Fulbright am 30. Juli sogar öffentlich erklärt hatte. An ermutigenden Signalen solcher Art hatte es wahrlich nicht gefehlt; auch scheint die Vermutung nicht völlig abwegig, daß John F. Kennedy

Chruschtschow unter vier Augen gewisse Andeutungen in dieser Richtung gemacht hat.

Jedenfalls sah man im Westen die Krise mit dem Mauerbau keineswegs als beendet an: Die Sicherung West-Berlins, vor allem des Zugangs, erschien als das eigentliche Problem, Ost-Berlin war längst abgeschrieben. Dies zeigt auch das Ringen um die Zugangsbehörde im Frühjahr 1962, ein undurchdachtes westliches Projekt, auf dessen Durchführung man sich glücklicherweise mit den unnachgiebigen Russen nicht einigen konnte. Wieder einmal bewahrte die Starrheit der Gegenseite den Westen vor den Folgen übertriebener Konzessionsbereitschaft.

Die zweite Berlin-Krise wurde nie wirklich beigelegt, sie verschwand eher unauffällig von der internationalen Tagesordnung, nachdem Chruschtschows experimentelle Politik vor Kuba ihr Fiasko erlebt hatte. Mit der Konfrontation um ihrer selbst willen, war es nun erst einmal vorbei. Dazu wird auch beigetragen haben, daß die Lehren beider Berlin-Krisen für die Sowjets recht eindeutig sind: Versuche, die Westmächte durch massiven Druck aus der Stadt zu vertreiben, erwiesen sich als kontraproduktiv, weil sie die zuvor schwankenden und widersprüchlichen Gegner zusammenschweißten. Für Moskau kommt es also darauf an, unterhalb der Reizschwelle zu bleiben, wenn es seine Ziele erreichen will.

Außerdem hat durch den Mauerbau der Druck des Berlin-Problems auf Moskau entscheidend nachgelassen. Der Prestigeverlust war zwar ungeheuer groß, aber die akute Gefahr des Ausblutens der DDR war erst einmal gebannt. Nun hatten die beiden ungleichen Verbündeten in bezug auf Berlin plötzlich kein gemeinsames Interesse mehr, das schwerer wog als alle Unterschiede. Im Fleisch der DDR wird ein freies Berlin aus vielen Gründen immer ein brennender Stachel bleiben; doch aus der Sicht des Kreml stellt sich die Angelegenheit etwas anders dar. Man wird sich dort gut überlegen, ob man auf die einzigartigen Möglichkeiten verzichtet, die diese Stadt dem sowjetischen Einfluß auf verschiedenen Ebenen und in allen Richtungen bietet.

Mit der dritten, der schleichenden Berlin-Krise, die Mitte der sechziger Jahre einsetzte und ihren Höhepunkt 1968 erreichte, verfolgten die Sowjets jedenfalls nicht mehr ihre alte Taktik, den Pfeiler der alliierten Garantien für West-Berlin anzugreifen, sondern wandten sich dem zweiten zu: der Bindung an die Bundesrepublik Deutschland, den Verbindungen zwischen Westdeutschland und den Westsektoren. Auf diese Weise versuchten sie, einen Keil zwischen Bonn und seine Verbündeten zu treiben sowie gleichzeitig das Sicherheitsgefühl der West-Berliner psychologisch zu untergraben. Letzteres hätte auch die Position der Westmächte wesentlich geschwächt. Denn ohne das Vertrauen der Bevölkerung in die Zukunft der Stadt, allein durch die alliierte Präsenz, wäre eine Krise nicht mehr zu stabilisieren; das hatte die Blockade gezeigt. Der sowjetische Koloß wollte sich in die Stellung einer natürlichen Schutzmacht West-Berlins manövrieren. Das ist der Sinn der Formel einer »selbständigen Einheit Westberlins«, und dieses Etappenziel hat seine Gültigkeit bis heute nicht verloren.

Die neue Taktik der unauffälligen Schikanen, der ungezählten Nadelstiche in Form von Paß- und Visumspflichten, Gebührenerhebungen, tagelangen Wartezeiten, politisch begründeten Durchreiseverboten – all das veranlaßte den ehemaligen Regierenden Bürgermeister und inzwischen zum Bonner Außenminister aufgerückten Willy Brandt zu eindringlichen Warnungen, die er am Vorabend der NATO-Konferenz Ende Juni 1968 in Reykjavík seinen Amtskollegen vortrug. Um die Sicherheit Berlins sei es schlecht bestellt, wenn die östliche Salamitaktik fortgesetzt werde. 50 oder 100 Mark Gebühr auf den Zugangswegen seien kein Kriegsgrund, aber die Stadt könne solche Lasten, derartige Unsicherheiten, auf die Dauer nicht verkraften. Brandts Initiative führte zu einer Reihe westlicher Signale mit denen man die Möglichkeit von Berlin-Verhandlungen in Richtung Moskau testen wollte. Noch die Regierung der Großen Koalition, also nicht erst die sozialliberale, hatte den Sowjets Kompromißbereitschaft in allen Fragen der sogenannten »demonstrativen Bundespräsenz« gezeigt, wenn die UdSSR sich zu einer gesicherten Regelung des Zugangs bereitfände.

Die neue Bonner Regierung verknüpfte das Berlin-Problem mit ihrer Ostpolitik, indem sie das berühmte Junktim zwischen einer Ratifizierung der Ostverträge und einer Berlin-Vereinbarung der

Vier Mächte aufstellte. Berlin, so hatte Egon Bahr dem späteren Botschafter Falin bedeutet, sei die innerste Substanz der Beziehungen zwischen Moskau und Bonn. Den Sowjets war die Anerkennung ihres europäischen Besitzstandes so wichtig, daß sie auf diese Bedingung eingingen, wie Außenminister Gromyko dem FDP-Vorsitzenden Walter Scheel am 14. Loch des Golfplatzes in Kronberg zu verstehen gab – als kleine Wahlkampfhilfe für die im hessischen Wahlkampf stehende Partei. Durch das sowjetische Einlenken erhielten nun wiederum die Amerikaner die Möglichkeit, mittels schleppender Gesprächsführung Zugeständnisse des Kreml auf anderen Gebieten herauszuholen. Die Komplexität der Berlin-Verhandlungen zeigt sehr deutlich, wie viele Fäden in dieser Stadt, in Deutschland, als Ergebnis eines verlorenen Krieges verknüpft werden müssen, wenn man etwas Konstruktives erreichen will. Die wenigsten davon halten wir selbst in der Hand.

Nach dem Viermächte-Abkommen von 1971 konnte sich West-Berlin annäherungsweise zu einer normalen Großstadt entwickeln, sich seinen inneren Problemen zuwenden. Die große Tradition der Versammlungen vor Rathaus und Reichstag trat jetzt zurück, die erzwungene Außenfixierung wurde durch eine fast explosive kommunalpolitische Aktivierung abgelöst, mit zunächst nicht nur positiven Begleiterscheinungen. Der nachlassende Außendruck setzte in der Westhälfte Berlins eine Demokratie frei, die nicht mehr auf Große Koalitionen angewiesen war, sondern sich nun auch in der Abwechslung von Regierung und Opposition bewähren und auf diese Weise manche Verkrampfung loswerden konnte. Das Klima in Berlin ist milder geworden.

Doch eines darf man dabei nie aus dem Auge verlieren: Für die Sowjets waren und sind die Vereinbarungen nur eine Etappe auf dem langen Marsch nach Westen, der über Berlin führt.

(1985)

Der 17. Juni 1953

Die Kommunisten haben nach dem 17. Juni immer wieder behauptet, der 17. Juni sei der Tag X des Westens, ein lange geplanter und gut vorbereiteter Anschlag auf die DDR gewesen. Betrachtet man zunächst einmal den Beginn und den Verlauf der Demonstrationen des 16. Juni 1963, dann zeigt sich, daß eine – wie auch immer geartete – westliche Beeinflussung der Bauarbeiter vor dem oder am 16. Juni nicht nachzuweisen ist. So ist denn auch die Demonstration gegen die Normenerhöhung am 16. Juni von einigen Mitgliedern der DDR-Regierung, wenigstens zunächst, öffentlich als durchaus zulässig und sogar berechtigt bezeichnet worden – so von Industrieminister Fritz Selbmann (SED) in seiner Ansprache vor dem Haus der Ministerien am 16. Juni, vom stellvertretenden Ministerpräsidenten Otto Nuschke (CDU) in seinem RIAS-Interview am 17. Juni, von Ministerpräsident Otto Grotewohl nach dem 17. Juni in mehreren Reden vor Betriebsbelegschaften, zuletzt von Justizminister Max Fechner (SED) in dem Interview, das am 30. Juni im *Neuen Deutschland* erschien, nachdem es der Pressestelle beim Ministerpräsidenten vorgelegen hatte. Alle diese Äußerungen lassen deutlich erkennen, daß man sich der Tatsache bewußt war, es mit einer Demonstration der Bauarbeiter (und nicht mit westlichen Provokateuren) zu tun gehabt zu haben.

Schwieriger ist die Frage zu beantworten, inwieweit die Bauarbeiter selbst die Demonstration vorbereitet haben. Fest steht, daß es seit Anfang Juni auf verschiedenen Baustellen zu Unruhen kam, die jedoch stets von FDGB- und SED-Funktionären durch Diskussionen im kleinen Kreis wieder beigelegt werden konnten. Fest steht auch, daß auf einer – viele Wochen vorher geplanten – Dampferfahrt des VEB Industriebau, an der auch Arbeiter vom VEB Wohnungsbau teilnahmen, über die Normenfrage diskutiert und die Möglichkeit einer Arbeitsniederlegung erörtert worden ist.

Das Ostberliner Stadtgericht, vor dem im Mai 1954 der Prozeß gegen einige Bauarbeiter der Stalin-Allee geführt wurde, versuchte in seiner Urteilsbegründung den Nachweis zu führen, daß auf der Dampferfahrt eine Arbeitsniederlegung für den 15. Juni beschlossen worden sei. Dieser Nachweis ist ihm nicht gelungen. Selbst wenn alle vom Gericht festgestellten Vorkommnisse der Wahrheit entsprechen, ergibt sich aus ihnen lediglich, daß über eine Arbeitsniederlegung debattiert wurde und einige Arbeiter sie befürworteten, nicht dagegen, daß feste Vereinbarungen zustande kamen. So erklärt es sich auch, daß am 15. Juni morgens – wie aus den Ausführungen des Stadtgerichts hervorgeht – nur auf der Baustelle Friedrichshain einige Arbeiter die Arbeit verweigerten, im übrigen aber alle anderen Baustellen zunächst arbeiteten. Erst auf die Nachricht hin, daß am Krankenhaus-Neubau Friedrichshain nicht mehr gearbeitet werde, legten auch Arbeiter auf den Baustellen Volkspolizei-Inspektion Friedrichshain und Block 40 der Stalin-Allee die Arbeit nieder. Auf beiden Baustellen versammelten sich die Arbeiter und berieten über eine Resolution zur Normenfrage, die an den Ministerpräsidenten Otto Grotewohl gerichtet werden sollte.

Auf der Baustelle Block 40 wurden zwei Delegierte gewählt, die der Regierung die Resolution überbringen sollten, in der eine Rückgängigmachung der Normenerhöhung erbeten wurde. Als die Betriebsgewerkschaftsleitung die Delegierten aufforderte, das Eintreffen eines angekündigten Vertreters der Gewerkschaftszentrale abzuwarten, der eine Stellungnahme zu den Normen abgeben wolle, glaubten sie, daß dieser unter Umständen beauftragt sei, die Normensenkung bekanntzugeben. Da sich mit seinem Eintreffen der Zweck der Resolution erledigen würde, brachen die beiden nicht auf, sondern warteten ab.

Der Vertreter kam jedoch nicht. Inzwischen war es Feierabend geworden, und die Arbeiter des Blocks 40 gingen – ebenso wie ihre zwei Delegierten – nach Hause. Währenddessen hatten die Bauarbeiter der Baustelle Friedrichshain ihre Resolution an den Ministerpräsidenten abgeschickt. Am Abend des 15. Juni erschien in der SED-Bezirksleitung Berlin die Sekretärin Otto Grotewohls mit einem Brief, der von den Bauarbeitern des Krankenhaus-Neubaus Friedrichshain eigenhändig unterschrieben war. In ihm wurde die sofortige Rücknahme der Normenerhöhung gefordert.

Der »Neue Kurs« habe nur den Kapitalisten, nicht aber den Arbeitern etwas gebracht. Am nächsten Tage – Dienstag, den 16. Juni – werde eine Delegation sich an Ort und Stelle den Bescheid des Ministerpräsidenten holen; falls die Normenerhöhung bis dahin nicht rückgängig gemacht sei, werde man streiken.

Grotewohl bat die Bezirksleitung, ihm auf Grund ihrer besseren Kenntnis der Lage in Berlin zu raten, was zu tun sei. Bruno Baum, Mitglied der SED-Bezirksleitung, ließ ihm sagen, in Berlin sei alles ruhig und auch weiterhin nichts zu befürchten, solange man nicht weich werde und die Partei nicht in Panik verfalle. Wenn die Delegation erst über die roten Teppiche im Amtssitz des Ministerpräsidenten gehe, werde ihr so feierlich zumute werden, daß sie ganz zahm verhandeln werde. Das wisse man doch aus der kapitalistischen Zeit: wie oft habe da ein Minister die Arbeiter mit einigen wohlwollenden Worten abgespeist – und sie seien dann ihr ganzes Leben noch auf diese Begegnung stolz gewesen. Grotewohl solle also nicht die Ruhe verlieren, den Brief nicht beantworten, sondern die Delegation kommen lassen, sie höflich behandeln, doch im entscheidenden Punkt unnachgiebig bleiben und die Dringlichkeit der Normenerhöhung mit der Notwendigkeit strengster Sparsamkeit erläutern. Sichtlich beruhigt verließ die Sekretärin die Bezirksleitung.

Es hatte zwei Gründe, daß sich am nächsten Tage, am 16. Juni vormittags, auf der Baustelle Block 40 der Stalin-Allee ein Demonstrationszug formierte, der die Forderung auf Normenherabsetzung bei der Gewerkschaftszentrale und der Regierung vortragen wollte:

Zum ersten hatte der Aufsatz von Otto Lehmann in der Gewerkschaftszeitung *Tribüne*, der am 16. früh erschien und den Arbeitern von einem Mitglied der Betriebsgewerkschaftsleitung vorgelesen wurde, die schon vorhandene Erregung der Bauarbeiter sehr gesteigert und sie in ihrem Entschluß, etwas gegen die Normen zu unternehmen, entschieden bestärkt. Denn Lehmann hatte rundheraus erklärt, die Parteibeschlüsse über eine administrative Erhöhung der Arbeitsnormen seien »in vollem Umfang richtig«. Zum anderen kam man in langen Diskussionen auf der Baustelle zu dem Ergebnis, daß die beiden Delegierten, die am Vortage gewählt worden waren, nicht allein mit der Resolution zu Gewerkschaftsbund und Regierung geschickt werden könnten, da man sie dort möglicherweise verhaften werde. Bis zu der Feststellung, daß dann eben alle gemeinsam gehen müßten, war es von da an nur noch ein Schritt.

Die Bauarbeiter des Blocks 40 und der Baustelle Friedrichshain marschierten zunächst zu anderen Baustellen auf der Stalin-Allee und in ihrem weiteren Umkreis, um die Kollegen dort für die Demonstration zu gewinnen. Dann setzte sich der Zug, beträchtlich angewachsen, zum FDGB-Bundesvorstand in der Wallstraße in Bewegung. Zweck des Marsches war zu diesem Zeitpunkt ganz eindeutig nur die Beseitigung der Normenerhöhung.

Als man das FDGB-Haus verschlossen fand und niemand sich zeigte, der mit den Arbeitern zu verhandeln bereit war, lenkte sich der (ständig wachsende) Demonstrationszug zum Haus der Ministerien in der Leipziger Straße. Auch nach Verlassen der Stalin-Allee waren es geschlossene Belegschaften anderer Bauvorhaben der Berliner Innenstadt, die den Kern des Zuges bildeten – u. a. die Bauarbeiter der Baustelle Verwaltung Innen- und Außenhandel, der Blockbaustelle Lindenstraße, der Baustelle Staatsoper. Man schätzt, daß sich etwa zehntausend Demonstranten vor dem Haus der Ministerien versammelten. Auch hier war alles verschlossen, und zunächst zeigte sich niemand, der mit den Arbeitern verhandeln wollte – was die Massen ärgerte und erregte.

Nach einiger Zeit erschien die Staatssekretärin Walther, die man jedoch auf Grund eines Mißverständnisses für die Sekretärin Walter Ulbrichts hielt und deshalb nicht reden ließ, weil man Ulbricht selber hören wollte. Auch der Minister Selbmann (der als einziger der SED-Spitzenfunktionäre im Regierungsgebäude den Mut hatte, zu den Arbeitern hinauszugehen und mit ihnen zu sprechen) wurde beschimpft und niedergeschrien, bevor er zu Worte kommen konnte. »Als nächster bestieg ein Funktionär den Rednertisch«, berichtete später ein Demonstrant, »der sich als Professor Havemann vorstellte.« Robert Havemann begann, wie es heißt, den Demonstranten eine Vorlesung über die wirtschaftlichen Grundlagen und Widersprüche ihrer gegenwärtigen Situation zu halten. »Wir trauten ihm nicht. Der Lärm wurde immer größer. Auch er wurde heruntergepfiffen.«

Daß man so schnell mit einem Minister und einem Professor fertig geworden war, steigerte zweifellos das Gefühl eigener Kraft in der Menge. Man freute sich, schimpfte laut und forderte in Sprechchören das Erscheinen Grotewohls und Ulbrichts. Während sich so die geordnete Protestversammlung rasch in eine tumultartige Demonstration verwandelte, machte sich andererseits mit der Zeit unter den Demonstranten immer mehr eine Unsicherheit darüber bemerkbar, was eigentlich weiter geschehen solle.

Zwar hatte man da und dort das Gefühl, daß die Regierung den Geschehnissen ratlos gegenüberstehe, daß diese Schwäche ausgenutzt werden müsse, daß es gar nicht mehr um die Normen allein gehe und man neue, größere, politische Forderungen stellen und durchsetzen könne. Wohl fanden sich mehrere Male Redner, die diese neuen politischen Ziele formulierten, und jedesmal waren Jubel und Beifall groß. Aber es fand sich keiner, der die Führung der Ereignisse in die Hand nahm, und so versandete allmählich der Elan, erstarb der Schwung der Demonstration.

Als beispielsweise Selbmann bei einem zweiten Redeversuch gegen 14 Uhr bekanntgeben konnte, daß der Ministerrat die administrative Normenerhöhung zurückgenommen habe, weil sie ein Fehler gewesen sei, wurde er von einem Bauarbeiter beseite geschoben mit den Worten, daß es gar nicht mehr um die Normen gehe. Die Regierung müsse aus ihren Fehlern die Konsequenzen ziehen und zurücktreten.

Aber es ist bezeichnend für die Situation, für die Unsicherheit und Führungslosigkeit der Demonstranten, daß daraufhin nichts weiter geschah. Nachdem die begeisterte Zustimmung der anderen verebbt war, fand sich kein neuer Redner; von neuem breitete sich Unsicherheit aus.

Einige Zeit später stieg ein Arbeiter auf einen Tisch und forderte den Generalstreik für den Fall, daß die Regierung nicht zurücktrete. Man wolle nicht länger warten, sagte er weiter, und wenn Grotewohl oder Ulbricht nicht innerhalb einer halben Stunde erschienen, solle man abmarschieren und den Generalstreik ausrufen.

Er erhielt großen Beifall. Aber dann kam wieder die Unsicherheit, und schon nach fünf Minuten begann der Abmarsch zurück zu den Arbeitsplätzen, zur Stalin-Allee.

Die Streikenden trafen auf Lautsprecherwagen die überall in der Stadt die von der Partei beschlossene Normenherabsetzung bekanntgeben sollten. Manche der Ausrufer bedienten sich dabei der verklausuliert-mißverständlichen Formulierungen, in die das Politbüro mittags seinen Beschluß gekleidet hatte. In diesem Beschluß hieß es, daß »die Verbesserung der Lebensbedingungen der Arbeiter sowie der gesamten Bevölkerung einzig und allein auf der Grundlage der Erhöhung der Arbeitsproduktivität und der Steigerung der Produktion möglich« sei. Die Arbeitsnormen dürften und könnten aber nicht administrativ, »sondern einzig und allein auf der Grundlage der Überzeugung und der Freiwilligkeit« erhöht werden. Es werde daher vorgeschlagen, »die von den einzelnen Ministerien angeordnete obligatorische Erhöhung der Arbeitsnormen als unrichtig aufzuheben. Der Beschluß der Regierung vom 28. Mai 1953 (sei) gemeinsam mit den Gewerkschaften zu überprüfen.« Sollte die Normenerhöhung nun aufgehoben oder nur überprüft und, wenn diese Prüfung ihre Berechtigung zeigen sollte, vielleicht doch beibehalten werden? Und warum war von einem Vorschlag die Rede? Hatte Selbmann nicht bereits die beschlossene Aufhebung verkündet? Unter den Demonstranten, die den Wagen begegneten, kam die Meinung auf, daß man belogen werde. Entweder war die Normenerhöhung schon zurückgenommen, dann war eine Überprüfung nicht mehr nötig, oder sie war es nicht, dann hatte Selbmann im Namen des Minsterrats die Unwahrheit gesagt.

Tatsächlich war der Ministerrat wohl noch nicht zusammengetreten, als Selbmann den Arbeitern mitteilte, daß die Regierung ihren Beschluß vom 28. Mai aufgehoben habe. Denn die wichtigsten Regierungsmitglieder saßen schon seit dem frühen Morgen, wie jeden Dienstag, im Politbüro; die Sitzung war erst am Nachmittag zu Ende. Aber wenn man genau hinhörte, ließ der unklare Text des Politbüro-Beschlusses erkennen, daß die Partei an der administrativen Normenerhöhung nicht festhalten wollte. Natürlich konnte das Politbüro als Parteiorgan den Ministerbeschluß vom 28. Mai nicht selbst aufheben, es konnte nur dem formal zuständigen Staatsorgan die Aufhebung vorschlagen. Da indessen selbstversändlich war, daß der Ministerrat diesem »Vorschlag« so bald wie möglich zustimmen würde, hatte sich Selbmann auf Grund des ihm telefonisch mitgeteilten Politbüro-Beschlusses sicherlich für berechtigt gehalten, den Arbeitern die Normenherabsetzung als eine Tatsache, als einen bereits gefaßten Regierungsbeschluß, mitzuteilen, um der Demonstration den Boden zu entziehen. Das gelang ihm.

Er konnte nicht ahnen, daß die Arbeiter verwirrt wurden, als sie die Parolen des Politbüros aus den Lautsprecherwagen hörten. Aber durfte man erwarten, daß die Demonstranten diesen zweideutigen Text richtig verstehen würden? Es kam zum Handgemenge. Ein Lautsprecherwagen wurde erobert und von Demonstranten besetzt, die nun *ihre* Meinung äußern wollten. Mehrmals wurden die Sprecher gewechselt, bis man endlich einen fand, der seine Sache gut machte.

Es wurde entscheidend für die ganze weitere Entwicklung, daß dieser Sprecher den spontanen Einfall hatte, durch den Lautsprecher den Generalstreik auszurufen: alle Arbeiter Berlins, sagte er wieder und wieder, sollten sich am Morgen des 17. Juni auf dem Strausberger Platz versammeln.

Zwar hatte schon auf dem Platz vor den Ministerien ein Arbeiter den Generalstreik gefordert, und die Generalstreik-Parole war auf dem Rückmarsch zur Stalin-Allee von Sprechchören der Demonstranten ausgegeben worden. Zwar war in der Sendung des RIAS um 16.30 Uhr einmal beiläufig erwähnt worden, daß einzelne Demonstranten vor dem Haus der Ministerien zum Generalstreik aufgerufen hätten – ein Hinweis, der in den späteren Sendungen am Nachmittag und Abend des 16. Juni auf Weisung der zuständigen amerikanischen Behörden ebensowenig enthalten sein durfte wie alle Aufforderungen zu Streiks und Demonstrationen.

Aber erst durch den Lautsprecherwagen erfuhren viele Tausende in Ostberlin, daß eine Fortsetzung des Streiks und Demonstrationen geplant wurde; sie eilten zu Kollegen, zu Freunden, um zu beratschlagen, was am nächsten Tag geschehen solle, wie man die Belegschaften der Betriebe während der Nacht benachrichtigen könne. Erst durch den Lautsprecherwagen erreichte die Aufforderung zum Generalstreik so viele Menschen, daß sie sich von da an im Laufe der Nacht wie ein Lauffeuer durch Ostberlin verbreiten konnte.

Gegen 17 Uhr kamen die demonstrierenden Bauarbeiter wieder an der Stalin-Allee an. Der große Demonstrationszug löste sich auf, der Lautsprecherwagen wurde zurückgegeben, und die Arbeiter gingen nach Hause.

Die Ereignisse des 16. Juni blieben auf Ostberlin und weitgehend auf die Bauarbeiter beschränkt. Am 17. Juni kam es zu Streiks und Demonstrationen an mehr als zweihundertfünfzig Orten der DDR. Von einzelnen Ortschaften sind überhaupt keine, von anderen mehrere widersprechende Augenzeugenberichte in den Westen gelangt. Selbst wo es – wie zum Beispiel über die Ereignisse des 17. Juni in Ostberlin – zahlreiche Aussagen von Augenzeugen gibt, sind nur verhältnismäßig wenige Vorgänge zuverlässig zu ermitteln, was mit der Größe Berlins und der großen Ausbreitung der Streikbewegung zusammenhängt. Eine Darstellung, die die zahllosen verschiedenartigen Vorfälle in Berlin und der DDR wahrheitsgetreu in allen wesentlichen Einzelheiten wiederzugeben sucht, muß am Mangel an Unterlagen scheitern. Immerhin lassen sich aber aus dem vorhandenen Material so viele wichtige Beobachtungen und Feststellungen entnehmen, daß der Versuch gerechtfertigt ist, die typischen Züge der Erhebung nachzuzeichnen. Trotz einiger lokaler Verschiedenheiten findet man am 17. Juni allenthalben gleichlaufende Tendenzen, die es ermöglichen, von einem typischen Ablauf, einer typischen Entwicklung der Aufstandsbewegung zu sprechen.

Über den Umfang der Streikbewegung am 17. Juni besteht zwischen östlichen und westlichen Quellen im großen und ganzen Übereinstimmung: Grotewohl sprach im Juli 1953 offiziell von 272 Ortschaften, in denen gestreikt worden sei, und von 300 000 Arbeitern, die sich an Streiks beteiligt hätten, westliche Angaben verzeichnen 274 Ortschaften und 372 000 am Streik beteiligte Arbeitnehmer. Die Gesamtzahl der Arbeitnehmer (ohne Lehrlinge) betrug damals 5,5 Millionen. Vergleicht man die Zahl der Arbeitnehmer mit der der Demonstranten, dann zeigt sich, wie verhältnismäßig wenige Arbeiter sich am 17. Juni beteiligt haben: Nach Grotewohl sind es 5,5 Prozent, folgt man den westlichen Zahlen, 6,8 Prozent.

Über die Beteiligung anderer Bevölkerungsgruppen an den

Demonstrationen gibt es weder östliche noch westliche Zahlenangaben. Die Schätzungen über den Zustrom der Gesamtbevölkerung zu Massendemonstrationen und Großkundgebungen am 17. Juni gehen weit auseinander: Beispielsweise haben Augenzeugen der Kundgebung auf dem Hallmarkt in Halle (Saale) die Zahl der Teilnehmer mit 60 000, 70 000, 80 000 und sogar 90 000 angegeben. Alle diese Schätzungen lassen sich natürlich nicht mehr nachprüfen.

Aber kommt es auf diese Zahlen an? Die Beteiligung an den Großkundgebungen in einigen Städten kann leicht darüber hinwegtäuschen, daß der 17. Juni kein Aufstand des gesamten Volkes war. Augenzeugenberichte zeigen deutlich: In seinen wesentlichen Abschnitten hat allein die Industriearbeiterschaft den Aufstand getragen. Die Arbeiter – verstärkt durch eine große Anzahl Jugendlicher – haben den entscheidenden Anteil an Zustandekommen und Verlauf der Volkserhebung gehabt. Dagegen ist es unter den Bauern nur vereinzelt zu Unruhen gekommen. Die Mittelschichten, Bürgertum und Intelligenz, haben sich fast völlig aus den Ereignissen herausgehalten. Nur in Ausnahmefällen (wie in Görlitz) haben sich Intellektuelle am 17. Juni beteiligt.

Weshalb aber sind gerade die Arbeiter aufgestanden und nicht die viel härter bedrängten Bürger und Bauern?

Auch wo Bauern rechtzeitig von den Ereignissen unterrichtet waren, hatten sie es schwer zum solidarischen Vorgehen zusammenzukommen – ganz abgesehen davon, daß man im Dorfe nicht streiken, nicht demonstrieren kann, der Widerstand also niemals so sichtbar wie in der Stadt in Erscheinung treten konnte. Die Zurückhaltung der Mittelschichten am 17. Juni läßt sich nicht allein damit erklären, daß die Normenfrage, der ursprüngliche Grund der Demonstrationen, in erster Linie die Arbeiter anging, so daß das Bürgertum mit dem Aufstand nichts zu tun hatte. Es stimmt auch nicht, daß die Mittelschichten von den Streiks erst nach dem Eingreifen der sowjetischen Truppen erfahren haben – aus den Berichten ergibt sich vielmehr, daß die Nachricht von den Vorgängen allenthalben mit einer kaum vorstellbaren Schnelligkeit verbreitet wurde.

Das zögernde Abwarten der Mitttelschichten am 17. Juni entspricht ihrer damaligen, resignierten Grundeinstellung. Auch in den Jahren vor 1953 hatte sich das Bürgertum in seiner Breite aus den politischen Auseinandersetzungen herausgehalten. War sein Weitblick größer als der anderer Bevölkerungsgruppen, sah es die kommunistische Entwicklung deutlicher – oder fürchtete man einfach persönliche Risiken? Wahrscheinlich beides, und beides hängt miteinander zusammen. Jedenfalls war der Mittelstand der DDR viel zu geschwächt und politisch zu müde, um sich eigenmächtig zu engagieren. Er war selbst davon überzeugt, daß ihm in der DDR der Wind der Geschichte ins Gesicht blase, daß man sich ducken müsse, um vielleicht einzeln durchzukommen. So scheute man sich, etwas aufs Spiel zu setzen. Man wartete ab, erwartete nicht vom eigenen Handeln, sondern von oben und vor allem von außen, vom Westen, Veränderung und Hilfe.

Wo lagen die Zentren der Erhebung? Neben Berlin und seiner Umgebung waren vor allem das mitteldeutsche Industriegebiet (mit den Städten Bitterfeld, Halle, Leipzig und Merseburg) und der Magdeburger Raum Zentren der Demonstrationen, in geringerem Maße auch die Gebiete Jena/Gera, Brandenburg und Görlitz. In Ostberlin und seiner unmittelbaren Umgebung haben 61 000 Arbeiter gestreikt, im mitteldeutschen Industriegebiet 121 000, in Magdeburg 38 000; in Jena waren es 24 000, in Brandenburg 13 000 und in Görlitz 10 000 Arbeiter. In allen diesen Gebieten und Städten ging der Streik von Großbetrieben aus; offensichtlich war die Aufstandsbewegung hier zunächst deshalb so erfolgreich, weil sie von den Massenbelegschaften bedeutender Industriewerke getragen wurde. So diszipliniert und geschlossen aufmarschierende Belegschaften wie die der Großbetriebe Leuna (28 000 Mann), Buna (18 000 Mann), Farbenfabrik Wolfen (12 000 Mann) oder Hennigsdorf (12 000 Mann) waren eine Macht, der die örtlichen Dienststellen der Partei und des Staates nichts entgegenzustellen hatten. Andererseits sind in Orten, die über keine oder nur kleine Industriewerke verfügen oder in denen größere Werke nicht mitstreikten (wie zum Beispiel in Dresden), die Demonstrationen oft schon im Entstehen unterdrückt oder von geschickt argumentierenden SED-Funktionären auseinanderdiskutiert worden.

Kontakte zwischen den einzelnen Streikzentren haben fast nirgendwo bestanden. Lediglich im Gebiet Halle/Merseburg/Bitterfeld gab es Ansätze zu einer Koordinierung der Aktionen in größerem Rahmen. In Halle wurde versucht, Flugblätter zu drucken, die Proklamation des Generalstreiks für die gesamte DDR wurde erwogen, telefonische Verbindung mit den Nachbarstädten wurde aufgenommen. Aber die zur Verfügung stehende Zeit war zu kurz, als daß diese Pläne und Versuche wirklich das Geschehen hätten beeinflussen können.

Was die streikbeteiligten Industriezweige angeht, ist auffällig, daß unter den streikenden Betrieben die des Bauwesens, des Bergbaus, der chemischen und eisenschaffenden Grundindustrien und des Maschinenbaus besonders aktiv waren. Nochmals zu den Bauarbeitern: Sie gehörten zu einem beträchtlichen Teil den Bau-Unionen an, die an besonders wichtigen Vorhaben des planwirtschaftlichen Aufbaus beschäftigt wurden. Eine Reihe dieser Baustellen lag auf dem platten Lande, in bisher nichtbesiedelten Landesteilen. Denn das Regime hatte zu Anfang der fünfziger Jahre begonnen, dort industrielle Anlagen und Wohnsiedlungen errichten zu lassen, die als Modelle künftiger sozialistischer Lebensform gedacht waren. Die Bauarbeiter kamen als Pioniere in die öden Landstriche und waren höchst primitiv in Baracken untergebracht. Es gab dort keine Möglichkeiten der Zerstreuung (wie Kinos und Tanz), kaum Frauen, oft, wenn die Versorgung der abgelegenen Bauvorhaben stockte, nicht einmal zureichende Verpflegung. Es leuchtet ein, daß unter diesen Arbeitsbedingungen, in diesem Milieu, in dem Unzufriedenheit und Verbitterung weit gediehen waren, die geforderte Normenerhöhung rascher als anderswo zu Arbeitsniederlegungen führte.

Ein Teil der Bauarbeiter, der in den Städten beschäftigt war, legte aus einem anderen Grunde die Arbeit nieder: Als man aus Berlin erfuhr, daß dort die Bauarbeiter streikten, wollten in vielen Orten der DDR die Bauarbeiter ihrer Verbundenheit mit den Kollegen in Berlin Ausdruck verleihen und traten in den Streik. Das einigende Band der Solidarität, das innerhalb der Betriebe beim Entschluß zum Streik, beim Aufbruch der Demonstranten eine so entscheidende Rolle spielte, wurde hier auf der überbetrieblichen Ebene sichtbar und führte zu einem solidarischen Zusammenhalt innerhalb dieses ganzen Berufszweiges.

Zudem bekundeten auch Belegschaften anderer Betriebe ihre Solidarität mit den Bauarbeitern in Berlin. Damit zeigte sich ein Phänomen, das für das Verständnis der Geschehnisse von größter Wichtigkeit ist: Obwohl in der DDR die Gewerkschaften als Bindemittel aller Arbeiter, als Motor und Lenkung gemeinsamer Aktion beseitigt worden waren, hatte sich das Zusammengehörigkeitsgefühl, das Solidaritätsbewußtsein der Arbeiter offensichtlich vielerorts unvermindert erhalten.

Betrachtet man die Streikbewegung im Bergbau, so ist auffällig, daß es im Erzbergbau und im Kalibergbau zu umfangreichen Arbeitsniederlegungen kam, während im Steinkohlen- und vor allem im Uranbergbau so gut wie gar nicht gestreikt worden ist. Man kann das gewiß teilweise darauf zurückführen, daß zum Beispiel im (seit 600 Jahren betriebenen) Kupferbergbau in Mansfeld, einem Streikzentrum, Tradition, Vertrauen und Zusammenhalt der Belegschaften einen solidarischen Widerstand gegen das Regime ermöglicht haben, während sich im (erst nach dem Kriege auf sowjetische Anweisung begonnenen) Uranbergbau, der mit bunt zusammengewürfelten Arbeitskräften aus allen Teilen der DDR besetzt ist, eine betriebliche Gemeinsamkeit nicht hatte entwickeln können.

Neben den Bauarbeitern und einem Teil der Bergarbeiter haben sich gerade die Arbeiter der besonders geförderten Grund- und Schwerindustrie in starkem Umfang am Streik beteiligt. Beispielsweise ist es in neun von den insgesamt zehn eisen- und stahlerzeugenden Großbetrieben der DDR zu Streiks und Aufständen gekommen. Es überrascht zunächst, daß gerade die Arbeiter dieser lohnprivilegierten Industrie und nicht die Arbeitnehmer benachteiligter Wirtschaftszweige – wie die des staatlichen Handels, des Gaststättengewerbes, auch der Nahrungs- und Textilindustrie – in den Streik traten. Das hat indessen einleuchtende Gründe: Einmal waren gerade die Großbetriebe der Grund- und Schwerindustrie in den vorausgegangenen Monaten der Propaganda zu freiwilligen Normenerhöhungen besonders ausgesetzt gewesen. Die staatliche Wirtschaftsführung hatte versucht, in diesen Industriezweigen ein dem erhöhten Lohnniveau entsprechendes hohes Arbeitsleistungsniveau durchzusetzen. So wurden beispielsweise im *Neuen Weg,* der Zeitschrift für die praktische Parteiarbeit, zwischen Januar 1952 und Juni 1953 23 Artikel veröffentlicht, die sich mit der Arbeitsproduktivität in den zehn eisen- und stahlerzeugenden Werken der Zone beschäftigten. Weitere 26 Artikel behandelten die Steigerung der Arbeitsproduktivität in bestimmten Werken der chemischen Grundstoffindustrie, bei Kohle und Energie, 36 Artikel die Steigerung der Arbeitsproduktivität in Werken des Schwermaschinenbaus. Demgegenüber war nur je ein Artikel einem Konfektionsbetrieb und einer Verkaufsstelle der staatlichen Handelsorganisation HO gewidmet.

Der Druck auf die Arbeiter, die Normen zu erhöhen, während sich die Lebensverhältnisse ständig verschlechterten, war jedoch nur eine Ursache der Streiks und Demonstrationen. Hinzu kommt ein wichtiger psychologischer Grund. Er liegt im Selbstbewußtsein der Arbeiter.

Die Arbeiter in den Grund- und Investitionsgüterindustrien wußten, ebenso wie die Bauarbeiter der Stalin-Allee, daß das Regime sie zur Erfüllung seiner Pläne dringend brauchte. In der staatlichen Verwaltung, im Handel, in der Konsumgüterindustrie konnte man die Beschäftigten weitgehend durch andere ersetzen, und wenn Quantität und Qualität der Verbrauchsgütererzeugung in der DDR in keinem Verhältnis zu den Bedürfnissen der Bevölkerung standen, wenn die Leistungsfähigkeit der Handelsorgane ständig sank, so war das dem Regime im großen und ganzen gleichgültig. Aber in den Grundindustrien und im Schwermaschinenbau hatte man große Pläne, die sich ohne die Facharbeiterschaft nicht verwirklichen ließen. Deshalb waren die Lohnprivilegien eingeführt worden, deshalb hatte man Betriebsverkaufsstellen eingerichtet, als im Frühjahr 1953 die Lebensmittel knapp wurden. Deshalb mußte man es hinnehmen, daß der Anteil der Industriearbeiter an der SED-Parteimitgliedschaft weit hinter den Erwartungen zurückblieb. Und sicherlich war es den Arbeitern dieser Industriezweige am 17. Juni bewußt, daß das Regime auf ihre loyale Mitarbeit angewiesen war, sie einfach nicht entbehrlich waren und die

Kommunisten am allerwenigsten daran denken konnten, die demonstrierenden Belegschaften gerade dieser Betriebe zusammenschießen zu lassen, wenn nicht das ganze Plangefüge zusammenbrechen sollte.

Kann sich ein 17. Juni in der DDR wiederholen? Wenn man sich erinnert, daß kurz vor dem Juniaufstand die Historiker Gerhard Ritter und Walter Görlitz behauptet haben, es gäbe keine Volksbewegung gegen moderne Tyranneien, wird man mit Prophezeiungen besser vorsichtig sein. Andererseits ist sicher, daß nur das Zusammentreffen mehrerer ganz verschiedener Faktoren den 17. Juni – wie auch die späteren Erhebungen im Ostblock – ermöglicht hat; solche Konstellationen sind selten.

Nichts wäre verfehlter als die Annahme, mächtige Kräfte in der DDR drängten auf die revolutionäre Ersetzung der herrschenden Klasse und ihres Systems. Die bittere Erfahrung der westlichen Tatenlosigkeit am 17. Juni, im Oktober 1956, am 13. August 1961 hat das Ihre dazu beigetragen, mit der Resignation in der Bevölkerung zugleich die Einsicht zu verbreiten, daß man sich mit dem Regime arrangieren müsse, zumal man auf unabsehbare Zeit dem Ostblock angehören werde.

Vieles ist noch im Fluß, aber die großen Linien sind nicht zu übersehen. Die Zeiten deuten auf Wandlungen, nicht auf Umwälzungen, auf Evolution und nicht auf Revolutionen.

(1983)

Patriotische Fragezeichen

Wenn ein Unterschied die Generationen trennt – es sind nicht die Ideen und Gedanken. Die Generationen unterscheiden sich durch die Vorstellungswelten, Ordnungsbegriffe und Problemhorizonte, die sie jeweils als gegeben vorfinden, in die sie also unbewußt hineinwachsen und mit denen sie sich auseinandersetzen müssen, die sie aber zunächst einmal hinzunehmen haben. Schlichter gesagt: jede deutsche Generation hat in ihrer Jugend andere politische Landkarten in sich aufgenommen mit sehr verschiedenen deutschen Grenzen, jede Generation hat andere nationale Feiertage in der Schulaula abgesessen – den 2. September oder den 11. August, den 30. Januar oder den 17. Juni.

Wer nun 1932 geboren ist, lag bei der »Machtergreifung« noch in den Windeln und war am Kriegsende 13 Jahre alt. Wer zu dieser Generation gehört, hat die Zeit des Nationalsozialismus als Kind erlebt. Kriegsende, Währungsreform, Blockade, Koreakrieg und Juniaufstand fallen in seine Minderjährigkeit. Der Berufsanfang, die Lehr- und Wanderjahre haben ihren Hintergrund im westdeutschen Wirtschaftsaufschwung und im planmäßigen Gesellschaftsumbau Ostdeutschlands – Ursachen und Folgen der raschen Auseinanderentwicklung des gespaltenen Deutschlands. Meine Generation stand im dreißigsten Lebensjahr und damit an der Schwelle des Mannesalters, wie man früher sagte, als der Bau der Mauer in Berlin die vollzogene völlige Spaltung auch äußerlich deutlich machte.

Aber *so* erlebt unsereins das eigentlich gar nicht. Denn man ist – und das macht den Unterschied zu den älteren und den Alten in seiner Umgebung aus – gar nicht als Deutscher groß geworden, sondern von vornherein als junger Bürger der Bundesrepublik oder der DDR. Unbewußt-bewußt wuchs man in einer Gesellschaftsordnung heran und in sie hinein, die zwar ihren Herrschaftsbereich als vorläufig empfindet und ihn auf den anderen, von Kommunismus oder Kapitalismus versklavten Landesteil auszubreiten trachtet. Doch dieses lautstarke Wollen und Fordern bleiben Aufruf, Ansprache, Kundgebung, Feierstunde und Sonnenwendfeuer, bleiben Abzeichen, Plakate, Halbmastfahnen. Der offizielle oder halboffizielle Einheitswille ist kein Teil der täglichen Umwelt, der Behörden, Lehrstätten, Läden, der Vergnügungs- und Reisemöglichkeiten, der Filme, Bücher, Zeitungen, Briefmarken, kein Teil der handgreiflichen Wirklichkeit, in der der junge Mensch sich einzurichten hat, an die er sich anzupassen sucht, in der er vorankommen, es zu etwas bringen will. Er kennt die Ordnungsbegriffe seines Staates, die längst für einen Gleichaltrigen des anderen Deutschland unverständliche Chiffren geworden sind.

Wer unter den politisch interessierten jungen Westdeutschen könnte etwa die Begriffe Betriebsgewerkschaftsleitung, Frauenkommuniqué oder Produktionsaufgebot einigermaßen zutreffend erörtern? Wer könnte das Statut der SED, den Verwaltungsaufbau der DDR oder die drei Arten landwirtschaftlicher Produktionsgenossenschaften in großen Zügen darstellen? Wer hat je vom »Nationalen Dokument« gehört, der verbindlichen SED-Version der deutschen Geschichte und Gegenwart? Ja selbst einfache Fragen (Wer kennt außer Ulbricht einige ostdeutsche Politiker? Welche Zeitungen, welche Filme gibt es dort heute?) würden sicher bei uns ohne Antwort bleiben. Für unsere Altersgenossen dort drüben wird umgekehrt das gleiche gelten – wenn auch in geringerem Maße, wie man hört.

Man täusche sich nicht: je länger die Spaltung dauert, desto mehr wird das oft beschworene Einheitsbewußtsein zur Fiktion, bestenfalls zu einer vagen Gefühlsgemeinschaft. Worauf sollte sich auch ein Einheitsbewußtsein stützen, wenn die Jugend beider Teile ohne Kenntnis der Lebensumstände, Begriffsrahmen und Denkweisen des anderen Deutschland aufwächst?

Wenn es nur die Unkenntnis der heutigen Verhältnisse dort und hier wäre, man könnte ihr vielleicht abhelfen. Aber die Schwierigkeiten sitzen viel tiefer, die Unklarheiten gehen viel weiter, wenn unsereiner sich Deutschland vorzustellen, wenn er das gegenwärtige deutsche Volk zu erfassen sucht. Was ist denn überhaupt dieses Deutschland, dieses deutsche Volk? Ist es ein vergangenes? Ein gegenwärtiges? Ein zukünftiges? Welches zukünftige? Oder gibt es mehrere deutsche Völker? Denn warum teilt es sich – oder wer hat es geteilt? Wir uns selbst? Oder die anderen? Welche anderen genau? Wer verhindert, daß wir wieder zusammenkommen – die anderen oder wir selbst?

Wer sind überhaupt »wir«? Auch die anderen Deutschen? Auch die Kommunisten? Was verbindet uns überhaupt mit jenen Deutschen, was macht uns denn jenseits der zeitgebundenen Kampfideologien zum deutschen Volk? Eine rassische Einheit, gemeinsames Blut, Haut und Haar? Etwas biologisch Vorgegebenes? Oder ist unser Volk eine psychologische Gegebenheit – eine Charaktereigenschaft, eine Einheit des Fühlens, Empfindens und Erlebens, eine gemeinsame »Volksseele«? Oder ist Deutschland nur räumlich und historisch zu fassen: dieses von uns bewohnte Mitteleuropa, die Einheit des gestalteten und verteidigten Raumes, die Einheit der Sprache und des geschichtlichen Schicksals? Aber wie viele Grenzen teilen das Land zwischen Maas und Memel, Etsch und Belt!

Gleicht die Geschichte Deutschlands seit der Zeit des Heiligen Römischen Reiches nicht einem allmählichen Auflösungsvorgang, ist sie nicht ein fortschreitender Zerfall? Die Grenze an Elbe und Werra ist noch jung, viele leiden noch unter ihr (besonders auf der anderen Seite), sie ist nicht »bewältigt«, wie man heute sagt – so wie etwa die Abspaltung Österreichs bewältigt und problemlos geworden ist. Weimar und Dresden sind näher, scheinen deutscher als Wien oder Salzburg und erst recht als Straßburg oder gar Prag. Aber schon heute wird ein junger Westdeutscher, ja selbst ein junger Westberliner Fontanes »*Wanderungen durch die Mark Brandenburg*« lesen wie etwa Harrers Schilderungen Tibets – so weit entfernt in Raum und Zeit scheinen uns Fontanes Landschaften, Orte und Menschen.

Und wie steht es mit Breslau, mit Königsberg? Ich vermute, daß Breslau ein deutsches Stadtbild hat; aber ich habe es nie gesehen. So lange ich denken kann, liegt Breslau weit hinter der Grenze, hinter mehreren Grenzen und heißt Wroclaw. Und Kants Königsberg ist beinahe so fern wie Kiew und so versunken wie Vineta.

Denn sind nur im Raum – und nicht auch in der Zeit – alle Brücken abgebrochen? Wer in meiner Generation die nahe Vergangenheit zu erfassen, wer die vielen Veröffentlichungen mit den Berichten der Mitlebenden sich verständlich zu machen sucht, findet Achselzucken, Köpfeschütteln, schiefe Blicke, verlegenes Schweigen. Dergleichen fragt man nicht, wenn man aus gutem Hause ist – oder ist der Frager etwa ein Kommunist? Wer sachlich fragt, ist schon ein Feind, dem man nicht zu antworten hat, den man persönlich angreifen und herabsetzen darf, ja muß. Im besten Falle kommt sich der Fragende vor wie ein Fremder, der nachts in einer neuerbauten, unheimlich-gespenstischen Stadt vergeblich von den Vorübergehenden Auskünften erbittet.

Oft meint man, in einem Lande zu leben, das erst vor siebzehn Jahren besiedelt wurde; die Geldreform gleicht der Zeitenwende, so daß wir jetzt das Jahr 15 »nach der Währung« schreiben. Es ist bekannt, daß die DDR jede geschichtliche Verbindung zur deutschen Vergangenheit leugnet, soweit sie nicht als kommunistische Vor- und Frühgeschichte ausbeutbar ist. Aber wirkt nicht auch Westdeutschland »undeutsch«, eher wie einst jener Westen der USA, voll der Selbstsicherheit und fröhlichen Zuversicht eines jungen Landes, ein Vortrupp Amerikas, tüchtig, erfolgreich, von aller Vergangenheit unbelastet, scheinbar problemlos-unproblematisch?

Haben uns das Dritte Reich und die Weimarer Republik wirklich mehr zu sagen als die Türkenbelagerung Wiens oder der Siebenjährige Krieg? Ist Bismarcks Bedeutung für uns nicht so rätselvoll wie die Steinmale auf den Osterinseln und wie sie ohne offenbare Verbindung zu unserer gegenwärtigen Lage? Wenn man mir sagt, daß der amtierende Bundeskanzler in meinem Alter die Landung des letzten Kaisers in Tanger erlebte, dann kommt mir das weniger glaubwürdig vor, als wenn mir mein Vater erzählen wollte, er habe an Caesars Gallischem Kriege teilgenommen. War Hitler denn ein Deutscher? Ist Ulbricht etwa ein Deutscher? Sind Nationalsozialismus und Kommunismus Zwangsläufigkeiten oder Zufälle in der deutschen Geschichte, sind sie Gottesurteile oder nicht vielmehr Naturkatastrophen? Oder trügt der Schein? Ist eine Vergangenheit, ist eine böse Gegenwart vielleicht dann unbewältigt, wenn man bewußt nicht von ihr spricht? Ist irgendwer in der Generation der Väter nicht von einer verheimlichten Schande unterminiert, ist die Gnade des Vergessenkönnens nicht vielleicht zur Technik des Vergessenwollens geworden? Wie viele mögen wissen und sich heimlich eingestehen, daß wir alle Deutschland verspielt und zu Recht verloren haben, weil wir nicht bereit waren, lieber Unrecht zu leiden als Unrecht zu dulden?

Was aber ist verspielt und verloren – und was nicht? Welchen Inhalt hat demnach die Forderung einer Wiedervereinigung? Soll ein Raum wiedervereinigt werden, der einmal Deutschland hieß – oder ein Volk zwischen Rhein und Oder? Und wie soll das staatlich-gesellschaftliche Gebilde aussehen, das wir da schaffen wollen: Wollen wir etwas wiederherstellen, suchen wir die Wiedergeburt des Deutschen Reiches (und wenn ja, welchen Reiches? des Kaiserreichs? der Weimarer Republik? des nationalsozialistischen Führerstaats?), oder wollen wir etwas Neues schaffen, etwas in Deutschland noch nicht Dagewesenes? Sollen dabei die Bonner Demokratie oder der »erste Arbeiter- und Bauernstaat«, beide zusammen oder nichts in beiden zum Vorbild dienen? Oder erstreben wir einfach ein Deutschland, in dem es uns gut geht? Wann aber ging es wem gut – vor 1914, in den goldenen zwanziger Jahren, in den ersten Jahren unter Hitler? Ging es uns eigentlich je besser als heute? Wie »besser«: politisch, wirtschaftlich, geistig – mehr Freiheit, mehr Wohlstand, mehr geistig-künstlerische Gestaltungskraft? Und welchen »uns«: uns allen? Wollen wir mit der Wiedervereinigung nicht vor allem etwas für die anderen Deutschen tun? Oder halten wir auch uns für verstümmelt und zu provinzieller Enge und Einseitigkeit verdammt, wenn Deutschland nicht wieder zusammenfindet, wenn die gemeinsame Hauptstadt weiter verdorrt und verödet? Was können wir heute überhaupt noch tun – und was sollten wir demnach versuchen?

Wer in der Bundesrepublik diese Fragen stellt und in Wort und Schrift Aufklärung erhofft, sieht sich rasch enttäuscht. Er muß feststellen, daß die Frage nach Deutschland, seinen Grenzen, seiner geschichtlichen Gestalt, seiner künftigen inneren Ordnung die offizielle Politik und auch das geistige Leben des Landes wenig zu beschäftigen scheint. Hat die Frage keine praktisch-politische Bedeutung? Da man so viel vom Rechtsstandpunkt redet – wie ist die allgemeine Lethargie mit dem Verfassungsgebot zur Wiedervereinigung zu vereinbaren, die im Grundgesetz verankert ist? Das Bundesverfassungsgericht hat vor Jahren ausgesprochen, daß »alle Staatsorgane die Rechtspflicht haben, die Einheit Deutschlands mit allen Kräften anzustreben« und daß »sie ihre Maßnahmen auf dieses Ziel ausrichten und insbesondere alles unterlassen müssen, was die Wiedervereinigung rechtlich hindert oder faktisch unmöglich macht«. Aber wo sind die politisch einflußreichen Gruppen, die mit allen Kräften zur Einheit streben und sich nicht darauf beschränken, das Ziel zu fordern und zu beschwören, sondern sich auch um seine Erreichung Gedanken machen, also das Ziel mit den praktischen politischen Möglichkeiten in einen erkennbaren Zusammenhang bringen und damit über eine Taktik des Tages hinaus eine Strategie der Wiedervereinigung entwickeln, also eine Deutschlandpolitik betreiben?

Alle amtlichen Kreise, Parteien und Verbände vertreten offiziell die Wiedervereinigung als das erste, hauptsächliche Ziel unserer Politik. Aber man bekennt sich zu diesem Ziel, wie man sich zu einem Glauben bekennt: das Bekenntnis ist keiner weiteren Erklärung fähig und bedürftig. Kann jedoch eine Politik im Glauben an ein weltliches Osterfest, eine nationale Auferstehung von den Toten bestehen, vor allem – darf Politik sich auf hoffende Erwartung beschränken? Ist nicht jedermann überzeugt, daß unter den bisherigen Voraussetzungen das Ziel der Wiedervereinigung nicht zu erreichen ist – oder doch erst zu einem Zeitpunkt, der von führenden Politikern beliebig mit zwanzig, fünfzig oder mehreren hundert Jahren angegeben wird, der sich also offenbar jeder Voraussicht entzieht und an den dennoch zu glauben auf die Erwartung eines Wunders hinausläuft? Wenn Politik die Kunst des Möglichen ist, dann haben wir es hier nicht mehr mit Politik zu tun. Angesichts der unbestreitbaren und tiefwirkenden Auseinanderentwicklung auf allen Gebieten – gerade auch dem der politischen Überzeugungen! – kann die Wiedervereinigung kein plötzliches Gnadengeschenk des Himmels sein, sondern allenfalls am Ende eines langwierigen, mühsamen Prozesses allmählicher Annäherung stehen.

Ich sehe keinen Vorwurf in der Feststellung, die gegenwärtige Regierung habe ihr Ziel verfehlt, durch die Eingliederung der Bundesrepublik in ein westeuropäisch-atlantisches Kräftefeld nicht nur Westdeutschland zu sichern, sondern auch durch eine vermeintliche Sogwirkung des westlichen Zusammenschlusses eine rasche Wiedervereinigung zu ermöglichen. Vielleicht war die Entwicklung des Kräfteverhältnisses in der Welt vor zehn Jahren nicht vorauszusehen, sicherlich verändern rückwärts gerichtete Anklagen eine einmal geschaffene Lage nicht, endlich sind Mißerfolge keine Schande – jedenfalls dann nicht, wenn man aus ihnen lernt.

Aber muß man der Regierung und den tragenden Parteien nicht den Vorwurf machen, auch nach dem offenkundigen Scheitern ihres jahrelang öffentlich vertretenen Vorhabens dem Volk die wahre Lage zu verschweigen und einer offenen Erörterung der Frage auszuweichen, wie sie dem angeblichen Hauptziel, der Vereinigung zweier staatlicher deutscher Gebilde, auch nur einen einzigen Schritt näherzukommen gedenken? Zwar versucht man, sich ebenso stillschweigend wie jeweils verspätet der Entwicklung der Dinge anzupassen. Die Forderung einer »Wiedervereinigung in Freiheit« ist zunächst zum Ziel einer »freien Selbstbestimmung für die Zone« verblaßt; jetzt heißt es nur noch, man müsse die Lebensverhältnisse der Landsleute in der Zone zu erleichtern suchen. Aber diesen taktischen und zeitbedingten Anpassungen entspricht keine eingestandene Abänderung des ursprünglichen Ziels und keine wirkliche Änderung der Grundvorstellung: hartnäckig wiederholte Forderungen könnten, ja müßten wegen ihrer offensichtlichen Überzeugungskraft unabhängig von allen unerwünschten Tatsachen und Entwicklungen ganz von selbst eines Tages die erhofften Ergebnisse herbeiführen.

Vom Glauben an die Politik der Stärke ist der Glaube an die Politik der moralischen Stärke geblieben. Werden eine (nur scheinbar) feste Haltung und hoffende Erwartung aber nicht durch klare politische Vorstellungen und Pläne ergänzt, dann muß sich auch außerhalb Deutschlands die verhängnisvolle Überzeugung ausbreiten, die Westdeutschen nähmen im Grunde ihr angebliches Hauptziel selbst nicht ernst, ja sie selbst kümmere das Schicksal ihrer Landsleute drüben wenig. Wie will man über Jahrzehnte hinweg die Alliierten auf ihre Rechtspflicht zur Wiederherstellung der deutschen Einheit festlegen, wie will man auf die Dauer den Völkern unserer Verbündeten unser Einheitsverlangen glaubhaft machen, wenn man selbst nichts zur Lösung beisteuert? Kann man die laut und leise von den Alliierten und in ihren Ländern gestellte Frage nach einem deutschen Beitrag zur Wiedervereinigung unbeantwortet lassen, wenn man von diesen alliierten Ländern auf unabsehbare Zeit die Sicherung Berlins erwartet? Und müssen nicht alle Solidaritätskundgebungen für die »Brüder und Schwestern in der Zone« im Kern unwahrhaft wirken, wenn sie nichts anderes besagen wollen, als daß man dort und hier auf ein Wunder an der Elbe zu warten habe? Finden Ulbricht und sein System nicht hierzulande wirkliche Unterstützung durch alle diejenigen, die ihre Deutschlandpolitik auf ebenso laute wie globale antikommunistische Bekenntnisse beschränken, die aber weder irgendwelche faßbaren Vorstellungen haben noch irgendwelche Maßnahmen ergreifen, mit denen sie der Herrschaft Ulbrichts irgendwo gefährlich werden könnten? Wie unterscheidet sich diese untätige Verbundenheit praktisch von einer völligen Gleichgültigkeit gegenüber dem Schicksal unserer Landsleute, die in einer unabsehbaren Zwischenzeit den gegenwärtigen Verhältnissen ausgeliefert bleiben?

Landsleute – wieso Landsleute? Wenn Deutschland, Volk, Vaterland nicht mehr selbstverständliche Inhalte haben, woher rechtfertigt sich dann der Anspruch, man müsse sich um die Bürger der DDR kümmern? Die eigentliche Rechtfertigung dieser Pflicht ist in meinen Augen die gemeinsame Verantwortung der Deutschen für die zwölf Jahre Hitler-Herrschaft. Aus dieser Verantwortung haben die Deutschen gemeinsam die Schmach des Nationalsozialismus und die Last des gemeinsam geführten und verlorenen Krieges zu tragen – *alle* Deutschen und nicht nur jene zufälligen siebzehn Millionen, die heute allein die gesamtdeutsche Strafe verbüßen. Die gemeinsame Schuld der Väter scheint mir eine moralisch-nationale Pflicht auch der nachwachsenden Generation zu begründen, ernsthaft den Deutschen dort beizustehen. Denn man hat mit dem deutschen Schicksal und der deutschen Schuld zu tun, wenn man als Deutscher geboren ist.

Nehmen wir aber die Sorge für die Menschen in der DDR ernst, müssen wir ihnen dann nicht in erster Linie ein Mindestmaß persönlicher Freiheit zu sichern suchen, ein Minimum der

Menschenrechte, die uns in der Bundesrepublik seit dreizehn Jahren verbürgt sind – wahrlich nicht unserer Verdienste wegen, sondern als Verpflichtung und Aufgabe? Die Leiden, Opfer und Verwüstungen der nationalsozialistischen Herrschaft haben nur dann irgendeinen Sinn, irgendeine bleibende Bedeutung für uns Deutsche, wenn wir künftig entschlossener als vor zwanzig oder dreißig Jahren bereit sind, Wert und Würde jedes Menschen gegenüber der Macht des Staates zu schützen. Daher bekennen wir uns im ersten Artikel des Grundgesetzes zu »unverletzlichen und unveräußerlichen Menschenrechten als der Grundlage jeder menschlichen Gemeinschaft, des Friedens und der Gerechtigkeit in der Welt«. Wie wollen wir dieses Bekenntnis, wie wollen wir unsere Abkehr von einer Politik der Gewalt eigentlich vor der Welt und uns selbst glaubhaft machen, wenn wir nicht einmal die wichtigsten dieser Menschenrechte allen Menschen unserer Zunge sichern – und nicht nur in fordernden Worten, sondern mit Taten?

Wie sind sie denn aber zu sichern, diese persönlichen Freiheiten – oder doch wenigstens zuerst einmal einige unter ihnen, die wichtigsten, elementarsten wie die Freiheit von Not und die Freiheit von der Angst politischer Verfolgung?

Seit einiger Zeit spricht man davon, daß die Einheit Deutschlands weniger wichtig sei als die persönliche Freiheit der Deutschen dort drüben; wenn die Einheit in Freiheit nicht möglich sei, müsse die Einheit der Freiheit geopfert werden. Man schlägt Lösungen nach dem Beispiel Finnlands oder eher Österreichs vor: eine unabhängige, neutrale DDR mit frei gewählter Regierung, aber westlich anerkanntem Verbot des Anschlusses an die Bundesrepublik. Tatsächlich ist nicht so sehr die Grenze das Hauptproblem als vielmehr die Mauer und all das, was sie bedeutet. Aber diese Pläne sind schöne Träume. Wer sie vertritt, hat kaum ein besseres Verhältnis zur Wirklichkeit als alle diejenigen, die heute noch eine Wiedervereinigung in Freiheit für erreichbar halten. Wer kann im Verzicht der Bundesrepublik und ihrer Alliierten auf die Wiedervereinigung eine angemessene Gegenleistung für das völlige ideologische, politische, wirtschaftliche und militärische Ausscheiden der DDR aus dem Ostblock sehen? Warum sollten zehn Jahre »sozialistischen Aufbaus« plötzlich ungeschehen gemacht werden? Was mutet man Moskau zu? Wofür hält man die SED? Wo läge der Vorteil des Ostblocks? Vor einigen Jahren hätten solche Vorstellungen fruchtbar sein können, wenn die Regierung sie geteilt hätte. Aber die Zeit ist längst vorbei und verloren.

Wenn wir heute wirklich etwas für unsere Landsleute tun wollen, müssen wir uns von allen Illusionen über die Lage und unsere Möglichkeiten trennen. Wer will sich der Einsicht entziehen, daß die Zeit seit langem gegen die Vorstellungen der Bundesregierung arbeitet, weil die Kommunisten Tatsachen geschaffen haben, die man bedauern mag, mit denen man aber rechnen muß? Wer wenigstens den *Status quo* in Deutschland halten möchte, wird enttäuscht werden, weil die Fortdauer der Spaltung notwendig ihre Vertiefung bedeutet. Ist die Behauptung der SED, in Deutschland seien zwei Staaten mit unterschiedlicher Gesellschaftsordnung entstanden, wirklich abwegig? Nimmt nicht von Jahr zu Jahr die Zahl der jungen Deutschen zu, die ein einiges Deutschland nicht mehr erlebt haben und unbewußt ihren Staat Bundesrepublik oder DDR für das maßgebliche Modell halten?

Wie lange wollen wir noch behaupten, diese DDR sei kein Staat? Wer will übersehen, daß in der DDR eine kommunistische Gesellschaft entsteht – trotz all der Fehler, ja Verbrechen, die dort begangen werden? Wer sieht nicht in der DDR eine Jugend heranwachsen, die im Geiste des Marxismus-Leninismus erzogen ist und aus ihm immer mehr ihre Wertvorstellungen empfängt, ja gerade aus diesen Wertvorstellungen heraus zu einer Ablehnung der Methoden Ulbrichts kommt? Ist damit nicht eine Opposition denkbar oder sogar wahrscheinlich, die diese Methoden verurteilt, aber am System festhalten möchte, die also die Ablehnung von Gewalt und Terror beim »Aufbau des Sozialismus« keineswegs mit einem Bekenntnis zu unserer Gesellschaftsordnung verbindet, weil diese ihr noch viel problematischer erscheint? Sehen wir die Gefahr, mit einem globalen und oft bornierten Antikommunismus auch bei Oppositionellen, besonders in der Jugend, immer häufiger auf taube Ohren zu treffen? Hindert uns nicht dieser oberflächliche und summarische Antikommunismus, unser eigentliches, unser wesentliches Anliegen glaubhaft zu vertreten: die Forderung persönlicher Freiheiten, einer schrittweisen Wandlung des Systems zum Menschenwürdigen hin, die Förderung eines menschlichen Kommunismus, etwa wie er in Polen 1956 verwirklicht worden ist? Wir können überzeugt sein, daß wir gerade mit dieser Forderung besonders in der Jugend und bis weit in die SED hinein Zustimmung und Unterstützung finden, gerade weil und gerade wo man den Sozialismus ernst nimmt. Denn wer wollte leugnen, daß wahrer Sozialismus gleichbedeutend mit der Verwirklichung menschlicher Freiheit sein müßte, und wer kann andererseits übersehen, daß diese Absicht sich niemals verträgt mit all den kleinlichen Schnüffeleien, Schikanen und Kontrollen, die drüben heute die Menschen verbittern, und erst recht natürlich nicht mit der Bevormundung und Bespitzelung aller Bürger, mit der Verfolgung und Vernichtung aller wirklichen oder vermeintlichen politischen Gegner, mit den Zügen also, die das SED-System bis heute kennzeichnen?

Alle politischen Wandlungen in der DDR werden von Männern und Frauen ausgehen, die aus Überzeugung am Sozialismus festhalten, obwohl das gegenwärtige System sie enttäuscht hat. Nur sie – niemand in der Bundesrepublik, niemand aus der unpolitischen oder resignierten Bevölkerung der DDR – werden Moskau überzeugen können, daß Ulbrichts Herrschaft den Sozialismus in der Bevölkerung verhaßt macht und eine Verbitterung erzeugt, die der praktischen Arbeit auf allen Gebieten schadet. Nur sie werden die Sowjetunion dazu bewegen können, Ulbricht fallen zu lassen, weil seine Herrschaft sich als unrentabel erweist und damit den Interessen des Ostblocks widerspricht. Auf diese Menschen in der SED – und je höher sie stehen, desto mehr – richten sich daher alle Hoffnungen für eine menschenwürdige Zukunft in der Zone, mögen wir viele unter ihnen auch heute für Ulbrichts Trabanten halten und sie mit ihm schmähen.

Aber das heißt nicht, daß wir nichts zu tun hätten und wie bisher untätig den Lauf der Dinge abwarten könnten. Denn die Unbrauchbarkeit der gegenwärtigen westdeutschen Haltung in der Deutschlandfrage zeigt sich an der Wirkung, die sie auf die Person und Politik Ulbrichts hat. Jedermann ist überzeugt, daß Ulbricht von der Spannung lebt, daß er Spannung und Spaltung in Deutschland nach Kräften fördert, um seine Herrschaft zu festigen. Aber wer zieht daraus die naheliegende, die einzig sinnvolle Konsequenz, daß wir nach Kräften die Entspannung fördern müßten?

Freilich hat eine Entspannung bittere Voraussetzungen. Denn ist sie möglich ohne die Anerkennung der Oder-Neiße-Linie? Was würden wir aber mit dieser Anerkennung eigentlich aufgeben, wenn längst alle Welt in Ost und West – selbst bei unseren Verbündeten – diese Grenze für endgültig hält? Und weiter: ist die Anerkennung der DDR wirklich eine Frage der politischen Moral und des Rechtsstandpunkts, oder ist sie nicht eine Frage der Zweckmäßigkeit, ob sie nämlich den Deutschen dort nützt, wenn wir für sie Erleichterungen erreichen können? Ist die häufige Mahnung, man dürfe die verfehlte Haltung des Auslandes gegenüber Hitler keinesfalls wiederholen, nicht ebenso oberflächlich begründet wie viele historische Vergleiche? Wird nicht zudem die Anerkennung der DDR (ebenso wie schon früher die Frage der Oder-Neiße-Linie) bald allen politischen Handelswert verlieren, wenn wir weiter warten? Wenn aber die Anerkennung nur im größeren Rahmen einer Bereinigung aller Streitfragen in Betracht kommt: warum bewegen wir unsere Alliierten nicht zum eigenen Entwurf eines Friedensvertrages? Und wenn wir keinen eigenen Entwurf wünschen: warum setzen wir uns nicht sorgfältig und hartnäckig mit dem sowjetischen Entwurf auseinander? Worauf warten wir? Was erhoffen wir noch?

Nützt es unseren Landsleuten in der DDR, wenn wir ihren Staat weiterhin als staats- und völkerrechtlich nicht existent betrachten und ihn ignorieren, isolieren, bekämpfen? Wird nicht durch unsere Politik gerade *die* Richtung in der SED gestärkt, die man mit Ulbrichts Namen verbindet? Gerade weil Ulbricht auf die Teilung Deutschlands gesetzt hat und die rasche Eingliederung in den Ostblock anstrebt, muß ihm unsere Haltung sehr gelegen kommen. Und werden nicht selbst Ulbrichts Widersacher in der SED von uns an seine Seite gedrängt, solange wir die Existenzberechtigung des ganzen Regimes in Frage stellen und damit in unseren Vorstellungen keinen Platz haben für eine freiere, aber dennoch kommunistische Alternative zu Ulbricht? Kann uns an dieser Einheitsfront liegen?

Dämonisieren wir nicht überhaupt die SED-Funktionäre, wenn wir zwar Begegnungen mit der Bevölkerung suchen, aber Kontakte mit Funktionären sorgfältig meiden? Fühlen wir uns ihnen in unverzeihlichem Kleinmut nicht gewachsen – oder aus Hochmut ihnen wortlos überlegen? Wieweit ist die Scheidung von Bevölkerung und Funktionären überhaupt noch sinnvoll, wenn (zumal in der Jugend) jedermann in zahllosen politischen Organisationen mitarbeiten muß und nur von den politisch Tätigen eines Tages die Reform des Regimes ausgehen kann? Ist die Verweigerung von Gesprächen mit Funktionären aller Ebenen überhaupt noch vertretbar, wenn von ihnen alle Erleichterungen abhängen, wenn es z. B. allein von ihnen abhängt, wen wir noch besuchen oder einladen dürfen? Müssen wir nicht nur trotz, sondern gerade wegen des 13. August alle Gelegenheiten für Besuche, Begegnungen, Diskussionen, Arbeitstagungen, alle Arten des Austausches von Delegationen, Gruppen, Gastspielen, von Büchern und Zeitungen bewußt wahrnehmen, weil wir nur so der Isolierung der Deutschen voneinander entgegenwirken können? Lohnt es nicht vor allem der Mühe, darüber nachzudenken, wie man die Ursachen der Mauer beseitigen könnte, statt sich auf die Wiederholung der gedankenlos-stereotypen Forderung zu beschränken, daß »die Mauer weg müsse«?

Wir wissen, daß die Fluchtbewegung die Ursache des Mauerbaus war, wir wissen, daß ihr Abriß eine neue gewaltige Fluchtwelle auslösen würde. Damit wissen wir auch, daß das gegenwärtige Regime sie jetzt nicht abreißen kann. Sicherlich haben in den vergangenen Jahren viele Flüchtlinge aus wirtschaftlichen Gründen die DDR verlassen. Für andere, deren Schicksal wir oft vorschnell verallgemeinern, ist die politische Bedrückung der entscheidende Fluchtgrund gewesen. Ohne eine fühlbare Verbesserung der Wirtschaftslage, ohne einen menschlicheren, freieren Sozialismus als den jetzt praktizierten darf das Regime nicht darauf hoffen, daß die DDR-Bürger eine durchlässige Mauer nicht nur zur Ausreise, sondern auch zur freiwilligen Rückkehr passieren würden. Sollten wir nicht darüber nachdenken, wieweit eine planmäßige Politik die Anerkennung der DDR und eine Unterstützung der DDR-Wirtschaft ins Auge fassen müßte, um die Mauer entbehrlich zu machen? Sollten wir uns nicht fragen, ob eine bewußte Förderung der Industriezweige, auf denen die wirtschaftliche Bedeutung dieses Gebietes beruht, nicht ebenso sinnvoll, wenn nicht weitsichtiger wäre als nur eine Augenblickshilfe von Lebensmitteln und Medikamenten? Hat es Sinn, die Bedingungen eines Kredits öffentlich zu erörtern? Würden Hilfeleistungen der als ausbeuterisch, feindlich und kriegslüstern verschrieenen Bundesrepublik wirklich Ulbrichts Prestige und Politik zugute kommen und nicht dem gesamtdeutschen Zusammengehörigkeitsbewußtsein, für das bisher so wenig getan worden ist? Auf jeden Fall können wir heute der Bevölkerung drüben nicht mehr helfen, ohne zugleich das Regime zu stützen – wobei sich eben nur fragt, ob damit die Gruppe im Regime gestützt wird, auf die wir um der Deutschen willen, die dort leben, und einer gemeinsamen deutschen Zukunft willen unsere Hoffnungen setzen müssen. Wenn Ulbricht und seine Mauer überflüssig werden, wenn eine menschliche Richtung der SED ans Ruder und eine Entwicklung in Gang kommen soll, die das Gegeneinander der beiden Deutschland zum Nebeneinander, ja hoffentlich eines Tages zum Miteinander mildert, dann muß sich die DDR zuvor politisch und wirtschaftlich stabilisiert haben. Jede Wiederannäherung in Deutschland setzt die Anerkennung der Spaltung voraus. Das klingt widerspruchsvoll. Aber gibt es heute noch einen anderen Weg?

(1962)

VIERTES KAPITEL

Gesellschaft im Umbruch

Noch eine Republik!

»Ja Herr Kunsel, ick seg man bloß : wi wull nu 'neRepublike,
seg ick man bloß ...«
»Öwer du Döskopp ..... Ji heww ja schon een !«
»Je, Herr Kunsel, denn wull wi noch een.«

Thomas Mann, »Die Buddenbrooks«

Demokrat sein heißt, seine Angelegenheiten selbst regeln wollen.
Alle Welt behauptet, wir seien eine Demokratie. Wer nimmt die
Forderung ernst, die wir damit an uns und unsere Gesellschaft
stellen? Sicherlich kann man darüber streiten, was »regeln«
heißt. Aber für mich ist ein Regierungssystem noch nicht deshalb
demokratisch, weil seine Bürger alle vier Jahre ein Parlament
wählen. Wir sind noch nicht deshalb eine Demokratie, weil wir
politischen Parteien unsere Stimme geben dürfen, die allesamt in
ihrer vieldeutigen Verschwommenheit und programmatischen
Dürftigkeit keine rationelle Entscheidung ermöglichen (so daß
sich der Wähler auf seine Menschenkenntnis und seine Vorurteile
verlassen muß). Natürlich – ein Anfang ist bei uns gemacht. Und
ich rede auch nicht von einem paradiesischen Endzustand kon-
fliktlos-vollkommener Demokratie. Aber ich bin überzeugt, daß
unsere Lage einen Ausbau, eine Verbreitung und Verbesserung
der Demokratie zuläßt und fordert.

Unsere Gesellschaft leidet an einem zu Wenig, nicht an einem
zu Viel an Demokratie. Unsere Parlamentsherrschaft ist ein Erbe
der oligarchischen Honoratiorengesellschaft des neunzehnten Jahrhunderts, Ausdruck der sozialen und technischen Begrenzung

einer teilemanzipierten Gesellschaft der Industriefrühzeit. Erst der technische Fortschritt der letzten Jahrzehnte ermöglicht die Beteiligung des gesamten Volkes an politischen Entscheidungen, erst Rundfunk und Fernsehen rechtfertigen das allgemeine Wahlrecht. Das zentrale Problem, die Hauptaufgabe der Demokratie ist damit die ständige und umfassende Unterrichtung ihrer Bürger geworden; denn jede begründete Willensäußerung setzt voraus, daß man weiß, was jeweils auf dem Spiele steht. Zwar mag die Forderung permanenter Belehrung zunächst undemokratisch scheinen, weil die Demokratie den mündigen und urteilsfähigen Menschen voraussetzt; der Gedanke mag gefährlich scheinen angesichts aller Versuche ideologischer Steuerung. Aber die Alternative zu politischer Ignoranz ist nicht Propaganda, sondern Meinungsbildung.

Das neunzehnte Jahrhundert hat die Informationsfreiheit *negativ* verstanden. Es hat gemeint, daß es genug sei, wenn man alle rechtlichen Hindernisse beseitige und alle staatlichen Eingriffe verbiete, die die freie Herstellung und Verbreitung von Druckerzeugnissen bis dahin gehemmt hatten. Der demokratische Staat des zwanzigsten Jahrhunderts muß die Freiheit der Information *positiv* zu sichern suchen: durch die Gründung selbständiger und wirtschaftlich wie politisch unabhängiger Anstalten und Körperschaften, die die Objektivität der Information und die offene Auseinandersetzung aller Meinungen und Gegenmeinungen in Presse, Funk, Film und Fernsehen neutral gewährleisten. Dabei müssen sich Objektivität und Neutralität dieser Anstalten vor allem daran beweisen, daß alle, aber auch wirklich alle gegensätzlichen Auffassungen in bunter Vielfältigkeit deutlich und klar zu Worte kommen, während man bisher in der Bundesrepublik häufig in schläfriger Bequemlichkeit kontroversen Wertungen ausweicht und eine scheinbar überparteiliche Mittelmeinung bevorzugt, die bei näherem Zusehen verhüllte Rechtfertigung des Bestehenden ist und damit dem Bürger statt Aufklärung Schleichwerbung bietet.

Diese »Selbstzensur« kann man übrigens nicht der Organisationsform der bestehenden Rundfunk- und Fernsehanstalten vorwerfen. Denn diese Anstalten sind von den Regierungen, Verwaltungen und Parlamenten ebenso unabhängig wie von allen privaten Interessenten. Diese Organisation zeigt den richtigen, den einzig demokratischen Weg. Zwar reden manche gern vom angeblichen »Monopolcharakter« unseres Rundfunks und Fernsehens. Zwar kann man in einer bestimmten Presse von einer angeblichen »Staatszeitung auf dem Bildschirm« lesen. Aber an der Kontrolle des Rundfunks und Fernsehens sind alle politisch und gesellschaftlich maßgebenden Kräfte der Republik beteiligt. Dagegen ist die Presse bei uns eine Domäne der Reichen und damit Mächtigen geblieben, und die eigentlich gefährliche, weil von der Öffentlichkeit nicht kontrollierbare Konzentration und faktische Monopolisierung vollzieht sich im westdeutschen Pressewesen. Axel Springer hat begründete Aussicht, mit der wirtschaftlichen und politischen Bedeutung seines Konzerns zum Hugenberg der zweiten Republik zu werden. Soll eine gleichgewichtige Meinungskonkurrenz in der deutschen Presse erhalten (oder vielmehr ermöglicht) werden, dann ist die dringendste Aufgabe die Errichtung unabhängiger Presseräte nach dem Vorbild der Rundfunkräte, die über öffentliche Mittel – etwa auch aus Einnahmen des Werbefernsehens – verfügen müßten.

Entsprechendes gilt für den deutschen Film. Man plant bekanntlich ein Filmhilfegesetz. Aber was soll man davon halten, wenn die (Selbst- ?) Hilfe von den Interessenten verwaltet werden soll, wenn also im geplanten Verwaltungsrat die Vertreter der Filmwirtschaft die Mehrheit haben sollen – genau diejenigen, die bisher die Krise doch offenbar nicht verhindern konnten? Die »unabhängige Jury«, nach der man mancherorts statt dessen ruft, wäre meines Erachtens eine berechtigte Übertragung der bewährten Grundgedanken der jetzigen Rundfunk- und Fernsehorganisation auf die Filmproduktion und ihre Finanzierung. Diese Misere des deutschen Films hat mehrere Gründe. Jedenfalls einer von ihnen ist die Schwierigkeit der Finanzierung problematischer Vorhaben – von Filmen also, die Probleme behandeln, die wir als die unseren betrachten.

Wer in Presse, Funk, Film oder Fernsehen Probleme behandeln will, muß sie kennen. Da fehlt es weniger am guten Willen als an guten Quellen. Informant ist bei uns ein anrüchiges Wort. Geheimhaltung, nicht Mitteilung oder gar Aussprache suchen die Herrschenden. Man denkt an die Massenmedien, wie man an die

Massen denkt: mit Verachtung – und Furcht. Man erwartet Gefolgschaft. Schon intelligente Treue macht unsicher; wie soll man sie von versteckter Feindschaft unterscheiden? Und die echte Öffentlichkeit, das Volk selbst – sehr fern, wahrscheinlich feindlich. So forscht man es aus, wie man Kinder aushorcht. Man befragt den Mann auf der Straße, die Frau am Kochtopf, unvorbereitet, uninformiert, wie sie sind, damit man ihre spontanen Reflexe frühzeitig manipulieren kann. Aber die Bürger als Partner, als Träger des Staatswillens? Daß Gott bewahre. Diesen weibischen, launisch wechselnden Massen soll man Bund, Land, Gemeinden anvertrauen? Wer herrscht, schweigt. Auch im Parlament. Nur die regierenden Parteien verfügen über die Fachkenntnisse der Verwaltung, nur sie können ihre Fraktionsarbeit durch die Auskünfte der Beamten bereichern – und zugleich der Opposition, den Intellektuellen und den Massen Unkenntnis und Verantwortungsscheu vorhalten. Wissen ist Macht. Und unsere Demokratie ist teils Autokratie, teils Demagogie.

Wo sieht man etwas von einer Bereitschaft der Regierungen, Verwaltungen und Parteien, die Bürger ernsthaft aufzuklären, um sie selbst entscheiden zu lassen? Wo hört man etwas von ihrer Bereitschaft, uns knapp und klar auf allen Gebieten die Alternativen zu zeigen, zwischen denen wir wählen müssen? Wer erklärt uns die Folgen, die alle Beschlüsse und Gesetze haben?

Denn alle Unterrichtung, alle Aufklärung, von der ich hier rede, soll natürlich nicht bloße Gemeinschaftskunde sein, sie soll nicht politische Volksbildung bleiben. Natürlich will und kann nicht jedermann alles begreifen und selbst entscheiden. Aber unser Jahrhundert fordert und ermöglicht eine Demokratie, in der die Bürger grundlegende Entscheidungen der gesellschaftlichen Entwicklung und ihres Lebenskreises selbst treffen und im übrigen instand gesetzt werden, in allen Bereichen ihre Vertreter und Beauftragten nach sachlichen Gesichtspunkten auszuwählen und zu kontrollieren. Dies gilt nicht nur auf dem Gelände, das man die Bundesebene nennt, obwohl man sich besonders in Bonn von der Befangenheit des Grundgesetzes befreien muß, Volksabstimmungen für eine Gefährdung der Demokratie zu halten. Hat das Volk etwa 1933 mehr versagt als die Parteien? Ist Hitler etwa durch Volksabstimmungen zur Macht gekommen?

Natürlich kann man – wie alles – auch Volksabstimmungen mißbrauchen. Aber dann müssen wir den Mißbrauch verhindern, statt den Gebrauch zu verbieten!

Wenn man die Demokratie will, wenn man die Bürger an allen öffentlichen Angelegenheiten aktiv beteiligen will, dann müssen Abstimmungen auf allen Stufen des Staatsaufbaus stattfinden. Um unten anzufangen: Künftig darf über neue Fahrpläne oder Verkehrsmittel, über Unterrichtsprogramme und Ferienpläne, über Wohnungstypen öffentlich finanzierter Bauvorhaben oder die Errichtung von Krankenhäusern, Kindergärten oder Sportplätzen nicht ohne eine Befragung und Mitbestimmung der jeweils Betroffenen, der jeweils Interessierten entschieden werden.

Es ist durchaus demokratisch, nur sie – und nicht alle Bürger – entscheiden zu lassen. Denn es muß endlich mit dem Vorurteil aufgeräumt werden, in der Demokratie zähle nur der konstruierte, abstrakte, politische Bürger, während es gleichgültig sei, ob er Produzent sei oder Konsument, Arbeitgeber oder Arbeitnehmer, Christ oder Nichtchrist, Familienvater oder Junggeselle, Künstler, Sportler oder nur Zuschauer, Fußgänger oder Autofahrer. In der Gegenwart ändert die Innenpolitik ihren Charakter: sie wird »technischer«, sie entpolitisiert sich, während andererseits immer größere Lebensbereiche politischer Eingriffe bedürfen; sehr treffend hat Joseph Rovan gesagt, daß die Politik sich entpolitisiere, das Leben sich aber politisiere. Wie wenig wir allerdings diese Veränderung begreifen, zeigt sich an der weit verbreiteten Prüderie gegenüber den Interessenverbänden, die an die Stelle der »Parteienprüderie« (Gustav Radbruch) in der Weimarer Zeit getreten ist. Dabei ist gegen Interessenverbände gar nichts einzuwenden, wenn alle Gruppen (und nicht nur die wirtschaftlich Starken) ihren solidarischen Einfluß geltend machen können – daran fehlt es bisher bei den Alten, den Frauen, den Familien, den Verbrauchern – und wenn zweitens das innere Gefüge dieser Verbände wirklich »demokratischen Grundsätzen entspricht«, wie das unsere Verfassung ausdrücklich (bisher allerdings vergeblich) von den Parteien fordert, in einer Demokratie aber von allen Gruppen, Vereinen und Verbänden verlangen sollte. Für eine lebendige Republik ist ein demokratisches Vereinsrecht ebenso wichtig wie das Verfassungsrecht.

Sobald wir die Demokratie ernst nehmen, wird natürlich die Frage wichtig, ob unser Erziehungswesen demokratisch ist, ob es auf demokratische Mitarbeit vorbereitet. In erster Linie muß die Schule dem künftigen Staatsbürger Kenntnisse und Kritikvermögen vermitteln, die persönliche Selbständigkeit und zugleich das Zusammengehörigkeitsgefühl der Gruppe zu entwickeln suchen. Theoretisch sind sich da fast alle einig. Wenige aber ziehen praktische Folgerungen.

Wenn wir 1970 die durchschnittliche Klassenstärke auf dreißig Schüler senken wollen (in der Sowjetunion liegt sie heute schon bei 23 Schülern), dann werden wir allein in den Volks- und Mittelschulen 350 000 Lehrer brauchen, fast doppelt so viele wie jetzt. Insgesamt rechnet man amtlich für 1970 mit einem Mehrbedarf von über einer halben Million Lehrkräften. Was angesichts einer – trotz wachsender Geburtsjahrgänge – konstanten Abiturientenzahl in den nächsten Jahren praktisch heißt, daß sich *alle* Abiturienten künftig auf den Beruf des Lehrers vorbereiten müßten. Mit der Bedarfsfeststellung und der Hoffnung, daß sich alles andere schon finden wird, ist es also offenbar nicht getan. Läßt man die Dinge schleifen, dann werden die Klassen immer voller werden, während die Unterrichtsintensität nachläßt und das Bildungsniveau sinkt.

Man tut gern so, als ginge es bei alledem um die Berufsprobleme der Lehrer. Es geht um das künftige Gesicht unserer Gesellschaft! Angesichts der Anforderungen, die eine moderne und zugleich demokratische Gesellschaft an ihre Bürger stellt, ist es nur verständlich und nach Kräften zu fördern, wenn immer größere Gruppen unserer Gesellschaft ihre Kinder das Abitur machen lassen. Das hat mit einem krankhaften Prestigebedürfnis oder überspitzten Berechtigungswesen, mit denen manche den Andrang zum Abitur erklären möchten, im Kern nichts zu tun. Es erklärt und rechtfertigt sich aus dem (oft unbewußten) Drang zur Demokratie: man will mitzählen, mitreden können. Keine Gruppe, keine Gesellschaft, kein Gebiet dieser Erde läßt sich länger die politische Mündigkeit streitig machen. Überall in der Welt wird von allen Schichten der Anspruch erhoben, das eigene Schicksal verantwortlich mitzubestimmen. Und da wollen wir an der Bildungspyramide des letzten Jahrhunderts festhalten? Im

Obrigkeitsstaat mag die Volksschule genügt haben; ihre Elementarkenntnisse konnten den Untertanen auf die gleichförmigen Verrichtungen eines engen und festgelegten Lebenskreises vorbereiten. Aber heute? Müssen wir nicht auch die Tore unserer Universitäten weit öffnen, statt den Massenbetrieb zu beklagen und vor einer akademischen Inflation zu warnen? Man tut so, als ob die Studenten zu ihrer ganz persönlichen Bereicherung oder gar aus Abenteuerlust studierten und vergißt dabei, daß »der Wettbewerb der Staaten um ihren Bestand und ihre Entwicklung sich so offensichtlich auf die Leistungen der Wissenschaft und des Erziehungswesens verlagert, daß man nicht realistisch genug über deren Organisation und Entwicklung denken kann« (Helmut Schelsky).

Die Bedeutung der Schul- und Hochschulbildung wird in unserer Gesellschaft offenbar rascher begriffen als von den Regierenden; man rechnet heute ernsthaft mit einer Verdoppelung der Studentenzahl bis zum Jahr 1980. Weithin wollen das die Verantwortlichen bei uns nicht glauben. Sie weigern sich einfach, mit 400000 Studenten zu rechnen, und meinen, die Zunahme der Studenten werde eines Tages zum Stillstand kommen, die statische Nachfrage des vergangenen Jahrhunderts wiederkehren. Kein Mensch bei uns untersucht den ungefähren künftigen Bedarf an akademisch Ausgebildeten. Man wurstelt weiter und hilft sich mit Halbheiten, soweit man nicht mit einer akademischen Zuzugssperre, einem *Numerus clausus*, das Problem lösen zu können glaubt.

Der Ausbau der bestehenden und erst recht der Aufbau neuer Universitäten geht viel zu langsam voran; die Ausgaben stehen in keinem Verhältnis zu den Aufgaben. Ebenso unzureichend ist die finanzielle Förderung der Studenten. Die Honnefer Grundsätze sind altväterisch-eng (auch heute noch lassen viele Familien aus wirtschaftlichen Gründen nur ein Kind studieren: Kein Wunder, daß die Zahl der Studentinnen im Vergleich zum Ausland erstaunlich niedrig ist), zudem sind die Auswahlmethoden offenbar problematisch; denn dreißig Prozent der Geförderten fallen im Examen durch. Mit dieser Tatsache wird sich die Öffentlichkeit nicht ewig abfinden. Sie wird verlangen, daß die Universitäten durch regelrechte Aufnahme- und vor allem Zwischenprüfungen (statt der formalen Fleißscheine bisher) ungeeignete Bewerber frühzeitig ausscheiden. Vermassung und Verschulung der Universität sind die zwei Seiten einer zwangsläufigen Entwicklung, die diese Worte unschön beschreiben; das sinkende Niveau der Hochschulen ist weniger Ursache als Folge veränderter Anforderungen der Gesellschaft. Welche Fakultät wäre nicht längst zur Fachschule geworden? Wirkliche Wissenschaftlichkeit, Forschung und Lehre, die kleine Gemeinschaft der Lehrenden und Lernenden sind selten wie eh und je; immer mehr werden sie sich außerhalb, oberhalb der Universitäten etwa als *post-graduate studies* ansiedeln. Begabtenauslese und Teamarbeit, die beiden Erscheinungen neuzeitlicher Wissenschaft und Erziehung, die man gern fordert, aber ungern fördert, können vielleicht hier beispielhaft erprobt werden und von hier aus unser Hochschul- und Schulwesen verwandeln.

Freilich werden wir trotz aller Schul- und Hochschulbildung keine Demokraten erziehen und keine Demokratie werden, wenn die Kinder und Jugendlichen weiterhin in einer Gesellschaft heranwachsen, die sie täglich lehrt, Freiheit mit Rücksichtslosigkeit zu verwechseln, in der man vom sozialen Rechtsstaat, von einer sozialen Marktwirtschaft spricht, aber dabei immer mehr »sozial« nur als schmückendes Beiwort, als tarnende Phrase mißversteht, in der man den Egoismus der Starken bemäntelt, statt ihn zu zügeln. Wie sieht die Umwelt aus, in der die Kinder demokratisch leben und Bürgersinn entwickeln sollen? Bürger kommt von Burg, was wir heute Stadt nennen. In der Bundesrepublik, wo über die Hälfte der Bevölkerung in Städten von mehr als 40 000 Einwohnern lebt, sind Staatsbürger vor allem Stadtbürger.

Wir sind offenbar darauf aus, unsere Städte unbewohnbar zu machen. Straßenverbreiterungen, Hochstraßen, Stadtautobahnen, Parkfelder und -hochhäuser zerfressen die Stadtkerne, in denen schon jetzt nur noch fünf Prozent der Stadtbevölkerung wohnen. Es gibt zwar ein Luftreinhaltegesetz, aber man sieht nach wie vor über den meisten Städten undurchdringliche Schmutzwolken lagern. Allerdings ist die Industrie meist so gescheit, ihren Dreck während der Nacht abzulassen, in der bekanntlich alles schwarz ist. 400 000 Tonnen Briketts entspricht der Kohlenstaub, den die Fabrikschornsteine in der Bundesrepublik jährlich ablassen. Aber die Industrie ist nicht an allem schuld; die Giftgasschwaden über den Verkehrsschluchten tun das ihre. Solange allerdings nicht – wie beim Londoner *Smog* 1952 – mehrere Tausend Menschen plötzlich an einer Bronchitis-Epidemie sterben, wird man das Verlangen der Großstadtbevölkerung nach sauberer Luft als wirtschaftsfeindliche Weltfremdheit abtun können.

Wie die Luft, so das Wasser. Wir haben zwar ein Wasserhaushaltsgesetz. Aber in wenigen Haushalten schmeckt das Wasser, wie Wasser schmecken sollte. Was Wunder, daß man in den deutschen Flüssen weder fischen noch baden kann, wenn mehr als die Hälfte allen benutzten Wassers verunreinigt abgeleitet wird!

Und dann der Lärm. »Lärm ist der Mörder des Gedankens«, sagt Schopenhauer – auch der Geduld, der Freundlichkeit, der Fröhlichkeit. Woher kommen wohl alle die Überreizungen, Depressionen und Neurosen? Aber teils gibt es bei uns keinen gesetzlichen Lärmschutz, teils wenden ihn lärmfreundliche Behörden und Gerichte nicht an, weil sie so wenig wie die Bevölkerung die Gefahren kennen, die der Gesundheit von der Lärm-Unterwanderung drohen. Da dürfen Motoren heulen, Mischmaschinen oder Sägewerke kreischen, Preßlufthammer und Asphaltbohrer dröhnen.

Kein Wunder, daß eine Massenflucht aus den Städten seit Jahren im Gange ist. Gigantisch-monotone Riesendörfer, ein ungegliederter Stadtbrei lieb- und lebloser Randsiedlungen zerfasert die Städte und zersiedelt ihre Umgebung. Wenn man um jeden Preis das Einfamilienhaus fördern wollte (fast die Hälfte aller neuen Wohnungen sind Einzelbauten), dann hätte man über die Flächen der Vereinigten Staaten oder doch Frankreichs verfügen müssen. Werden in der Bundesrepublik täglich 60 Hektar, also die Fläche von drei Bauernhöfen besiedelt, was im Jahr der gegenwärtigen Größe Münchens entspricht, dann ist der Tag abzusehen, an dem man unbemerkbar aus den Vororten der einen in die der Nachbargemeinde gelangen wird. In den Ballungsgebieten ist dieser Zustand heute schon verwirklicht. Keine Sorge, die Bundesrepublik wird Groß-Bonn: ein wild wucherndes Zufallsgebilde!

Wo sitzen die Schuldigen? Man darf sich die Antwort nicht

leicht machen. Wenn fast 80 Prozent der Gemeindeeinnahmen aus den Gewerbesteuern stammen, dann wird verständlich, warum die Städte auf freien Flächen am Stadtrand keine Sport- und Spielplätze, sondern Fabriken errichten lassen. Denn ihre Finanzlage ist verzweifelt. Allein der Ausbau der Verkehrsnetze geht weit über ihre Kräfte: bei einem Straßennetz von 365 000 km Länge in der Bundesrepublik sind 220 000 km Gemeindestraßen, aber die Kraftfahrzeug- und die Treibstoffsteuer fließen dem Bunde zu, der nur 31 000 km an Straßen und Autobahnen besitzt. Was der Bau von Unterpflasterbahnen oder U-Bahnen für die Städte bedeutet, will ich gar nicht erwähnen. Auch die Auf- lockerung und Durchgrünung der Städte übersteigt angesichts unseres engen und überholten Eigentumsbegriffs städtische Finanzierungsmöglichkeiten bei weitem. Ein Städtesanierungs- gesetz des Bundes gibt es nicht. Ebensowenig gibt es sinnvolle Stadtplanung. Denn sie müßte die Einzugsgebiete der Städte, also ihre Umgebung berücksichtigen, die Planungshoheit der Gemein- den aber macht an ihren Grenzen halt. Eine »Regionalzustän- digkeit« der Städte kennt das geltende Recht nicht; wahrschein- lich wäre sie verfassungswidrig. Freiwillige Zweckverbände meh- rerer Gemeinden setzen die rechtzeitige Einsicht der Beteiligten voraus; meist dämmert sie zu spät.

Man sieht: Kompetenzfragen, Verfassungsstreitigkeiten, Zustän- digkeitsprobleme, Zukunftsunsicherheiten. Keine einzelne Par- tei, Gruppe oder Klasse verschuldet die Misere unserer Städte. Alle politischen Richtungen und gesellschaftlichen Kräfte kann man verantwortlich machen; denn ein Problembewußtsein – und erst recht eine zielgerichtete Planmäßigkeit gibt es nirgendwo. Die Angst vor allem, was Planung heißt, ist zur Neurose gewor- den; schon die bloße Erwähnung des Wortes Plan macht ver- dächtig. Das erklären nicht nur die abschreckenden Erfahrungen, die man uns aus der DDR berichtet. Es fehlt überall in unserer Gesellschaft an Selbstvertrauen, an Zukunftsgewißheit, an Re- formgesinnung und damit an der Bereitschaft, auf die Heraus- forderungen der Entwicklung rechtzeitig zu antworten. Man ver- wechselt Freiheit mit *Laissez-faire,* mit Gleitenlassen, mit Gleich- gültigkeit; weder die Gegenwart noch gar die Zukunft werden bewältigt.

Unsicherheit und Stagnation sind besonders augenfällig im Schul- und Hochschulwesen, in der Verkehrspolitik, beim Städtebau und in der Raumordnung. Aber im Grunde fühlt man sie auch auf allen anderen Gebieten: die Landwirtschaftspolitik sitzt in der Sackgasse. Vergeblich warten wir auf die Reformen des Strafrechts, des Steuerrechts und der Finanzverfassung. Umsonst hoffen wir auf eine Sozial-, eine Wirtschaftspolitik, die ihren Namen verdienen. Niemand wird wagen, die Änderungen des Mietrechts, die Neuregelung der Kriegsopferversorgung oder die Reform der Krankenversicherung als Äußerungen des sozialen Rechtsstaates zu bezeichnen, als den sich die Bundesrepublik im Grundgesetz ausgibt. Denn anstatt zum besitzbürgerlichen Mietrecht des vergangenen Jahrhunderts zurückzukehren, müßte ein solcher Staat ungerechtfertigte Kündigungen der Mieter ebenso verbieten wie ungerechtfertigte Kündigungen der Arbeitnehmer, weil Wohnung wie Arbeitskraft in einer sozialen Marktwirtschaft keine »Waren« sind. Und muß ein Staat, der im ersten Artikel seiner Verfassung »alle staatliche Gewalt zur Achtung und zum Schutz der Würde des Menschen verpflichtet«, nicht eine seiner Hauptaufgaben darin sehen, einen umfassenden Krankheitsschutz, eine allgemeinauskömmliche Altersversorgung und gezielte Invalidenfürsorge sicherzustellen?

Das Fehlen jedes volkswirtschaftlichen Programms macht sichtbar, wie sehr das Ende der Ära Adenauer eben auch das Ende der Ära Erhard ist. In der Außen- wie in der Innenpolitik mußten wir in den vierziger und fünfziger Jahren zunächst einmal wieder festen Boden unter die Füße bekommen – der Einzelne wie die westdeutsche Gesellschaft. Dem entsprach die vorbehaltlose Eingliederung in das westliche Bündnis durch die Außenpolitik Adenauers ebenso wie der vorbehaltlose Liberalismus der Erhardschen Wirtschaftspolitik. Heute sind wir zu der Einsicht gezwungen, daß in den sechziger Jahren hier wie dort die Probleme komplizierter sind und innen- wie außenpolitisch differenzierte Überlegungen und Anworten verlangen. Jedenfalls von jetzt ab darf man sich nicht mehr mit Parolen zufrieden geben.

In dieser Lage sollte der Streit zwischen Rechten und Linken nicht um ideologische Positionen gehen. Man sollte sich nicht mit ererbten Formeln zufrieden geben. Links wie rechts sollte man sich darauf besinnen, daß wir zunächst einmal Demokraten sind und erkennen, daß die dringendste Aufgabe einer demokratischen Gesellschaft die öffentliche Darstellung und kritische Beleuchtung ihrer inneren Konflikte und ungelösten Probleme ist. In unserer *Innenpolitik* liegen die großen Entscheidungen der nächsten Jahre. Wir sollten darauf achten, daß die Gesellschaft sich Schritt für Schritt, Stufe für Stufe den Ansprüchen der Zeit und den Forderungen der Demokratie anpaßt. Ist diese Hoffnung vielleicht links? Ich weiß es nicht, und im Grunde scheint mir das auch ohne Bedeutung.

(1963)

Die Studentenbewegung

Unsere neue, romantische Jugendbewegung begann verängstigt, ganz kleinlaut. Sie sah zunächst keinerlei eigene Gestaltungsmöglichkeiten. Zu Beginn hielt man in ihren Reihen überhaupt nichts Neues für möglich, nichts Besseres für machbar, hielt die Verhältnisse für unveränderbar starr. Im Gegenteil: Repression drohte, Ludwig Erhards »Formierte Gesellschaft«, eine neue Version des Faschismus. Da blieb nur Widerstand, falls er blieb. Wenn man sich in den eigenen Reihen fest zusammenschloß und bis zum Äußersten anstrengte, konnte man vielleicht das Schlimmste abwenden. Vielleicht. Denn groß war diese Hoffnung nicht. Es gab damals in neulinken Kreisen viele nächtliche Gespräche, daß man bestimmt demnächst auswandern, aus diesem CDU-Staat emigrieren müsse. Dergleichen konnte natürlich nur sagen, wer nicht mehr unter Hitler oder Stalin hatte leben müssen, wem die Erfahrung der Realitäten ihrer Herrschaft erspart geblieben war.

Nur wenige Wochen später schlug ihre Stimmung völlig um. Über Nacht verwandelte sich die Resignation in Rebellion. Eben noch von tiefen Ohnmachtsgefühlen überwältigt, wurden die führenden Köpfe der APO unmittelbar danach von Allmachtsphantasien weggerissen. »Es schien so, als würden die Verhältnisse, einmal angeschlagen, schon zusammenbrechen«, schrieb, noch im Rückblick erstaunt, Johann August Schülein 1977 im *Kursbuch*. Ein gewaltiger Machtrausch erfaßte, einen Moment lang, die Bewegung.

Wenige in ihr erkannten, daß die frühere Verzagtheit ebenso maßlos und damit realitätsblind gewesen war wie jetzt die Selbstüberschätzung. Beide Male, ursprünglich bei der ängstlichen wie jetzt bei der auftrumpfenden Pauschalverurteilung der westdeutschen Wirklichkeit, nahm man es mit den Tatsachen nicht genau, wog nicht genug ab: autoritär, totalitär – so etwas ging vielen zu leicht von der Zunge. Ungeduldig warf die neue Jugendbewegung alles und alle unterschiedslos in einen Topf. Sie maß das Bestehende an ihren weitgesteckten, abstrakt-utopischen Zielen, vor denen jede bestehende Gesellschaft versagen mußte.

In ihrer fundamentalen Kritik fühlten sich die Studenten durch berühmte Gelehrte angeregt und bestätigt, die ihren Gefühlen der Enttäuschung und des Grolls zeitgerechten, zumindest rechtzeitigen Ausdruck gaben. So war im Vorjahr, 1967, gerade am Beginn der Studentenbewegung, Herbert Marcuses Theorie der spätkapitalistischen Gesellschaft »Der eindimensionale Mensch« auf deutsch erschienen. Folgte man diesen »Studien zur Ideologie der fortgeschrittenen Industriegesellschaft«, dann ließen sich die Menschen in diesen Gesellschaften widerstandslos, weil der eigenen Unfreiheit unbewußt, in eine riesige Maschinerie von Politik, Ökonomie, Verwaltung und Kulturindustrie integrieren, die in einem neuen Sinne totalitär genannt werden mußte: »Denn ›totalitär‹ ist nicht nur eine terroristische politische Gleichschaltung der Gesellschaft, sondern auch eine nicht-terroristische ökonomisch-technische Gleichschaltung, die sich in der Manipulation von Bedürfnissen durch althergebrachte Interessen geltend macht. Sie beugt so dem Aufkommen einer wirksamen Opposition gegen das Ganze vor. Nicht nur eine besondere Regierungsform oder Parteiherrschaft bewirkt Totalitarismus, sondern auch ein besonderes Produktions- und Verteilungssystem, das sich mit einem ›Pluralismus‹ von Parteien, Zeitungen, ›ausgleichenden Mächten‹ usw. durchaus verträgt.«

Weil die moderne industrielle Gesellschaft aber gleichzeitig sehr leistungsfähig sei, meinte Marcuse, bestehe in der Bevölkerung ein allgemeines Interesse an der Erhaltung des Status quo, obwohl er voller Irrationalitäten stecke. Auf diese Weise blieben wesentliche Bedürfnisse des Menschen unbefriedigt; es komme nicht zu einem entspannten, erfüllten, entfalteten Leben, das an sich möglich geworden sei. Der bloße Konsum korrumpiere die Menschen, während die heutige Entwicklung der Produktivkräfte, Automation, Überfluß und zunehmend verkürzte Arbeitszeit, eine ganz neue Versöhnung von Vernunft und Sinnlichkeit, eine ästhetisch-spielerische, von Not und Mangel entlastete Kultur jetzt denkbar erscheinen lasse.

Hier war vorgezeichnet, was sich die Studenten zu eigen machten, ohnehin dachten. Aber was folgte aus solchen Visionen für die Praxis? Ein tiefes Mißtrauen gegen alles rechnende Denken, gegen die Rationalität der Dingwelt überhaupt mit ihren anonymen Mechanismen von Wirtschaft, Wissenschaft und Technologie, dieser funktionell verbundenen Superstruktur von Industrie, Technik und Naturwissenschaften (Arnold Gehlen), die erklärte Abscheu vor einer »total verwalteten, einer technokratisch verkommenen Welt« (Knut Nevermann) gab, für sich genommen, ebensowenig ein realisierbares politisches Programm ab wie die Hoffnung auf eine freie, menschliche, vom einzelnen mitgestaltete Gesellschaft.

Diese verständlichen, sympathischen Formeln konnten nur Motive, nur Antriebe jugendlichen (und nicht allein jugendlichen) Veränderungswillens sein. Um etwas praktisch vom Fleck zu bringen, um Probleme zu lösen, mußte man sich detailliert und präzise äußern. Dazu mußte man Mehrheiten gewinnen, Bundesgenossen finden. Bei der Radikalität jedoch, mit der sich die APO in einer umständlichen, bedrohlich klingenden Sprache äußerte, und angesichts der Kompromißunfähigkeit, auch Kompromißunwilligkeit, die sie an den Tag legte (alles Eigenschaften, die aus ihrer Weltsicht folgten), konnte die Bewegung in unserer Gesellschaft keinen Erfolg haben.

Diese Bundesrepublik ist auf friedliche, geduldige Überzeugungsarbeit angelegt, auf sachte Veränderung, auf schrittweise Reform – die Chancen dafür standen ja nicht schlecht. Die Mehrheit bei uns ist auch bereit, ab und an mäßigen Druck, etwa neuartige Demonstrationstechniken, hinzunehmen, zumal dann, wenn ihr die erhobenen Forderungen einleuchten. Diese immer aufgeregte, atemlose Bewegung jedoch sah sich als »Fundamentalopposition«, und dementsprechend wollte sie alles, ultimativ, sofort. Daraus konnte nichts werden. Ihr lautes Geschrei, ihr sonderbares Gehabe, erst recht dann die Gewalt, zu der sie sich bekannte und mit der sie ihre bizarren Ansichten durchzusetzen versuchte: all das mußte sie isolieren.

Diese Kontaktschwäche beruhte nicht auf spontanen Ungeschicklichkeiten. Sie lag nicht an vermeidbaren Fehlern. Sie war im Grunde gewollt. Vor dem Hintergrund vorgestellten, eingebildeten Massenbeifalls suchte die neue Jugendbewegung die Vereinzelung, wie ihre Vorgängerin auch. Ohnehin in der Aktion eher verspielt, genoß sie ihre Außenseiterrolle, wollte in ihrer absonderlichen Sprache von normalen Mitbürgern gar nicht wirklich verstanden werden, kapselte sich wohlig im eigenen Kontrastmilieu ein. Vielen reichte dies völlig aus.

Andere waren ehrgeiziger, auch härter. Sie wollten die Isolierung als Voraussetzung einer alternativen Führungsrolle, der eigenen Elitenbildung und Machtgewinnung. Ihre Beschreibung der Bundesrepublik als angeblich elitäres, streng autoritäres, nur noch schmückend, nämlich zur Täuschung Ahnungsloser, mit parlamentarisch-demokratischen Einrichtungen und Gepflogenheiten ausgestattetes System, war daher ein Spiegelbild eigener Ambitionen. Sie wußten frühzeitig, was sie wollten, und wie. Ihre Entlarvungspraktiken und begrenzten Regelverletzungen, ihre Neigung zu Risiken (die Opfer bewußt einkalkulierte), zu direkten Aktionen, zur gezielten Gewaltanwendung waren verschiedene Erscheinungsformen oder Teilstücke einer Strategie. Mit ihrer Hilfe wollte man das Regime der Bundesrepublik unterminieren, seine Verkrustungen aufsprengen. Allen Ernstes.

Mit dem 2. Juni 1967, dem Todestag Benno Ohnesorgs, hatte eine Phase der Radikalisierung und gleichzeitig der räumlichen Expansion der studentischen Sammlungsbewegung begonnen. Die Berliner Inkubationszeit war zu Ende. Von jetzt ab breiteten sich die bisher auf die frühere Reichshauptstadt beschränkten und allgemein als lokales Sonderphänomen mißverstandenen Studentenunruhen spontan und überraschend schnell auf die gesamte Bundesrepublik aus.

Die Bewegung wurde jetzt außer-, wenn nicht antiparlamentarisch. So sagte Wolfgang Lefèvre, Führungsmitglied des SDS und Vorsitzender des Konvents (also der verfaßten Studentenvertretung) an der Freien Universität Berlin, einige Zeit danach, in einem Interview mit dem *Tagesspiegel* vom 1. Oktober 1967: »Vor dem 2. Juni hat es in der Studentenschaft keine Spur von Antiparlamentarismus gegeben. Nach dem 2. Juni hat die Studentenschaft begriffen, daß die Legislative unter einer Decke mit der Exekutive steckt.«

Bereits unter dem unmittelbaren Eindruck der Ereignisse des 2. Juni hatte Dutschke auf studentischen Massenversammlungen

unter lebhafter, lauter Zustimmung der Anwesenden erklärt:
»Wir sind in diesem System von Institutionen nicht mehr vertreten. Darum sind diese Institutionen nicht Ausdruck unseres Interesses. Darum müssen wir gegen diese Institutionen Stellung nehmen ... Unsere einzige Chance für eine wirkliche Demokratisierung von unten geht nicht über die etablierten Organisationen, geht allein über die von uns zu schaffenden Aktionszentren, die tatsächlich Aktionen tragen, und Aktionen sind die einzige Voraussetzung der Demokratisierung von unten.«

Aktionen, um eine alternative, wahre Demokratie, eine Räteherrschaft herbeizuzwingen – das hört sich sehr gewalttätig an. Tatsächlich bedeuteten in jenen Zeiten ›Aktionen‹ nur verschiedene Arten gestufter Demonstrationen und Provokationen, gelegentlich garniert mit Eiern und Tomaten. Das änderte sich im Frühjahr 1968, übrigens schon vor dem Dutschke-Attentat.

Eine neue, kaltblütige Rücksichtslosigkeit, die auch die Gefährdung von Menschenleben einkalkulierte, zeigte sich erstmals beim Frankfurter Kaufhausbrand vom 2. April 1968, den Andreas Baader, Gudrun Ensslin und andere gelegt hatten, um gegen den »Konsumterror« zu protestieren. Ihr Vorbild war dabei der Brüsseler Kaufhausbrand, bei dem am 22. Mai 1967 immerhin 253 Menschen ums Leben gekommen waren.

Solche extremen Mittel antikapitalistischer Propaganda oder Massenaufklärung konnten immer nur für wenige akzeptabel sein. Da kam, neun Tage später, der Mordanschlag auf Dutschke. Die breite Betroffenheit, die er auslöste, leitete zehn Monate nach der ersten eine zweite, viel radikalere, nämlich kurzfristig gewalttätige Phase der Bewegung ein, zugleich den Anfang von ihrem Ende.

Was war vorgegangen? Am Gründonnerstag, dem 11. April 1968, war in Berlin auf den damals 28 Jahre alten Studenten und SDS-Theoretiker Rudi Dutschke ein Attentat verübt worden. Mehrere Schüsse aus nächster Nähe hatten ihn lebensgefährlich verletzt. Der Täter, Josef Bachmann, war ein fünf Jahre jüngerer, einzelgängerischer Hilfsarbeiter. Unter dem Eindruck dieses Mordanschlags kam es in den Nachtstunden des gleichen Tages und dann nochmals am Karfreitag zu schweren Ausschreitungen vor dem Springer-Hochhaus in Berlin-Kreuzberg. Ihnen schlossen sich an vielen Orten der Bundesrepublik sogenannte »Springer-Blockaden« an, mit denen vor allem die Auslieferung der *Bild-Zeitung* verhindert werden sollte. Höhepunkt und vorläufiger Abschluß dieser Unruhen war der Ostermontag. Bilanzen dieses Tages sprachen von Hunderttausenden von Teilnehmern, von Demonstrationen in 27, von Verkehrsbehinderungen in 50 Städten, von 21 000 Polizisten im Einsatz, von 400 Verletzten und zwei Toten.

Warum richtete sich die Stimmung dumpfer, gewalttätiger Wut gerade gegen Springer? Das Thema Springer wurde damals unter linken Studenten und Assistenten seit Monaten heftig diskutiert. Tatsächlich sind ja Machtkonzentrationen im Medienbereich als privilegierte Chancen der Massenmeinungsbeeinflussung höchst problematisch. Daher hatte schon der 2. Juni 1967, der Tod Benno Ohnesorgs beim Schah-Besuch in Berlin, eine wesentlich vom Sozialistischen Deutschen Studentenbund (SDS) gesteuerte, aber auch in der linksliberalen Öffentlichkeit mit Sympathie betrachtete Kampagne gegen dieses Verlagshaus ausgelöst (»Enteignet Springer«), das wegen seines faktischen Zeitungsmonopols in dieser Stadt und zugleich wegen seiner nationalkonservativen Ausrichtung angegriffen wurde. Die Außerparlamentarier entwickelten dabei vergleichbare Feindbilder, Verdächtigungen und Unterstellungen, wie man sie Springer und seinen Leuten nachsagte.

Ein Jahr nach den Osterunruhen, im Frühjahr 1969, also noch während der Großen Koalition, wurde in der Bundesregierung das Verbot des SDS nach Art. 9 Abs. 2 des Grundgesetzes erwogen: Er sei eine verfassungsfeindliche Organisation. (Man ahnte ja nicht, daß sich der SDS fast auf den Tag genau ein weiteres Jahr später, ein halbes Jahr nach Bildung der sozialliberalen Koalition, still selbst auflösen würde, weil er am Ende war und uneins auseinanderlief.) Unter dem 18. März 1969 schickte der Bundesminister des Innern, Ernst Benda (CDU), der energisch das gleichzeitige Verbot der NPD einerseits, der KPD und des SDS andererseits betrieb, dem Chef des Bundeskanzleramtes und seinen Ministerkollegen eine ausführliche Analyse dieses Verbandes. Ungeachtet aller internen politischen Differenzen, hieß es da, bilde der SDS »zur Zeit eine Gemeinschaft«, die »einmütig«

die bestehende demokratische Ordnung ablehne und von dem gemeinsamen Willen beseelt sei, unsere Gesellschaft revolutionär umzugestalten. Die terroristischen Aktionen des SDS und die politische »Tiefenwirkung« seiner Agitation hätten »in letzter Zeit ein solches Ausmaß erreicht, daß ein Verbot mehr denn je in Betracht gezogen werden« müsse.

Das fand auch die SPD. Sie war sich mit der Union völlig einig, daß der SDS wie die NPD verboten werden müßten. Sie weigerte sich – wie man in der Kabinettssitzung vom 23. April 1969 sehen konnte – lediglich, gleichzeitig auch die DKP zu verbieten, die im Jahre zuvor als Nachfolge-Organisation der zwölf Jahre früher verbotenen KPD neu begründet worden war. Und weshalb zögerte die SPD hier? Weil der künftigen Ostpolitik, die ihr vorschwebte, kein unzeitgemäßes Verbot der westdeutschen Kommunisten in die Quere kommen sollte.

Bei diesen Verboten war alles eine Frage des rechten Augenmaßes, des richtigen Augenblicks. Interessanterweise kam auch Benda bei seinem Plädoyer gegen den SDS zu einem Schluß, der sozialdemokratischen Ansichten entsprach: »Ein Verbot sollte jedoch erst dann ausgesprochen werden, wenn auch die politischen Gegenmaßnahmen (Hochschulreform, Ordnungsrecht) ernsthaft eingeleitet sind. Diese zeitliche Abstimmung der rechtlichen und politischen Maßnahmen erscheint unerläßlich.«

In der ausführlichen Begründung seiner Auffassung, daß der SDS verfassungsfeindlich sei, würdigte Benda die verschiedenen Kampagnen dieses Verbandes (Bundeswehr, Justiz, Hochschulen, Vietnam, Springer) und seine maßgebliche Beteiligung »an zahlreichen Ausschreitungen und gewalttätigen Aktionen, zu denen es in jüngster Zeit fast täglich hier und da gekommen ist«.

In diesem Zusammenhang wurden beispielhaft auch die Anfänge der Osterunruhen beschrieben: »Die Osterunruhen nach dem Attentat auf den SDS-Funktionär Dutschke am 11. April 1968 wurden vom SDS angezettelt. SDS-Funktionäre setzten auf einer Versammlung in der Technischen Universität Berlin einen Marsch zum Springer-Hochhaus durch; dort wurde gewaltsam die Auslieferung von Zeitungen und Zeitschriften verhindert. Dabei wurden Auslieferungsfahrzeuge des Springer-Verlages in Brand gesetzt, Arbeiter des Springer-Verlages und Polizeibeamte verletzt und erheblicher Sachschaden angerichtet. Der SDS hat die gewalttätigen Aktionen während der Osterunruhen durch wiederholte Versammlungen gesteuert und insbesondere zur Gewaltanwendung aufgefordert.«

Das war keine nachträgliche, feindselige Konstruktion, kein Produkt schwarzer Phantasie. Im Gegenteil: Es war eher eine Verharmlosung der Geschehensabläufe. Die Wirklichkeit war viel härter gewesen. Das kann man in einem vertrauenswürdigen Augenzeugenbericht vom 12. April 1968 nachlesen. In der ersten Betroffenheit, unter dem unmittelbaren Eindruck der Ereignisse, hatte an jenem Karfreitag der Berliner Journalist Manfred Rexin, ein besonnener, unabhängiger Linker, seinem alten Freunde Ansgar Skriver, der als Redaktionsmitglied des Westdeutschen Rundfunks in Köln lebte, einen langen, persönlichen Brief geschrieben, in dem es hieß: »Ich war, als ich die Versammlung kurz nach 21 Uhr verließ, ziemlich entsetzt – einmal über die Kaltherzigkeit, mit der Dutschke zum reinen Objekt gemacht wurde. Das fernere Überleben des Mannes schien die Führung des SDS nicht weiter zu bewegen, ja ich hatte sogar den fatalen Eindruck, als wenn dem einen oder anderen die Nachricht vom Ableben Dutschkes als politisches Instrument willkommen gewesen wäre. In solchen Situationen zeigt sich, wie stark der Haß gegen die Herrschenden geworden ist – er überspielt zeitweilig Empfindungen des Mitgefühls für einen Freund. Nicht minder bestürzend war für mich der vorbehaltlose Aufruf zur Gewalt - ohne irgendeinen präzisen Hinweis, was denn nun am Springer-Hochhaus zu geschehen habe.«

Daß den Schüssen auf Ohnesorg 1967 und Dutschke 1968 unterschiedliche Reaktionen folgten, war an sich schon wegen des Zwanges, unter dem jede radikale Organisation steht, nicht überraschend: nämlich immer energischer vorgehen zu müssen, um die eigenen Leute beisammenzuhalten. Hinzu kam die Verschiedenheit der beiden Opfer. Ohnesorg war zu Lebzeiten ein unbekannter Student gewesen. Man konnte ihn durchaus mit Kaufhausbesuchern vergleichen, falls sie bei einem Brand den Tod gefunden hätten. Ohnesorg war als namenloser Demonstrant gestorben, war zufällig zu Tode gekommen.

Dutschke dagegen war im ganzen Lande bekannt; seit Monaten sprach man allenthalben über ihn, seine Ansichten, Auftritte, über Aussehen und Sprechweise. Er war sehr umstritten, auch unter Studenten. Obwohl sie nach der Blitzumfrage des *Spiegel* vom Februar 1968 zu drei Vierteln Demonstrationen bejahten, hatten auf die Frage, was sie von Rudi Dutschke hielten, nur 27 Prozent ihre Übereinstimmung mit ihm erklärt. 26 Prozent war er gleichgültig, 44 Prozent lehnten ihn ab. Der Anschlag auf einen Menschen, der in so hohem Maße die Meinungen polarisierte, mußte eine ganz andere Wirkung haben als der Tod Ohnesorgs im Jahr zuvor. Dutschke war kein Zufallsopfer. Er hatte seiner Überzeugungen wegen ermordet werden sollen. Daher wurde er zwangsläufig zum Blutzeugen der Bewegung, wurde ein Märtyrer, und dies obendrein in den Ostertagen, in einer weithin protestantisch geprägten Bewegung und Umgebung.

Oberflächlich betrachtet, hatte die Studentenbewegung der späten sechziger Jahre natürlich nichts Religiöses an sich. Allerdings fiel sie, wie wohl jede Gemeinschaftsbildung in diesen Altersgruppen, von Anfang an dadurch auf, daß sie extrem gefühlsintensiv war. Das deutete auf das Gegenteil dessen hin, was man zu sein beanspruchte: ganz nüchtern theoretisch, wissenschaftlich, kritisch. Die krasse Emotionalität der Masse ihrer Mitglieder ging so weit, daß man sich fragen mußte, ob die Bewegung wegen dieser Einseitigkeit nicht eigentlich unpolitisch, vorpolitisch sei. Wirkten ihre Versammlungen nicht wie Missionskundgebungen auf Erweckungsfeldzügen? Suchten die Teilnehmer nicht vor allem neue Lebensformen, ließen sich leicht zu ihnen bekehren?

Man wollte, einerseits, den Ausbruch aus dem Alltag öder Apparaturen, suchte den persönlichen Ausdruck, die Spontaneität, das freie Gefühl, das Leben als Fest. Andererseits und zugleich sehnte man sich nach neuer Geborgenheit, nach Schutz und Gemeinschaft, nach der gleichgesinnten Gruppe, wollte in neuen Urgemeinden aufgehoben sein. Man denke nur an das allgemeine Duzen, das über Nacht üblich wurde, denke vor allem an die Wohngemeinschaften und Kommunen, die damals aufkamen, rasch um sich griffen. Auch der Haß auf die Ungläubigen, erst recht die Abtrünnigen, eine haarsträubende Rechthaberei, all die sektenhaften Rivalitäten untereinander, gehören hierher.

Hinter den Rätseln einer esoterischen Sprache, hinter eiferndem Protest und verzweifelter Auflehnung, hinter vielen zeitgenössischen Verkleidungen der Revolte spürte man immer wieder den Hunger nach Gewißheit, nach einem verläßlichen Halt, das Verlangen nach einer bejahenswerten Sicht des Weltganzen, also nach Theorie im ursprünglichen Sinne. Man ahnte eine Sehnsucht nach dem Ursprung, nach Ganzheit und Freiheit, nach Erlösung – keineswegs nur vom Kapitalismus. Er mußte lediglich als Chiffre aller Unzulänglichkeiten modernen Erdendaseins herhalten.

Man sollte Marx in jener Zeit wesentlich als Moses, als Religionsstifter sehen, wenn man seine Bedeutung (oder die Maos und anderer, vergleichbarer Gestalten) verstehen will. Nicht den Geschichtsphilosophen und Wirtschaftswissenschaftler mit seinen riesigen, ungeheuer komplizierten, schwer verständlichen Gedankengebäuden, mit wahren Gebirgen möglicher Ausdeutungen, Fortentwicklungen, Folgerungen. Nein, den charismatischen Führer der Landnahmezeit, den jüdischen Befreier und Gesetzgeber, mit seinen verwitterten, kaum noch verständlichen Gesetzestafeln, die jetzt auf einige knappe, handliche Beschwörungsformeln verkürzt wurden, die man beständig wiederholte, hinnahm und glaubte, die man suchte und brauchte, in denen man Weg, Wahrheit, Leben verheißungsvoll enthalten sah. Einen Beleg für diese Deutung? Etwa die Hoffnung, die Gewißheit, eine Aufhebung der Entfremdung sei möglich – eine Vorstellung, die aus der christlichen Theologie neuplatonischer Herkunft zu stammen scheint.

Marx also als Offenbarung, als eine Droge, neben anderen. Beispielsweise der Sexualität. Von ihr sagt Mircea Eliade, sie sei heute die letzte Quelle des Numinosen, die letzte Möglichkeit des Menschen, an sich das Heilige zu erfahren. Natürlich ging (und geht) es nicht nur bei uns um solche Urfragen. Die gegenwärtige Suche nach Erfahrungen der Transzendenz ist nicht auf Deutschland beschränkt, wenn auch hier besonders dringend und verständlich. Alle hochindustrialisierten Gesellschaften der Gegenwart sind durch und durch rationale Gebilde – und daher ratlos, sobald es um Fragen des richtigen, des sinnerfüllten Lebens geht. In unseren Tagen wird sichtbar, daß in allen diesen Gesellschaften viele Dämme des kollektiven Unbewußten geborsten sind.

Vor diesem Hintergrund muß man wohl den Mordanschlag von Ostern 1968 sehen – auch wenn man Ralf Dahrendorfs Mahnung im Ohr behält, der neulinken Bewegung würden »mittlerweile fast so viele Ursachen nachgesagt wie dem Krebs«; »nahezu alles« scheine sie bewirkt zu haben.

Nicht nur Christen, auch längst der Kirche Entfremdete zeigten sich unter dem Eindruck der Ereignisse aufgewühlt, erschüttert, betroffen. Bedeutet nicht Ostern die Rechtfertigung und Erhöhung im Scheitern? Die Auferstehung nach Leiden, Tod und Grab? Den triumphalen, strahlenden Sieg eines Schwachen, Verfolgten und Ermordeten über seine Widersacher und Peiniger, ja über alle Welt?

Nicht allein im SDS, nicht allein unter Studenten hatte man jetzt die Überzeugung, daß die eigenen Behauptungen und Forderungen durch die Blutopfer der Bewegung unwiderlegbar geworden seien. Alle Ablehnung beweise, spätestens von jetzt ab, die charakterliche Minderwertigkeit der Widersprechenden und richte sie daher von selbst. Die Forderungen der Studenten brauchten von nun an nicht mehr bescheiden angemeldet und vorgetragen zu werden. Schon seit einiger Zeit hatte man, von der Vorstellung alternativer, rätedemokratischer Regierungsformen beflügelt und im Zeichen gewisser »Ansätze zu einer revolutionären Doppelherrschaft«, mit der anderen Seite, also den Politikern, von gleich zu gleich verhandelt. Jetzt sei nicht länger zu diskutieren, sondern zu handeln; die Forderungen der Bewegung seien hinzunehmen, ohne Abstrich zu erfüllen, rasch in die Tat umzusetzen. Im übrigen werde dieser Staat ohnehin, ob er nun nachgebe oder nicht, binnen kurzer Zeit in die Knie gehen, ja zusammenbrechen müssen.

Die Sprecher der Bewegung mit ihren Megaphonen fühlten sich einen kurzen, köstlichen Augenblick lang wie Josuas Priester, Posaunen in den Händen, vor den Mauern von Jericho – bekanntlich waren sie am siebten Tage des Blasens ohne weiteres Zutun eingefallen. Eine Moment lang breitete sich in der neuen Jugendbewegung die euphorische Überzeugung aus, die einen Monat später, im noch weitaus aufregenderen französischen Mai 68, Daniel Cohn-Bendit in die knappen, kraftprotzenden Worte fassen sollte: Jetzt heiße »unser Ziel: Umsturz des Regimes«.

Der junge Mann, der das da so selbstbewußt und siegessicher formulierte, war ein Feuerkopf und Clown und zugleich die Symbolfigur der Pariser Mai-Unruhen. Er proklamierte sein verwegenes, vages Ziel in einem sehr merkwürdigen Interview, das er, übrigens unter dem programmatischen Titel »Die Phantasie an die Macht!«, dem Markenzeichen dieses Mai, Jean-Paul Sartre, dem weltberühmten Schriftsteller und Philosophen gewährte, der, ebenso erstaunlich, bei dieser Gelegenheit dem jungen Mann unverhohlen seine Sympathie, ja eine stille Bewunderung und moralische Ermunterung bekundete.

Sartres Enthusiasmus war vielleicht besonders extrem und daher auffällig, aber er war kein Einzelfall. Viele Ältere, besonders häufig Schriftsteller und Professoren, hatten in diesem dramatischen Augenblick aktivistischer Ungeduld und radikaler Aufbruchsbereitschaft, der sie nostalgisch an ihre Jugend (oder doch zumindest an deren Träume) denken ließ, die verständliche und zugleich absonderliche Sehnsucht nach engem, vertraulichen Kontakt mit diesen hoffnungsvollen Generationen, nach der Brüderlichkeit ihres Umgangstons, nach Jugendlichkeit überhaupt.

Das ist alles andere als selbstverständlich, war nicht immer, nicht überall so. Es liegt am Verhältnis der Generationen zueinander, dem Ausmaß von Kooperation und Konflikt zwischen ihnen, der Mischung von Zu- und Abneigung auf beiden Seiten.

Seit Beginn dieses Jahrhunderts hat sich, so scheint es, der Generationskonflikt zu einer spezifisch deutschen Form des Klassenkampfes entwickelt, zeitweilig zu der fundamentalen innergesellschaftlichen Auseinandersetzung. Rebellierten anfänglich nur Teile der bürgerlichen Jugend gegen ihre Eltern, so erhoben sich im Zuge der allgemeinen Verbürgerlichung des Landes mit jeder neuen Welle immer mehr jüngere Menschen gegen die Älteren. Inzwischen steht, wenn es wieder einmal losgeht, mehr oder minder die ganze aktive Jugend der jeweils fälligen Jahrgänge gegen die restliche Bevölkerung, gegen die von Gestern – vorausgesetzt, daß es (wie bis in die späten sechziger Jahre hinein) nach Zahl und damit Kraft überhaupt nennenswerten Nachwuchs gibt, er also nicht seinerseits nur ein eingeschüchterter Restposten ist.

Bei diesem Generationskonflikt geht es wesentlich nicht um materielle Interessen, nicht primär um Geld, Posten oder Berufschancen, überhaupt eigentlich um nichts Greifbares, nichts Konkretes, sondern um etwas so Abstraktes und gleichzeitig Totales wie *Weltanschauung* oder noch besser *Weltschmerz,* um es mit diesen schwer übersetzbaren Ausdrücken zu sagen. Es geht um einen ganz neuen Anfang, einen anderen Stil, in allem, um weitgespanntes Streben, hochherzigste Erwartungen.

Angesichts einer verfetteten, verkrusteten, verfestigten, ja versteinerten und vereisten Gesellschaft, einer als starr, muffig, leblos empfundenen Umgebung entdecken die Jungen in sich Gefühle der Leere, des Unbehagens, der Protestneigung, einer hektischen Unrast, für die sie die Älteren verantwortlich machen, deren Zwängen sie zu entrinnen trachten – durch Elan, Engagement, Einsatzbereitschaft, durch Offenheit, Dynamik, Mobilisierung, Mut zum Experiment, zum Elementaren: leidenschaftliche Maßlosigkeit. Expressionistischer Aufbruch, Bewegung an und für sich. Kult der Praxis, der befreienden Tat.

Die Jungen, an sich noch unsicher und auf der Suche nach dem eigenen Leben, überspielen ihre Gefühle der Unzulänglichkeit und treten mit dem Anspruch moralischer Überlegenheit auf: Sie seien (was ja nicht ohne ein Korn der Wahrheit ist) die einzig unverbrauchte, einzig schuldlose Generation. Jugend, biologische Frische wird als moralische Reinheit ausgegeben, auch empfunden, und dient zur Rechtfertigung eines eigenen Gestaltungsanspruchs, als Grundlage einer alternativen Führungsqualität. Die Dynamik der Jugendbewegung, auch ihre anfänglichen Erfolge, wären unmöglich, auch unerklärlich, wenn es nicht angesichts dieser Herausforderung und Selbstgewißheit der Jungen das schlechte Gewissen der Alten gäbe. Sie bekennen gefühlvoll, zu einer Generation zu gehören, die versagt habe, gescheitert sei - ein Bekenntnis, das inzwischen ein Gemeinplatz, aber Teil des Rituals solcher Bewegungen ist und die verschämte Hoffnung auf Verständnis, auf Vergebung und Versöhnung einschließt: Die Heimkehr des verlorenen Vaters.

Denn Jungsein, noch irgendwie zur Jugend gehören, bedeutet viel. Man bewundert die Jugend, sieht in ihr einen hohen, vielleicht den Höchsten persönlichen Wert, ist einem Kult der

Jugend verfallen, sieht sie als Inspiration, als Muse und Orakel, als Quelle neuer, zukunftsgewisser Einsichten. Zum Teil sogar zu Recht. Denn in einer Welt, in der sich überall alles rapide wandelt und daher überkommenen Erfahrungen ebenso rasch an Wert verlieren, müssen aufnahmebereite, lernfähige Junge die unbekannte Zukunft in die Hand nehmen und vorausahnend gestalten. In der präfigurativen Kultur, der wir, wie jedenfalls Margaret Mead 1969 in ihrer Studie über den »Konflikt der Generationen, Jugend ohne Vorbild« meinte, weltweit entgegengehen, wächst der Jugend eine neue Autorität zu, müssen Eltern immer neu von ihren Kindern lernen. Der Göttinger Pädagoge Hartmut von Hentig ließ sich im Juni 1967 gar zu dem unvorsichtigen Versprechen hinreißen : die Öffentlichkeit solle wissen, daß »wir« diese studentischen Minderheiten »nicht im Stich lassen werden - ganz gleich, wie radikal sie sind.«

Natürlich dachte er damals nicht im Traume daran, welche Kühnheiten ein solcher Blankoscheck wecken könnte.

(1982)

Zur Verantwortung der Intellektuellen

Nachdem im Mai 1972 terroristische Bombenanschläge die Bundesrepublik erschüttert hatten, wurden Anfang Juni wichtige Mitglieder der »Baader-Meinhof-Gruppe« verhaftet. Bereits seit Beginn des Jahres gab es eine erbitterte Auseinandersetzung über Unterstützung oder Bekämpfung linksextremistischer Tendenzen. Der Radikalenerlaß vom 28.1.1972, mit dem Bundeskanzler Willy Brandt und die Regierungschefs der Länder die Beschäftigung links- oder rechtsradikal gesinnter Personen im Öffentlichen Dienst unterbinden, zumindest strikten Beschränkungen unterwerfen wollten, und wiederholte Warnungen Heinrich Bölls und anderer Schriftsteller vor faschistoiden Tendenzen und neuen Gefahren für die Demokratie heizten die Atmosphäre an.

Am 14. Juni 1972 richteten vierzehn Schriftsteller folgendes Schreiben an das Präsidium des Deutschen Bundestages:

»Die unterzeichnenden deutschen Schriftsteller warnen vor einer abermaligen Zerstörung der Keime einer freiheitlich demokratischen Grundordnung in Deutschland unter dem Vorwand ihrer Verteidigung. Die Verfolgung von definierbaren Straftaten wie Bombenanschlägen und sonstigem Terror ist eine Sache, die Diskriminierung politischer Gesinnungen, die nicht wie der Nazismus sich selbst außerhalb der Grenzen menschlicher Gesittung stellen, ist eine vollständig andere. Das Grundgesetz, um dessen Wahrung es den Wortführern dieser Diskriminierung vermeintlich oder angeblich geht, untersagt sie. Artikel 3 des Grundgesetzes, wonach niemand wegen seiner politischen Anschauungen bevorzugt oder benachteiligt werden darf, nimmt radikale demokratische Positionen nicht aus. Er verpflichtet keinen Staatsbürger zu Gesinnungen, die sich selbst für gemäßigt halten. (...)

Die Handhabung eines inhaltlich unbestimmten Radikalismusbegriffs ist verfassungswidrig. Wie die Praxis zeigt, dient sie in der Bundesrepublik fast ausschließlich zur einseitigen Diskriminierung linker Staatsbürger, während alte und neue Nazis unbehindert die Staatsapparate durchwuchern. Dieser Vorgang hat in Deutschland ominöse historische Beispiele. Die Zusammenarbeit zwischen dem Exekutivapparat des Staates und den rechtsextremen Verschwörern gegen unsere erste Demokratie brachte Hitler ans Staatsruder. Immer noch wird hierzulande wie damals der Staat mit der Exekutive verwechselt und damit der Grundsatz der Gewaltenteilung mißachtet. Alfred Andersch, Reinhard Baumgart, Ernst Bloch, Walter Jens, Uwe Johnson, Heinar Kipphardt, Wolfgang Koeppen, Dieter Lattmann, Peter de Mendelssohn, Paul Schallück, Ulrich Sonnemann, Eckart Spoo, Thaddäus Troll, Günter Wallraff.

Am 23. Juni 1972 schrieb ich über die verbreitete Neigung zu Pauschalurteilen in der Wochenzeitung DIE ZEIT:

Er könne in diesem gegenwärtigen Hetzklima bei uns nicht arbeiten, und in einem Lande, in dem er nicht arbeiten könne, könne er auch nicht leben. Es mache ihn wahnsinnig, sich ewig gehetzt zu fühlen, denunziert zu sein. Das sagte Heinrich Böll letzte Woche im Fernsehen. In einem offenen Brief an den Bundestag traten ihm 14 Schriftsteller zur Seite, erklärten sich solidarisch und warnten vor einer »abermaligen Zerstörung der Keime einer freiheitlich-demokratischen Grundordnung in Deutschland unter dem Vorwand ihrer Verteidigung«; auch die Herrschaft des Nationalsozialismus habe mit einer Hetze gegen die Intellektuellen begonnen, hieß es da.

Schriftsteller sind leicht erregbar und – wie sollte es anders sein – moralisch besonders sensibel. Aber auch ein nüchterner Mann wie der Kölner Strafrechtler Ulrich Klug spricht von »pauschalen Diffamierungen«, von einer »widerwärtigen Anti-Intellektuellen-Hetze«; man greife Böll an, meine aber in Wahrheit »die ›ganze Bande‹, die auf dem Felde des Geistes und damit der Kritik arbeitet«. So könne, fürchtet Klug, eine am Ende unserer Freiheit gefährdende, ansteckende Krankheit unserer Gesellschaft beginnen.

Offenbar haben sich bereits viele angesteckt. Zu fragen ist aber: Sind alle diese Worte nicht viel zu dramatisch, werden die Gefahren nicht maßlos übertrieben, grenzt es nicht ans Lächerliche, wenn man so tut, als stünde der Faschismus vor der Tür? Die Unterzeichner solcher Erklärungen setzen sich genau dem gleichen Vorwurf aus, den sie anderen zu Recht machen, nämlich das notwendige Unterscheidungsvermögen vermissen zu lassen. Wieso eigentlich soll die Feststellung, daß die Gruppe B + M sich kaum zwei Jahre hätte halten können, wenn sie nicht einen Kreis von Helfern gehabt hätte (einen Kreis, wohlgemerkt) – wieso soll das Hetze gegen die Intellektuellen sein, zu denen auch wir uns rechnen? Kein ernst zu nehmender Mensch hat behauptet, es handele sich um eine ganze Bevölkerungsgruppe.

Wer alles in einen Topf wirft, wer – wie Herbert Kremp – akademische Untersuchungen und publizistische Deutungen verurteilt, die »die terroristischen Taten entweder zu erklären oder zu entschuldigen oder gar zu billigen« versucht haben, wer also zwischen Klärung und Billigung keinen Unterschied zu machen versteht, der rührt auf unlautere Weise alles durcheinander, was säuberlich getrennt werden muß.

Man soll die Krise an einigen Universitäten nicht bagatellisieren. Man muß sich Gedanken über Anwälte machen, die sich mit Terroristen solidarisieren, über Pfarrer, die Mitglieder der Kommunistischen Partei sind, aber wer deshalb von einer »Diktatur der Linken« redet oder wie Günter Zehm behauptet, »daß man heute von der Bundesrepublik nur noch mit Einschränkungen als von einem freien Land sprechen kann«, der weiß einfach nicht, was er da sagt.

Es ist nicht weniger absurd, wenn umgekehrt Professor Jürgen Seifert von »Gestapomethoden« bei der Verfolgung der Baader-Meinhof-Gruppe spricht oder Heinrich Böll sich von einer – wie er sagt – Welle der Hetze oder Denunziation aus diesem Lande getrieben fühlt – und dies, weil zwei seiner Gäste (wie andere Staatsbürger in solchen Situationen auch) übereifrigen Polizisten ihre Ausweise vorzeigen mußten.

Es entspricht einem überholten, verklärten Bild des Schriftstellers wie des Gelehrten, ihn oder überhaupt alle Vertreter des Geistes als Hüter der öffentlichen Moral anzusehen und ihnen von vornherein eine höhere Weisheit in öffentlichen Angelegenheiten zu attestieren. In ihren Werken sprechen sie mit Autorität; äußern sie sich zu politischen Fragen, so setzen sie sich der Kritik aus, die auch alle anderen Bürger über sich ergehen lassen müssen. Es geht nicht an, daß Böll für sich als Schriftsteller in

Anspruch nimmt, politischen Begriffen »andere Dimensionen« zu verleihen. Bölls und seiner Freunde Stimme trägt weiter als andere Stimmen. Ihre Irrtümer finden daher in der Öffentlichkeit weiten Widerhall. Es darf sie nicht wundern, wenn sie heftigen Widerspruch finden – wie alle anderen, die sich als Prominente äußern, auch. Es ist nicht intelligenzfeindlich, wenn man politische Äußerungen von Schriftstellern kritisiert.

Noch schlimmer ist es, wenn große Gelehrte mit der Autorität ihres Faches der Verantwortung für ihre Äußerungen ausweichen, obwohl sie sich ihrer Wirkungen sonst durchaus bewußt sind. Hellmut Gollwitzer, jahrelang Mentor der Berliner Studenten, hat Ostern 1968, also in einer kritischen Situation, mit seinem ganzen Ansehen die Grenzziehung zwischen Gewalt gegen Sachen und Gewalt gegen Personen gutgeheißen – eine Unterscheidung, die andere schon damals, auch an dieser Stelle, als unhaltbar empfanden.

Jetzt schreibt er, ohne ein Wort der Rücknahme, die intellektuelle Verantwortlichkeit für die Bombenanschläge bei uns sei bei denen zu suchen, die seit Jahren den Bombenmord in Vietnam rechtfertigen. So leicht sollte es sich ein so geachteter Theologe wirklich nicht machen. Die Verantwortung ist auch bei denen zu suchen, die mit schiefen Vergleichen immer wieder Entschuldigungen für Unentschuldbares suchen. Man muß vor dem Bombenterror dort und hier Abscheu empfinden; Bombenteppiche für Vietnam rechtfertigen niemals Anschläge in der Bundesrepublik.

Wer sich als Intellektueller nicht immer wieder selbstkritisch die Frage nach der eigenen Mitverantwortung stellt, der verfehlt seinen Beruf und versäumt seine selbstgewählte Verpflichtung.

(1972)

FÜNFTES KAPITEL

Machtwechsel

1969:
Der Irrtum Kurt Georg Kiesingers

Wie hatte 1969 ein ursprünglich geplanter Wahlslogan der FDP gelautet ? »Sie können Deutschland über Nacht verändern«. Er war dann aber, wie Wolfgang Mischnick, der Fraktionsvorsitzende im Bundestag, später berichtete, als womöglich mißverständlich verworfen worden. Über Nacht: das klang teils bedrohlich (Nacht der langen Messer), teils anzüglich (durch die Betten), fand man, woraufhin der Spruch gekürzt wurde. Aber als akkurate Beschreibung des eigenen Schicksals der lange gedemütigten kleinen FDP, die da nach dem schlechtesten Wahlergebnis ihrer Nachkriegsgeschichte dennoch plötzlich aus dem politischen Abseits und Dunkel wieder ans Licht tauchte und strahlend in die Höhe fuhr, traf der ursprüngliche Werbesatz am 28. September 1969 in aller Unschuld voll zu.

Zunächst sah es an jenem Abend indessen ganz anders aus. Die Partie schien verloren, Scheel schachmatt. Was ihn und seine Partei seit zwei Jahren kennzeichnete – der neue Kurs, die Öffnung nach links –, hatte für die FDP offenbar in einem Debakel geendet. Alles war anscheinend zu Ende, das sozialliberale Zusammengehen unmöglich geworden, ausgeträumt. Scheel räumte es um 19.35 Uhr vor den Fernsehkameras des ZDF unumwunden ein: »Ich bin der Verlierer dieser Wahl.«

Genauso sah es sein wichtigster Gegner, der stundenlang rundum als Sieger betrachtet wurde. Parteifunktionäre und Mitglieder der Jungen Union feierten Kurt Georg Kiesinger mit einem Fackelzug. Der amerikanische Präsident meldete sich, von Henry Kissinger mobilgemacht, telefonisch aus Washington, um persönlich zu gratulieren (»Irren ist menschlich«, meinte Brandt später nachsichtig, »erst recht auf solche Entfernung«).

Der Kanzler und seine engste Umgebung im Palais Schaumburg – unter anderen gehörten zu ihr der rheinland-pfälzische Ministerpräsident Helmut Kohl sowie Kiesingers Staatssekretäre Karl Carstens, Günter Diehl und Karl Theodor Freiherr zu Guttenberg – waren sich ihrer Sache zunächst sehr sicher.

Nicht nur sie. Rainer Barzel jubilierte offen in die Kameras der Fernsehanstalten hinein und ließ dabei seinen bisherigen Kampfgefährten und täglichen Koalitionspartner, Helmut Schmidt, den sozialdemokratischen Fraktionsvorsitzenden, ganz kalt abfahren: Diesmal sei es die Union, die das Rennen mache; der Herr Kollege werde sich daran gewöhnen müssen, wer jetzt den Ton angebe.

Genauso dachte die Runde um den Regierungschef, die euphorisch mit ihm im Bungalow beim Wein beisammensaß. Unter dem erfreulichen Eindruck, den das Fernsehen vermittelte, und bestärkt von telefonischen Erfolgsnachrichten, die aus den Wahlkreisen eintrafen, kam man mehr und mehr zu der Überzeugung, es sei an der Zeit, das gemeinsame Bündnis von CDU/CSU und SPD aufzukündigen; für eine Große Koalition in den kommenden Jahren sei wenig Stoff übriggeblieben. Statt dessen solle man mit einem kleineren, handlichen Partner regieren: mit der jetzt wohl bescheiden gewordenen FDP.

Kiesinger konnte sich nur schwer, nur ganz allmählich an den Gedanken gewöhnen, daß ihm in jener Nacht, die anders endete, als sie begann, tatsächlich die Macht entglitten war. Am Sonntagabend selbst war er von dieser Einsicht noch weit entfernt. Auch als sich der für ihn widrige Trend längst abzeichnete, wollte er ihn nicht wahrhaben. In majestätischer Gelassenheit teilte er seiner Umgebung mit, wie die Lage wirklich einzuschätzen sei. Hans Ulrich Kempskis »Tagebuchnotizen über die Woche nach der Wahl« (aus der *Süddeutschen Zeitung* vom 4./5. Oktober 1969) enthalten eine Passage über jene späten Abendstunden eines begriffsstutzigen Bundeskanzlers, der nicht bemerkte, daß er nur noch auf Abruf amtierte: »Noch ist Kiesinger von Liebedienern und Nutzgängern umschwärmt, die gleich ihm an die Unanfechtbarkeit seiner Überlegenheit glauben, als er prophezeit, was demnächst passieren werde. Er verrät dies, während er die Salons des Palais Schaumburg durchschlendert, wo er sich zwischen Gemälden, Gobelins und Kristallgeglitzer wie ein Souverän benimmt, der sein angestammtes Besitztum mustert, das man ihm streitig machen will. Mit der Bestimmtheit des Wissenden, der den köstlichen Geschmack des Erfolges genießt, tut er kund: ›Der Scheel, der wird stürzen, das kann ich Ihnen sagen.‹ Ich schaue unwillkürlich auf die Uhr: Es ist 23.25 Uhr.«

Wie erklärte sich die Langlebigkeit der Hoffnungen Kiesingers? Handelte es sich wesentlich um die psychologisch begreiflichen Umstellungsschwierigkeiten eines Mannes, der zunächst einen großen Sieg errungen zu haben glaubte und dann einsehen mußte, daß es eine gewaltige, folgenschwere Niederlage war? Schließlich hatte es nur zweimal in der Geschichte der Union bessere Bundestagswahlergebnisse gegeben als die 46,1 Prozent, die er jetzt zusammengebracht hatte: die traumhaften 50,2 Prozent von 1957 und die 47,6 Prozent der Wahllokomotive Erhard 1965.

Kiesinger sah sich 1969 nur um ein Haar vom Ziel seiner Hoffnungen entfernt, um ganz wenige, zusätzliche Sitze geprellt, die er für seine Kanzlerwahl brauchte. Er besaß bereits 242, benötigte also nur sieben Mandate mehr. Daß sie fehlten, glaubte Kiesinger wesentlich der ärgerlichen, kleinen NPD zu verdanken, die, 1964 gegründet, seit 1966 in einigen Landtagen vertreten war und jetzt, am 28. September, im Bund immerhin 4,3 Prozent auf sich gezogen hatte, die ihr zwar nicht ins Parlament geholfen hatten, aber überwiegend der CDU/CSU verlorengegangen waren.

Das war das schlechteste aller denkbaren Ergebnisse für die Union. Wenn sie sich hier etwas hätte wünschen dürfen, dann wären es entweder wesentlich weniger NPD-Prozente gewesen (eben weil die Differenz 1969 größtenteils der CDU/CSU zugute gekommen wäre) oder notfalls einige mehr (denn dann hätten die Sitze von SPD und FDP zusammen vermutlich für eine sozialliberale Koalition nicht mehr ausgereicht).

Aber was immer die Union in einem solchen Fall tat, ob sie nach einem NPD-Erfolg nun weiter mit der SPD gemeinsame Sache machte oder statt dessen lieber, wie bei der Kandidatur Gerhard Schröders zum Bundespräsidenten im Frühjahr, mit den Nationaldemokraten zusammenging: In beiden Koalitionen hätte der Kanzler vermutlich Kiesinger geheißen. Ohne weiteres läßt sich ausmalen, daß er dann noch lange, lange Jahre Regierungschef in Bonn geblieben wäre.

Doch nun galt er – sozusagen durch Zufall, infolge eines Randphänomens, wie er wohl gesagt hätte – plötzlich als Versager. »Sicher in die siebziger Jahre. Auf den Kanzler kommt es an«, hatten die Wahlparolen der Union gelautet. Sie galten einem populären Regierungschef, kehrten sich aber jetzt gegen ihn. Mit einem Male war er der Hauptverantwortliche dafür, daß in seiner Amtszeit alles verlorengegangen war, der Mann, dem der Machtverlust der CDU/CSU in die Schuhe geschoben werden konnte. Ungeliebt, wie die Große Koalition in den Unionsparteien immer geblieben war, fiel es seinen Parteifreunden jetzt nicht schwer, ihn zum Opfertier, zum Sündenbock, zu machen.

Kiesinger war nicht ohne Geschick gewesen, nicht ohne Erfolg, nicht ohne Verdienste. Aber das übersah man nunmehr gern, was wesentlich am Zwielicht der Übergangzeit lag, in der er regiert hatte. War er zu Anfang, nach 1966, für viele Freunde in der CDU/CSU die Symbolfigur eines widernatürlichen Bündnisses zwischen Schwarzen und Roten gewesen, so personifizierte er für sie von nun an den Sturz von den Höhen zweier Jahrzehnte der Herrschaft in die tiefe Ohnmacht jeder Opposition.

Solche Dimensionen der Ereignisse des 28. September würden für sich allein schon überaus verständlich machen, weshalb Kiesinger das Eingeständnis seines Scheiterns so weit wie möglich hinauszuschieben versuchte. Aber diese triste Perspektive erklärt nicht allein, ja nicht einmal in erster Linie, warum er tagelang Optimismus zur Schau trug.

Es gibt eine viel naheliegendere Erklärung seiner demonstrativen Zuversicht: Sie beruhte, wie häufig bei ihm, auf verzögerten Reaktionen, lag an einer verminderten Fähigkeit, neue Wirklichkeiten wahrzunehmen. Rundheraus gesagt: Kiesinger hatte mitunter eine lange Leitung – so erstaunlich das angesichts der hohen Sensibilität klingt, die ihm nachgerühmt wurde. Jedenfalls schätzte er unmittelbar nach der Wahl das Ergebnis in seiner Tragweite falsch, nämlich zu günstig ein. Das war ihm schon beim Jugendprotest so gegangen. Dann war es ihm bei den Präsidentenwahlen widerfahren. Auch damals machte er sich Illusionen über die entstandene Lage. Kiesinger hatte den knappen Sieg Gustav Heinemanns im März für einen bloßen Unfall gehalten, für ein Tagesereignis ohne tiefere Bedeutung, ohne weiterreichende Folgen. So jetzt wieder: Er rechnete sich sehr gute Chancen aus, sein Schicksal zu wenden.

Man muß immerhin zugeben: Absurd waren seine Erwägungen und Absichten nicht. Natürlich waren ihm die Hochrechnungen nicht verborgen geblieben, die ab 20.30 Uhr in beiden Programmen zunehmend deutlich machten, daß die Union keine absolute Mehrheit gewonnen hatte, auf die zunächst einiges hinzudeuten schien. Während das ZDF bereits gegen 19.30 Uhr, bei der ersten Mandatshochrechnung, einen Vorsprung der SPD/FDP-Kombination von zusammen sechs Sitzen behauptete, sagte die ARD bis nach 20 Uhr eine geringe absolute Mehrheit der CDU/CSU in Stimmprozenten voraus, bei der Mandatsverteilung allerdings frühzeitig nur eine Patt-Situation gegenüber SPD und FDP: Beide Lager würden voraussichtlich die gleiche Zahl von Bundestagsabgeordneten besitzen.

Um weiter regieren zu können – das stand also schon ziemlich rasch fest –, würde die Union auf Verstärkung, auf Unterstützung aus den anderen beiden Parteien angewiesen sein. Aber aus welcher sollte man sich Zuzug erhoffen? Wohin ließ man die suchenden Augen schweifen? Mehr zur SPD, mit der man bis gestern noch zusammengearbeitet hatte? Oder lieber zu den Liberalen hinüber, die früher viele Jahre lang Koalitionspartner der CDU/CSU gewesen waren?

Als zuverlässiger »Ko-Pilot einer von der CDU geführten Bundesregierung« hatte nach den Worten des früheren FDP-Vorsitzenden Mende seine Partei seit 1960 »Höhe und Richtung der Regierungsmaschine mitzubestimmen« versucht. Das ließ sich hören; es klang der Union angenehm in den Ohren. Denn das Profilierungsbedürfnis der FDP gegenüber der CDU/CSU war nach dieser Konzeption begrenzt; das zeigte schon das Bild, das Mende gewählt hatte. Jedes Selbständigkeitsstreben der Liberalen hatte dort seine Grenze zu finden, wo es die Grundvorstellung eines gemeinsamen Bürgerblocks gefährdete. Mit einem dergestalt gebremsten Ehrgeiz der Liberalen, einer Selbstbeschränkung, die nach der verlorenen Wahl jetzt vielleicht neuen Anklang fand, konnte man bestimmt leichter zurechtkommen als mit den Sozialdemokraten, deren Spitzenpolitiker alle von irgendwelchen weitschweifenden, nebulösen Visionen geprägt, ja getrieben waren, die sie so heimlich wie verbissen innen- und außenpolitisch in die Tat umzusetzen trachteten.

Zwar hatte Kiesinger für alle Eventualitäten Vorsorge getroffen und daher mit maßgeblichen Sozialdemokraten Gespräche geführt, die eine Fortsetzung der Großen Koalition ziemlich sicher erwarten ließen. Aber eigentlich, wie gesagt, war er auf anderes aus: Seine Hoffnungen richteten sich in erster Linie auf die Freien Demokraten. Er gedachte ihnen auf zwei sehr verschiedenen Wegen beizukommen.

Auch bei Kiesinger gab es einen *Camino Real*, einen Königsweg reeller, ja großzügiger Partnerschaft. Denn da er diesmal, anders als 1966 (damals gab er das nur vor), wirklich gern mit der FDP handelseinig werden wollte, lag ihm daran, sich nobel zu zeigen. Das mußte er auch. Denn er hatte vergessen zu machen, wie schnöde von ihm, von der Union insgesamt, in den vergangenen drei Jahren die Liberalen traktiert worden waren. »Das Verhältnis der FDP zur CDU war vergiftet durch die Behandlung, die uns die Union zwischen 1966 und 1969 hatte angedeihen lassen«, meinte 1977 Mende, der in diesem Punkte ein gewiß besonders glaubwürdiger Zeuge war, hatte er doch inzwischen (1970) die FDP verlassen und sich eben jener CDU angeschlossen.

Bei einem Informationsgespräch Kiesingers mit Scheel in Anwesenheit der beiderseitigen Verhandlungsdelegationen am frühen Abend des 30. September 1969, kurz nach 18 Uhr (man hatte nicht viel Zeit; der FDP-Vorsitzende kam, etwas verspätet, vom Bundespräsidenten, um 20 Uhr begannen aber schon offizielle Koalitionsverhandlungen mit den Sozialdemokraten), bot der CDU-Vorsitzende den Freien Demokraten in aller Kürze »eine umfassende und langfristige politische Zusammenarbeit auf allen Ebenen« an, also Dauerbündnisse, unabhängig vom Wahlergebnis, im Bund ebenso wie in den Ländern und Gemeinden.

Wolfgang Mischnick, der am Gespräch mit Kiesinger teilgenommen hatte, sagte dazu in der gemeinsamen Sitzung des Bundesvorstands und der Bundestagsfraktion der FDP vom 3. Oktober 1969: »Es war deutlich zu spüren, daß dieses Angebot Bund, Länder und Gemeinden umfassen sollte und daß es bis Ende der siebziger Jahre gelten sollte. (Zuruf: Ein Fusionsangebot!) Weil

Sie das sagen: so eine Art wie damals die Bürgerblock-Geschichte in Hamburg, also praktisch eine Absicherung der F. D. P. bis Ende der siebziger Jahre. So war der Grundgedanke.«

Dieser Vorschlag beinhaltete, wie man aus der Presse ergänzend erfahren konnte, eine definitive Absage der Union an die Große Koalition und ebenso ihren endgültigen Verzicht auf das Mehrheitswahlrecht, mit dem sie eben noch drohend herumgefuchtelt hatte. Die Zusammenarbeit sollte tatsächlich auf zehn Jahre garantiert sein – und nicht nur in Bonn. Bei der Neubildung von Landesregierungen wollte man künftig stets der FDP den Vorrang einräumen. Sogar eine Wahlabsprache sollte der FDP angeboten werden: Man war seitens der Union bereit, der FDP mindestens drei Wahlkreise abzutreten, damit sie über Landeslisten – gemäß § 6 Abs. IV des Bundeswahlgesetzes – auch dann ins Parlament komme, wenn sie einmal weniger als fünf Prozent der Stimmen erhalte.

Nun, das war erst die übernächste Sorge. Unmittelbar aktuell war, daß man in der Bundeshauptstadt gerüchteweise von sechs (!) Ministerposten sprach, die den Liberalen von der CDU/CSU bei der jetzt fälligen Regierungsbildung zugedacht seien. Sicher ist, daß Kiesinger beim Gespräch vom 30. September Scheel den kombinierten Posten eines Vizekanzlers und Außenministers offerierte – zum Ärger von Strauß, der bereits vor der Wahl öffentlich erklärt hatte, der FDP-Vorsitzende komme für die Union »als Außenminister nicht in Frage«. Mit dieser deutlichen Meinung stand er in der CDU/CSU keineswegs allein; viele schüttelten vernehmbar die Köpfe. So meinte Josef-Hermann Dufhues, der Vorsitzende des mitgliederstarken, einflußreichen CDU-Landesverbandes Westfalen – er war von 1962 bis 1966 geschäftsführender Vorsitzender der Gesamtpartei gewesen und galt immer noch als einer ihrer mächtigen Männer –, Scheel sei als Außenminister sogar »völlig undenkbar«.

Scheel kam, fand man in der Union, allenfalls für etwas wie das Entwicklungshilfeministerium in Betracht, das er schon zwischen 1961 und 1966 mit Eifer und nicht ohne Geschick verwaltet hatte. Oder für ein Ressort vergleichbarer Größenordnung. Das galt übrigens für die allermeisten Leute der FDP. Auch personell lagen eben ihre großen Tage längst hinter ihr; in der

CDU/CSU erinnerte man sich mit Wehmut an Männer wie Heuss, wie Höpker-Aschoff, wie Wildermuth, selbst an den streitbaren, unbequemen Dehler.

Und jetzt sollte man die Gestaltung der gesamten deutschen Außenbeziehungen gerade Scheel überlassen, den sein ehrwürdiger Parteifreund Reinhold Maier (der sicher gute Gründe dafür hatte) immer nur den »Herrn Leichtfuß« nannte? Einem politischen Abenteurer, der nicht einmal seinen kleinen liberalen Laden ordentlich führen konnte und daher kürzlich um ein Haar Pleite gemacht hätte, wollte man die wichtigste internationale Schaltstelle der Bundesrepublik, das Auswärtige Amt, anvertrauen? Demselben Scheel, den sogar Marion Gräfin Dönhoff, selber linksliberal und deshalb an sich der ganzen Richtung gegenüber wohlwollend, damals für einen umtriebigen rheinischen »Windhund« hielt und an dem die Meisten lange Zeit wenig mehr zu rühmen wußten als seine unerschütterliche gute Laune? Ihn mußte die CDU/CSU, weil die Liberalen plötzlich unentbehrlich waren, zum mächtigsten Mann neben dem Kanzler machen? Dergleichen hatte man bisher selbst in den schlimmsten Situationen noch nie erwogen, auch 1961 nicht. Die Idee war doch absurd.

In der schriftlichen Version des Bündnispaktes, dieses saisonbedingten Sonderangebots, das Kiesinger drei Tage nach dem Gespräch Scheel übermittelte, war infolgedessen vom Angebot des AA, von personalpolitischen Erwägungen überhaupt, nicht mehr die Rede. Mit Rücksicht auf interne Widersacher fiel das Schreiben des Regierungschefs vom 3. Oktober 1969 sachlich ziemlich vage aus.

Natürlich blieb in der FDP nicht unbemerkt, daß Kiesinger seine mündliche Offerte an Scheel nicht schriftlich wiederholt hatte. Diese Unterlassung mußte um so mehr auffallen, als sein Brief Zweifel hinsichtlich der Möglichkeit einer gemeinsamen Ost- und Deutschlandpolitik von CDU/CSU und FDP anklingen ließ, die mündlich mit keinem Wort erwähnt worden waren. Im Gegenteil: Schon mit seinem Anerbieten, Scheel das Auswärtige Amt zu übertragen, hatte Kiesinger im Prinzip jenes außenpolitische Mitspracherecht anerkannt, um das die Liberalen spätestens seit 1961, also mindestens seit acht Jahren kämpften.

Und Kiesinger war ja noch weiter gegangen. Ganz ausdrücklich hatte man offenbar am 30. September 1969 seitens der Union auch von einer außenpolitischen Zusammenarbeit gesprochen. Mischnick erklärte als Augen- und Ohrenzeuge hierzu gegenüber Bundesvorstand und Fraktion der FDP am 3. Oktober 1969: »Über Sachfragen ist nichts gesagt worden; es ist im Gegenteil gesagt worden, man glaube, daß man auch in der Deutschland- und Außenpolitik übereinkomme. Insofern ist die schriftliche Darstellung, im Widerspruch zu der mündlichen Darstellung, eine Einschränkung gegenüber der mündlichen Darstellung. So verstehe ich jedenfalls jetzt die schriftliche Darstellung.«

Dieser neuerliche Wankelmut und Sinneswandel der Union war alarmierend. Schließlich lag auf dem Felde der Ostpolitik, wo sich die FDP während der Großen Koalition besonders profiliert hatte, mitten im Weg der gewaltige Stein der Stagnation, der den ganzen Staat in seinem Fortkommen, seiner Bewegungsfähigkeit lähmte und an dem sich inzwischen alle politischen Geister des Landes stießen. Die einen wollten unbedingt über den kritischen Punkt hinausgelangen, die anderen auf jeden Fall hinter ihm zurückbleiben. Dabei war man inzwischen in eine Lage geraten, die eine neue Marschroute und eine entsprechende Kräftekonstellation erzwang. Wer sich hier ausschwieg, machte alles andere zunichte, was an Gemeinsamkeiten vorhanden sein mochte. Kiesingers schriftlicher Rückzug ließ daher auf nichts Gutes schließen. Er mußte bei den Freien Demokraten alle Warnlampen aufleuchten lassen.

Dies ohnehin. Denn konnte man, von der Ostpolitik einmal ganz abgesehen, den Vorschlag eines »umfassenden politischen Bündnisses für die siebziger Jahre« wirklich ein »seriöses Angebot« an die FDP nennen, wie das CDU-Generalsekretär Bruno Heck im Pressedienst seiner Partei am 2. Oktober 1969 tat? Daran ließ sich zweifeln.

Bereits in der Wahlnacht hatte man aufgehorcht, als Kiesinger »eine Koalition von SPD und FDP zwar rechnerisch, aber nicht politisch möglich« nannte. Was Kiesinger damit meinte, war am 1. Oktober etwas deutlicher geworden, als er vor der Bundespressekonferenz zwischen der FDP als Partei und ihrer gegenwärtigen Führungsspitze einen Unterschied machte. Diese Formulierung war verräterisch. Sie enthielt einen dunklen Hinweis auf das, was Kiesinger als *zweiten* Zugang zur Macht mit Hilfe der Freien Demokraten betrachtete. Dieser Hintereingang war aussichtsreicher als der erste, ließ sich möglicherweise sogar mit ihm kombinieren.

Kiesingers Kalkül war leicht zu erraten. Ihm lag der einfache Gedanke zugrunde, daß sich bei einigen Leuten des rechten Flügels der Freien Demokraten heftiger Widerstand regen mußte, wenn die Vorsitzenden von SPD und FDP wirklich eine Koalition eingingen, wie das seit der Wahlnacht in der Luft lag.

Kiesingers Hoffnung, einige wenige der verdrossenen Rechtsliberalen ihrer Partei abspenstig zu machen und zu sich herüberzuziehen, war daher nicht abwegig, die Verwirklichung seines Vorhabens nicht aussichtslos.

Man dachte sich das in zwei Stufen. Wenn es gelänge, Willy Brandt bei der Kanzlerwahl im ersten Durchgang scheitern zu lassen, habe die Union die Chance, in den vierzehn Tagen bis zum zweiten und dritten Wahlgang auch den Rest der dann sicher verstörten, demoralisierten FDP dem eigenen Lager einzuverleiben.

Zunächst meinte man, die Sache entwickle sich gewissermaßen von selbst. Ganz von alleine laufe sie, durch die ihr innewohnende Schwerkraft, in einer der CDU/CSU günstigen Richtung. Daher die anhaltende Zuversicht des CDU-Vorsitzenden, die Außenstehende schwer verständlich fanden – übrigens auch enge politische Mitstreiter aus dem Führungskern der Union. Als Kiesinger am Montag, dem 29. September, seinem Fraktionsvorsitzenden sagte, er solle das Auswärtige Amt übernehmen, war Barzel so überrascht, daß er entgeistert nur sagen konnte: »Aber wir werden die Regierung verlieren, Herr Bundeskanzler!«

Kiesinger sah das anders. Bereits am Vortage, am frühen Abend des 28. September, hatte er sich ans Werk gemacht. Er hatte Helmut Kohl gedrängt, umgehend mit den Freien Demokraten Verbindung aufzunehmen. Denn anders als Kohl hatte Kiesinger in den vorausgegangenen Jahren keine Kontakte zu FDP-Abgeordneten gepflegt, auf die er jetzt hätte zurückgreifen können.

Kiesinger fühlte sich durch ein besonderes Vertrauensverhältnis mit Kohl verbunden. Er war ihm dankbar, weil Kohl frühzeitig auf seine Kanzlerschaft gedrängt hatte, auch bei den Kabalen um ihre Entstehung 1966 behilflich gewesen war; Landesvorsitzende der Union haben in der partei-internen Bundespolitik immer wieder eine wichtige Rolle gespielt. Kohl war zwar mehr als ein Vierteljahrhundert jünger als Kiesinger. Aber der Nachwuchspolitiker aus Ludwigshafen war in seinem Lande Rheinland-Pfalz rasch prominent und einflußreich geworden. Schon 1963, mit 33 Jahren, war er Fraktionsvorsitzender im Landtag. Zwei Jahre später bekam er den CDU-Landesvorsitz. Kohl regierte schon jahrelang de facto in Mainz, ehe er 1969 auch formell Peter Altmaier ablöste und an dessen Stelle selbst Ministerpräsident wurde.

Kiesinger konnte nach wie vor Kohl ohne weiteres um politische Gefälligkeiten bitten, ihn bei Sondierungen als persönlichen Abgesandten betrachten. Denn Kohl suchte von sich aus in jenen Jahren systematisch und intensiv Kontakt zu hochgestellten Bonner Politikern der CDU/CSU, zumindest wenn sie beträchtlich älter waren als er, also keine Konkurrenten mehr für ihn werden konnten, sobald eines Tages seine eigene Chance kam.

Kohl war außerdem (und das machte ihn erst recht in der Wahlnacht für Kiesinger zum Mann der Stunde) immer für ein festes Verhältnis zwischen der Union und der FDP. Freunde gewannen früh den Eindruck, Kohl werde nie im Leben eine Koalition mit der SPD abschließen. Er wollte stets nur das christlich-liberale Bündnis, und er blieb dabei, ohne Bruch, ohne Schwanken – trotz seiner Enttäuschung 1969. Kohl empfand, wie er in einer außerordentlich harten Unterredung Ralf Dahrendorf am 30. September 1969 sagte, die sozialliberale Koalition als ein »Verbrechen« an der Bundesrepublik und, schlimmer noch, als eine Torheit: Nur die CDU sei reformfähig, wie seine Ablösung Altmaiers beweise. Unbeirrbar behielt Kohl die ganzen siebziger Jahre hindurch seine Überzeugung bei, das Ziel der Union müsse sein und bleiben, mit den Freien Demokraten ins Reine zu kommen. Infolgedessen glaubte er – oder hoffte doch – lange Zeit, er könne zumindest auf weite Sicht eine entsprechende Vereinbarung mit ihnen treffen. Beispielsweise wollte er die Zusage der

Union, eine zweite Amtszeit Walter Scheels 1979 zu unterstützen, gegen das FDP-Versprechen eines späteren Frontenwechsels eintauschen. Ab 1980, dachte er sich, könnten die beiden Parteien doch erneut zusammengehen. Sein Eintreten für den populären Bundespräsidenten der Liberalen werde der beiderseitigen Wiederannäherung den Weg bahnen, den Pakt besiegeln.

Kohl stand daher immer in enger, persönlicher Verbindung mit Hans-Dietrich Genscher, dessen freundliche Aufgeschlossenheit ihm gegenüber Kohl allerdings möglicherweise mißverstand – nämlich voreilig als stillschweigende Billigung seines Vorhabens, als Anzeichen einer bevorstehenden Politischen Kursänderung der Freien Demokraten deutete.

Am Abend des 28. September 1969 trafen also Kohl und Genscher zusammen (übrigens mit Kenntnis, ja Zustimmung anderer Präsidiumsmitglieder der FDP und vor allem ihres Parteivorsitzenden). Zwei Tage später berichtete Genscher seinem Bundesvorstand: »Die CDU war bereit, in dieser Nacht eine Art Koalitionsabkommen mit uns abzuschließen. (Vors. Scheel: Hat Herr Kohl in dieser ersten Unterhaltung irgendwelche Sachaussagen gemacht?) Er hat mir gesagt, daß bei ihnen die Bereitschaft, eine Koalition mit der Freien Demokratischen Partei zu bilden, sehr stark sei, mit sehr weitreichenden Konsequenzen auch auf die Landespolitik, mit einer großzügigen, die Wunden heilenden Behandlung hinsichtlich der Vergabe von Kabinettspositionen.«

Bei Kohl hinterließ das Gespräch den Eindruck, ja die Gewißheit, auch Genscher strebe die CDU/CSU-FDP-Koalition an, sie sei eigentlich schon eine abgemachte Sache. Daher fühlte er sich später, als es anders gekommen war, »hintergangen«. Vermutlich hatte er einfach das herausgehört, was er sich wünschte – ein Irrtum, dem er noch mehrfach anheimfallen sollte. Denn in Wahrheit war Genscher seit langem auf das sozialliberale Bündnis aus, hatte sich schon Monate vorher Vertrauten gegenüber unzweideutig in diesem Sinne geäußert. Aber vorsichtig, wie er immer war, blieb Genscher während ihrer ganzen Unterredung bemüht, seiner Partei den Ausweg zur Union hin offenzuhalten, falls die Verhandlungen mit den Sozialdemokraten scheitern sollten. Er schlug daher Kohl nicht die Türe vor der Nase zu, sondern

lehnte sie sachte an. Wer konnte wissen, ob man sie nicht bald
werde benutzen müssen.

Kohls anschließender Erfolgsbericht vor der im Bungalow des
Palais Schaumburg versammelten Kanzlerrunde über die Ergebnisse seines Erkundungsgesprächs muß, wenn man Teilnehmern
im nachhinein glauben will, eine gespenstische Szene gewesen
sein. Auch diejenigen, die nach wie vor nicht an die Möglichkeit
einer kleinen Koalition mit der FDP glauben mochten, ließen sich
dabei von der Überzeugung Kohls anstecken, der da sagte, »er sei
sicher, daß mindestens zehn Abgeordnete der FDP nicht für
Brandt stimmen werden.«

Daran ließ sich anknüpfen, dem konnte man vielleicht etwas
nachhelfen. Und wie? Durch individuelle, argumentative Überzeugungsarbeit unter ständigem Hinweis auf eine bessere
Geschäftsgrundlage, nämlich auf das verführerische, alternative
Koalitionsangebot der Union, mit dem die CDU/CSU die inner-
parteiliche Auseinandersetzung bei den Freien Demokraten kräftig zu beleben versuchte. Außerdem und gleichzeitig durch dis-
krete ›Handsalben‹ und ›Beschleunigungsgelder‹ (um es in der
poetischen Sprache anderer Zeiten und Länder dieser Welt zu
sagen). Schon am 30. September hieß es in der *Süddeutschen
Zeitung,* man habe in der rheinischen CDU »bereits die möglichen Abtrünnigen durchgezählt: Mende, Ertl aus Bayern, Zoglmann aus Düsseldorf, der Bundestagsneuling Kienbaum vielleicht, der Außenpolitiker Achenbach aus Essen. Es wird regel-
recht von ›kaufen‹ gesprochen, das heißt von Versorgungsange-
boten an Überläufer.«

Der Spiegel vom 6. Oktober 1969 sprach detailliert von
Abwerbungskontakten über persönliche Bekanntschaften und
Geschäftsbeziehungen, von Beraterverträgen und Parteispenden
des BDI, von Botschafter- und Staatssekretärspositionen für diejenigen Freidemokraten, die zur Union überliefen. War das ernst
zu nehmen? Ja.

Schon am Montag, dem Tage nach der Wahl, also am 29. September, hatte Erich Mende am Abend in seiner Godesberger Villa
mutmaßliche Befürworter einer Bürgerblock-Koalition um sich
versammelt. In seinem autobiographischen Abriß drei Jahre später (»Die FDP. Daten, Fakten, Hintergründe«) konnte man eini-

ges über dieses Treffen nachlesen: »Unter den zehn anwesenden Bundestagsabgeordneten der neuen Fraktion herrschte Übereinstimmung, daß eine Koalition aus SPD und FDP noch keineswegs beschlossene Sache sei. Insbesondere Josef Ertl, Dr. Heinz Starke, der die Landesliste der FDP in Bayern angeführt hatte, (sowie) die niedersächsischen Abgeordneten Fritz Logemann und Carlo Graaff setzten sich gegen eine Festlegung, wie sie noch in der Wahlnacht durch Walter Scheel erfolgt war, entschieden zur Wehr.« Zehn Ausreißer – das war weit mehr, als Kiesinger brauchte. Denn wenn es stimmte, dann gab es bei den Liberalen doppelt so viele Deserteure, als die entstehende SPD/FDP-Koalition notfalls verkraften konnte.

Als drei Wochen später die Kanzlerwahl anstand, ermahnte der Vorsitzende der FDP-Fraktion unmittelbar vor der Abstimmung die eigenen Leute, wie man dem Protokoll ihrer Sitzung vom Vormittag des 21. Oktober (»Beginn 9 Uhr, Ende 9.55 Uhr«) entnehmen kann, unbedingt den sozialdemokratischen Kandidaten gemeinsam zu unterstützen: »Mischnick weist nochmals darauf hin, daß die Geschlossenheit und Zuverlässigkeit der Fraktion bei der Kanzlerwahl für die FDP eine Existenzfrage ist. Mischnick betont, daß er nach den Gesprächen mit den einzelnen Fraktionsmitgliedern in dieser Hinsicht keine Bedenken habe.«

Dennoch erhielt Brandt anschließend nur 251 Stimmen – bei 235 Nein-Stimmen, fünf Enthaltungen und vier ungültigen. Das war ein mageres Ergebnis. Denn damit hatte der neue Regierungschef lediglich zwei Stimmen mehr als unbedingt nötig erhalten und drei weniger, als an sich möglich gewesen wären – wenn nämlich beide Koalitionspartner strikte Fraktionsdisziplin gewahrt hätten. Immerhin übertraf Brandt mit dieser Mehrheit noch Konrad Adenauer, der am 15. September 1949 überhaupt nur mit Hilfe seiner eigenen Stimme (»selbstverständlich«, sagte er später, »etwas anderes wäre mir doch als Heuchelei vorgekommen«) sich das absolute Minimum von 249 Stimmen gesichert hatte. Freilich hatte Adenauer in der damaligen Parteienkonstellation hoffen können, bald weiteren Zulauf aus kleinen bürgerlichen Parteien zu verbuchen. Eine ähnliche Aussicht bestand angesichts der heraufziehenden, strikten Polarisierung für Brandt nicht.

Nach der Vereidigung des neuen Bundeskanzlers gab der Bundespräsident einen erstaunlich stilvollen Sektempfang, über den Hans Ulrich Kempski in der *Süddeutschen Zeitung* vom 25./26. Oktober berichtete: »eine Fête, die ohne Beispiel in Deutschland ist: Die Machtablösung wird interfraktionell gefeiert. Wenngleich es den meisten CDU-Ageordneten noch schwerfällt, Erfahrung und Begreifen in Einklang zu bringen, zögern sie nicht, Brandt zu gratulieren. Auf dem Rasen vor dem Bundeshaus geht es in der Dämmerung des warmen Abends bei lockerem Palaver zwischen Siegern und Besiegten so entspannt zu, als hätten sie ihr Metier in England gelernt. Als sei es für alle ein seit langem geübtes Geschäft, mal zu gewinnen und mal zu verlieren.«

Erich Mende hat später behauptet, bei dieser Wahl hätten aus den Reihen der FDP vier Abgeordnete nicht für Brandt votiert – jene vier, die auch in der Schlußabstimmung von Bundesvorstand und Fraktion der Freien Demokraten am 3. Oktober 1969 bei ihrem Nein zur Koalition mit den Sozialdemokraten geblieben seien: er selbst, Kühlmann-Stumm, Starke und Zoglmann.

Jedenfalls zählte Brandt am 21. Oktober nur ganze zwei Anhänger mehr, als er unerläßlich brauchte. Das bewies, wie halsbrecherisch kühn der gemeinsame Entschluß von ihm und Scheel in der Wahlnacht gewesen war, es trotz ihrer schwachen Mehrheit miteinander zu versuchen. Angesichts der beabsichtigten Ostpolitik einerseits, der bekannt problematischen Zusammensetzung der FDP-Fraktion andererseits war diese Koalitionsabsprache eine »Wahnsinnstat«, wie Horst Ehmke 1976 sagte. Aber vermutlich mobilisierte sie gerade deswegen Sympathien und Anhänger.

Das außerordentlich hohe Risiko raschen Scheiterns, das die beiden Vorsitzenden mit diesem gemeinsamen Neuanfang eingegangen waren, und die dann folgende, unvermeidliche Dramatik ihres jahrelangen Kampfes ums Überleben verhalfen den Sozialliberalen zu einer breiten emotionalen Verankerung in wichtigen, meinungsbildenden Teilen der Bevölkerung. Besorgte Zuneigung schuf und erhielt dem Bündnis eine erwartungsvolle, ungeduldige Massenbasis, die es zu seiner Konsolidierung brauchte. Freilich wurde es gleichzeitig durch solche überspannten Wünsche auch gefährdet. In seinen »Begegnungen und Einsichten« deutete Brandt beides an: »Gewiß ließ mich die Freude und Genugtuung meiner Freunde und Anhänger, die auf mich einstürmten, nicht gleichgültig. Die guten Wünsche brauchte ich – manche übertriebenen Erwartungen gaben mir eher zu denken.«

(1982)

Die Wahlnacht

Wenn die Geschichte einer Reise auf Schiffen ist, manchmal freilich nur auf Booten oder gar Flößen, dann konnten 1969 ohne Zweifel die hochgehenden Wasser am Ende alles verschlingen. Aber zunächst einmal trugen sie, trieben an. Rasch ergriff die öffentliche Strömung das sozialliberale Floß und führte es sicher über weite Strecken hinweg. Und die Hoffnungen junger Generationen auf eine freiere Zukunft, eine menschlichere, vom einzelnen Bürger mitgestaltete Gesellschaft – Hoffnungen, die Willy Brandt wie kein anderer formulierte und verkörperte – füllten jahrelang die Segel mit den Winden heftiger Zuversicht.

Der Wetterumschlag, die plötzlich aufschäumenden Wogen jugendlicher Begeisterung zeigten sich schon am späten Abend des Wahltages, eine Viertelstunde vor zwölf Uhr nachts. Den entscheidenden Augenblick hat Klaus Dreher in der *Süddeutschen Zeitung* vom 30. September festgehalten: nämlich das öffentliche Zusammentreffen der unbedingten Entschlossenheit Brandts, die neue Regierung zu bilden, mit dem freudetrunkenen Enthusiasmus einer zahlreichen, bewegten Anhängerschaft: »Kurz vor Mitternacht entschließt sich der SPD-Vorsitzende Brandt endgültig, den Kampf um den Führungsanspruch aufzunehmen. Im Erich-Ollenhauer-Haus, dem Sitz der Parteizentrale der SPD, verläßt er den von Ordnern abgesperrten Trakt, in dem das SPD-Präsidium vor zwei Fernsehapparaten in Klausur die Auszählung der Stimmen verfolgt. Er geht in den Sitzungssaal, den eine erwartungsvolle Menge zwischen leeren Bierflaschen und überquellenden Aschenbechern bis zum letzten Winkel füllt. Beifall und Jubelrufe branden auf, als Brandt erklärt, er habe die FDP wissen lassen, daß er zu Koalitionsgesprächen bereit sei. Mit einer einfachen Formel liefert er die Begründung: ›SPD und FDP haben mehr als CDU und CSU.‹

Für die Angestellten der ›Baracke‹ und viel junges Volk, das plötzlich, wie von Ahnungen erfüllt, durch die offenen Türen strömt, ist das der Augenblick, in dem Niedergeschlagenheit oder noch zögernde Hoffnung in Siegesstimmung umschlägt ... Außer sich vor Freude, wie von der Last langer, vergeblicher Mühen befreit, wollen ihn die Zuhörer kaum zu Wort kommen lassen. Eine Stimmung kommt auf, die einer Siegesfeier im Sportpalast vergleichbar ist: Die Leute grölen und pfeifen, rufen, auch als sich Brandt schon wieder zurückgezogen hat. Viele haben Mühe zu begreifen, was sich hier anbahnt, und was ein junger Mann, der vor Begeisterung auf einen Tisch gesprungen ist, ausruft: ›Hier ist der nächste Bundeskanzler‹.«

In der entsprechenden, ergänzenden Passage des *Spiegel* vom 29. September 1969 ließ sich ausführlicher nachlesen, mit welchen Formulierungen Brandt sein Koalitionsangebot an die geschlagene FDP um 23.45 Uhr im Fernsehen öffentlich begründet hatte: »Brandt, unterbrochen von anfeuernden Zurufen seiner zum Äußersten entschlossenen Genossen – ›Willy, Willy, Willy‹ –, klammerte die CSU aus und verkündete mit rauher Stimme: ›Die SPD ist die größte Partei, die SPD ist die stärkste Partei, die CDU hat nicht gewonnen, sondern sie hat verloren, der Abstand zwischen CDU und SPD ist gut halbiert worden. Das ist das Ergebnis ... Die FDP hat stark verloren, die CDU hat schwach verloren. Einer, der stark verliert, und einer, der schwach verliert, sind zusammen immer noch Verlierer... Diejenigen früheren FDP-Wähler, die eine Koalition mit der CDU wollen, haben CDU gewählt. Diejenigen FDP-Anhänger, die mit Scheel anders wollten, die haben Scheel gewählt. Man hat doch vorher gesagt: Wer FDP wählt, wählt FDP und SPD. SPD und FDP haben mehr als CDU und CSU. Das ist das Ergebnis.‹ So hatte es nach den ersten Hochrechnungen niemand gesehen.«

Denn soviel Conrad Ahlers, der stellvertretende Leiter des Bundespresseamtes, am frühen Abend auch hin- und herrechnete: Das Ergebnis blieb sich immer gleich. Wenn man schwache Namen, unsichere Kantonisten bei den Liberalen wegließ, reichte es nicht für die kleine Koalition. Ahlers hatte daher, mit Bedauern, Brandt von seinem Vorhaben abgeraten.

Anders der zur Kühnheit aufgelegte Bundeswirtschaftsminister Karl Schiller. Als um 21.12 Uhr von Rainer Barzel im Fernsehen der Führungsanspruch der Union erhoben worden war, gleichzeitig aber die Computer einen leichten Vorsprung der Sozialliberalen errechnet hatten (drei Mandate!), begann Schiller, auf seinen Parteivorsitzenden einzureden. Man müsse jetzt mehr sagen als nur: daß man nach allen Seiten offen sei. Schiller betonte, was er dann auch öffentlich wiederholte: Er persönlich neige zu einer Koalition mit der FDP; es sei seine ehrliche Meinung, daß SPD und FDP zusammengehen sollten.

Dem stellvertretenden SPD-Fraktionsvorsitzenden Alex Möller entging so wenig wie den anderen, daß die Hochrechnungen ab Viertel nach neun freundlicher für die Sozialdemokraten zu werden begannen. Gleichzeitig wurde ihm mitgeteilt – was ihn sehr in seiner positiven Einschätzung des neuen Trends bestärkte –, daß er in seinem Heidelberger Wahlkreis (erstmals!) das Direktmandat für die SPD errungen habe. Möller stimmte daher Schiller bei. Ja, er beschloß, einer plötzlichen Eingebung folgend, die Dinge seinerseits voranzutreiben.

Er hatte sich bereits in den letzten Tagen vor dem 28. September diskret mit Genscher, auch mit Mischnick getroffen. Jetzt regte er (in den frühen Abendstunden saß das SPD-Präsidium ebenso geschlossen im Erich-Ollenhauer-Haus, der berühmten *Baracke,* beisammen wie das FDP-Präsidium in seiner Parteizentrale am Bonner Talweg) eine vertrauliche Zusammenkunft mit einigen führenden Freidemokraten in seiner nahegelegenen Bonner Wohnung an. Unbemerkt ging er zusammen mit Heinz Kühn, dem nordrhein-westfälischen Miniseterpräsidenten, dorthin voraus. Gleichzeitig machte sich SPD-Bundesgeschäftsführer Hans- Jürgen Wischnewski zu Wolfgang Mischnick auf den Weg, der inzwischen im Bundeshaus eingetroffen war. Schweißnaß vor Aufregung, aber strahlend, stürmte er vor 22 Uhr zu ihm ins Zimmer (»Herr Mischnick, es reicht, es reicht!«).

Die Liberalen hatten lange mit hängenden Köpfen in ihrem Talweg gesessen – vernichtet von diesem Wahlergebnis. Sie ahnten, was in vollem Umfange erst die spätere, genaue Auswertung der Ergebnisse beweisen sollte: Bezogen auf die vorhergehende Bundestagswahl 1965 hatte die FDP weniger als ein Viertel ihrer

Anhänger behalten. Fast zwei Drittel ihrer damaligen Wähler hatten 1969 eine andere Partei vorgezogen.

Die Stimmung im Talweg wurde immer finsterer. Dieses dürftige Wahlergebnis ließ die Verwirklichung der in Aussicht genommenen Koalition mit den Sozialdemokraten überaus fraglich werden, schloß sie eigentlich aus. Scheel ging früh nach Hause, allein, fürchterlich deprimiert. Selbst wenn der Eindruck, den Genscher offenbar Kohl vermittelte, aufgrund der Genugtuung, die dieser empfand, von ihm möglicherweise übertrieben und ausgeschmückt wurde: Im Kern war die Beschreibung richtig. Scheel habe sich verkrochen (berichtete Kohl der Kanzlerrunde um Kiesinger), er sei am Boden zerstört und halte seine politische Laufbahn für beendet. Noch Stunden später, als Brandt mit ihm telefonierte, war Scheel sehr trübsinnig, war erschöpft und entmutigt – »zu down« (wie Brandt sich ausdrückt), um viel sagen zu können. Es war dem SPD-Vorsitzenden unmöglich, seinen künftigen Kompagnon aufzuheitern.

Auch andere Freie Demokraten hatten nach Scheel die Parteizentrale verlassen. Unter den Zurückbleibenden waren Hans-Günter Hoppe, Wolfgang Mischnick und Hans Wolfgang Rubin. Gemeinsam stellten sie fest, daß die Dinge vielleicht doch nicht so hoffnungslos seien, wie man zunächst gemeint habe. Man müsse sehen, was sich machen lasse. Sie telefonierten herum und fanden heraus, daß »man« von beiden Seiten her bei Alex Möller zusammenkam.

Schon vor dem Wahltag hatte die FDP mit der SPD abgesprochen, daß man sich in der Nacht mit Willy Brandt treffen wolle. Nun saß man statt dessen in Möllers »Bonner Wohnung, die sich durch Gemütlichkeit auszeichnet« (wie es in den Memoiren des »Genossen Generaldirektors« heißt), in etwas anderer Besetzung, nämlich ohne die Parteivorsitzenden, beieinander. Es lief auch so gut, kam aufs gleiche hinaus. Die Runde war übereinstimmend der Auffassung, daß man es mit den acht oder zehn Mandaten mehr, die für SPD und FDP zusammen mit Sicherheit herauskämen, riskieren könne. Die hier Versammelten müßten gemeinsam die Initiative ergreifen.

Heinz Kühn telefonierte mit dem nordrhein-westfälischen FDP-Vorsitzenden und Innenminister Willi Weyer, der sofort mit von der Partie war und sich mit seinem Ministerpräsidenten für die frühen Morgenstunden des Montags verabredete. Andere riefen von Möller aus Brandt und Scheel an: Sie sollten es ruhig wagen. Zumal bei Scheel war die Ermutigung nicht unnütz. Die drei FDP-Männer bei Möller hatten Einfluß auf ihren Vorsitzenden, weil sie prominente Parteimitglieder, ein wesentlicher Teil seines Präsidiums waren.

Praktisch wurde die Koalition zwischen Sozial- und Freien Demokraten in dieser Nacht, in diesem Kreise, und nahezu gleichzeitig in einer kurzen telefonischen Unterredung zwischen den Parteivorsitzenden beschlossen – auch wenn verschiedene Gremien auf beiden Seiten in den folgenden Tagen die bereits getroffene Grundentscheidung nachträglich noch sanktionieren und natürlich konkretisieren mußten.

Schon gegen 22.30 Uhr hatte Willy Brandt von der Baracke aus Walter Scheel zu Hause angerufen (seine Privatnummer übrigens erst kurz vorher durch einen Anruf beim Chefredakteur des *Spiegel* in Hamburg, dem befreundeten Günter Gaus, in Erfahrung bringen lassen). Er müsse bald, sagte Brandt, vor die Kameras und habe die Absicht, öffentlich zu erklären, daß er gemeinsam mit den Freien Demokraten die nächste Bundesregierung bilden wolle. Ob er das könne, es also mit Scheels Rückendeckung sagen dürfe?

Brandt behauptet, er habe auf den bedrückten, schweigenden FDP-Vorsitzenden einreden müssen: Es reiche doch; SPD und FDP hätten mehr Stimmen und Mandate als CDU und CSU. Scheel habe sich »abwartend«, »rezeptiv« verhalten, ihm »keine Zusagen gemachten«, ihn allerdings auch nicht entmutigt.

Scheel selbst schildert sich im Rückblick gelassener, souveräner, als er an jenem Abend vielleicht sein konnte. Zwar behauptet auch er heute nicht gerade, damals besonders beredt gewesen zu sein. Aber bei ihm erscheint seine Verhaltenheit in einem anderen Lichte: Es gab einfach nicht viel zu sagen. Denn alles war klar. Als Brandt ihm das geplante, waghalsige Unterfangen vorschlug und wissen wollte, was Scheel über seine Beteiligung, also die der FDP, denke, antwortete er ihm mit dem knappen Satz: »Ja, tun Sie das!« Kein Wort mehr.

Aber dieser eine Satz hatte es in sich. Ob Scheel damals gebeutelt und kleinmütig war oder schon seiner Schlüsselrolle bewußt und deshalb maulfaul, ist gleichgültig. Denn da er den SPD-Vorsitzenden nicht entmutigte, ihn nicht von der Verkündung seiner Wunschkoalition abschreckte, hat er ihn ermutigt und bestärkt. Damit war er es, der schon zu diesem Zeitpunkt zwischen Kiesinger und Brandt den Ausschlag gab. Barzel hat das (»Auf dem Drahtseil«) ganz richtig gesehen; Scheel und seine neue FDP machten Brandt zum Kanzler. Wie schon bei der Wahl des Bundespräsidenten hatten es erneut allein die Freien Demokraten in der Hand, wer das Rennen gewann, wer diesmal Regierungschef wurde – niemand sonst. Die beiden Großen waren nur Bittsteller. Sie konnten lediglich Vorschläge unterbreiten, zwischen denen die Liberalen dann auswählten.

Das erkannte natürlich keiner besser als Kurt Georg Kiesinger, mußte er doch als Führer der CDU erleben, daß er trotz des Erfolgs der Unionsparteien, die nahe an die absolute Mehrheit herangekommen waren, auf die Rolle eines bloßen Betrachters reduziert wurde. Diese Erfahrung völliger Ohnmacht macht die Heftigkeit seiner Wut auf die unbotmäßigen Liberalen erklärlich. Seine eben erst plötzlich aufgeflammten, heftigen Gefühle der Freundschaft zur FDP sanken sofort wieder in sich zusammen, ja verkehrten sich ins Gegenteil, als die Freien Demokraten seine hochherzigen Avancen unbesehen zu den Akten legten. War er vorher, zwischen 1966 und 1969, ihnen gegenüber eher von gedankenloser Gleichgültigkeit, so überkam ihn jetzt brennende Rachsucht.

Nach seinem Auftritt vor der Bundespressekonferenz am 1. Oktober 1969 meinte Hans Ulrich Kempski, Kiesingers ganzes Trachten scheine auf das Ziel gerichtet, den Freien Demokraten heimzuzahlen, was sie ihm angetan hätten; in heißer Wut beabsichtige er, sie in den kommenden zwölf Monaten »kurz und klein zu machen«, falls sie nicht doch noch gefügig würden. In ähnlicher Tonlage sagte Kiesinger vier Tage später in der Sendung »Bonner Perspektiven« (!) des ZDF im Blick auf die 1970 anstehenden fünf Landtags-Wahlkämpfe: Denkbarerweise könne es der Union bei ihnen gelingen, aus vier Regionalparlamenten die FDP »herauszukatapultieren, die sich jetzt als Schlüsselfigur der Bundesrepublik betätigt«. Womit er für die

CDU/CSU alles nur verschlimmerte, ihre Sache erst recht verdarb. Mit dieser einen Äußerung hatte er auch alte Freunde der Union in der FDP schwer verletzt. Der Stachel saß tief. Hatte die von der Union betriebene Wahlrechtsreform während der sechziger Jahre ihr Verhältnis zu den Freien Demokraten belastet, so ruinierte Kiesingers politische Mordlust die Beziehungen für die siebziger – zum Vorteil der Sozialdemokraten.

(1982)

Herbert Wehner und Helmut Schmidt: Mißvergnügte

In der Führungsspitze der SPD waren noch am frühen Abend des 28. September 1969 durchaus nicht alle geneigt, mit der FDP gemeinsame Sache zu machen. Wehner vor allem wurde es immer ganz mulmig, wenn er davon hörte. Er faßte sich heimlich an den Kopf, wenn da einer wie Brandt von den Liberalen schwärmte und übertrieben hoffnungsvoll die Zusammenarbeit mit ihnen anstrebte, weil er sich auf die FDP verlassen zu können glaubte.

Wehners Hauptziel war und blieb, die SPD entscheidend an der Verantwortung für die Bundesrepublik zu beteiligen, sie zum verläßlichen, bestimmenden Machtfaktor der (west)deutschen Politik zu machen. Ohne sie – dachte er, sagte er – gebe es keine gesicherte, keine lebenskräftige Demokratie in Deutschland; ohne einen angemessenen, also einen maßgeblichen Einfluß der Sozialdemokraten könnten in der jungen, ungefestigten Bonner Republik leicht Weimarer Verhältnisse entstehen. Wehner sorgte sich immer sehr um die Stabilität der deutschen Demokratie. Seine Lebenserfahrung, die er oft anführte (»Glaubt einem Gebrannten!«), hatte ihn gelehrt, daß es nur die parlamentarische oder überhaupt keine Demokratie gab. Alle anderen Formen, die sich des verheißungsvollen Namens einer Demokratie bedienten, fand er, seien die Beweise ihrer Wirksamkeit schuldig geblieben.

Seine Sorge um die deutsche Demokratie und ihr Kernstück, die Sozial-Demokratie, ließ ihn noch am Wahltag 1969 lieber an eine Fortsetzung der Großen Koalition als an Abmachungen mit den Freien Demokraten denken. Seit einem Jahrzehnt, mindestens, mühte er sich um ein faires, partnerschaftliches Verhältnis zur Union, weil »das geteilte Deutschland«, wie er am Schluß seiner berühmten Rede vom 30. Juni 1960 gesagt hatte, »nicht unheilbar miteinander verfeindete christliche Demokraten und Sozialdemokraten ertragen« könne. Außerdem brauchte die parlamentarische Demokratie, um lebenskräftig zu sein, unbedingt eine kraftvolle Führung, eine wirklich handlungsfähige Regierung.

Mit der Großen Koalition seit 1966 sah Wehner einige seiner Hoffnungen verwirklicht. Seither hatte man im gemeinsamen Zusammenwirken der beiden Parteien und mit der Unterstützung aller wichtigen Gruppen und Kräfte des Landes die Grundlagen dieser zweiten Republik gesellschaftspolitisch verbreitert und befestigt. Und jetzt sollte er sich statt dessen mit diesem kleinen Häufchen seltsamer Liberaler einlassen? Das war doch sehr gewagt. Die FDP war in seinen Augen ein Risikofaktor unserer Demokratie – kein Machtfaktor, keine kalkulierbare politische Kraft.

Hinzu kam bei Wehner wohl ein Motiv, dessen Hintergrund nicht ganz und gar erhellt, von der Vernunft allein her nicht völlig erklärt werden kann. Dieser spannungsreiche, auch religiös selbstquälerische Mensch hielt im Grunde 1969 noch immer für richtig, was er der SPD schon 1966 zugedacht hatte: Er fand, daß seine Partei eines gleichwertigen, eines gleichgewichtigen Partners bedürfe, um an ihm zu wachsen, sich an ihm zu bewähren. In diesem Sinne hatte er damals, als sich nach dem Sturz Erhards die Frage stellte, ob die Sozialdemokraten eine Koalition mit der FDP oder lieber mit der CDU/CSU anstreben sollten, im vertraulichen Gespräch betont: Die SPD brauche nicht einen Tropfen liberalen Öls; sie brauche das Kreuz.

Aus allen diesen Gründen hatte Wehner vor der Wahl 1969 seinen Leuten hinhaltend gesagt, er schließe die sozialliberale Möglichkeit selbstverständlich nicht aus, aber er wolle abwarten, ob es denn zu ihr überhaupt reiche. Er mochte sich nicht festlegen, solange das irgend angängig war, zögerte bis weit in den Wahlabend hinein. Kontakte wegen der Bildung einer sozialliberalen Koalition waren zwischen FDP und SPD längst aufgenommen. Brandt feilte bereits an seiner Fernseherklärung, es jetzt mit den Liberalen versuchen zu wollen. Da verhöhnte und provozierte Wehner, buchstäblich in letzter Minute, diese »alte Pendler-

partei« – nicht in spontaner Erregung, sondern sorgfältig überlegt, in der ihm eigenen Art geplant: um nämlich die Freien
Demokraten gerade noch rechtzeitig auf seine Liebesprobe zu
stellen.

Nachdem Brandt sich erklärt hatte, konnte Wehner freilich bei
seiner Taktik nicht bleiben, ohne Brandt offen – und wahrscheinlich erfolglos – in den Rücken zu fallen. So weit wollte er sich
nicht exponieren. Denn das SPD-Präsidium hatte am frühen
Abend Brandts Vorhaben angehört und gemeinsam gebilligt:
Diesmal mache man die Sache mit der FDP. Wehner hatte, wie
oft, vieldeutig schweigend an seiner Pfeife gesogen und nichts
eingewandt. Ja, als ihn lange nach Mitternacht der aufgeregte
Pressesprecher der FDP, Hans-Roderich Schneider, sowie der
freidemokratisch gesonnene Journalist Hans Ulrich Kempski von
der *Süddeutschen Zeitung* zu Hause auf dem Heiderhof besucht
und eine Stunde auf ihn eingeredet hatten, fand er sich sogar
bereit, Brandt, der im Kreise seiner Getreuen feierte (wie Wehner
grimmig anmerkte), anzurufen, um ihm ausdrücklich eine vor-
sichtige Rückenstützung zuteil werden zu lassen. Seither hielt
sich Kempski für den eigentlichen Schöpfer dieser Koalition.
Denn er hatte Brandt ermuntert, indem er ihm einen Zettel
zusteckte, auf den die drei anfeuernden Worte »Jetzt oder nie!«
geschrieben waren.

Wehner blieb skeptisch, war im Grunde seines Herzens auch
nach 1969 für die Große Koalition. Niemand konnte ihm seine
Sorgen und Zweifel ausreden. Er scheute nun einmal Überra-
schungsaktionen mit Hilfe versprengter Freischärler auf unüber-
sichtlichem, gefährlichem Gelände. Er hielt den Husarenritt des
parlamentarisch unerfahrenen Brandt für ein politisches Aben-
teuer, das er – ebenso wie Helmut Schmidt – gern vermieden
hätte. Statt dessen galoppierte Brandt fröhlich querfeldein und
stieg, schlimmer noch, auf eigene Faust steinschlaggefährdete
Felswände hoch. Wehner, der erfahrene Bergführer der Sozialdemokraten, hatte Angst, daß die zappeligen, unentschlossenen,
verstrittenen Liberalen die ganze Seilschaft in Sichtweite des
Gipfels ins Tal reißen könnten.

Anders gesagt: Würden die Freien Demokraten im Parlament
mit berechenbarer Sicherheit Brandt auch zu ihrem Kanzler

wählen? Wehner wurde von Zwangsvorstellungen gepeinigt. Es kam auf eine fast geschlossene Abstimmung an, wenn Brandt es schaffen sollte. Man brauchte keine überspannte Einbildungskraft, um sich das Schreckbild auszumalen, daß der Kandidat der SPD blamabel durchfiel, weil einige wenige dieser eigensinnig in die eigene Individualität verliebten liberalen Herren es sich am Ende anders überlegt hatten. Wenn das passierte, war nicht nur Brandt erledigt – das hätte Wehner leicht verschmerzt. Nein, die ganze SPD wäre im gleichen Augenblick auf Jahre hinaus diskreditiert. Alle Erschöpfungen des langen Marsches zur Macht wären dann umsonst gewesen, alles schon Erreichte in einer einzigen Abstimmung zunichte gemacht.

Es war Wehner unheimlich, daß Brandt und Scheel gleichermaßen zu Risiken bereit, ja beide ausgemacht risikofreudig schienen.

Brandt war für Wehner – so wie später Kohl für viele in der CDU/CSU – eigentlich nur ein Kanzler*kandidat,* nur ein zeitweilig nützlicher, jugendlicher, allmählich abgenutzter Bewerber. Erstaunlicherweise überlebte er es, mehrfach erfolglos anzutreten. Trotzdem war er für Wehner nicht als Regierungschef vorstellbar. Nicht fleißig genug, viel zu leichtlebig, nie rechtzeitig im Bett. In seinen Augen war Brandt überhaupt kein Chef, von was auch immer, würde es nie, Gott bewahre.

Ähnlich dachte Helmut Schmidt, der aber durchaus Brandts Leistungen sah. Er hatte Berlin während des Chruschtschow-Ultimatums gehalten, hatte, was ohne ihn vielleicht nicht gelungen wäre, die SPD im allgemeinen Bewußtsein regierungsfähig gemacht. Fritz Erler, lange ein denkbarer sozialdemokratischer Kanzlerkandidat, war ein Mensch ohne Massenwirksamkeit gewesen, während Brandt, darin John F. Kennedy ähnlich und auch Papst Johannes XXIII., die große, seltene Begabung besaß, anderen das erhebende Gefühl zu vermitteln, indem sie ihm hülfen, dienten sie einem großen Ideal. Brandts hartnäckiges Beharren auf der Notwendigkeit einer neuen Ostpolitik im Jahre 1969 leuchtete Schmidt ein. Allerdings fand er Brandts außenpolitische Perspektive damals etwas beschränkt. Aber diese Blickverengung beobachtete er bei allen Berlinern. Es war lokal begreiflich. Wer dort lebte, war eben auf Ostpolitik fixiert, wurde von der DDR und der Sowjetunion so oder so offenbar behext. Nur örtlich war man in Berlin nicht betäubt.

Allgemein fand Schmidt an Brandt und den Berliner Genossen eines auszusetzen, was sich aus der dortigen Sondersituation erklären ließ; es machte die Sache freilich nicht besser. Keiner dieser Berliner Sozialdemokraten – ob das nun Brandt war oder Bahr, Spangenberg oder Schütz – hatte je gelernt, was zu einer ordentlichen Administration gehörte: ein disziplinierter Umgang mit Beamten. Das eigene Aktenstudium. Die Fähigkeit zu energischer und präziser Koordinierung. Dann die detaillierte Direktive. Als Verwaltungschefs verdienten sie alle, nach Schmidts Meinung, die Noten mangelhaft bis ungenügend. Wie sollte das gutgehen, wenn Brandt Kanzler würde?

Mindestens ebenso schlimm war, wenn man an die Realisierungschancen einer Reformpolitik dachte, daß keiner der Berliner mit Geld umgehen konnte. Dies war eine beklagenswerte Folge der immerwährenden, wenn auch zähneknirschenden Bereitschaft des Bundes, jedes Loch im Etat der Stadt durch Subventionen zu stopfen, im weiteren Sinne also eine Folge der Existenz Berlins im luftleeren Raum. Wer hatte dort schon eine Ahnung von wirtschaftlichen, von finanziellen Zusammenhängen und Zwängen? Kaum jemand.

Andererseits hatte Schmidt schon zweimal in der Vergangenheit daran mitgewirkt, daß Brandt sein Ziel nicht erreichte. Einmal 1965. Als der SPD-Vorsitzende nach der damaligen Bundestagswahl versucht hatte, in Bonn die Fraktion zu übernehmen, war er mit Erler tagelang aneinandergeraten. Denn Erler hatte sich dieses Amt erarbeitet und hielt es eisern fest; seine Krankheit (Leukämie), die ihn im darauffolgenden Sommer zwang, den Fraktionsvorsitz abzugeben und ins Krankenhaus zu gehen, wo er im Februar 1967 starb, wurde in ihrer tödlichen Gefährlichkeit von allen, ihm eingeschlossen, lange nicht erkannt. Erler, der sich selbst Hoffnungen auf die Kanzlerschaft machte, wollte Brandt am liebsten nach Berlin zurückgehen sehen – was dieser, entmutigt, am Ende dann auch tat.

Zum zweiten Male hatte Schmidt ein Jahr später, 1966, als es um die Große Koalition ging, Brandt entgegengewirkt. Dieser favorisierte von Berlin aus das Bündnis mit der FDP.

Schmidt wie Wehner hielten das für Unsinn, lehnten es als nicht machbar ab.

Ein drittes Mal mochte Schmidt sich Brandt nicht in den Weg stellen. Außerdem konnte man ihn sowieso nicht mehr aufhalten. Mürrisch und nur gespielt gleichgültig warf Schmidt ihm daher, nach seinen eigenen Worten, am Wahlabend den Satz: »Wenn du's willst, mach's doch!« hin. Wenn Brandt wirklich so hartnäckig auf diese SPD/FDP-Koalition hinauswollte, dann sollte er es mit ihr in Gottes Namen jetzt versuchen. Es kam ohnehin nicht mehr darauf an, was man ihm riet. Brandt war fest entschlossen.

(1982)

1974: Das Ende Willy Brandts

Alles in Rechnung gestellt, schien Bundeskanzler Willy Brandt eigentlich am 8. März 1974 verloren. Denn er stand an zwei Fronten im Abwehrkampf. Auf der einen Seite setzte ihm Bundesfinanzminister Helmut Schmidt zu; gleichzeitig war auf der anderen Seite trotz verschiedener Vermittlungsversuche sein Verhältnis zu Herbert Wehner, dem Fraktionsvorsitzenden, belastet, wenn nicht ruiniert. Brandt wirkte daher Anfang März in der Führungsspitze der Sozialdemokraten, diesem seltsamen Dreigestirn (wie Walter Scheel kopfschüttelnd sagte: »Immer zwei gegen einen!«), hoffnungslos isoliert.

Aber überraschenderweise kam es ganz anders. Am 9. März, also am Tage nach der SPD-Vorstandssitzung, in der Schmidt zornigen Tatendrang gezeigt hatte, folgte Wehner einer Einladung Brandts und besuchte den Bundeskanzler in seiner Dienstvilla auf dem Venusberg. Ein zweites Mal trafen sie sich am darauffolgenden Dienstag, dem 12. März, im Kanzler-Bungalow. Insgesamt saßen die beiden fünfeinhalb Stunden beisammen.

Man darf sich die Stimmung auf den beiden Treffen nicht überschwenglich vorstellen, auch nicht redselig. Brandt und Wehner waren beide keine Freunde vieler Worte. Sie tranken Rotwein zusammen und erörterten lakonisch, mit langen Pausen zwischen kurzen Sätzen, die anstehenden Probleme: von den Vor- und Nachteilen einer Wahl Willy Brandts zum Bundespräsidenten bis hin zu den Folgen eines eventuellen Wehner-Rücktritts vom Fraktionsvorsitz, von dem gerade damals die Rede war. Das meiste blieb offen, aber Wehner brachte es über sich, von einem neuen, gemeinsamen Anfang zu reden, den man wagen wolle – wagen müsse.

Man wurde sich einig: gegen Schmidt. Hatte Wehner nicht schon vor Jahr und Tag Brandt vorausgesagt, daß er noch große Schwierigkeiten mit ihm bekommen werde? Beide Männer fanden Schmidt jetzt gräßlich: penetrant ehrgeizig, unerträglich illoyal. Immer gab es Krach mit ihm, um ihn. Nie, als Verteidigungs- sowenig wie jetzt als Finanzminister, war er zufriedenzustellen. Unaufhörlich drängelte er weiter, höher hinaus. Brandt und Wehner gelang daher, was zuvor kaum jemand noch für möglich gehalten hatte: ihre Aussöhnung, zumindest die Wiederherstellung einer gemeinsamen Arbeitsgrundlage. Innerhalb der sozialdemokratischen Spitzengruppe wechselten die Bündnispartner wieder einmal. Brandt und Wehner entschlossen sich, miteinander einen Neuanfang, eine erneuerte Kooperation zu riskieren, die SPD in der Mitte zu sammeln und alle Sozialdemokraten in diese Parteisolidarität einzubinden, um der Regierung damit neuen Schwung zu geben. Monatelang hatten Brandt und Wehner während des Winters 1973/4 in der Bundestagsfraktion ihre Distanz zueinander dadurch betont, daß sie durch zwei Stühle voneinander getrennt am Vorstandstisch saßen. Als sichtbares Zeichen ihrer Annäherung nahmen sie in der Fraktionssitzung vom 12. März erneut »Backe an Backe«, wie ein Genosse hinterher grinsend sagte, unmittelbar nebeneinander Platz. So war es in alten, harmonischen Tagen immer gewesen. Und als ob er sämtlichen sozialdemokratischen Abgeordneten, ja aller Welt (denn die Szene kam natürlich in die Zeitungen) die neue Partnerschaft vor Augen führen wollte, kramte Wehner aus den Tiefen der eigenen Aktentasche einige Unterlagen hervor, die er seinem Kanzler zu lesen gab. Dergleichen war bei ihm der unbeholfene, eigentlich rührende Versuch eines besonderen Vertrauensbeweises. Onkel Herbert laufe in Bonn wie eine Jungfer herum, die zum ersten Male geküßt worden sei, kommentierte in jenen überraschend vorfrühlingshaften Tagen respektlos der burschikose Horst Ehmke die veränderte Situation.

Der ungestüme Egoismus Helmut Schmidts hatte Wehner tief erschreckt. Wollte er etwa Brandt einfach aus dem Amte kippen? Das ging doch gar nicht! Nur wenn ein glückloser Kanzler resigniere und freiwillig seinen Platz räume, sei der Weg für Schmidt frei, meinte *Der Spiegel* noch am 1. April 1974. Wenn Willy Brandt aus den eigenen Reihen gestürzt werde, soll Hans Apel zu jener Zeit gesagt haben, verliere die SPD weitere zehn Punkte; alle Welt werde die Sozialdemokraten dann nicht nur für links, sondern auch noch für treulos halten. Und wer sollte, sobald Brandt als Kanzler aus dem Wege geräumt war, eigentlich dafür sorgen, daß die Partei beisammen bleibe, fragte sich Herbert Wehner. Brandt konnte dann doch keinesfalls mehr integrieren und führen. Aber Schmidt noch weniger – dieser Mann mit dem Kommandoton, dessen Begriffe von Solidarität (wie Wehner mürrisch zu sagen pflegte) aus den Offizierskasinos des Dritten Reiches stammten, nicht wie bei ihm, Wehner, aus der alten Arbeiterbewegung der Weimarer Republik. Dieser Schmidt mußte seine Unruhe bezähmen; Brandt war jetzt in der Baracke so wenig wie im Bundeskanzleramt zu entbehren. Was immer man von ihm denken mochte: im Moment mußte man ihn stützen – mit aller Energie, um der SPD willen. Wenn Wehner deren Geschlossenheit und damit Regierungsfähigkeit in Gefahr sah, rief er – das war jedesmal so – sich und andere zur Ordnung, forderte Disziplin, band alle ein, hielt sich auch selbst an die eigenen Appelle – allerdings nur, bis ihn sein Temperament, sein Instinkt (diese bei ihm hervorragend ausgeprägte Fähigkeit, das jeweils Erforderliche frühzeitig zu ahnen, richtig zu erfassen) eines Tages erneut fortrissen und veranlaßten, ohne Rücksicht auf Personen das dann Gebotene unbeirrbar zu betreiben. Nicht Brandt zuliebe, sondern für die deutsche Sozialdemokratie nahm sich daher Wehner jetzt, im März 1974, in die Pflicht der Treue.

Beim Landesparteitag der Bremer SPD am 17. März 1974 auf sein Verhältnis zum Bundeskanzler angesprochen, benannte Wehner in Kürzeln, fast verschlüsselt, seine Motive: »Ich habe nicht nur nichts gegen Brandt. Ich habe immer für ihn geworben. Es gibt keinen Ersatz für ihn. Wer ihm das Leben in Fragen der Ostpolitik und in anderen Fragen schwermacht, der vergißt, daß er nicht zu ersetzen ist.«

Man mußte sich um Willy Brandt scharen, weil er die Mitte der SPD verkörperte: in der innerparteilichen Perspektive gleich weit entfernt von ihren rechten und linken Flügeln.

Zuvor hatte Herbert Wehner in seinem Bremer Referat erklärt: »Wir dürfen die Mitte des Spektrums unserer Mitbürgerschaft nicht räumen. Wer so viel durchsetzen muß, historisch, der darf sich nicht auf einen Flügel beschränken lassen, der muß die Mitte decken (was nicht Mittelmaß heißt). Wer sich von ihr abdrängen läßt, wird erfahren, wie schnell das Vakuum aufgefüllt ist.« Diese Aussicht schreckte natürlich alle Sozialdemokraten. Nicht nur Schmidt und Wehner, sondern die ganze SPD sprach jetzt von der Mitte, um die es gehe, allen voran der Bundeskanzler.

Als Helmut Schmidt am Ende des Monats von einer Reise in die Vereinigten Staaten nach Bonn zurückkehrte, mußte er feststellen, daß sich der Wind gedreht hatte und ihm jetzt kräftig ins Gesicht blies. Wenn er nicht rasch umschwenkte, geriet er, ohnehin unbeliebt, in die Isolierung. Schmidt habe offenbar begriffen, meinte in jenen Tagen ein Kabinettsmitglied, daß ein potentieller Nachfolger Brandts »seine Chance auf Null« bringe, wenn er die gegenwärtige Führungsfigur frontal herausfordere. Um die Spuren seiner Frühjahrsoffensive zu verwischen, also dem Vorwurf entgegenzuwirken, er habe Umsturz-Pläne geschmiedet, gab Schmidt daher dem *Spiegel* vom 25. März 1974 ein Interview, in dem er selbstkritisch »Fehler« des eigenen »Führungsstils« einräumte, überhaupt auf der ganzen Linie den Rückzug in die Loyalität antrat.

Unter dem Druck immer neuer Hiobsbotschaften, wiederholter Niederlagen (denn auch die nordhessischen, rheinland-pfälzischen und schleswig-holsteinischen Kommunalwahlen waren inzwischen für die SPD enttäuschend ausgegangen) begann die Partei nicht nur an der Spitze, sondern »auf allen Ebenen wieder zusammenzurücken und zur Vernunft zu kommen«, wie der niedersächsische Kultusminister und Vorsitzende des SPD-Bezirks Hannover, Peter von Oertzen, ein Wortführer der Linken, im Blick auf die April-Thesen, eine Positionsbestimmung der Sozialdemokratie, sagte. Damit schien sich wieder eine gemeinsame politische Aktionsgrundlage herauszubilden, wie es sie seit Monaten in dieser Breite und Verläßlichkeit nicht mehr gegeben hatte.

Zum Glück war nicht aller Fortschritt kompliziert *und* kostspielig, wenn auch fast immer kontrovers, sogar innerhalb der Koalition selbst. Am 21. März 1974 war die Abänderung des § 218 StGB, die umkämpfte Fristenlösung, im ersten Durchgang knapp über die Hürden des Bundestages gekommen; für den 25./26. April standen die zweite und dritte Lesung auf der Tagesordnung des Parlaments. Am 22. März hatte man mit großer Mehrheit, also auch mit Unionsstimmen, die Herabsetzung des Volljährigkeitsalters von 21 auf 18 Jahre beschlossen (obwohl es in allen Parteien Zweifel an der Weisheit dieser Entscheidung gab; aber niemand wollte damals als jugendfeindlich, als gestrig gelten).

Der Ausbau der Mitbestimmung war in der Regierungserklärung vom 18. Januar 1973 als eine der »Hauptaufgaben« der Koalition herausgestellt worden: Man gehe beiderseits vom Grundsatz der Gleichberechtigung und Gleichgewichtigkeit von Arbeitnehmern und Anteilseignern aus. Freilich waren zugleich auch die Meinungsverschiedenheiten der Koalitionsparteien in dieser Frage nicht unerwähnt geblieben. Für die Sozialdemokraten besaß die Mitbestimmung zweifellos Vorrang unter den Reformprojekten – anders als für Wolfgang Mischnick und seine FDP. Daher hatten sich die Spitzenpolitiker beider Parteien erst nach langem Hin und Her am 19. Januar 1974 auf die Grundformel eines Mitbestimmungsgesetzes einigen können. Bei voller Parität (10 : 10) im Aufsichtsrat von Großunternehmen sollte, einer FDP-Forderung entsprechend, immer ein Arbeitnehmer-Vertreter aus der Gruppe der Leitenden Angestellten stammen, jedoch nicht allein von dieser seiner Gruppe, sondern – dies war der SPD wichtig – von der Gesamtbelegschaft gewählt werden.

Die SPD war keineswegs beglückt über ihren (relativen) Erfolg im koalitionsinternen Mitbestimmungskampf. Obwohl man ihnen öffentlich gratulierte, reagierten viele Sozialdemokraten gereizt, bemängelten den Kompromiß, fanden ihn enttäuschend, ja »schlechthin unakzeptabel« (Friedhelm Farthmann). In der entscheidenden Fraktionssitzung vom 19. Februar 1974 war stundenlang fraglich, ob der Regierungsentwurf am nächsten Tage überhaupt ins Kabinett gebracht werden könne. Selbst der zuständige Bundesarbeitsminister Walter Arendt stand nicht hinter der Vorlage, sondern hoffte auf das Gesetzgebungsverfahren, um dort »aus diesem schlechten Entwurf noch etwas Gutes zu machen«. Nur weil Herbert Wehner, Willy Brandt unterstützend, unerschütterlich betonte, es komme – jetzt oder nie! – darauf an, die Koalitionsübereinkunft in den Gesetzgebungsgang zu bringen und dann »mit Anstand«, »auch mit Festigkeit und auch mit einer gewissen Dosis – na sagen wir mal: – Gerissenheit« zu einem guten, sozialdemokratischen Ende zu führen, hatte sich die SPD-Fraktion schließlich aufgerafft, ihren Regierungsmitgliedern für den folgenden Tag grünes Licht zu geben.

An der seit langem angekündigten großen Steuerreform wurde intensiv gearbeitet. Sie sollte, der Regierungserklärung von 1973 zufolge, »den Grundsätzen sozialer Gerechtigkeit und der Vereinfachung des Steuersystems« dienen, schien sich aber inzwischen zu einem Bündel einzelner Änderungsgesetze auszuwachsen, von denen einige bereits im Parlament beraten wurden, ja verabschiedet waren. Der Bundeskanzler hoffte, der für die Bevölkerung wichtigste Teil dieser Neuordnung, der Entwurf des Einkommensteuerreformgesetzes, werde bis zur Sommerpause 1974 alle zuständigen Beschlußgremien durchlaufen, also auch die Zustimmung des Bundesrates gefunden haben. Helmut Schmidt hatte allerdings schon am 19. Februar vor der SPD-Fraktion darauf hingewiesen, »daß es weder Steuererhöhungen noch Steuersenkungen geben werde«, man also keine materiellen Erwartungen mit dem neuen Steuersystem verbinden solle.

Es waren andere, aufregendere Themen, die damals unsere Öffentlichkeit beschäftigten, den Menschen naheingingen: das beschwerliche Hin und Her um die Akkreditierung der deutsch-deutschen Ständigen Vertretungen in Bonn und Ost-Berlin; die allgemeinere Frage, ob die Entspannung vielleicht schon am Ende sei; auch der Tod des französischen Präsidenten Georges Pompidou, der in seinen »testamentarischen Aussagen« Willy Brandt am 22. Juni 1973 auf Schloß Gymnich vor der »bewundernswerten Beharrlichkeit« der Sowjetunion in Mitteleuropa gewarnt hatte und so weit gegangen war, den Versuch eines russischen Vordringens nach Westeuropa – etwa bei politischen Wirren in Jugoslawien oder auch als Folge kommunistischer Machtergreifungen in Italien oder Frankreich – immerhin für möglich zu halten. Vor allem aber erregten damals die Enthüllungen des sich immer weiter zuspitzenden Watergate-Skandals um den amerikanischen Präsidenten Richard Nixon die Gemüter der Deutschen; Nachrichten aus Washington waren es, die Fernsehmeldungen und Titelseiten beherrschten.

In der Bundesrepublik dagegen ging alles seinen ruhigen, ordentlichen Gang. Weit mehr als das: Die Westdeutschen merkten gar nicht, wie märchenhaft gut es ihnen ging, waren mittlerweile maßlos verwöhnt, dennoch immer unzufrieden und pessimistisch. Willy Brandt fragte sich oft, ob sie eigentlich wußten, was sie wollten: mehr oder weniger Wandel ihrer Lebensverhältnisse? Am 16. April 1974 sagte er zu Chefredakteur Eberhard Stammler, interessanterweise herrsche heute oft das Empfinden vor, »es würde vieles verändert, und zugleich, es geschehe gar nichts«.

Wie auch immer: Der Regierungschef glaubte zu wissen, was er zu tun hatte. »Ich kenne meine Pflicht. Wir gehen also unseren Weg«, las man am 8. April aus seiner Feder in der *Frankfurter Rundschau*. Brandt zeigte und verbreitete, anscheinend mühelos, Selbstvertrauen, strahlte sogar Fröhlichkeit aus. Als er eine Wahlversammlung in Osnabrück am 9. April verlassen mußte, um einen anderen Termin wahrzunehmen, und der Diskussionsleiter die Veranstaltung mit den Worten beendete, er habe eben den Hinweis bekommen, »daß die Zeit des Herrn Bundeskanzlers unwiderruflich abgelaufen« sei, lachte Brandt aus vollem Halse, wie *Der Spiegel* vom 15. April verwundert berichtete. Die Entschuldigung des armen Mannes, das sei wohl »eine Freudsche Fehlleistung« gewesen, nahm Brandt wie eine neue, noch bessere Pointe auf; ganz durchgeschüttelt wirkte er von seiner überbordenden guten Laune. Nichts von Mißerfolg, Scheitern, Rücktritt. Keine Ahnung des nahen Endes in der Luft. Eher der Beginn eines zuversichtlichen, gelassenen Aufbruchs: besonnene Frühlingsstimmung eines Mannes in mittleren Jahren.

Nicht ohne Verständnis für das Hintergründige in Brandts Humor, schloß Hermann Schreiber sein Porträt-Essay mit den Sätzen: »Es gibt zu Willy Brandt jetzt keine Alternative. Da kommt wohl auch jene anders kaum zu begreifende Heiterkeit her, die den Kanzler Brandt heute umgibt wie weiland die Entrückung – aus einem doppelten Mangel nämlich: Wer weder Illusionen noch eine Alternative hat, dem kann nichts mehr passieren – was immer auch passieren mag.

Das sei, erzählt Willy Brandt abends in seinem Niedersachsen-Sonderzug, so ähnlich wie mit dem Landstreicher Kolingen, einem Geschöpf des schwedischen Schriftstellers und Karikaturisten Albert Engström und in dessen Heimat so eine Art Hotztenplotz für Erwachsene: Kolingen will sich trotz Prohibition mal wieder eine Flasche Schnaps auf dem schwarzen Markt kaufen. Seine Freunde aber warnen ihn. Es könnte Methylalkohol in der Flasche sein, dann müßte Kolingen erblinden. Kolingen überlegt eine Weile. Dann kauft er den Schnaps. ›Ich habe‹, sagt er, ›das meiste gesehen.‹«

Am 19. April 1974 reiste der Bundeskanzler zu offiziellen Besuchen nach Algerien und Ägypten. Als er fünf Tage später von Kairo nach Bonn zurückflog, nutzte er die Zeit, um ungestört über die seit Wochen erwogene neue Ministerliste nachzudenken. Bei seiner Ankunft war sie so gut wie fertig. Endlich. Denn der Tag der Bundespräsidentenwahl rückte immer näher. Aber Willy Brandt hatte bisher im engsten Kreise stets betont, daß die Kabinettsumbildung Zeit habe. Man solle nichts übereilen, die Sache in Ruhe reifen lassen. Wenn man die Regierung erneuere, müsse dies so gründlich geschehen, daß während des Rests der laufenden Legislaturperiode keine weitere personelle Veränderung erforderlich sei.

Brandt wollte vor allem in seiner nächsten Umgebung Remedur schaffen, wollte die Leistungsfähigkeit des Regierungsapparates steigern und deshalb sowohl den Chef des Bundeskanzleramtes wie den des Bundespresseamtes auswechseln. »Straffung der Arbeit« war der Leitgedanke, der auch das Grundthema der Regierungserklärung sein sollte, die er nach dem Revirement abzugeben gedachte. Die Umbesetzung im Kanzleramt war besonders dringlich, denn Horst Grabert wurde allgemein als unzulänglich empfunden. Bei der Suche nach einer Alternative zum allzu farbigen, allzu bulligen Horst Ehmke war man 1972 offensichtlich ans blasse, kraftlose Gegenteil geraten.

Als Brandt in Köln-Wahn ausstieg, stand Grabert am Fuße der

Gangway – ein Unglücksrabe. Er war nicht nur, wie Genscher und andere, zur üblichen Begrüßung erschienen, sondern hatte eine eilige Nachricht für den Kanzler. Am Morgen des gleichen Tages war Günter Guillaume, ein Persönlicher Referent des Regierungschefs, verhaftet worden und hatte sich dabei als Offizier der Nationalen Volksarmee, als Mitarbeiter des DDR-Staatssicherheitsdienstes, zu erkennen gegeben.

Egon Bahr, Brandts Begleiter auf seiner Reise nach Nordafrika, wußte nichts von dem Verdacht, in den Guillaume schon vor einiger Zeit geraten war. Ihm war unbekannt, daß der Bundesinnenminister bereits am 29. Mai 1973 Brandt vage gewarnt hatte. Bahr zweifelte keinen Augenblick, daß Brandt ihn irgendwann ins Vertrauen gezogen und die Angelegenheit mit ihm besprochen hätte, wenn ihm Genschers Mitteilung plausibel erschienen wäre. Aber in dieser Hinsicht war man in Bonn abgestumpft. Die Politiker hatten sich an solche Gerüchte gewöhnt, weil sie an der Tagesordnung waren. Andauernd geriet jemand ins Zwielicht – besonders häufig in den Chefetagen, aus dem Kreise der dortigen Referenten und Sekretärinnen.

Als Bahr im Hubschrauber auf dem Flug von Wahn nach Bonn über die Sache nachzudenken begann, wurde ihm allerdings rasch klar, daß dies »ein ganz dicker Hund« war (wie er später sagte), ein Zwischenfall mit noch gar nicht absehbaren Konsequenzen. Vielleicht würde Ehmke, der inzwischen Bundesforschungsminister geworden war, demissionieren müssen, weil er als damaliger Kanzleramtsminister die Verantwortung für die Einstellung Guillaumes trug. Der Gedanke an einen Rücktritt des Bundeskanzlers kam Bahr zu diesem Zeitpunkt noch nicht. Daran dachte niemand.

Wer war überhaupt dieser Günter Guillaume? Seit Guillaume sich am 13. Mai 1956 zusammen mit seiner Ehefrau Christel in West-Berlin als Flüchtling gemeldet hatte und umgehend nach Frankfurt am Main ausgeflogen worden war, wohnte und arbeitete er dort bis 1969.

Seit Anfang der sechziger Jahre erhielt Guillaume als freiberuflicher Werbefotograf und Journalist zunehmend Aufträge vom SPD-Bezirk Hessen-Süd; denn er war 1957 in die Sozialdemokratische Partei eingetreten und hatte sich verschiedenen örtlichen Aufgaben mit großem Eifer gewidmet. Am 1. März 1964 wurde er Geschäftsführer des Unterbezirks Frankfurt. Ab Mai 1968 arbeitete er in gleicher Funktion für die dortige SPD-Fraktion; außerdem wurde er im Oktober 1968 in die Stadtverordnetenversammlung gewählt.

Die Bildung der SPD/FDP-Koalition bot einen plausiblen Anlaß, 1969 den Schauplatz zu wechseln und sich bei den vielen jetzt fälligen Neubesetzungen eine interessante Position in Bonn zu sichern. Guillaume war agil, emsig, umtriebig, kannte die Welt, zählte zum rechten Flügel der SPD und hatte, wie er sagte, keine Lust mehr zur Parteiarbeit in Frankfurt, seit dort die Linken an Boden gewannen. Er fragte bei Georg Leber und Herbert Ehrenberg nach, ob sie etwas für ihn hätten. Die Ministerien Lebers (seit Oktober 1969 verwaltete er neben dem Verkehrs-Ressort auch das Post- und Fernmeldewesen) winkten ab: Guillaume habe keine Hochschulbildung, man könne ihn daher nicht brauchen. Mehr Erfolg hatte er bei Ministerialdirektor Herbert Ehrenberg, dem damaligen Leiter der für Wirtschafts-, Finanz- und Sozialpolitik zuständigen Abteilung III im Bundeskanzleramt. Ehrenberg hatte in den Jahren zuvor im Bundeswirtschaftsministerium eine Kontaktstelle zu den Gewerkschaften unterhalten, fand dergleichen nützlich, ja wichtig, und wollte daher den wendigen, aktiven Guillaume, den er aus seinen Tagen als Vorstandsmitglied des SPD-Unterbezirks in Frankfurt kannte, unbedingt zum Hilfsreferenten im Kanzleramt machen.

Ehrenberg, eine Figur wie aus den Romanen von Johannes Bobrowski oder Günter Grass, ein typischer Ostpreuße, eben aus Collnischken, tatkräftig, jovial, listig, hielt Leumundszeugnisse und langatmige Überprüfungen in einem solchen Falle für Unsinn. Bedenken fand er ärgerlich. Energisch verlangte er von der Personalabteilung des Bundeskanzleramtes Guillaumes Einstellung. Weil der Apparat die Sache seines Erachtens verschleppte, beschwerte er sich bei Ehmke über die Bürokraten, wobei er den Minister, dessen Mentalität er kannte, mit einer gewissen Verschlagenheit einzuwickeln wußte: Ehmke kneife doch wohl nicht vor diesen Paragraphenhengsten. Für seine Argumentation erwies sich die Volksschulbildung Guillaumes als große Hilfe. Ehrenberg behauptete, alle Verzögerungen und Verdächtigungen seien nur vorgeschoben. In Wahrheit habe man im Amt etwas gegen Aufsteiger aus dem Volke. Es gelang Ehrenberg, Ehmke breitzuschlagen, wobei eine Rolle spielte, daß auch Georg Leber beleidigt reagiert hatte: Die Überprüfung Guillaumes sei eine Intrige gegen diesen verdienten rechten Sozialdemokraten. Der Chef des Kanzleramtes setzte sich bei seiner Entscheidung kurzerhand über die Bedenken Egon Bahrs hinweg, der damals dort Staatssekretär war und ihm in einem Vermerk am 30. Dezember 1969 geschrieben hatte: »Selbst wenn Sie einen positiven Eindruck haben, bleibt ein gewisses Sicherheitsrisiko – gerade hier.«

Theodor Eschenburg, Mitglied der am 6. Mai 1974 eingerichteten unabhängigen, geheimen Guillaume-Untersuchungskommission der Regierung, berichtete später, am 29. August 1975, in der *Zeit*:

»Ehrenberg erreichte, daß Guillaume am 11. November dem Kanzleramtsminister Ehmke persönlich vorgestellt wurde – was bei der Einstellung eines Hilfsreferenten ungewöhnlich ist. Schon in diesem Gespräch wurde vereinbart, daß Guillaume zum 1. Januar 1970 eingestellt werden sollte. Erst danach wurde die Personalabteilung unterrichtet. Guillaume hatte zwar nur Volksschulbildung und nicht einmal eine abgeschlossene Berufsausbildung; das war faktisch ein Hindernis für den Eintritt in den Höheren Dienst. Aber Ehmke hatte entschieden und damit ein Signal gesetzt.

Sicherheitsbedenken, allerdings vage erscheinend, lagen gegen Guillaume vor... Ehmkes Haltung machte Eindruck auf die Beamten, die mit der Sicherheitsüberprüfung beauftragt waren. Sollten sie in der Beurteilung Guillaumes strenger sein als der Chef? ...

In diesem Falle wurde schlampig recherchiert und milde bewertet. Die Ansicht war weit verbreitet, der personelle Geheimschutz sei bloß ein lästiges bürokratisches Übel, verbreitet sogar bei einem Teil des Personals im vorbeugenden Geheimschutz. Und so paradox es auch klingt: Der Widerstand mancher Beamten gegen die Ernennung eines Mannes mit zu geringer Bildungsstufe mag dazu beigetragen haben, daß Guillaume die Hürde der Sicherheitsprüfung so leicht zu nehmen vermochte ... Der Verfassungsschutz, der ohnehin unter dem Beschuß der studentischen Linken stand, wollte Willkür vermeiden. Die Frage nach dem Sicherheitsrisiko wandelte sich in die nach der Rechtfertigung einer Einstellungsablehnung. Und überhaupt: Es ging ja bloß um den Posten eines Hilfsreferenten, eines Verbindungsmannes zu den Gewerkschaften. Das konnte kein erhebliches Sicherheitsrisiko bedeuten.«

Mit dem Schreiben vom 10. Dezember 1969 hatte der Personalrat des Bundeskanzleramtes die Einstellung Guillaumes mit der Begründung abgelehnt, eine Verwendung als Hilfsreferent in der Wirtschaftspolitischen Abteilung des Hauses habe bisher eine wissenschaftliche Hochschulbildung vorausgesetzt; der Bewerber besitze indessen nicht die entsprechenden fachlichen Voraussetzungen. Nach Rücksprache mit Ehrenberg und nach Abschluß der Sicherheitsüberprüfung antwortete Ehmke am 28. Januar 1970, er beabsichtige trotz dieser negativen Stellungnahme, Guillaume zu beschäftigen.

Am gleichen 28. Januar 1970 wurde Guillaume durch Arbeitsvertrag rückwirkend ab 1. Januar im Bundeskanzleramt angestellt. Rasch stieg er innerhalb des Amtes auf. Bereits sechs Monate später war er Referent, ohne daß sich seine Funktionen dadurch wesentlich erweiterten. Das änderte sich erst im Herbst 1972, als er in das Persönliche Büro des Bundeskanzlers versetzt wurde.

Fortan zählte Guillaume zur unmittelbaren, ständigen Umgebung des Regierungschefs und bewährte sich sehr. Aufgrund der Ermittlungen der internen Untersuchungskommission hielt Theodor Eschenburg seinen Eindruck vom Wirken Günter Guillaumes später folgendermaßen fest: »Er galt als clever und fix, organisationsbefähigt und findig, ständig in Bereitschaft, keine Arbeit scheuend. Dabei war er umgänglich gegenüber Kollegen und Nachgeordneten. Daß er neugierig war, daß ihn alles interessierte, was um ihn herum an Diskretem geschah, fiel nicht allzusehr auf; so waren auch andere öffentliche Bedienstete. Er blieb eine subalterne Erscheinung, wurde aber im Alltag des Kanzleramtes als gehobenes Faktotum zu einer schwer entbehrlichen Figur.«

Beiläufig, eher zufällig kam man auf Guillaumes Agentenspur.

Bereits seit langem fahndete das *Bundesamt für Verfassungs-schutz* vergeblich nach einem Mitarbeiter des Staatssicherheits-dienstes der DDR, den man in der Parteiorganisation der SPD ver-mutete. Nachdem im Mai 1973 allgemeine Verdachtsmomente gegen das Ehepaar Guillaume aufgetaucht waren, erörterte man am 28. Mai in einer Mitarbeiterbesprechung bei Günther Nol-lau, der von 1972 bis 1975 Präsident dieses Bundesamtes war, ostdeutsche Funksprüche, die bereits vor vielen Jahren entschlüs-selt worden waren, ohne daß man mit ihnen damals etwas hätte anfangen können. Bezogen auf die Personaldaten von Günter und Christel Guillaume ergaben sie jetzt plötzlich verblüffende Hinweise.

In seinem Erinnerungsband »Das Amt« berichtete Nollau spä-ter: »Der vom Anfang Februar stammende Geburtstagsglück-wunsch an ›Georg‹ paßte zu Günter Guillaume, der am 4. Okto-ber abgesandte Glückwunsch für ›Chr.‹ verwies gleich in zwei-facher Hinsicht auf Guillaumes Ehefrau. Sie hieß mit Vornamen Christel, und sie hatte am 6. Oktober Geburtstag. Auch der Mitte April 1957 empfangene Glückwunsch ›zum 2. Mann‹ paßte zu den Guillaumes. Ihr Sohn Pierre war am 8. April 1957 geboren worden. Den Teilnehmern an unserer Besprechung – auch mir – erschienen diese Übereinstimmungen frappant. Das konnte kein Zufall sein. Wenn es aber kein Zufall war, dann hat-ten wir einen Spion im Kanzleramt entdeckt.«

Vorerst hatte man jedoch nur einen Verdacht, keine Gewißheit. Von einer aktuellen nachrichtendienstlichen Tätigkeit der beiden Guillaumes war nichts bekannt. Noch am selben 28. Mai bat Nollau daher Klaus Kinkel, den Persönlichen Referenten des zuständigen Bundesinnenministers, um einen dringenden, diskre-ten Termin bei Genscher. Das Treffen fand bereits am nächsten Vormittag statt. Nollau teilte Innenminister Genscher mit, daß Ermittlungen seines Amtes, die nicht im Zusammenhang mit der jetzigen Tätigkeit Guillaumes stünden, einen ernstzunehmenden Verdacht gegen das Ehepaar ergeben hätten. Er schlage vor, beide Guillaumes observieren zu lassen, um gerichtsverwertbare Beweise, an denen es noch fehle, für die Staatsanwaltschaft her-beizuschaffen. Guillaume solle unverändert dort bleiben und arbeiten, wo er sei. Weder durch Veränderungen seiner Funktion noch durch ein auffälliges, mißtrauisches Verhalten ihm gegenüber dürfe er gewarnt werden. Man müsse die ganze Angelegenheit strikt geheimhalten, um die Aufklärungsarbeit des Bundesamtes nicht zu gefährden.

Genscher hatte, was nach den geheimnisvollen Andeutungen Nollaus verständlich war, zu dieser Unterredung vom 29. Mai weder den zuständigen Staatssekretär noch den Leiter der Abteilung *Öffentliche Sicherheit* seines Hauses hinzugezogen. Überraschenderweise hat Genscher aber auch später keinen der beiden Beamten unterrichtet. Gegen Nollaus Ratschlag informierte Genscher hingegen Brandt noch am selben Tage (am Rande des regelmäßig dienstags stattfindenden Mittagessens der Koalitionsspitzen), der damit einverstanden war, daß Guillaume künftig beschattet werde.

Brandt und Genscher hielten den Verdacht gegen Guillaume nicht für gewichtig, schon gar nicht für begründet. Brandt, der Hauptbetroffene, vergaß den Spionageverdacht lange Zeit völlig. Zwar steht in seinem Tagebuch, Nollau sei bei ihm gewesen und habe angekündigt, in den kommenden zwei bis drei Wochen werde man Guillaume verhaften. Aber dort steht auch: Als diese Frist verstrichen war und Guillaume immer noch frei herumlief, habe er, Brandt, bei einem Spaziergang im Park des Palais Schaumburg zu Reinhard Wilke, seinem Persönlichen Referenten, erleichtert gesagt, Gott sei Dank sei ja nichts passiert, und vielleicht sei doch überhaupt nichts an der ganzen Sache.

Richtig kam diese leidige Angelegenheit dem Regierungschef erst nach der Rückkehr aus Kairo wieder zu Bewußtsein. Nachdem er bereits auf dem Flughafen von der Verhaftung Guillaumes erfahren hatte, besprach er das Thema im Laufe des 24. April mit mehreren Mitarbeitern. Brandt betont dabei, daß er rückhaltlose Aufklärung wünsche. Doch dann verdrängte er die Affäre erneut. Noch tagelang wollte er sie einfach nicht wahrhaben, schob Guillaume vor sich her, wie er in seinen privaten Aufzeichnungen zugibt.

Das lag schon deshalb nahe, weil es ihm körperlich miserabel ging. Er hatte sich in Nordafrika eine ekelhafte Magengeschichte zugezogen, mußte ihretwegen zwischen Terminen, die man schlecht absagen konnte, das Bett hüten. Außerdem quälten ihn heftige Zahnschmerzen. Allerdings verstrich noch fast eine Woche, ehe sich Brandt am 29. April aufraffte, zwei Backenzähne ziehen zu lassen. Danach sah man ihn mit geschwollenem Gesicht nach Hamburg und Niedersachsen reisen. Klaus Harpprecht warf später (Brandts vertraulichen Notizen zufolge) die Frage auf, wie die ganze Geschichte wohl ausgegangen wäre, wenn der Kanzler keine Zahnschmerzen gehabt und in Bonn schönes Wetter geherrscht hätte.

Vorerst litt er lieber, amtierte verbissen. Am Abend des 24. April beriet der Koalitions-Führungskreis im Kanzler-Bungalow, wie Brandt notierte, »über das, was jetzt zur Reform des Bodenrechts möglich ist«. Es war wenig - so gut wie nichts. Man erlebte das verschämte Begräbnis eines Projekts, auf das man unter Sozialdemokraten große Hoffnungen gesetzt hatte. Ein solcher Auftakt nach der Reise war natürlich enttäuschend.

Obendrein hatte man jetzt diese Guillaume-Geschichte am Hals. Noch unter dem Datum des 24. April schrieb Willy Brandt in sein Tagebuch:

»Obwohl ich nicht ganz unvorbereitet war, löste der bestätigte Verdacht bei mir doch erheblichen Zorn aus: Was sind das für Leute, die das ehrliche Bemühen um den Abbau von Spannungen – auch und gerade zwischen den beiden deutschen Staaten – auf diese Weise honorieren! Wäre es in der gegenwärtigen Großwetterlage wahrscheinlich, daß sich Breschnew und Nixon der Spitzelei im Vorzimmerbereich bedienen? Und wenn ja: Wie würde sich das auf die Ost-West-Beziehungen auswirken? Sind wir wieder einmal daran erinnert worden, daß unsere Lage eben doch eine besondere ist?

Gewiß muß ich mich fragen, ob ich leichtgläubig gewesen sei. Ein solcher Eindruck wird sich vermutlich festsetzen. Nur müßte man dann wissen, daß G. als ›besonders zuverlässig‹ ins Kanzleramt vermittelt worden war und daß er eine besondere Überprüfung hinter sich hatte, als er ins Kanzlerbüro übernommen wurde. Sein Diensteifer und seine Geschicklichkeit in organisatorischen Dingen hatte ihn für seine Aufgabe empfohlen. Er war, in technischer Hinsicht, ein guter ›Adjutant‹. Wegen einer von mir oft als peinlich empfundenen Enge seiner

geistigen Interessen war er für mich kein politischer Gesprächspartner, aber das war ja auch nicht seine Funktion.«

Man staunt, wenn man das liest. Darf man Brandts »erheblichen Zorn« über die ostdeutschen Spionage-Aktivitäten
ernst nehmen? Soll man glauben, der Kanzler sei wirklich
betroffen gewesen, daß die DDR selbst ihm gegenüber solche
Praktiken fortsetze? Was mochte ihm vorher das Vertrauen
eingeflößt haben, die (begrenzte) Entspannung und Normalisierung des deutsch-deutschen Verhältnisses, die er durch seine
Koexistenz-Politik erreicht hatte, schließe fortan solche Heim-
tücke aus?

Mit dieser (freilich keineswegs *nur* mit dieser!) Naivität hing es
wohl zusammen, wenn Eduard Neumaier kurze Zeit später – in
der *Zeit* vom 10. Mai 1974 – schreiben konnte: »Zwischen den
Legenden hat vieles Platz. Auch Willy Brandt, der ein bißchen ein
Heiliger, ein bißchen ein Sünder – und ein bißchen vielleicht ein
Narr ist.«

Brandt war eben tatsächlich, in guten Phasen, rundum Opti-
mist, war übertrieben hoffnungsvoll, schätzte dann Wahlchancen
seiner Partei, ja politische Fortschrittsmöglichkeiten überhaupt,
viel zu günstig ein, nicht nur innenpolitisch, sondern auch international, zwischen Ost und West, später zwischen Nord und
Süd. Brandt glaubte einfach an das Gute im Menschen. Das
Verhalten Guillaumes lag außerhalb dessen, was er begreifen,
innerlich nachvollziehen konnte. Man spürt hinter der hanseati-
schen Verhaltenheit seines Tagebuchtextes, wie stark ihn dieser
Verrat traf, den er nicht für möglich gehalten hatte – obwohl
Brandt trotzig behauptete, daß er im Grunde gar nicht berührt zu
sein brauche.

In der Fragestunde des Bundestages vom 26. April, also zwei
Tage später, sprach er von einer »tiefen menschlichen Enttäuschung«. Im gleichen Atemzug erwähnte der Regierungschef
die Feindschaft des SED-Staates ihm, dem SPD-Vorsitzenden
gegenüber, der das eigentliche Ziel der Agententätigkeit gewesen
sei. Tatsächlich herrscht ja zwischen Kommunisten und Sozialdemokraten erbitterte Feindschaft, die sich günstigenfalls zeit-
weise zu versachlichter Gegnerschaft mildert. Um so erstaunlicher wirken daher Überraschung und Enttäuschung Brandts.

Aber er meinte nicht den Haß der Kommunisten, den er kannte. Er meinte Guillaume. An jenem Freitag steht in Brandts persönlichen Aufzeichnungen, daß ihm » dieses Ausmaß an Verstellung und Vertrauensmißbrach ungeheuerlich« vorgekommen sei. Doch Brandt vereinfachte in seiner begreiflichen Empörung den Sachverhalt. Es ist kaum zu bezweifeln, daß Günter Guillaume Willy Brandt sehr mochte, ja ihn verehrte. Er war aufrichtig von jenen Gefühlen der Zuneigung erfüllt, die Täter oft an ihre Opfer bindet.

Guillaume war eben Agent *und* Gefolgsmann in einem, wollte beiden Seiten seiner Existenz nach besten Kräften gerecht werden. Wer diesen Persönlichen Referenten des Regierungschefs damals erlebt hat - im Kanzleramt, im Wahlkampf-Sonderzug oder auch beim norwegischen Sommerurlaub 1973 -, hält durchaus für möglich, daß dessen Einsatz für Brandt mehr war als nur ein Täuschungsmanöver, nämlich der Ausdruck einer anderen, zweiten Loyalität, die vielleicht längst stärker geworden war als die erste: die Bindung des Agenten an seine Auftraggeber. Schließlich war Guillaume seit fast zwei Jahrzehnten im Westen.

Auch wenn ihm Guillaume, wie Brandt am 29. April im Tagebuch notierte, in seiner »Mischung aus Servilität und Kumpelhaftigkeit, nicht besonders sympathisch« war, auch geistig, als Gesprächspartner, seines Erachtens nicht genug darstellte – Brandt »sträubte« sich 1972, als man Guillaume zum Nachfolger Peter Reuschenbachs machte (der Bundestagsabgeordneter geworden war) –, war er doch dankbar für die Aufopferung, mit der Guillaume ihm diente, und fühlte sich ihm daher verbunden. Als sie sich das nächste, vermutlich letzte Mal wieder begegneten, nämlich im Spätsommer 1975 vor dem Oberlandesgericht in Düsseldorf, hatte sich Brandt vorgenommen, Guillaume keines Blickes zu würdigen, und hielt seinen Entschluß durch. Er versuchte sich einzureden, dieser Mann (den er übrigens nie geduzt hatte) existiere für ihn nicht mehr. Umsonst. Hermann Schreiber meinte 1978, im Bildband aus Anlaß des 65. Geburtstages Willy Brandts, nach einem langen Gespräch mit ihm: »In Wahrheit rätselt er an Günter Guillaume herum, vielleicht nicht oft, aber engagiert – und erfolglos. Und wenn das nicht Wirbel machen, wenn das nicht grausam mißverstanden würde, so wie die Verhältnisse nun eben sind, dann würde Willy Brandt mit Günter Guillaume mal eine Stunde reden wollen - wenigstens versuchen wollen zu ergründen, wie der Mann tatsächlich denkt, wie er so hat handeln können.«

Natürlich kann man verstehen, daß Brandt damals (und auch später) außerstande war, die Gespaltenheit der Persönlichkeit Guillaumes einfach gelassen zur Kenntnis zu nehmen. Schließlich hatte dieser Mensch seine Karriere als Kanzler beendet. Was dem grundanständigen Brandt über die Folgen des Falles G. hinaus (er nahm seither den vollen Namen nicht mehr in den Mund) noch Jahre danach zu schaffen machte, war die selbstkritische Einsicht, nicht erkannt, vielleicht auch verdrängt zu haben, Guillaume könne ein Mann mit zwei Identitäten sein, ein Diener zweier Herren. Er verübelte es sich, die Vorgänge »nicht richtig begriffen« und daher die Möglichkeit ausgeschlossen zu haben, daß Guillaumes Engagement für die SPD und ihn zwar echt, aber eben nur die eine Seite seines Daseins sei: »Ich hätte selber drauf kommen müssen.«

Und auf einen solchen Mann hatte er sich im Privaten verlassen! Auf Reisen suchte Guillaume ihm die passende Kleidung aus. Er kannte alle Termine, bekam alles mit, war eingeweiht. Denn Brandt war immer arglos im engsten Kreise; vor Vertrauten nahm er kein Blatt vor den Mund. Diese Unachtsamkeit – ein Ergebnis seiner fehlenden Menschenkenntnis – und der schwere Irrtum des eigenen Urteils waren Mängel, die Brandt im nachhinein bei sich unverzeihlich fand.

Seine Betroffenheit schon am 26. April 1974 vor dem Bundestag wird allerdings nur dann wirklich plausibel, wenn man weiß, daß ihm erst während der Aktuellen Stunde, wie er später zu Freunden sagte, plötzlich die Bedeutung der ganzen Angelegenheit aufging. Während er seine Erklärung abgab, wurde ihm bewußt, hier handle es sich um eine ernste, große Sache. Im Tagebuch Brandts heißt es, im Laufe des 26. April habe er »– wohl mehr instinktiv – davon gesprochen, daß sich die Agentenaffäre zu einem ›Naturereignis‹ entwickeln könne«. Spürte er schon, sie werde ihn möglicherweise sein Amt kosten? Ahnungsvoll äußerte er jedenfalls an diesem Freitagmorgen vor dem Parlament, es gebe Zeitabschnitte im Leben, »da möchte man meinen, daß einem nichts erspart bleibt«. Wie gesagt: Es war seine Intuition, die ihm das eingab, kein Wissen. Denn was tatsächlich auf ihn zukam, schrieb er später in seinen Notizen, sei ihm an jenem Tage noch nicht klargeworden.

Man merkt es daran, daß er über das Wochenende unverdrossen weiter an seiner Kabinettsumbildung bosselte. Als der Kanzler am Freitagabend bei Botschafter Sven Backlund im Kreise schwedischer Freunde saß, drehte sich die Unterhaltung deshalb nicht um Guillaume, sondern wesentlich um das bevorstehende Revirement. Es gab immer noch offene Fragen, die so wichtig wie schwer zu beantworten waren. Die Regelung der künftigen Machtverteilung innerhalb der sozialdemokratischen Dreierkonstellation erwies sich als nahezu unlösbare Aufgabe; Brandt wußte nicht, was er tun sollte.

Schmidt dränge, sagte er, mit aller Energie aus dem Kabinett; er wolle jetzt anstelle Wehners Fraktionsvorsitzender werden - was er ja, und zwar gern und erfolgreich, während der Großen Koalition schon einmal gewesen war. Auch andere, jüngere SPD-Politiker seien an einer Ablösung Wehners interessiert. Aber wohin dann mit ihm? Dies sei das Hauptproblem. Schließlich könne man Wehner nicht einfach aufs Altenteil abschieben. Der Tatendrang Schmidts lasse sich auch nicht dadurch bremsen, daß man ihm das Auswärtige Amt übertrage, denn dies sei und bleibe in der Hand der FDP. Die Nachfolge Scheels werde allein von den Liberalen entschieden; die Sozialdemokraten könnten an deren Regelung nichts ändern.

Am Montag, dem 29. April 1974, kam im Kanzleramt ein Rücktritt des Regierungschefs intern erstmals zur Sprache.

Willy Brandt sah, daß dieser Schritt in den Bereich des Denkbaren rückte. Kurz zuvor war deutlich geworden, daß Guillaume auch nach seiner Enttarnung, vor allem während des Sommerurlaubs des Bundeskanzlers in Norwegen im Juli 1973, Dokumente von hoher Geheimhaltungsstufe zu Gesicht bekommen hatte, unter anderem ein persönliches Schreiben des amerikanischen Präsidenten Richard Nixon an den Kanzler.

Brandt hatte sich also am Freitag zuvor im Parlament mit seiner Behauptung, der Agent sei von ihm »nicht mit Geheimakten befaßt« worden, »weil dies nicht zu seinen Aufgaben gehörte«, am Rande der Unwahrheit bewegt. Die Union war da offenbar besser im Bilde gewesen; denn Richard Stücklen (CSU) hatte, dem Sitzungsprotokoll zufolge, sofort dazwischengerufen: Das sei noch nicht geklärt! Brandt räumte später ein, er habe bei seinen Ausführungen an die Routinetätigkeit des Referenten im Kanzlerbüro gedacht: »Der Sonderfall, daß während des Sommerurlaubs 1973 in Norwegen tatsächlich geheimzuhaltende Fernschreiben durch seine Hände gingen, war mir, als ich mich im Bundestag äußerte, nicht bewußt.« Kurz nach dem Rücktritt behauptete er sogar gegenüber Hans Ulrich Kempski von der *Süddeutschen Zeitung*, während seiner Erklärung zum Fall Guillaume in der Fragestunde sei ihm nicht gegenwärtig gewesen, daß der Spion zu seinen Begleitern in Norwegen gezählt habe. Wie auch immer: Es war abzusehen, daß Brandts irrige Auskunft weitere parlamentarische Anfragen auslösen und entsprechende politische Angriffe der Opposition nach sich ziehen würde. Bei dieser Auseinandersetzung würde es nicht nur darum gehen, wer die Norwegen-Panne verantworten müsse, sondern auch darum, wer für die anderen Fehler geradezustehen habe, die in dieser Sache gemacht worden waren: für die hastige, großzügige Einstellung Guillaumes im Kanzleramt, für seine unkontrollierte Versetzung ins persönliche Büro des Regierungschefs und vor allem – besonders schwerwiegend – für die fehlende Abschirmung und Überwachung dort seit Mai vergangenen Jahres.

Willy Brandt erörterte diese triste, heikle Thematik in der Nacht vom 30. April zwischen Mitternacht und zwei Uhr früh zunächst mit Horst Ehmke und dann auch, zu dritt, mit Horst Grabert, also mit dem früheren Chef des Kanzleramtes und dessen Nachfolger. Bei dieser Unterredung begann Brandt einzusehen, daß er weit über das tatsächlich von ihm zu Vertretende hinaus, wie er danach niederschrieb, Verantwortung werde übernehmen müssen. Es lief auf ihn zu. Seine dunklen Vorahnungen nahmen allmählich Gestalt an: die eigene.

Und warum? Weil der couragierte Ehmke, der sonst keinen Konflikt scheute und nicht leicht aufgab, Brandt in dieser Unterredung voraussagte, er werde da niemals heil durchkommen.

Bis zu diesem Abend wußte Ehmke nichts von dem, was sich 1973 abgespielt hatte. Erst jetzt berichtete ihm der Regierungschef, der ihn eigens aus Stuttgart, weg von andern Verpflichtungen, hatte anreisen lassen, vom Verdacht des Verfassungsschutzes, von der Warnung Nollaus, dem Hinweis Genschers, der Norwegenreise mit Guillaume. Ehmke war entsetzt. Er sei, wie er später sagte, in dieser Mitternachtsstunde von einer Ohnmacht in die nächste gefallen – vor allem auch deshalb, weil Brandt weder zu ihm noch zu Egon Bahr während des ganzen Jahres 1973/4 ein Wort über die Geschichte hatte verlauten lassen.

Niemand werde ihm so viel Naivität glauben, sagte Ehmke zu Brandt. Keiner werde den großzügigen Umgang Brandts mit vertraulichen Papieren (der Kanzler hielt Geheimniskrämerei mit Akten im Grunde für alberne Wichtigtuerei) verständlich oder gar entschuldbar finden und durchgehen lassen. Da Brandt in Ehmke einen Freund sah, dessen Kampfbereitschaft er kannte, wurde er sehr nachdenklich, als Ehmke, dem persönlichen Tagebuch Brandts zufolge, die Frage aufwarf, ob ein »Rücktritt nicht vielleicht einer Erosion vorzuziehen« sei. Grabert widersprach allerdings »heftig«. Herbert Wehner dagegen hatte sich »am Nachmittag auf eine entsprechende Frage« ausgeschwiegen.

Die Situation blieb also am 29. April noch unübersichtlich, zumal auch die private Seite des Falles an diesem Tage, wie die persönlichen Aufzeichnungen Brandts zeigen, von keiner Seite angesprochen, vorerst nicht in die Prüfung seiner politischen Überlebenschancen einbezogen wurde. Zunächst waren daher die Konsequenzen der bedrückenden Fehlerkette, die den drei beklommenen, übernächtigten Männern zunehmend deutlich wurde, Brandt weit weniger klar als später. Denn während es im Tagebuch von 1974 noch heißt: »Die Möglichkeit des Rücktritts bleibt nicht unerwähnt, aber ich ziehe sie noch nicht in Betracht«, sah Brandt vier Jahre danach in den Einsichten jener frühen Morgenstunden des 30. April den eigentlichen »Entscheidungspunkt«. Wörtlich sagte er im Mai 1978 zu Hermann Schreiber: »Grabert war zunächst bei mir, als mein damals formal engster Mitarbeiter im Kanzleramt. Ehmke ist am späteren Abend gekommen, und ich bin mit ihm den Fall G. durchgegangen. In diesem freundschaftlichen Gespräch bin ich zu dem Ergebnis gekommen: Die Verantwortung wird formal bei mir hängen bleiben – und es gibt keine oder kaum eine Möglichkeit, dies durch Rücktritte anderer zu heilen. Ich habe ja dann allerdings auch niemand getroffen, der dazu bereit gewesen wäre.« Niemand war also bereit, die Schuld auf sich zu nehmen. Keiner wollte von sich aus gehen.

Mitte Mai 1974, als sich das Gewitter wieder verzogen hatte, waren aus dem engsten Kreise der Krise Staatssekretär Grabert, Bundesminister Ehmke und eben auch der Regierungschef selbst nicht mehr im Amt – also genau jene drei Sozialdemokraten, die am 29. April als erste die heraufziehenden Sturmwolken erschreckt wahrgenommen hatten. Außer Nollau, der unbehelligt weiter amtierte, war allein der freidemokratische Genscher noch am Platze, ja sogar inzwischen zu größeren Würden gekommen, nämlich Vizekanzler und Außenminister geworden. Und sein Vorgänger hatte sogar die Spitze erreicht: Scheel war am 15. Mai zum Staatsoberhaupt gewählt worden. Die Liberalen hatten dabei ihre gewohnte Umsicht walten lassen: Wegen eines Junktims der FDP hatte die Wahl Schmidts zum Nachfolger Brandts erst am 16. Mai, dem Tag nach der Bundesversammlung, stattfinden können.

Am 29. April 1974 stand eine Kanzlerschaft Helmut Schmidts freilich noch in den Sternen, wenn auch Willy Brandt schon an diesem Tage zu Horst Ehmke sagte, wenn er gehe, müsse Schmidt die Sache übernehmen. Vorab wolle er aber kämpfen.

An jenem Montag war man vom Rücktritt Brandts und der vorzeitigen Bildung einer ganz neuen Bundesregierung nur noch eine Woche entfernt. Aber zu diesem Zeitpunkt reichte die Spionage-Geschichte als solche nach übereinstimmender Meinung aller zum Sturz des Kanzlers keineswegs aus. Zwar zeichneten sich bereits konzentrische Angriffe der Springer-Presse ab (Brandt spricht in seinen Aufzeichnungen von der »heftigsten Kampagne seit unserem Regierungsantritt«). Doch sogar *Bild* forderte am 2. Mai nur den Kopf Ehmkes, nicht den Brandts.

Wo aber lagen dann die Gründe? Man weiß, wie viel seit 1972 für Brandt überraschenderweise schlecht gelaufen war. Entscheidende Wählergruppen aus der Mitte, die damals seinetwegen und um der Ostpolitik willen für die SPD gestimmt hatten, waren inzwischen, von ihm und den Sozialdemokraten enttäuscht, abgewandert. Brandts Prestige in der Partei wie im Lande hatte entsprechend gelitten. Insofern erging es ihm ähnlich wie Ludwig Erhard nach dem Wahlsieg der Union von 1965. Außerdem war inzwischen der politische Handlungsspielraum enger geworden. Die erste Ölkrise zeigte böse Auswirkungen. Noch immer war man ratlos, wie ihr beizukommen sei. Konnte Brandt in einem solchen Moment erheblicher weltwirtschaftlicher Turbulenzen den Westdeutschen die Überzeugung vermitteln, der Mann der Stunde zu sein? (Im Jahre darauf, 1975, sagte Bahr zu ihm, er solle Gott danken, daß er nicht mehr Kanzler sei. Denn wenn er es noch wäre, würde alle Welt behaupten, die Bundesrepublik habe nur deshalb eine Million Arbeitslose, weil Brandt nichts von der Wirtschaft verstehe. Schmidt hingegen nehme man diese triste Zahl nicht übel, da man ihn für einen wirklichen Kenner ökonomischer Zusammenhänge halte. Man traue ihm daher zu, daß er alles Menschenmögliche tue. Scheitere Schmidt bei dieser Aufgabe – das sei die allgemeine Meinung –, dann scheitere jeder andere Politiker erst recht!) Jedoch mußte Brandt auch auf dem Gebiet seiner eigentlichen Leistungen und Triumphe, der Ostpolitik, jetzt einsehen, daß der Fall Guillaume ihm weitere Fortschritte unmöglich machte. Brandt war seiner ganzen Wesensart nach der Letzte, der über eine solche Spionage-Affäre rasch hinwegkommen und zur Tagesordnung zurückkehren konnte. Vielleicht war das, der Optik wegen, zumindest eine Zeitlang für jedermann schwierig. Ohnehin gab es 1974 Anzeichen einer Eintrübung des Ost-West-Klimas. In einem solchen Moment kam das »mittlere außenpolitische Erdbeben«, das Walter Scheel am 6. Mai 1974 Willy Brandt für den Fall seines Rücktritts voraussagte, auch für Moskau natürlich ungelegen. Das mag erklären, weshalb Leonid Breschnew zornig aufbrauste, als ihm Valentin Falin, Moskaus Botschafter in Bonn, der den Generalsekretär unterrichten mußte, Guillaumes Rolle erläuterte; einige Leute aus den Geheimdienst-Apparaten, erzählte der sowjetische Botschafter anschließend Bonner Kollegen, seien daraufhin hinausgeflogen. Ähnlich verärgert wie der Vorsitzende der KPdSU soll Erich Honecker reagiert haben. Neutrale Beobachter zeigten sich später überzeugt, der SED-Chef habe nicht gewußt, daß die DDR einen Mann im Kanzlerbüro plaziert hatte; Sicherheitsorgane gäben nie und niemandem gegenüber ihre Quellen preis – auch drüben nicht. Andere, übrigens auch Willy Brandt, gaben sich besser informiert: Honecker sei sehr wohl im Bilde gewesen.

Welchen Raum man solchen Vermutungen auch zubilligen mag: Tatsache ist, daß Brandt innerlich nie mehr über »G.« hinwegkam. In späteren Jahren pflegte er zu sagen, über einige Themen sei er nicht zu sprechen bereit; dazu gehörte Ost-Berlin (»Ich habe kein Verhältnis zur DDR«). Damit aber waren 1974 neue Erfolge der Entspannung, die Brandt innenpolitisch dringend benötigte, zumindest von ihm nicht mehr zu bewerkstelligen.

Dennoch wollte er Bundeskanzler bleiben. Sein neuer Elan war noch nicht verbraucht, auch wenn ihm eine geschwächte Konstitution in den entscheidenden Tagen stark zu schaffen machte. Enge Vertraute hatten selbst während der beiden Krisenwochen den sicheren Eindruck, daß Brandt im Amt auszuharren gedenke und weit davon entfernt sei, Guillaume als willkommenen Anlaß zu nehmen, zurückzutreten.

Was also brachte das Faß zum Überlaufen? Am 1. Mai sprach Brandt auf einer Großkundgebung des DGB im Hamburg. Erleichtert beschrieb er im Tagebuch den »angenehmen Unterschied« zur Mai-Veranstaltung fünf Jahre zuvor am gleichen Ort, wo er und Otto Brenner erheblich gestört worden waren »und Chaoten weithin die Szene beherrschten«. Diesmal hatten seine Mißhelligkeiten andere Ursachen. Seine aktuelle Bonner Malaise blieb ihm auf den Fersen.

Beim Frühstück im Hamburger Hotel *Atlantic* erreichte ihn ein Anruf Hans-Dietrich Genschers, der ihm den Besuch seines »PR« (Persönlichen Referenten) ankündigte. Kurz darauf erschien Klaus Kinkel und überbrachte einen vertraulichen Vermerk, den Horst Herold, der Präsident des Bundeskriminalamtes, am Vortage für den zuständigen Innenminister angefertigt hatte. Dort stand, Befragungen der Sicherheitskräfte, die dem Regierungschef zugeteilt seien, hätten ergeben, daß Brandt Verhältnisse mit Journalistinnen habe.

Brandt rief sofort Genscher an, der sich gerade bei Scheel aufhielt. Der Minister riet ihm, sich mit Buback in Verbindung zu setzen; der neue Generalbundesanwalt sei der rechte Mann, ihm zu helfen, mit dieser Angelegenheit zu Rande zu kommen. Brandt zog es indessen vor, den sozialdemokratischen Justizminister Gerhard Jahn anzurufen.

Der ruhige Jahn befand sich in jenen Tagen im Marburger Wahlkreis, wo er die Schließung einer Firma mit 700 Beschäftigten abzuwenden hoffte. Dort hatte ihm bereits am 30. April der Generalbundesanwalt eilends hinterhertelefoniert, ihn endlich beim lokalen Sekretär der *IG Metall* an den Apparat bekommen; am 1. Mai suchte er Jahn auf. Siegfried Buback, ein Mann mit Augenmaß, mit Sinn für Proportionen, diskret, ohne Enge, wollte Jahn rasch über den letzten, unvorhergesehenen Stand der Dinge unterrichten.

Schon am 26. April hatte Brandt sich notiert, die Ermittlungsbeamten seien »hinter Guillaumes Frauenbekanntschaften her«. Unter dem 30. April findet man in seinen Aufzeichnungen die Eintragung, Jahn berichte, Guillaume »solle Mädchen zugeführt haben« (eine Formulierung, die später auch in der Presse auftauchte), was er, Brandt, als »lächerlich« abgetan habe.

Glaubt man Brandts Notizen, dann fand er die beiden Ferngespräche vom 1. Mai mit Genscher und Jahn in keiner Weise beunruhigend. »Nach wie vor« nahm Brandt, wie er schrieb, »die Sache nicht ernst«: »Ich erkenne nichts, das mich veranlassen sollte, mein Programm für die nächsten Tage zu ändern (und etwa vorzeitig nach Bonn zurückzukehren).« Ohnehin war er nie leicht aus der Ruhe zu bringen. Es war seine Art, teils von seinem abwartenden Naturell her, teils neuerdings auch aus dem Fatalismus der Erschöpfung, den Lauf der Welt gelassen zu betrachten und selbst Angelegenheiten, die ihn zentral betrafen, auf die leichte Schulter zu nehmen.

Dies war jedoch nicht ganz der Eindruck, den er selbst in Erinnerung behalten hat. Sieben Jahre später sagte er, er glaube damals beim Lesen des Berichts, den Kinkel ihm mitgebracht hatte, erkannt zu haben, daß alles für ihn schief ausgehen werde.

Beim Verhör des verhafteten Kanzlerreferenten und DDR-Spions waren die Vernehmungsbeamten des BKA wegen der

Observierungsmängel des Verfassungsschutzes und des hartnäckigen Schweigens von Guillaume derart in Beweisnot geraten, daß sie den Einzugsbereich ihrer Ermittlungen hatten ausdehnen müssen; wenn Guillaume bei seiner Festnahme kein Geständnis abgelegt hätte, wäre seine Haft gar nicht zu rechtfertigen gewesen. Auf Weisung der Bundesanwaltschaft konzentrierten sie sich daher mangels anderer Beweisquellen wesentlich auf zwei Themenbereiche: Einerseits suchten sie herauszufinden, welche Geheimakten der Agent während seiner Tätigkeit im Kanzleramt hatte einsehen und kopieren können; er war ja Fotograf. Dabei stießen sie auf die fehlende Überwachung Guillaumes, insbesondere auf seine hervorragenden Informationschancen während der Norwegen-Reise. Zum anderen waren sie an allen Terminen und Gesprächen Brandts interessiert, die Guillaume als Augen- oder Ohrenzeuge miterlebt hatte, über die er also seinem Staatssicherheitsdienst berichten konnte. Guillaumes Zimmer im Palais Schaumburg lag unmittelbar über dem Arbeits- und Empfangsraum des Regierungschefs, so daß er bei Besprechungen nicht unbedingt hatte anwesend sein müssen, um mitzuhören.

Und wie stand es auf Reisen mit seinen Möglichkeiten? Da Guillaume wesentlich für die Parteikontakte des Kanzlers zuständig war und sich vor allem um die auswärtigen Termine des SPD-Vorsitzenden zu kümmern hatte, kam er mit Brandt besonders außerhalb Bonns in persönliche Berührung. Die Vernehmer der *Sicherungsgruppe Bonn* des BKA wurden daher beauftragt, alle diejenigen Kollegen aus den eigenen Reihen ins Verhör zu nehmen, die zum Begleitkommando des Bundeskanzlers abkommandiert gewesen waren. Diese Beamten sagten am 29. und 30. April aus. Auf dieser Grundlage stellte die Bundesanwaltschaft einen detaillierten Zeitplan aller Ortswechsel zusammen, bei denen der Referent den Regierungschef begleitet hatte. Nahezu lückenlos entstand so ein genauer Kalender jener Tage, an denen der Bundeskanzler, betreut von Guillaume, im Wahlkampf über Land gereist war.

Innerhalb dieses Stundenbuches legten die Vernehmer drei Spalten an. In der ersten und zweiten wurden Begegnungen mit Politikern und Journalisten festgehalten. In der dritten ging es um Frauen, zumeist jüngere Journalistinnen, die sich während

solcher Überlandfahrten längere Zeit in den separaten Kanzler-
räumen des Sonderzuges aufgehalten hatten.

Willy Brandt war zunächst verblüfft, als er die lange Liste sah.
Er staunte, was da, wer da alles stand, und fand es maßlos übertrieben. Gewiß, er hatte Frauen gern – und sie ihn. Wer ihn je
begleitet hat, kennt seine Anziehungskraft auf Frauen; jedermann konnte die Unbefangenheit sehen, mit der Brandt diese
Sympathien aufnahm und nutzte (wie übrigens Günter Guillaume auf seine Weise auch). Gern räumte Brandt ein, daß er
kein Kind von Traurigkeit sei. Nie machte es ihm etwas aus, vor
aller Augen zu tätscheln. Im ersten Augenblick nahm er die Sache
am 1. Mai daher von ihrer komischen Seite. Heiter fragte er, für
wen man ihn eigentlich halte; schließlich sei er ein Mann von
sechzig Jahren. Insgeheim freute ihn allerdings schon immer das
Gerede der anderen über seine Virilität; nie hätte er dementiert
(wozu es häufig Anlaß gab), daß da etwas gewesen sei. Als der
alte Rómulo Betancourt, über lange Jahre hinweg Staatspräsident Venezuelas, Brandt einmal das Kompliment machte, er
bewundere ihn als Staatsmann – aber mehr noch als Mann, war
der Bundeskanzler sichtlich geschmeichelt.

Doch allmählich, schon im Laufe des 1. Mai, begann sich
Brandt zu empören. Es war doch unerhört! Da hatten Männer,
die für seine Sicherheit verantwortlich waren, ihn genauer im
Auge behalten als den Guillaume. Statt den Agenten zu über-
führen, hatten sie das Privatleben des Regierungschefs ausspio-
niert. Nicht genug damit: Jetzt, bei den Vernehmungen, hatten
sie seine intimen Gewohnheiten zum besten, zu Protokoll gegeben.

Während er sich das klarmachte, brachte man ihm den neuen
Stern (ein Vorausexemplar, denn es war ja erst Mittwoch), dessen
Aufmacher er sich im Tagebuch notierte: »Spion G. immer
dabei«. Wenn nun auch noch Frauengeschichten diese Diskussion anzureichern begannen, würde die ihm feindlich gesonnene
Presse bestimmt aus dem Häuschen geraten. Bei einer so defti-
gen, populären Mischung der Aktivitäten und Motive würden
lüsterne Spekulationen um ihn monatelang kein Ende nehmen.
Ihm komme »das Ganze wie im Kino vor«, sagte er einige Tage
später zu Hans Ulrich Kempski, der rasch hinzufügte: »wie ein

zu schnell abgedrehter Film, dessen brisante Zwischenpointen man erst merkt, wenn man das Stück ein zweites Mal betrachtet«. Es war ein schlechter Streifen, den er da vor sich sah. Wurde er jetzt sogar zum törichten Opfer? Zum blamablen Mittelpunkt eines östlichen Agenten-Thrillers? Er faßte sich an den Kopf. Bei einem (wie er dachte) ganz durchschnittlichen, langweilig-dümmlichen Menschen wie Guillaume hätte sich Brandt eine solche Kombination von »sex and crime« nie träumen lassen.

Diese Fehleinschätzung, das sah er sofort, konnte jedoch in seiner gegenwärtigen persönlichen Verfassung und politischen Situation sehr ernste Folgen haben. Der Gedanke erschien ihm unerträglich, ganz private Dinge zum Gegenstand öffentlicher Erörterungen gemacht zu sehen. Menschliche Neigungen oder Schwächen vor jedermanns Augen und Ohren darlegen, erklären, rechtfertigen zu müssen, war ihm tief zuwider – ja undenkbar. Brandt war sehr dünnhäutig, war immer ein schwermütiger Mensch, fatalistisch-nordisch, im Grunde ganz in sich verfangen – also sehr allein. Und von daher außerordentlich empfindlich in allen eigenen Angelegenheiten. »Ich bin gegen eine Auflockerung des § 218 – aus sehr persönlichen Gründen«, sagte er Anfang der siebziger Jahre zu einem Vertrauten (der für sich ergänzte: Denn sonst gäbe es mich nicht).

Brandt war von Jugend an einsam. Er wuchs nicht nur ohne Vater auf – auch ohne Mutter. Da sie arbeitete, mußte sie das Kind tagsüber weggeben. Später heiratete sie einen anderen Mann, gründete eine andere Familie. Auch der Großvater, die wichtigste Figur im Leben Herbert Frahms, verheiratete sich zum zweiten Male. Die neue Frau scheint den Jungen als Belastung empfunden zu haben, was ihn dem Großvater entfremdete. »Der sensible Junge, der er immer war« (so sah ihn seine Mutter, kurz vor ihrem Tode), wuchs also in den prägenden Jahren ohne dauerhafte familiäre Geborgenheit, ohne liebevolle Bindung und Zuwendung auf. Die oft betonte soziale Isolierung, später das politische Abseits, zumal seit seinem Übertritt zur SAP, kamen hinzu. Entfremdung als Grunderfahrung des Lebensgefühls. Brandt war schon im Exil, ehe er Lübeck verließ. Und blieb er es nicht im Grunde immer? Kann man nicht sein ganzes Dasein, persönlich und politisch, als Suche nach Geborgenheit, nach

Wärme, nach Heimat verstehen? Glaubt man nicht gleichzeitig das Unvermögen, die Unfähigkeit zu engen Bindung zu erkennen?

Ersatzväter, Vorbilder, Visionen, Träume – nie ganz erwachsen werden. Er war weit über vierzig, als er sich am vier Jahre jüngeren John F. Kennedy orientierte, nicht nur dessen Wahlkämpfe kopierte: »Neue Grenzen« – die suchte auch er. Aus innerer Unsicherheit gelegentlich eine erstaunliche Abhängigkeit von jüngeren Weggenossen und Mitarbeitern. Keine Freunde. Als Junge schon nicht. Und später? Über Männer wie Helmut Schmidt und erst recht Herbert Wehner braucht man in diesem Zusammenhang natürlich kein Wort zu verlieren. Aber Egon Bahr? Günter Grass? Stefan Szende? Im Grunde, glaube ich, niemand. Brandt mag gern von seinen Freunden sprechen. Doch besitzt er sie wirklich? Sicherlich gewinnen ihm seine warme, menschliche Ausstrahlung und der Hauch verhaltener Trauer, der ihn umgibt, viele Sympathien, auch Anhänger. Überall Gefolgsleute, die sich für ihn aufopfern. Natürlich gibt es auch, wie häufig im deutschen Vereinsleben, Kameraderie, die sich um seine Person sammelt. Man sitzt zusammen, viel zu lange, trinkt gemeinsam, hört und erzählt Witze – seine Sucht. Aber verrät nicht gerade der vermeintliche Witzbold Willy damit eine fundamentale Reserviertheit?

Frauen waren immer sehr wichtig für ihn. Sie bedeuteten ihm viel – nicht nur als Genuß, so sinnenfroh Brandt war. Frauen gehörten für ihm zum Geheimnisvollen, zum Irrationalen und Mythischen des Lebens: Urgrund des Daseins. Aus dem starken, bisweilen überwältigenden Bewußtsein der eigenen Verlassenheit suchte er Zuflucht bei ihnen, wollte mit ihnen ein ständiges Verlangen nach wirklicher Nähe und menschlicher Bestätigung, nach Welt- und Selbstvertrauen stillen. Wenn Brandt religiös wäre, würde man sagen: Die Sehnsucht nach Erlösung trieb ihn um. Immer neu, immer wieder; rastlos – und vergeblich. Doch trotz des gegenteiligen Anscheins haben Frauen in seiner Nähe sehr gefroren. Da war keine Schulter, an die sie sich hätten lehnen können, wenn sie es brauchten.

Dies überhaupt eine Kontinuität bei ihm: der Wandel. Eine Naturbegabung zum Neuen – Orte, Personen, Rollen. Eingewurzelt wirken, immer wieder. Ganz und gar Lübeck. Dann, ebenso echt, ein Skandinavier. In den fünfziger und sechziger Jahren *der* Berliner. Später durch und durch Bonn: von Kopf bis Fuß Staatsmann, Repräsentant, Würde. Hinterher der erste, der führende Sozialdemokrat Europas, ein Vorkämpfer des weltweiten Ausgleichs zwischen Nord und Süd. Und doch gewinnt man im nachhinein den Eindruck, als sei er eigentlich überall nur Gast, nur auf der Durchreise gewesen – tiefer wissend, daß man nirgends bleibt. Lebenslang ein Außenseiter. Überall ein Fremder.

Von daher, immer wieder, wochenlange Anwandlungen von Melancholie, regelmäßige, riesenhafte Abstürze in die Depression, die Resignation. Willy Brandt war dann vom Eindruck des totalen Mißglückens der eigenen Anstrengungen geradezu überwältigt, war wie gelähmt von übermächtig in ihm aufsteigenden Gefühlen der Sinnlosigkeit seines Tuns. Männer wie Egon Bahr oder Horst Ehmke haben ein, zwei dutzendmal Situationen erlebt, in denen Brandt nahe daran schien, ohne Rücksicht auf die Konsequenzen sofort ganz und gar aus der Politik auszuscheiden.

Zurück zum 1. Mai 1974. Von Hamburg ging es zunächst mit dem Hubschrauber nach Cuxhaven, wo er eine improvisierte, aber gut besuchte Versammlung am Norwegen-Pier abhielt. Anschließend mit der Bundesfregatte »Köln« nach Helgoland. Bei der Ankunft freundliche Aufnahme »(wie es in seinen Notizen heißt); Händeklatschen, herzlicher Beifall für Brandt, zumeist von Ausflüglern, die den Feiertag genutzt hatten. Aber statt ihn nun so lange wie möglich dort am Hafen unter Einheimischen und Auswärtigen zu lassen, schickte man den versteinerten Bundeskanzler eilends zum Bürgermeister hinauf, sodann im fahlen Dämmerlicht zum Spaziergang über die abends immer düstere, abweisende, jetzt auch ganz menschenleere Insel. Denn die Schiffe fuhren ab, und die Einheimischen saßen inzwischen wegen des Fußball-Länderspiels Deutschland-Schweden vor ihren Fernsehgeräten.

Später wieder beim Bürgermeister, jetzt zum Essen. Willy Brandt hatte ein Manuskript dabei, sprach jedoch frei, wich ab, sagte etwas von »Verstrickungen«, was niemand recht verstand. Danach ging es zum Ortsverein der SPD, wo man bereits betrunken war, als Brandt kam, weil er sich ziemlich verspätet hatte. Nichts klappte eben so recht. Brandt fand, wie er plötzlich sagte, »alles Sch...«, riß sich dann aber zusammen, ließ Rotwein kommen, trank viel, setzte Fröhlichkeit auf und sang den »Hamburger Fährmann«. Der Saal schunkelte. Im Tagebuch liest man: »Trotz der Sorgen gemeinsam mit Lauritzen Teilnahme an einem norddeutsch-vergnügten Abend.«

Das beschrieb nur einen Ausschnitt der Wahrheit. Im unveröffentlichten Teil seiner Aufzeichnungen folgen nämlich die Worte: »Davor und danach düstere Gedanken«. Dieser lübisch-lakonische Hinweis ist sehr, sehr ernst zu nehmen. Fast hätte es Brandt fortgerissen. Offenbar war er einen Augenblick lang versucht, Schluß zu machen, hatte daher auf Helgoland bereits einen Abschiedsbrief an seine Familie geschrieben, den er später, in Bonn, nach der Rückkehr, vernichtete, zerriß.

Am nächsten Morgen alle verkatert. Fröstelndes Umherstehen. Verzögerungen, weil Peter Schellschmidt, der an Guillaumes Stelle die Reisebegleitung übernommen hatte, erst vom Festland herübergeholt werden mußte. Also Warten. Brandts Miene starr, undurchdringlich. Anwandlungen von Untergangsstimmung in der Begleitergruppe; Ulrich Bauhaus, der Leibwächter des Bundeskanzlers, war von Helgoland aus nach Bonn zurückbeordert worden. Ehe er ging, hatte er Brandt anvertraut, daß er bei den Verhören unter zunehmenden Druck gerate.

Durchgängig schlechte Regie auch an diesem 2. Mai, bei der anschließenden Fahrt durch Ostfriesland. In einem Altenheim bei Aurich ließ man Brandt ausgestorbenes Gartengelände besichtigen, während die Bewohner, offenbar seit langem schon, aufgereiht im Speisesaal bei kaltgewordenem Kaffee und trockenem, unberührtem Kuchen saßen. Die Senioren warteten auf ein Gespräch mit dem hohen Gast aus Bonn, für das dem Kanzler anschließend nicht mehr als eine Viertelstunde blieb. Guillaume fehlte eben sehr. »Mit Günter wäre uns das nicht passiert«, spotteten hinter vorgehaltener Hand mitreisende Journalisten. Natürlich paßten auch die Hosen des Regierungschefs in diesen Reisetagen nicht zu seinen Jacken. .

Die Ergebnisse einer Blitzumfrage sickerten durch; 63 Prozent der befragten Bürger meinten, durch den DDR-Spion sei großer Schaden entstanden; 47 Prozent hatten sich für den Rücktritt der Verantwortlichen ausgesprochen.

Eine Entscheidung lag in der Luft. Nichts lief mehr im Kanzleramt. Bonner Beobachter gewannen am 3. Mai den Eindruck, daß Brandt alles schleifen lasse, am Ende angelangt sei. Während des anschließenden Wochenendes hörten die Mitglieder der sozialdemokratischen Bundestagsfraktion zu Hause, in ihren Wahlkreisen, sorgenvoll dauernd Nachrichten. Längst hatten die Bonner Neuigkeiten auch andere westliche Hauptstädte erreicht. Valéry Giscard d'Estaing, der französische Minister für Wirtschaft und Finanzen, rief Helmut Schmidt an, mit dem er als Kollege befreundet war: Er habe den Eindruck, daß *sie beide* demnächst zur Spitze ihrer Länder vorstießen.

Während man sich also da und dort intern wie international bereits auf einen neuen westdeutschen Regierungschef einstellte, war der Fall für Brandt noch keineswegs entschieden. Als er am Nachmittag des 3. Mai mit Günter Gaus, der damals Staatssekretär im Bundeskanzleramt war, im Park des Palais Schaumburg spazierenging, schien er zunächst müde und resigniert. Doch dann raffte er sich auf und fragte seinen Gesprächspartner, was man wohl tun könne, um die Sache durchzustehen. Gaus solle abends mit Egon Bahr zu ihm hinaufkommen. Also eine Versammlung der Getreuen, zu dritt.

Man traf sich um halb neun »auf dem Berg« (wie es in Brandts Aufzeichnungen immer heißt) und sprach zunächst zwei Stunden lang detailliert und konzentriert über die Kabinettsumbildung. Bahr sollte Chef des Bundeskanzleramtes werden, Gaus das Bundespresseamt übernehmen: ein letztes Aufgebot, wie man sieht.

Bahr führte die Diskussion. Aber auch Brandt beteiligte sich wiederholt. Indessen verließen den Kanzler plötzlich und unvermittelt die hoffnungsvollen Stimmungen, denen er sich während der voraufgegangenen Stunden (wenn auch nur halbherzig) hingegeben hatte: Es sei für ihn vielleicht doch noch zu schaffen. Ruhig und gefaßt (»Jetzt hört mal zu«) sprach er eine knappe Dreiviertelstunde von seinen verschiedenen Betroffenheiten in der Affäre »G.«. Bahr und Gaus schwiegen.

Als die beiden Vertrauten Brandts gegen Mitternacht vor die Türe traten, schlug Bahr vor, gemeinsam noch ein paar Schritte zu Fuß zu gehen. Bahr war überzeugt, daß alles aus und nichts mehr zu machen sei. Er schloß das aus der Art, wie Brandt, den er ja ungleich viel länger und genauer kannte als Gaus, zu ihnen gesprochen hatte. Freilich blieb es für die beiden nächtlichen Spaziergänger eine offene Frage, ob Brandt selbst eigentlich schon vollständig begreife, was er da gesagt habe, sich also über die Konsequenzen im klaren sei. Brandts Stimmungen gingen ja während dieser anderthalbwöchigen Phase des Zurücktretens hin und her, auf und ab.

Völlig im Bilde und finster entschlossen war Herbert Wehner. Günther Nollau wußte gut, wie wenig der Fraktionsvorsitzende der Sozialdemokraten von Brandt hielt. Es lag Nollau daher am Herzen, Wehner frisches, heikles Material über den Bundeskanzler umgehend zugänglich zu machen.

Am 3. Mai 1974 hatte der Präsident des Bundeskriminalamtes Nollau »in einer Angelegenheit von höchster Wichtigkeit« telefonisch um einen dringenden Termin gebeten und sofort anschließend aufgesucht, »sichtlich empört«, wie Nollau später in seinen Memoiren berichtete. Horst Herold wollte seinen Kollegen über die Angaben einiger Beamter des Brandtschen Begleitkommandos informieren. »Auf die Frage, welche Aktivitäten Guillaumes sie beobachtet hätten und was er wisse«, hatten sie »ausgesagt – sie durften ja nichts verschweigen –, welche privaten Erlebnisse Willy Brandts der Spion kenne«. Herold las Nollau den Ermittlungsbericht vor, nannte Namen, schilderte Einzelheiten.

»Mit ihm wurde ich bald einig: Uns ging das nur insoweit an, als es mit dem Spionagefall Guillaume zusammenhing. In diesem Zusammenhang war es allerdings höchst brisant. ich sagte zu Dr. Herold: ›Wenn Guillaume diese pikanten Details in der Hauptverhandlung auftischt, sind Bundesregierung und Bundesrepublik blamiert bis auf die Knochen. Sagt er aber nichts, dann hat die Regierung der DDR, der Guillaume natürlich auch das berichtet hat, ein Mittel, jedes Kabinett Brandt und die SPD zu demütigen.‹ Ich fragte Dr. Herold, ob der Innenminister den Sachverhalt kenne. Dr. Herold bejahte und fügte hinzu, er wisse nicht, ob Genscher etwas unternommen habe.

Darauf entschloß ich mich, sofort Herbert Wehner zu unterrichten. Dr. Herold stimmte zu: ›Das hatte ich von Ihnen erwartet‹, erklärte er, als er sich verabschiedete.

Ich rief Wehners Stieftochter Greta an und teilte ihr mit, ich müsse ›ihn‹ in einer höchst wichtigen Angelegenheit sofort sprechen. Da ich nicht die Angewohnheit hatte, die Bedeutung meiner Angelegenheiten zu übertreiben, begriff sie, daß es an diesem Tage dringlich war. Ich konnte sofort kommen.

Nach vierzig Minuten saß ich Herbert Wehner in seiner Wohnung gegenüber. Ich berichtete, was ich von Dr. Herold gehört hatte. Dabei erwähnte ich die Namen und Details, deren ich mich erinnerte. Das fiel mir leicht, weil ich einige der Namen schon kannte. Protokolle oder Notizen habe ich Herbert Wehner nicht übergeben, weil ich von Dr. Herold nichts Schriftliches erhalten hatte. Herbert Wehner war beeindruckt. Als ich die Konsequenzen nannte, die sich aus dieser fatalen Sache ergeben konnten, stimmte er zu. ›Ich sehe *ihn* morgen in Münstereifel‹, bemerkte ›Onkel Herbert‹, sibyllinisch wie manchmal. Was er unternehmen wollte, sagte er nicht, und es entsprach nicht meiner Position, ihn danach zu fragen.«

Wehner, der in jüngster Zeit an sich gut mit Brandt zusammengearbeitet hatte und daher keinen unmittelbaren Anlaß sah, ihn abzulösen, auch »sehr geniert« über seine Kontakte zu Nollau sprach, kam sofort zu der Überzeugung, hier müsse ohne jedes Zögern gehandelt werden; der private Teil der Affäre mache es unumgänglich.

Nollaus Bericht mußte seines Erachtens auf das Empfinden jedes normalen Menschen katastrophal wirken. Wenn sein Inhalt bekannt wurde (und die Enthüllungen liefen ja an), dann konnte man unschwer voraussehen, daß er in der Öffentlichkeit, gerade auch im besonderen Milieu der eigenen Partei, einen verheerenden Eindruck machen, einen schweren Schock auslösen werde. Die Sozialdemokraten dachten in ihrer Mehrheit bei moralischen Fragen ziemlich prüde; ihre Partei war in diesen Bereichen von kleinbürgerlicher Enge.

Am Vormittag des 4. Mai wurde Brandt »auf dem Berg« von Klaus Harpprecht besucht, der energisch die »Dreckkampagne« wegschob und Brandts »Verantwortung gegenüber Europa«

betonte. Harpprecht (wie andere enge Freunde) versuchte bis in die letzten Stunden hinein, dem Regierungschef die Resignation auszureden; noch am Nachmittag des 6. Mai wird er, wiederum Brandts Aufzeichnungen zufolge, »vehement gegen den Rücktritt« votieren.

Doch kaum war Harpprecht an diesem Samstag gegangen, erfuhr Willy Brandt, Herbert Wehner habe Nollaus Bericht gegenüber SPD-Geschäftsführer Holger Börner bereits am Vortage zur Sprache gebracht; Wehner wolle, hieß es weiter, den Kanzler auch persönlich darauf ansprechen, und zwar in Bad Münstereifel, wo sich die engere Parteiführung zum Wochenende des 4./5. Mai »mit einigen Freunden aus den Gewerkschaften«, wie es in Brandts Tagebuch heißt, zu einem internen Meinungsaustausch verabredet hatte.

Wehner berichtete, er habe in der Tat gleich am Freitag Börner angerufen, der sich in Hessen aufhielt und daraufhin sofort zurückkam; unter dem Eindruck seiner Informationen habe Börner dann Brandt geraten, zurückzutreten; erst hinterher habe man sich andere Versionen zurechtgelegt.

Brandt hat es anders festgehalten: Börner habe ihn umzustimmen, ihm seinen Entschluß auszureden versucht. Wie auch immer: Sicher ist, daß die Zusammenkunft von Münstereifel die günstige Gelegenheit bot, die personellen Konsequenzen des Falles Guillaume für die SPD und die von ihr geprägte Bundesregierung gemeinsam in ländlicher Abgeschiedenheit offen und ausführlich zu erörtern. Und sicher ist auch, daß spätestens hier Brandts Entscheidung fiel.

Zunächst im Gespräch unter vier Augen. Man war in einer Tagungsstätte der Friedrich-Ebert-Stiftung abgestiegen, einem früheren Hotel, das in Zuschnitt und Stil allerdings eher an ein Heim für Krankenschwestern oder Kindergärtnerinnen denken ließ, jedoch schön gelegen war: außerhalb des Ortes, hoch am Hang, mit weitem Ausblick. Vor dieser friedlichen Kulisse der sanften Höhenzüge und tiefen Wälder fanden sich die beiden Männer am Samstag nach dem Abendessen im Zimmer Brandts, mit der kleinen Sitzecke vor dem großen Doppelbett, dem langen Kleiderschrank (alles in Schleiflack), zur verstohlenen Unterredung. Niemand im Hause merkte damals, was eigentlich vorging, auch am nächsten Tage nicht. Die Mitarbeiter der Stiftung waren sprachlos, als sie am folgenden Dienstag von Brandts Rücktritt erfuhren, der in ihrem Hause, aber ganz heimlich hinter ihren Rücken, beschlossen worden war. Wehner sprach, wie Brandts private Notizen zeigen, von einer »besonders schmerzlichen Nachricht«, die er überbracht hätte, wenn Brandt nicht von sich aus auf diesen Punkt zu sprechen gekommen wäre. Sodann erwähnte der Fraktionsvorsitzende einen zehnseitigen Bericht Nollaus über »Damenbekanntschaften«. Einzelheiten habe er sich allerdings nicht gemerkt.

Das war bei seinem enormen Detailgedächtnis, einer Frucht jahrzehntelangen konspirativen Arbeitens, nicht wörtlich zu nehmen. Er spielte denn auch bald auf ein liegengebliebenes Collier an, wobei Brandt einfiel, daß Horst Ehmke vor einiger Zeit das Gerücht hinterbracht hatte, Wibke Bruhns habe nach einer gemeinsamen Nacht mit Brandt einen solchen Halsschmuck im Hotel vergessen. Unsinn, von vorne bis hinten. In Wahrheit gab es überhaupt lächerlich wenig zu berichten, zu beichten, dachte Brandt, deutete es auch an, hier und bei anderen Gelegenheiten. Was half es.

Als Wehner freilich fortfuhr, Nollau meine, die Möglichkeit von Erpressungen werde auch nach einem Austausch Guillaumes bestehenbleiben, und empfehle daher den Rücktritt, wunderte sich Brandt dann aber doch. Er äußerte sein Befremden, auf welche Weise solche Themen »bei uns« abgehandelt, solche Belehrungen indirekt erteilt würden.

Aber so war Wehner nun einmal. Er gab immer nur Ratschläge, kein Urteil ab, bezog selbst nicht Stellung, ließ sich nie festnageln. Als Spätfolge vertrackter Lebenserfahrungen war ihm eine hochentwickelte Technik vorbeugender Selbstrechtfertigungen geblieben. Von seiner Biographie her war es Wehner wichtig, sich immer herausreden zu können.

Der tief irritierte Fraktionsvorsitzende verbarg zwar nicht, daß er die Frauengeschichten als peinlich empfand. Aber wichtiger war ihm, ihre Bedeutung für die Zukunft der SPD herauszustreichen: Er hielt ihre öffentliche Erörterung parteipolitisch für eine Katastrophe. Dennoch war er bereit, wie er betonte, Brandt zu stützen, freilich nur unter der Voraussetzung, daß er wirklich

zum Bleiben, zum Kampf um seine Existenz als Kanzler, entschlossen sei. »Du mußt wissen und entscheiden, was jetzt zu tun
ist«, will er wörtlich zu Brandt gesagt haben. Brandt müsse selbst
sehen, wie er da am besten herauskomme. »Ich stehe zu Dir, das
weißt Du – aber es wird hart werden«, gab er, wie man hört, zu
bedenken. Innerhalb von 24 Stunden müsse sich Brandt ent-
schließen, ob er durchhalten wolle oder nicht.

Dies war ein Ultimatum – wie Herbert Wehner selbst zugab.
Aber er betonte später immer wieder, es sei ihm ausschließlich
darum gegangen, eine Entscheidung Brandts zu erzwingen, nicht
unbedingt den Rücktritt! Wehner wollte es ganz allein Brandt
überlassen, ob er bleibe und kämpfe oder das doch lieber lasse.

In der gegebenen Situation machte es allerdings keinen großen
Unterschied, ob Wehner den Rücktritt wollte oder nur einen –
wie immer gearteten – Entschluß Brandts. Denn Wehner wußte,
wie es um Willy Brandts Willenskraft und Seelenstärke zu diesem
Zeitpunkt bestellt war: Das sah ja jeder. Er wußte daher auch,
daß sich Brandt ohne seine Rückendeckung, ohne die klare
Unterstützung seitens des Fraktionsvorsitzenden, der insoweit
die ganze Partei verkörperte, den öffentlichen Auseinandersetzungen, die sich bereits deutlich abzeichneten, nicht gewachsen
fühlte. Willy Brandt spürte seit Monaten, wie kleinlicher Neid
ihm gegenüber in den eigenen Reihen um sich griff. »Jetzt gön-
nen sie mir nicht mal mehr meine Urlaube!« hatte Brandt, der ein
großes Geschick besaß, Ferien einzuschieben, schon vor Wochen
Klaus Schütz berichtet. In einer solchen Stimmung der Mißgunst
konnte man dem, was jetzt ins Haus stand, nur melancholisch
entgegengehen. Brandt war, so erkannte er selbst, ein Feldherr
ohne Truppen.

Als ihn Wehner am 4. Mai mit Nollaus detailliertem Material
konfrontierte, war ihm sofort klar, daß er keine Chance mehr
hatte, hier mit heiler Haut davonzukommen. Und zwar nicht so
sehr wegen jener Geschichten an sich, die ihm, wie bereits
erwähnt, nichts ausmachten, solange man intern hinter vorgehaltener Hand halb bewundernd, halb belustigt auf sie anspielte.
Sobald sie jedoch in die breite Öffentlichkeit kamen, war die
Grenze dessen, was er genoß, ja auch nur, was er akzeptabel
fand, weit überschritten.

Brandt gewann an jenem Abend den Eindruck, Wehner wolle ihm bedeuten, es sei besser, wenn er gehe. Mehr als das: Brandt fühlte sich durch Nollaus Auflistung in Wehners Händen bloßgestellt und in die Enge getrieben (Nollau hatte ihm zwar keine Aufzeichnung übergeben; aber Wehner hatte sich, wie das seine Gewohnheit war, nach der Unterrichtung durch den Verfassungsschutz-Präsidenten handschriftliche Notizen gemacht). Je mehr er später im Rückblick darüber nachdachte, desto deutlicher glaubte er in Wehners Worten vom 4. Mai eine Kampfansage, eine Kriegserklärung zu erkennen. Egon Bahr und Günter Gaus sind gar überzeugt, Wehner habe Brandt ohne Umschweife zum Rücktritt geraten. So weit kann man aber wohl nicht gehen. Doch offensichtlich wurde die Feststellung Wehners, daß es schwer für Brandt sein werde, über diese Affäre hinwegzukommen, von Brandt schon an jenem Samstagabend in Münstereifel als Waffe, als Drohung empfunden.

Rasch wurde ihm klar, daß sich das Kräfteverhältnis zwischen den drei sozialdemokratischen Spitzenrepräsentanten erneut verschoben hatte. Der Aufschwung vom März war beendet, die Versöhnung mit Wehner aufgekündigt. Fortan wurde Wehner für Brandt mehr und mehr der Hauptverantwortliche seines Scheiterns.

Von dieser fixen Idee her erklärt sich auch die – sonst nicht ohne weiteres verständliche – Passage in Brandts Fernseherklärung vom Abend des 8. Mai 1974. In der ersten *Tagesschau* nach dem Rücktritt sprach er zunächst von seiner Verantwortung für die fehlende Überwachung Guillaumes in Norwegen, dann über seine nunmehr gestörte Unbefangenheit im Verhältnis zum Osten. Anschließend sagte er wörtlich:»Und drittens: Es gab Anhaltspunkte, daß mein Privatleben in Spekulationen über den Spionagefall gezerrt werden sollte. Was immer noch darüber geschrieben werden mag, es ist und bleibt grotesk, einen deutschen Bundeskanzler für erpreßbar zu halten. Ich bin es jedenfalls nicht.«

Erpreßbar durch wen? Durch die Russen? Oder die DDR? – Wie denn? Augenzeugen? Zahlungsanweisungen? Fotos?

Nein: Brandt fühlte sich in dieser Sache Wehner ausgeliefert. Aber grotesk oder nicht: Indem er zurücktrat, ist Brandt dem, was er als Erpressung empfand, nicht ausgewichen, sondern zum Opfer gefallen.

Wehner war kaltblütig. Er gehörte zu denen, die sich nicht von defätistischen Stimmungen fortreißen ließen. Ebensowenig erlaubte er sich und anderen, bei dieser Panne alles Augenmaß zu verlieren. »Es war ein Unfall, keine Tragödie«, schrieb Theodor Eschenburg im nachhinein. Genauso sah Wehner es auch. Als Brandt ihm am 4. Mai erklärte, er werde dann eben alles hinwerfen, entgegnete ihm Wehner ungerührt (und blieb beharrlich dabei), daß Brandt auf jeden Fall den Parteivorsitz behalten müsse.

Wie die Worte Wehners auf Brandt gewirkt hatten, wurde im anschließenden Gespräch mit Holger Börner und Karl Ravens, dem damaligen Parlamentarischen Staatssekretär im Bundeskanzleramt, völlig deutlich. Im Tagebuch kann man unter dem 4. Mai nachlesen: »Zu nächtlicher Stunde sage ich, daß mein Entschluß zum Rücktritt nahezu feststehe. Die beiden Freunde, denen ich dies sage, versuchen mich umzustimmen und meinen, die Frage der Verantwortung müsse differenzierter beantwortet werden. Sie vermuten wohl, es seien die seit Anfang des Vorjahres sich häufenden Widrigkeiten, die mich mürbe gemacht hätten. Ich will das nicht völlig ausschließen. Wer kann sich insoweit in vollem Umfang selbst Rechenschaft geben? Jedenfalls kann ich, neben Fehlern, Konditionsschwächen nicht bestreiten.«

Während die anderen schliefen, grübelte Willy Brandt über die Symptome des eigenen Niedergangs in den letzten anderthalb Jahren nach. Anschließend vertraute er das Ergebnis dieser Selbsterforschung seinen Papieren an. Einerseits hätten sich die Jusos, schrieb er, »immer mehr zur Partei in der Partei« entwickelt. Andererseits sei Helmut Schmidt mit seinen »unausgesetzten kritischen Redereien« wenig konstruktiv gewesen. (Zwei Tage später, unter dem 6. Mai abends, findet man in Brandts Tagebuch die Bemerkung: »Ich gebe Helmut Schmidt den freundschaftlichen Rat, sich nicht so zu äußern, als ob er einen Scheißladen von mir übernommen habe«.) Der Finanzminister habe damals zu denen gehört, meinte Brandt 1981 im Gespräch, die ihm seinen großen Wahlsieg 1972 eifersüchtig mißgönnt und deshalb »nie verziehen« hätten.

Noch wichtiger als Schmidt, hielt die nächtliche Aufzeichnung vom 4./5. Mai weiter fest, nämlich »von zentraler Bedeutung« im Negativen, sei Herbert Wehner gewesen. Er habe ihm Briefe Honeckers vorenthalten und damit sein Vertrauen enttäuscht. »Verheimlichte« er nicht, wie es am 6. Mai heißt, seine »Kontakte mit Ostberlin«, bei denen ihm vor allem Erich Glückauf behilflich war, der langjährige Leiter der West-Abteilung im SED-Zentralkomitee, ein Bekannter, ein Kampfgefährte Wehners aus gemeinsamen Tagen in Berlin, Saarbrücken und Stockholm während der dreißiger und vierziger Jahre? Brachte Egon Bahr nicht am gleichen 6. Mai »vier Kommunikationen« zwischen Wehner und Honecker »in den letzten Tagen« in Erfahrung? Nicht von ungefähr teilte die DDR damals Moskau offiziell mit, daß Brandt »wegen innerparteilicher Schwierigkeiten« zurücktrete.

In der persönlichen Kritik an ihm, notierte Brandt weiter, habe der Fraktionsvorsitzende »unflätige Bemerkungen« gemacht, die er später allerdings herunterzuspielen versuchte bis hin zu der »absonderlichen Frage, ob ich es nicht noch einmal mit ihm versuchen wolle«. Hinzu kämen die »unmögliche Haltung Klunckers« Anfang 1974, die Hamburger Wahl vom letzten März, die »auf viele wie ein Schock wirkte«, das »schlechte Arbeitsklima« im Bundeskanzleramt und seine eigenen »depressiven Phasen«.

Am nächsten Morgen – Sonntag, dem 5. Mai 1974, diesem »schrecklichen Tag«, wie Alfred Nau in der Erinnerung meinte – ging zunächst die Besprechung mit den Spitzenvertretern des DGB weiter. Sofort im Anschluß daran saß man dann am Nachmittag im engsten Kreise der SPD-Führung zusammen: also Willy Brandt, Helmut Schmidt, Herbert Wehner, Holger Börner (der Bundesgeschäftsführer der Partei) und Alfred Nau (ihr Schatzmeister). Heinz Kühn, häufig und gern auf großen Reisen, fehlte auch diesmal; er kam erst am folgenden Tage aus Afrika zurück. (Das war zwar nicht entscheidend, aber doch schade. Denn Kühn war ein Freund – wie sogar der Generalsekretär der KPdSU wußte. Schon bei ihrer ersten Unterredung vom August 1970 in Moskau hatte Breschnew zu Brandt gesagt, dessen Vertrauen er zu gewinnen hoffte und den er mit überraschenden

Kenntnissen der Situation in der SPD-Spitze zu beeindrucken gedachte: »Sie haben Feinde in Ihrer Partei. Aber verlassen können Sie sich auf Kühn.«)

In seinen Aufzeichnungen hielt Brandt später sehr lakonisch das Ergebnis dieser bewegten Zusammenkunft fest: »Ich gebe meinen Entschluß bekannt, begründe ihn und nominiere Helmut Schmidt als meinen Nachfolger. Dieser rät mir besonders eindringlich ab. Daß ich Parteivorsitzender bleibe, steht nicht zur Diskussion.«

Das war, wieder einmal, sehr norddeutsch-verhalten formuliert. »Helmut Schmidt widerspricht, Herbert Wehner nicht«, steht immerhin zusätzlich in den unveröffentlichten Tagebuchteilen.

Offenbar äußerte sich Helmut Schmidt ungewöhnlich deutlich. Er tut so, als sei er bei dieser Gelegenheit geradezu aus der Haut gefahren. Aus freien Stücken räumte er später ein, er habe sich Brandt gegenüber an diesem Sonntag in Münstereifel schlecht benommen, ihn nämlich angeschrien: es sei unerhört, wegen läppischer Frauengeschichten als Regierungschef die Segel zu streichen. Er, Schmidt, wolle gern Bundeskanzler werden, ja. Aber dieser Guillaume sei als Anlaß eines Führungswechsels doch wirklich miserabel.

Er sei damals, sagt Schmidt heute, völlig konsterniert gewesen, aus allen Wolken gefallen. Dabei hatte ihm Brandt bereits am 3. Mai einen entsprechenden Wink gegeben. Als der Finanzminister ihn aufsuchte und »die großen Schwierigkeiten« schilderte, »denen sie sich bei der Aufstellung des Haushalts 1975« gegenübersähen, kündigte ihm der Regierungschef anschließend unter vier Augen an: »Er müsse damit rechnen, daß die Kanzlerschaft plötzlich auf ihn zukommen könne«. Helmut Schmidt tat »sehr überrascht«. Aber wie ernst war die mutlose Mitteilung des einen, die verblüffte Abwehr des anderen hier zu nehmen? Soll man glauben, Schmidt habe es zwei Tage später – unverhofft fast am Ziel, das ersehnte Amt vor Augen – plötzlich mit der Angst bekommen? Jedenfalls bat er Brandt herzlich und dringend zu bleiben.

Den anderen Teilnehmern der Runde schien das ehrlich. Nau, der mit dem Finanzminister am gleichen Abend nochmals zusammenkam, fand Schmidts Widerstreben, Brandts Resignation in diesem Moment, aus diesem Anlaß hinzunehmen, so einleuchtend wie aufrichtig. Schmidt war, wie auch Herbert Wehner einräumt, wirklich dafür, daß Brandt in diesem Augenblick Kanzler blieb.

Dennoch schrieb Brandt, nach Hause zurückgekehrt, noch am gleichen Abend auf dem Venusberg unter dem Datum des 6. Mai einen Brief an den Bundespräsidenten, der am nächsten Tag nicht mehr abgeändert wurde. In ihm bat er, sofort von seinen Amtspflichten entbunden zu werden. Anschließend zeigte er diesen Entwurf Walter Scheel, der ihn im Kiefernweg besuchte, nachdem er den ganzen Sonntag auf Schloß Gymnich im Kreise der EG-Außenminister verbracht hatte, die dort zu einem informellen Treffen zusammengekommen waren.

Scheel riet, wie auch Brandts Tagebuch ahnen läßt, mit Nachdruck vom Rücktritt ab. Er hat, wie er sagt, lange gerungen mit ihm, Bundeskanzler zu bleiben. Denn er war davon durchdrungen, es sei ein Fehler, wenn Brandt das Amt aufgebe. Wegen solcher Sachen, sagte der FDP-Vorsitzende seinem sozialdemokratischen Kollegen, würde er sich »nicht an den Allerwertesten fassen«.

Es fiel Scheel leicht, über den Dingen zu stehen und so gelassen, ja locker, mit Brandt zu sprechen: Gegen Versuchungen dieser Art war er gefeit. Wenn man unbefangen lebe, meinte er, müsse man mit Indiskretionen rechnen – und öffentliche Enthüllungen ertragen. Gemeinsam mit seinen Freunden halte man solche Phasen durch, komme politisch über sie hinweg. Der Regierungschef könne sich darauf verlassen, daß die FDP geschlossen hinter ihm stehe – woraufhin Brandt am Ende ihres Gesprächs nachdenklich und nicht ohne Bitterkeit bemerkte: »Ich glaube Ihnen gern, daß ich die Unterstützung *Ihrer* Partei habe!« (Überhaupt hatte Scheel, fand Brandt, zehn Tage vor seiner Wahl zum Bundespräsidenten leicht reden, gut raten. Betraf ihn doch alles gewissermaßen nur noch am Rande.)

Auf keinen Fall dürfe Brandt – fuhr Scheel fort – Heinemann sein Rücktrittsschreiben zugehen lassen, ehe man in der FDP-Führung und zwischen den Koalitionspartnern die Lage besprochen habe; andernfalls brüskiere er die Liberalen. Scheel wollte Zeit gewinnen, Brandt am Montag nochmals ins Gewissen reden, wobei er auch an seine eigene Partei dachte: An der Treue und Standfestigkeit der Freien Demokraten sollte nicht der geringste Zweifel erlaubt sein dürfen.

Die wortreichen Widerstände Helmut Schmidts und Walter Scheels gegen sein Ausscheiden haben möglicherweise Brandt nicht unbeeindruckt gelassen. Vielleicht flößten sie ihm sogar vorübergehend neuen Mut ein. Wer also annimmt, mit der Diskussionsrunde von Münstereifel sei alles aus und endgültig vorbei gewesen, mag sich täuschen.

Jedenfalls behauptete Ehmke, seinen Aufzeichnungen aus jenen Tagen zufolge habe ihn Brandt nach der Rückkehr am Sonntag vom Venusberg aus angerufen und wissen lassen (wobei es keinen Grund für die Annahme gebe, sagte Ehmke, daß Brandt ihn mit dieser Mitteilung irreführen wollte): Er werde die Affäre durchstehen. Ehmke solle daher, wie am 29. April zwischen ihnen besprochen, am nächsten Tag ins Fernsehen gehen und die Einstellung Guillaumes im Kanzleramt verteidigen.

Dieses Telefonat der beiden Freunde hatte ein seltsames Ergebnis. Da Ehmke die Überzeugung gewann, Brandt wolle weiter kämpfen, und am 6. Mai vom Regierungschef nichts Gegenteiliges hörte, vielmehr am Montagmittag von Karl Wienand, dem Parlamentarischen Geschäftsführer der SPD-Fraktion, erfuhr, Helmut Schmidt zusammen mit der FDP hätten Willy Brandt tatsächlich noch einmal umgestimmt, erklärte er am gleichen Abend in der ARD-Sendung *Report*, das Kanzleramt habe unter seiner Leitung bei der Überprüfung und Beschäftigung Günter Guillaumes 1969/70 »mehr veranlaßt und mehr getan, als nach den Sicherheitsvorschriften« erforderlich gewesen sei. Resolut schob Ehmke alles von sich weg, was ihn belasten konnte. Wenn man das, »was ich getan habe damals«, mit den Vorschriften vergleiche, werde man »zum Ergebnis kommen, daß, obwohl der Mann Sozialdemokrat war, ich mehr getan habe als notwendig war; denn so borniert sind wir nun auch nicht, daß wir Fragen der Sicherheit des Staates für eine parteipolitische Frage halten.« Ehmke sah daher keinen Grund, Selbstkritik zu üben oder gar den eigenen Rücktritt zu erwägen. Doch wenige Stunden später hatte der Regierungschef in der gleichen Angelegenheit die volle Verantwortung auf sich genommen und war tatsächlich zurückgetreten.

Es ging eben buchstäblich bis zum letzten Augenblick hin und her – zumindest bei den Männern in Brandts Umgebung. Seine Freunde wollten bis zuletzt ihre Hoffnung nicht verlorengeben. Obwohl Egon Bahr am Montagmorgen Günter Gaus mit tränenerstickter Stimme telefonisch eröffnet hatte, daß Willy Brandt am gleichen Tage demissionieren werde, setzten sich Ravens, Bahr und Gaus am Nachmittag trotzdem mit verzweifelt hoffnungsvoller Entschlossenheit zusammen. Gemeinsam beratschlagten sie, ob man nicht irgend etwas machen und das Ende der Ära Brandt doch noch abwenden könne. Sie fühlten sich bei solchen Versuchen wesentlich von der Hartnäckigkeit der Liberalen ermutigt, die nicht nur Schmidt, sondern inzwischen anscheinend sogar Wehner mitzogen. (Brandt selbst sagt, für ihn sei die Sache spätestens am Sonntag gelaufen gewesen, was man daran erkenne, daß er abends sein Rücktrittsschreiben verfaßt habe, das später nicht mehr abgeändert wurde. An das Gespräch mit Ehmke kann sich Brandt nicht erinnern. Allenfalls sei denkbar, daß Ehmke ihn wegen seines beabsichtigten Fernsehauftritts angerufen habe und er, Brandt, Ehmke insoweit habe gewähren lassen.)

Auch nachdem er die Sache überschlafen hatte, fand Außenminister Scheel, wie er seinen Mitarbeitern am Morgen des 6. Mai sagte, diesen Rücktritt unsinnig. Ja, er schien ihm noch abwegiger als am Abend zuvor. Er setzte sich daher gleich in der Frühe hin und schrieb Brandt einen sehr persönlichen, freundschaftlichen Brief, um seine Bedenken und Einwände zu wiederholen, zu unterstreichen. Sepp Woelker, Scheels persönlicher Referent, wurde mit diesem Handschreiben aus dem Ministerbüro sofort ins Kanzleramt hinübergeschickt (es eilte ja alles sehr), wo der Bote allerdings Schwierigkeiten hatte, zum Regierungschef durchzudringen. Hinter verschlossenen Türen überall Zeichen von Auflösung; abweisende Blicke, ratlose Mienen, Achselzucken.

In der ersten Koalitionsbesprechung dieses Montags (die Sozialliberalen kamen an diesem 6. Mai mehrfach zusammen) votierten Walter Scheel, Hans-Dietrich Genscher und Wolfgang Mischnick für die FDP einmütig und nachdrücklich gegen die Demission des Bundeskanzlers. Da auch Schmidt ins gleiche Horn stieß, hielt es Wehner für richtig, der ablehnenden Mehrheit beizupflichten.

Nach Wehners späterer Darstellung hat Brandt in der Morgenbesprechung des Koalitionskreises einfach seine Entscheidung mitgeteilt, das Palais Schaumburg aufzugeben, und trotz allen Zuredens der anderen fünf starrköpfig an der einmal geäußerten Meinung festgehalten. In dieser Schilderung stand Brandt am Ende wie ein launischer, widerspenstiger Mensch da, der aus einer persönlichen Mißstimmung heraus das Amt des Regierungschefs einfach weggeworfen hatte.

Doch solcherart sind die Dinge auch am Montag mit Sicherheit nicht abgelaufen. Wenn man dem Tagebuch Brandts folgt, gab Wehner am Vormittag des 6. Mai zu bedenken, daß die »Beschränkung« Brandts auf den Parteivorsitz der Sozialdemokraten »Sinn ergeben könne, wenn sie nicht als Resignation gedeutet werden könne«. Bundeskanzler mußte, ja durfte Brandt nicht bleiben; denn deutlich heißt es anschließend im Tagebuch (offensichtlich war man inzwischen auf die Frauengeschichten zurückgekommen): »Herbert Wehner sagt wieder, er habe Namen bewußt vergessen, nennt dann aber Frau H.«, woraufhin Brandt nur notierte: »Quatsch! Wie Wibke Bruhns auch!«

Falsch oder richtig, Lügen oder nicht: Öffentliche Anspielungen, die seiner ganz persönlichen Sphäre, seinem Privatleben galten, waren dem empfindlichen Brandt, der eigenen Würde bewußt, nun einmal tief zuwider. »Neue Aspekte ergeben sich nicht«, schrieb er daher, mit Zitaten, über diesen Montag, nachdem er die Presse durchgesehen hatte, »außer daß sich eine Kampagne, die auch Privates zum Gegenstand hat, deutlicher abzeichnet.« Da Brandt nicht von ungefähr argwöhnte, die amtliche Untersuchung habe sich verselbständigt und werde seine intimen Gewohnheiten offenlegen, was ein Festhalten am Amt unmöglich mache, äußerte der Regierungschef gegenüber Justizminister Gerhard Jahn und Generalbundesanwalt Siegfried Buback, die ihn um 18 Uhr im Kanzleramt aufsuchten, »Verwunderung« über das Interesse der Ermittelnden an seinem Privatleben. Erstaunt bemerkte er im Laufe der Unterredung,

»was alles schon gesammelt« worden sei. Buback betonte, daß man sich insoweit wesentlich auf die Aussage der beiden Brandt begleitenden Kriminalbeamten Ulrich Bauhaus und Fritz Küpper stützte, ließ aber gleichzeitig durchblicken, daß ihm Brandts Befremden einleuchte, und versprach daher, »er werde veranlassen, daß *diese* Ermittlungen eingestellt würden«. Zu spät: Sie hatten ihre Wirkung längst getan.

Nachdem der Koalitionskreis im weiteren Verlauf des Abends zum dritten und letzten Male an diesem 6. Mai 1974 getagt hatte und, verständlicherweise in Novemberstimmung, auseinandergegangen war, machte sich Horst Grabert auf den Weg nach Hamburg, um dem ahnungslosen Bundespräsidenten, der dort gerade das *Spiegel*-Haus besichtigte, das Rücktrittsschreiben zu überbringen. Gustav Heinemann dachte, Ehmke sei zurückgetreten, als ihm gegen 22.20 Uhr der Besuch aus Bonn telefonisch angekündigt wurde. Neben dem offiziellen Schriftstück hatte der Chef des Bundeskanzleramtes einen privaten Brief Brandts im Gepäck, der beweist, wie erschöpft und mürbe dieser Mann damals war, gleichzeitig aber auch seine zutrauliche Verlegenheit gegenüber der Vaterfigur dieses Staatsoberhaupts erkennen läßt. Denn in diesem Handschreiben hieß es: »Es ist mir nicht leichtgefallen, den Brief zu schreiben, den Horst Grabert überbringt. Aber es blieb für mich nach reiflicher Überlegung keine andere Wahl. Alles ist mit Schmidt, Wehner, Kühn, Börner sowie mit Scheel und seinen Freunden genau durchberaten. Ich bleibe in der Politik, aber die jetzige Last muß ich loswerden. Sei mir bitte nicht böse, versuche mich zu verstehen und übertrage Scheel die Wahrnehmung der Geschäfte, damit Schmidt dann zum Kanzler gewählt werden kann.«

Während dieser Stunden des Übergangs sind Sieger wie Verlierer erschüttert. Bahr, der gemeinsam mit Gaus zu Brandt will und deshalb in den zweiten Stock hinaufsteigt, ist sehr überrascht, als ihm Schmidt entgegenkommt und ihn in einer plötzlichen Gefühlsbewegung auf der Treppe umarmt.

Im Arbeitszimmer des Regierungschefs sitzen die Getreuen ein letztes Mal beisammen: Willy Brandt und Egon Bahr, Holger Börner und Karl Ravens, Klaus Harpprecht und Günter Gaus, zeitweilig auch Reinhard Wilke. Die äußeren und inneren Strapazen der vorausgegangenen Tage haben die Anwesenden bis an die Grenze ihrer Kraft gefordert. Jetzt fühlen sie sich leer, erschöpft, ausgebrannt. Alle sind daher ganz ruhig, ja entspannt. Brandt trinkt Rotwein, die anderen Whisky. Zaghaft kommt Heiterkeit auf. Man scherzt sogar ein wenig.

Brandt geht nach einer Stunde, fährt nach Hause. »Sollte ich leugnen«, schreibt er später, »daß ich an diesem Abend nicht ohne Rührung das Kanzleramt verlassen habe?« Bahr, Gaus und Ravens wollen noch zusammenbleiben, woanders weitertrinken. Am Eingang des Palais treffen sie auf Ehmke, der von nichts weiß, sehr erhoben von seiner Fernsehsendung kommt. Er ist überzeugt, fabelhafte Erklärungen abgegeben zu haben; atemlos und zuversichtlich skizziert er die weitere Linie. Von den anderen ins Bild gesetzt, reagiert er vorwurfsvoll: Sie hätten Brandt nicht alleine gehen lassen dürfen, weil die Gefahr bestehe, daß er sich etwas antue. Man müsse sofort Schmidt anrufen. Und eilt zum Apparat.

Will Ehmke vielleicht die Gelegenheit nutzen, sich beim Nachfolger vorteilhaft in Erinnerung zu bringen, mit seiner Fürsorge wichtigmachen? Den dreien scheint es so. Bewies das nicht Ehmkes rasche Auffassungsgabe, seine Wandlungsfähigkeit? Falls Brandt wirklich bedroht sei, meinen die anderen, liege Schmidts Eingreifen vom persönlichen Verhältnis der beiden her doch ganz ferne. Dann solle man lieber selbst nach dem Rechten sehen, vielleicht Bahr, der Brandt am nächsten stehe, auf den Venusberg fahren lassen.

Ehmke verkennt indessen vollkommen die Stimmung Brandts an jenem Abend. Dieser fühlt sich wie befreit, ist geradezu fröhlich, bleibt es wochenlang, ehe ihm die Niederlage, die er erlitten hat, wieder bewußt wird und an seinem Selbstgefühl zu nagen beginnt.

Hatte dieser 6. Mai 1974, zumindest auf kurze und mittlere Sicht, nicht tatsächlich viel Gutes für alle Betroffenen? »Die Einsicht in manche Notwendigkeiten der Politik wurde durch den Schock meines Rücktritts gefördert«, kann man in Brandts »Begegnungen und Einsichten« lesen.

Auch Wehner ist natürlich froh, daß nun der Weg frei wird für

Schmidt, den erfahrenen, international respektierten Wirtschafts-experten. Gott sei Dank hat man diesen Mann der Stunde zur Hand, einen Retter der Situation, der Koalition und damit auch der eigenen, unverhofft weiter regierungsfähigen Partei. »Inso-fern wurde noch aus der Not eine Tugend. Das war Glück«, wird Wehner Jahre später, noch immer erleichtert, im Januar 1980 sagen.

(1982)

1982: Die Wende kam schon vor acht Jahren

War die sozial-liberale Koalition wirklich eine Ära? Aus zwei Gründen verdient zumindest die Regierungszeit Brandt-Scheel ein solches Markenzeichen.

Erst die neue Ostpolitik machte die Bundesrepublik nach außen endlich zu einem Staat im vollen Sinne des Wortes. Denn klare Grenzen sind die Grundvoraussetzung eigener Identität und international berechenbaren Verhaltens. Ähnlich wie Bis-marck mit seiner kleindeutschen Lösung nach 1866 hat Brandt mit seinen Bemühungen um die Fixierung des *Status quo* nach 1966 das Gebilde Bundesrepublik, das nun einmal auf unabseh-bare Zeit den Raum unseres gemeinsamen Lebens und Handelns bildet, fest umrissen und damit im Bewußtsein der Deutschen und einer erleichterten Welt verankert. Seither erst ist die Bun-desrepublik erwachsen geworden. Erst nach 1966 wurde sie von den Illusionen, den Selbstüberschätzungen ihrer Aufbauphase frei. Erst mit der Hinnahme der bestehenden Grenzen wurde die Bundesrepublik zu einer wirklich handlungsfähigen Einheit. Damit wurde nach 1966 das Westwerk Adenauers nach Osten abgesichert und vollendet.

Die Ostpolitik war also nicht so sehr um ihrer selbst willen wichtig. Spektakuläre Erfolge konnte sie nicht haben – wie alle längst wußten. Nein, ihre historische, bleibende Bedeutung liegt in dem Mut, der Konrad Adenauer gefehlt hatte und zu dem sich später auch die Große Koalition nicht aufraffen konnte: Das Unausweichliche mit Würde zu tun.

Schon seit Mitte der sechziger Jahre war es nachdenklichen Köpfen in allen Parteien klar geworden, daß das Verhältnis zur

Sowjetunion und ihren Satelliten-Staaten bereinigt werden müsse, weil sich die Bundesrepublik sonst auch im Westen, sogar im Kreise ihrer engsten Verbündeten, isoliere, wenn sie die Entspannung weiterhin verweigere und sich außerstande zeige, ihren Sonderkonflikt mit der Sowjetunion über die Zukunft der deutschen Frage (zeitweilig) beizulegen.

Bereits während der Regierung Erhard saßen Bundesminister der CDU und der FDP ratlos beisammen, um herauszufinden, wie sich die Bundesrepublik von der selbstauferlegten Last der Hallstein-Doktrin befreien könne, also von dem Zwang, die Beziehung zu jedem Staat abzubrechen oder doch einzufrieren, der seinerseits Beziehungen zur DDR aufnehme. Bonn mußte, das sah man schon damals deutlich, einfach von der Behauptung herunter, die – natürlich wünschenswerte und erhoffte – Wiedervereinigung sei tatsächlich unsere zentrale Aufgabe, sei das aktuelle politische Hauptziel der Bundesrepublik, an dem sich Innen- wie Außenpolitik ständig zu orientieren hatten. Und warum? Weil diese Fiktion unseren Staat rundum zu lähmen drohte.

Erhard stürzte 1966, ohne daß man hier vorangekommen wäre. Auch die folgende Große Koalition führte auf diesem Gebiet zu nichts. Sie erwies sich als unfähig, die Stagnation unserer Ostpolitik zu überwinden. Das lag am Starrsinn Moskaus und der CDU/CSU – aber eben auch an diesem. Rainer Barzel hatte schon 1966 vorausgesehen, was mit der Union nicht gehen werde. Zu Beginn der Kanzlerschaft Kurt Georg Kiesingers hatte er dem Regierungschef geweissagt, daß er ost- und deutschlandpolitisch große Schwierigkeiten mit den eigenen Leuten bekommen werde, was sich bald bewahrheitete. Das Bleigewicht der Hinterbänkler, die der CSU-Vorsitzende anführte, wurde immer drückender. Der ostpolitische Fehlschlag der Großen Koalition, der mehr und mehr die äußere Stabilität der Bundesrepublik gefährdete, lieferte 1969 die wesentliche Begründung für das SPD/FDP-Bündnis.

Hingegen sprach 1969 bei der innenpolitischen Gesetzgebung eigentlich nichts für einen Koalitionswechsel. Im Gegenteil: Ihrem wirtschafts- und sozialpolitischen Reformpotential nach war die Große Koalition deutlich weiter links als die ihr folgende sozial-liberale. Willy Brandt wußte, daß er in Walter Scheel einen eher lauen Reformer an seiner Seite hatte. Der FDP-Vorsitzende war zwar von der breiten Welle der Erneuerungssehnsucht mit an die Macht getragen worden. Aber er und seine Liberalen, das sah man schon 1969, würden sofort wieder beharrlich auf dem Boden der Realitäten stehen, sobald sich die Sprudelwasser verlaufen hatten.

Doch weil die Liberalen einen Blick für Realitäten besaßen, sahen sie auch die außenpolitischen: die in Osteuropa seit einem Vierteljahrhundert »bestehende wirkliche Lage«, wie es später im Bahr-Papier, dann im Moskauer Vertrag hieß. Den Wandel in der Ostpolitik wollte auch Scheel wirklich. Von der Notwendigkeit, hier etwas zu ändern, war er wie Brandt seit langem von sich aus überzeugt.

Die Bereinigung unseres Verhältnisses zur Sowjetunion und zu den osteuropäischen Staaten, einschließlich der DDR, war die eigentliche, wenn nicht sogar die einzige wirkliche Basis des sozialliberalen Bündnisses von 1969. Was immer Journalisten sagen und schreiben, was die Bevölkerung vermuten oder hoffen mochte – die Sozial-Liberalen gingen ostpolitisch ohne Euphorie zu Werke. Auch der öffentlich heitere, hoffnungsfrohe Scheel machte intern keinen Hehl daraus, daß hier wenig zu holen sei.

So stellte er vor dem FDP-Bundesvorstand 1970 lapidar fest: Wenn er jetzt immer höre, bei Verträgen, wie man sie mit Moskau und Warschau anstrebe, dürfe man den Zusammenhang von Leistung und Gegenleistung nicht vergessen, man müsse also für das, was man gebe, auch etwas bekommen, dann könne das nur ein völlig geschichtsloser Mensch sagen, jemand, der die Ereignisse des letzten Vierteljahrhunderts nicht begriffen habe. »Was dafür zu kriegen ist, ist weg; dafür ist nichts zu kriegen … Das hat der letzte Krieg aufgebraucht.« Es gehe nur noch darum, die Ergebnisse des Zweiten Weltkrieges in einer für uns möglichst günstigen Form um der gemeinsamen Sicherheit willen als modus vivendi zu stabilisieren.

Josef Ertl wurde mit der ihm eigenen bayerischen Unverblümtheit noch deutlicher, als er an gleicher Stelle sagte: »Es gibt Leute, die meinen, in der Ostpolitik ließen sich große Erfolge erzielen. Da gibt es gar keine großen Erfolge, da gibt es höchstens bittere Erkenntnisse zu sammeln.«

Wie die neue Ostpolitik der Sozial-Liberalen die bisherige West-fundamentierung der Bundesrepublik nicht gefährdete, sondern außenpolitisch ergänzte und absicherte, so war die sozial-liberale Epoche im Innern die unerläßliche letzte Etappe unserer Staatsgründung. Dies ist der zweite Grund, von einer »Ära« zu sprechen.

Diese Bundesrepublik ist ja nicht an einem Tage entstanden. Ihre Formung dauerte Jahrzehnte. Die beiden entscheidenden Phasen lassen sich an zwei Gruppen von Gründungsvätern ablesen. In der ersten finden wir Ludwig Erhard, Kurt Schumacher und vor allem natürlich Konrad Adenauer. Zur zweiten Gruppe zählen Männer wie Willy Brandt, Gustav Heinemann und Walter Scheel. Was lange gefehlt hatte, war die Integration der Linken in das Gehäuse der Republik. Sie wurde von diesen drei Männern, unabhängig voneinander, bewerkstelligt.

Solange es der bisherigen Opposition noch nicht gelungen war, den Regierungschef zu stellen, das Land zu führen, blieb die Bundesrepublik ein CDU-Staat, hatte unser ganzes System seine Lebensfähigkeit noch nicht bewiesen. Länder wie Italien oder Japan zeigen, welche Mißstände das permanente Vorherrschen einer einzigen Parteigruppierung für alle Bereiche gesellschaftlichen und staatlichen Lebens bedeutet. Erst 1969, mit dem Bonner Machtwechsel, der ohne Scheels neue FDP nicht zustande gekommen wäre, zwanzig Jahre nach der Verabschiedung des Grundgesetzes, beinahe vierzig Jahre, nachdem der letzte sozialdemokratische Regierungschef der Weimarer Republik 1930 sein Amt verloren hatte, stellte die deutsche Sozialdemokratie wieder den Kanzler: sichtbares Zeichen der Tatsache, daß nunmehr auch die Linke diesen Staat nicht nur hinnahm (das hatte sie von Anfang an getan), sondern trug und verantwortete – nicht allein die linke Mitte, nein, die ganze Linke, auch die lange heimatlose Linke der Intellektuellen, ja selbst die rabiate Neue Linke, die eben noch gegen das »Establishment« dieser vermeintlich unrettbar autoritären Republik angerannt war, in ihm sogar den Wegbereiter eines neuen Faschismus zu erkennen gemeint hatte.

Der sozial-liberale Sieg von 1969 war nur vordergründig eine Widerlegung des in der Adenauer-Ära Geschaffenen. In Wahrheit bewies er die Integrationsfähigkeit und damit die Lebenskraft dieser Bundesrepublik.

Man kritisiert heute, oft zu Recht, den Egoismus vieler Bürgerinitiativen, beklagt händeringend die häufig partiellen, provinziellen Gesichtspunkte der Alternativen, der Grünen. Dennoch und aufs Ganze gesehen war das Aufkommen solcher Spontanaktionen und Protestbewegungen wesentlich positiv. Sie haben die zuvor rein passiv hingenommene Parteienherrschaft herausgefordert, neue Gesichtspunkte in die oft erstarrte öffentliche Debatte gebracht, die formale Demokratie durch die Erfindung des mündigen, aktiven Bürgers überhaupt erst lebendig gemacht. Man rührt sich seither kräftig, zumal unter den Jungwählern und bei den Frauen.

Schon in den späten sechziger Jahren ließen sich Bewußtseinsveränderungen beobachten, die in die Tiefe gingen, seit APO-Zeiten nicht nur persönlich, sondern auch politisch vielfältige Folgen hatten: zwanglosen Umgang miteinander, viel rasches »Du«, ein anderes Verhältnis von Mann und Frau, alternative Lebensformen, neue Werte, wachsende grüne Mentalitäten. Die Wellen eines umfassenden Erneuerungswillens und vielfältiger Demokratisierungsbestrebungen (»mehr Demokratie wagen!« »Wir fangen erst richtig an!«), auch weitreichende Humanisierungshoffnungen werden Ältere zu Recht belächeln. Aber sie haben zur neuen Persönlichkeit und Ausstrahlung der Bundesrepublik in den siebziger Jahren Wesentliches beigetragen.

Erst damals gewannen wir den Ruf, nicht nur eine wirtschaftlich leistungsfähige, sondern auch eine demokratische und progressive Gesellschaft zu sein, ja eine der führenden freiheitlichen Demokratien der Welt. Seither blicken viele Menschen in allen Teilen der Erde mit Bewunderung und Neid auf unser Land. In Deutschland wird häufig übersehen, jetzt besonders, in welchem Maße Willy Brandt dieses neue Bild der Westdeutschen prägte und verkörperte. Er hat damals, was uns allen zugute kam, ein ungleich viel größeres Prestige außerhalb unserer Grenzen erworben als vor ihm Konrad Adenauer. Undenkbar, daß man dem ersten Bundeskanzler für seine doch regional beträchtlichen Verdienste die Ehrung des Friedensnobelpreises hätte zuteil werden lassen.

Die Koalition wurde vor allem durch ihre Ostpolitik zusammengehalten. Sie war 1972 unter Dach und wurde durch die

Bundestagswahl vom November gleichen Jahres von der Bevölkerung eindrucksvoll sanktioniert – SPD wie FDP schnitten glänzend ab. Walter Scheel begann schon 1973 nicht ohne Hintersinn über die abnehmende Haltbarkeit erfolgreicher Regierungsbündnisse öffentlich zu spekulieren: Je besser sie arbeiteten, sagte er, desto rascher erschöpften sie ihren Vorrat an Gemeinsamkeiten.

Bereits 1969 war der reformerische Elan der Liberalen gering gewesen. Wie hatte doch der wichtige Punkt 1 der damaligen Koalitionsvereinbarung gelautet? »Die Hallstein-Doktrin wird fallengelassen. SPD und Koalitionsregierung werden keine Initiative zur Ausweitung der paritätischen Mitbestimmung ergreifen.« Der erste Satz war unproblematisch zwischen den beiden Partnern und hatte rasch abgehakt werden können. Beim zweiten tat man sich nach wie vor schwer miteinander, was nach 1972 die SPD-Linken in Wut brachte. Sie mißdeuteten das ostpolitisch motivierte Wahlergebnis als energischen Reformauftrag und begannen, laut von sozialistischen Umgestaltungsvorstellungen zu schwärmen. Sie meinten, der Genosse Trend werde 1976, spätestens 1980 eine sozialdemokratische Alleinregierung herbeiführen, den lästigen liberalen Bündnispartner also entbehrlich machen. Im gleichen Moment begann die FDP ihre eher traditionellen gesellschaftspolitischen Gedanken, die sie nie wirklich aufgegeben hatte, wieder auszugraben. Der Freiburger Parteitag 1971 mit seinen linken Thesen war nur etwas für enthusiastische junge Leute, für Seminare und Archive gewesen.

Scheel, wie nach ihm Genscher, war durchaus nicht gegen Reformen, gegen schrittweise, wohlerwogene Verbesserungen – zu ihrer Zeit. Ohne geordneten Wandel, bald in dieser, bald in jener Richtung, fand man, findet man in der FDP, erstarre jede Gesellschaft. Aber die Liberalen waren undoktrinär, ihnen ging völlig ab, was Sozialisten meist im Übermaß besitzen. Eine Utopie, eine Vision, zielgerichtete, umfassende Erneuerungsabsichten. Keine Sekunde hat man im FDP-Präsidium erwogen, die Partei auf einen sogenannten Reformkurs, auf einen Zwang zu permanenten Veränderungen festzulegen. Denn Scheel, Genscher und ihre Freunde sahen nüchtern: Sobald die Kerninteressen der Bürger bedroht sind (was spätestens seit der Ölkrise von 1973 permanent der Fall war), vergessen sie alle edlen, altruistischen Anwandlungen und Änderungsabsichten. Dann will kein Mensch mehr etwas von kostspieligen Reformen bei zweifelhaften Resultaten hören.

Die FDP müsse, hieß es daher schon 1969, immer Ministerien für Existenzfragen haben – Äußeres, Inneres, Wirtschaft –, sich den Bürgern als Hüter des Gemeinwohls dort einprägen. Weil die SPD ein fairer, ja großzügiger Partner war, der eine langfristige, für die FDP befriedigende Bindung anstrebte, gelang es der FDP in jenen ersten Jahren tatsächlich, diese großen, klassischen Ressorts in Besitz zu nehmen, die ihr von der Union in den voraufgegangenen Phasen der Zusammenarbeit immer verweigert worden waren.

Schon 1969 war die FDP-Führung nicht geneigt, auf diejenigen zu hören, die der Partei empfahlen, sich so windige, ruhmlose Bundesministerien wie Bildung oder Raumordnung anhängen zu lassen. Selbst das Justizministerium, in dem Gustav Heinemann nach 1966 seinen frühen Ruhm als Reformer begründet hatte, der ihm 1969 die Bundespräsidentschaft eintrug, machte in den Folgejahren mehr Verdruß als Vergnügen. Man braucht nur an den Paragraphen 218 oder an die Scheidungsreform zu denken.

Bereits 1973 war, aus einer Reihe verschiedener Gründe, die Koalition innerlich am Ende. Jedenfalls brachte sie trotz der komfortablen neuen Parlamentsmehrheit und des fehlenden Zwangs, auf Landtagswahlen Rücksicht zu nehmen (es gab 1973 keine), das ganze Jahr über nicht mehr zustande. Herbert Wehner rebellierte von Moskau aus gegen die Führungsschwäche Brandts. Scheel beschloß, aus der aktiven Politik auszuscheiden und in die Villa Hammerschmidt überzusiedeln, gleichsam nach oben zu entschweben. Ölkrise, ÖTV-Streik, Guillaume taten das ihre. Brandt resignierte, trat im Mai 1974 zurück.

Dieses Ende, der Übergang zu Schmidt, hatte einen tieferen Sinn: Angesichts vielfältiger heraufziehender Turbulenzen war seither ein »Weltwirtschaftskanzler« erforderlich, als der nur Helmut Schmidt in Frage kam. Erstaunlicherweise blieb indessen damals eine Blut-, Schweiß- und Tränen-Rede von ihm aus, zu der er – und Erhard Eppler! – bereits im vorausgegangenen Winter Willy Brandt vergebens gedrängt hatten.

Dennoch hat der eigentliche Wechsel schon damals stattgefunden. Hatte man nicht 1973, allerdings reichlich nebulös, von einer »Tendenzwende« zu sprechen begonnen? War die neue Welle nicht bereits ein Jahr früher in der baden-württembergischen Landtagswahl vom April 1972 erstmals sichtbar geworden?

Der Stimmungs- und Richtungsumschwung im Lande, lag irgendwo zwischen 1972 und 1974, nicht 1982. Die Kombination Schmidt-Genscher bedeutete von Anfang an einen Trend zur Vorsicht, die Wende zu einer im wesentlichen konservierenden Politik, einer Politik zur Sicherung des Erreichten. Das wurde vielleicht nicht immer deutlich genug erkennbar. Aber man wird abwarten müssen, ob die Nachfolger mutiger sind, unserem Lande die Wahrheit zu sagen – und vor allem entsprechend zu handeln.

Die Kluft zwischen dem gesellschaftspolitisch Wünschbaren und dem wirtschaftlich Machbaren, also die Krise der Staatsfinanzen, dieser Streitpunkt, an dem die Koalition scheiterte (nachdem der Kanzler lange genug mit Hilfe der FDP dem Unverstand vieler seiner Genossen Widerstand geleistet hatte), ist schon seit mehr als einem Jahrzehnt für jedermann klar zu sehen. Die Rücktritte Alex Möllers 1971, dann Karl Schillers 1972, das Rentendebakel mit dem Rücktritt von Walter Arendt nach der Wahl von 1976 sprechen eine deutliche Sprache.

In der historischen Rückschau wird man vielleicht eines Tages, des Rangunterschiedes der beiden Regierungschefs ungeachtet, die Kanzlerschaft Schmidt-Genscher und Kohl-Genscher als benachbart, als gleichgerichtet empfinden und unter die gleiche Rubrik einordnen: als Phasen des Bemühens um Stabilität und Solidität.

Die CDU/CSU wußte lange die Zeichen der Zeit nicht zu deuten und mit der Tendenzwende nichts Rechtes anzufangen. Vor allem fehlte ihr eine personelle Alternative zum brillanten, souveränen Helmut Schmidt. Wäre die Union mit einem weniger provinziellen Kanzlerkandidaten als Helmut Kohl und einem weniger umstrittenen, weniger vergangenheitsbelasteten, temperamentsgefährdeten als Franz Josef Strauß angetreten, dann hätte sie durchaus schon 1976 oder 1980 die Macht in Bonn erobern können.

(1982)

SECHSTES KAPITEL

Annäherung, Wiedervereinigung

Auf Luthers Spuren

»Auf Luthers Spuren nach Eisleben, Mansfeld, Wittenberg«, kündigte ich kürzlich, während des Sommersemesters 1985, in meinen Lehrveranstaltungen an. Jeder, der wolle, könne mitkommen – natürlich nur, soweit er Berliner sei, also einen Westberliner Personalausweis besitze. Denn Westdeutschen sind solche Tagesaufenthalte drüben nach wie vor versperrt.

Viele wollten mit – erstaunlich viele. Sie rannten meinem Mitarbeiter Florian, den ich gebeten hatte, die Namen und Autonummern aufzuschreiben und Fahrgemeinschaften zusammenzustellen, die Bude ein. Auch für Berliner Studenten ist es eben noch immer alles andere als selbstverständlich, einen Tag in die DDR zu fahren, gemeinsam mit anderen Studenten einen Ausflug in die Berliner Umgebung zu machen. Dabei gibt es doch seit mehr als dreizehn Jahren diese Möglichkeit. Theoretisch. Mehr als Dreiviertel der Teilnehmer an meiner Luther-Fahrt – am Ende waren wir vierzig; mehr wollte und konnte ich nicht mitnehmen – also drei von vier meiner Studenten waren noch nie in der DDR gewesen, allerdings die meisten schon in Ost-Berlin. Aber das ist wohl etwas anderes, liegt näher, ist weniger fremd.

Warum fahren also auch junge Leute so wenig in die DDR, in diesen malerischen Teil des alten Deutschland mit all seinen vielen unverdorbenen Landschaften? Wo sie doch sonst überallhin reisen, um die ganze Erde bis hin nach Ceylon und Nepal, in die Anden nach Peru, quer durch Afrika bis ans Kap. Die DDR ist ihnen ferner als alle diese exotischen Reiseziele. Sie ist ihnen unheimlich, weil sie so unbekannt ist: nah und doch fern, verzaubert, daher bedrohlich, unbegreiflich, gefährlich.

Einige Tage vor dem Ausflug trafen wir uns, um über Luther zu sprechen. Meine Mitarbeiter hatten sich eingelesen: Florian war, als Jüngster, für Luthers früheste Jugend zuständig, also Eisleben und Mansfeld, Geburt, Kindheit, Schulzeit. Daniel sagte etwas über Erfurt, die Jahre des Studiums, dann des Klosters. Volker war für Wittenberg präpariert, das Endziel der Fahrt, den Ort einer Jahrzehnte dauernden Wirksamkeit Luthers mit weltgeschichtlichen Folgen. Alle drei gemeinsam sprachen am Schluß über Luthers Tod, der ihn, zufällig, in Eisleben ereilte, bei einem Schlichtungsversuch in den Erbstreitigkeiten der verfeindeten Mansfelder Grafen, seiner Landesherren, derer von Hinterort, Mittelort, Vorderort. Die Studenten hörten aufmerksam zu; ich hatte das Gefühl, daß die weitaus meisten von ihnen zum ersten Male etwas über Luther erfuhren, obwohl sie doch alle Geschichte studieren. In solchen Momenten merkt man deutlich: Wir Westdeutschen sind ein Volk ohne Geschichte, ohne Wurzeln.

Außerdem und zugleich sind wir auch ohne Ortskenntnis in der DDR. Wußten die Studenten eigentlich den Unterschied zwischen Wittenberg und Wittenberge? Als ich einem Freund von unserem Vorhaben berichtete, meinte er lachend: Wenn man nicht jedem Teilnehmer eine Karte mit aufgezeichneter Fahrtroute gebe, würde ich nach seinen Erfahrungen mein blaues Wunder erleben, nur einen kleinen Teil der Mitfahrenden im Laufe des Tages zu sehen bekommen. Viele würden statt südwestlich über die Elbe nach Sachsen-Anhalt, nach Norden ins Mecklenburgische oder selbst in die Lausitz an der böhmisch-polnischen Grenze reisen, vage Ideen im Kopf.

Um es gleich zu sagen: Kein Pkw ist verlorengegangen, und die Mehrzahl habe ich bereits im Laufe des Vormittags getroffen; nur einen kleinen Teil der Studenten fand ich erst am Nachmittag, in Wittenberg, vor Luthers Wohnhaus, an der Schloßkirche, in den Räumen Melanchthons wieder. Aber trotz unserer Karte sind mehrere auf ganz abenteuerlichen Wegen nach Mansfeld gelangt. Dabei entdeckten sie, daß der direkte, kürzeste Weg über die Dörfer in der DDR viel Zeit kosten kann, weil dort Ortsschilder und Richtungshinweise so rar sind, daß man immer wieder zurückfahren, aussteigen und nach einem Mütterchen mit Kopftuch und Milchkanne suchen muß, das den Weg weiß. Einer unserer Wagen war plötzlich an die Saale geraten,

konnte keine Brücke finden, mußte sich mit einer Fähre überset-
zen lassen – wo das wohl gewesen sein mag?

Eine andere Fahrgemeinschaft hatte nahe der Straße nach
Halle auf einem steilen Hügel einen auffällig hohen Turm er-
blickt, war ihm neugierig entgegengefahren, hatte im Dörfchen
Landsberg frühmorgens um acht den Pfarrer aus dem Bett
geholt, der sich als ein historischer und kunstgeschichtlicher
Kenner von hohen Graden entpuppte: Mit leuchtenden Augen
berichteten sie, als sie, viel zu spät, endlich die Gruppe wieder
einholten, von der staufischen Königsburg mit ihrer großartigen
Doppelkapelle, die sie auf diese Weise so nebenbei für sich entdeckt hatten – und damit obendrein auch eine Luther-Stätte,
denn der Reformator, immer noch in der Reichsacht, hatte auf
seinen Reisen wieder und wieder in jenem Turm Wohnung
genommen. Dort saß der (inzwischen wettinisch gewordene)
Burggraf. Luther fand sich also bei ihm auf dem sicheren Terrain
seines kurfürstlichen Landesherrn, konnte dort in voller Sicherheit übernachten.

Unsere Gruppe war mittlerweile in Mansfeld versammelt. Auf
engem Raum eine Idylle. In der großen Kirche St. Georg ist
Luther als Knabe Ministrant gewesen. Nebenan steht, auf alten
Fundamenten, seine Schule, zwei Steinwürfe weiter das Eltern-
haus. Wenn man, wie wir, am Hang gegenüber auf verwachsenen
Pfaden zwischen alten Bäumen in die Höhe steigt, kommt man
zur Mansfelder Burg. Von ihren alten Bastionen auf der steilen
Kante hat man einen herzbewegenden Blick auf das Städtchen
mit seinen 5 000 Einwohnern in der Tiefe: Die kleinen Häuser
drängen sich dicht um die mächtige Kirche, und hinter dem
geschlossenen Ortskern beginnen wie eh und je gelbe Kornfelder,
dunkle Laubwälder, in denen sandige Feldwege sich verlieren.

Wir alle malen uns aus, wie Mansfeld wohl aussähe, wenn es
im Westen läge. Wo sich jetzt die Wälder und Felder zum Horizont dehnen, wäre dann sicher alles voller Reihenhäuser, alles
bedeckt mit Bungalowsiedlungen, monoton, flach, öde. Unser
Wohlstand ist bemerkenswert, sagte einer, unser Sozialsystem
vorbildlich. Aber wie steht es eigentlich mit unserem Geschmack,
wie mit unserer Fähigkeit, Städte zu gestalten, Ortsbilder zu
erhalten? Skeptische Fragen, die ohne Antwort bleiben. Alle wer-

den nachdenklich beim Gespräch über die wohlerhaltene Ansiedlung zu unseren Füßen. Versunkene Zeiten stehen auf. Volkslieder kommen in den Sinn. »Am Brunnen vor dem Tore.« »In einem kühlen Grunde.« Hier kann man das noch fühlen, noch nachempfinden. Einige summen.

Bei der Fahrt hinüber nach Eisleben überall in der Landschaft die künstlichen Kegel, die Aufschüttungen jener Kupferbergwerke, in denen Luthers Vater nach mühsamen Anfängen zu Gelde kam, so daß er seinen Sohn studieren lassen konnte. Diese Geröllberge sind ebenso ehrwürdige Zeugen der Reformationszeit wie die vielen noch vorhandenen Kirchen, in denen Luther predigte.

Seine letzte Predigt hielt er in St. Andreas in Eisleben, der Stadt seiner Geburt und seines Todes. Am 14. Februar 1546 stand er zum letzten Male hier auf der Kanzel, unter der wir uns jetzt versammeln. Er mußte erschöpft die Predigt abbrechen; Florian weiß seine letzten Worte zur Gemeinde auswendig: »Ich bin zu schwach«, habe Luther gesagt, »wir wollen's hierbei bleiben lassen.« Vier Tage später war er tot, gestorben bei seinem Freunde, dem Stadtschreiber, im Drachenstädtischen Hause gegenüber der Kirche. Wir gehen still durch das Haus, sehen das Sterbezimmer, betrachten die Totenmaske, die auffallend zarten, feinfühligen Hände, das friedvolle Totenbildnis von Furtnagel. Die Studenten scheinen angerührt; nur flüsternd sprechen sie miteinander. Einer zeigt auf die Tafel an der Wand, auf der Luthers Leiden seiner letzten Lebensjahre verzeichnet sind: vor allem Angina pectoris, diese Krankheit der Angst. Hatte auch Luther am Ende wieder Angst, wie wir alle?

Beim Gang durch Wittenberg am späten Nachmittag diskutieren wir miteinander, was wir Heutigen von Luther lernen könnten. Den Mut, meint einer, und die anderen nicken. Den Mut, zu seinen Überzeugungen zu stehen. Jahrelang habe Luther nur auf seinen Gott bauen können: auf die Gewißheit, die Stimme in ihm. Es komme darauf an, sagt einer, Wurzeln, Überzeugungen zu finden, die so tief seien, daß sie standhielten gegen allen Druck – oder auch gegen die her anflutende Seichtheit – von außen.

Es ist Gunda tatsächlich möglich gewesen, von West-Berlin aus in Wittenberg, beim Restaurant »Maxim Gorki«, für 40 Personen telefonisch ein Abendessen zu bestellen, einfach so. Als wir zur vereinbarten Zeit kommen, sind die Tische gedeckt; wir werden erwartet. »Wir speisen also heute im Maxim«, sagt lächelnd ein Mädchen, das sicher Paris gut kennt, aber noch nie in Wittenberg, nie in der DDR bisher war. Nach dem Essen, um halb neun, gehen wir ein letztes Mal durch die Schloßstraße, die Collegienstraße, über jenen Kilometer, nicht viel mehr, der Weltgeschichte bedeutete. Noch immer reicht die eigentliche Stadt, wie zu Luthers Zeiten, von der Schloßkirche im Westen, an deren Tür 1517 die berühmten Thesen klebten, bis zum alten Augustinerkloster im Osten, das nach der Reformation jahrzehntelang Luther als Wohnhaus diente. Obwohl es jetzt im Sommer um diese Stunde noch taghell ist, gehen wir durch menschenleere Gassen, wie ausgestorben. Alle Einwohner Wittenbergs sitzen offenbar vor dem Westfernsehen.

(1986)

Der Ausverkauf der DDR hat begonnen

In den Wochen nach dem Sturz des SED-Generalsekretärs Erich Honecker und seiner Ersetzung durch Egon Krenz am 18. Oktober, dem Rücktritt des DDR-Ministerrats unter Willi Stoph (SED) am 7. November, des gesamten SED-Politbüros am 8. November und der ungeplanten Maueröffnung am 9. November 1989 blieb wochenlang unklar, wie es mit der DDR weitergehen würde.

Am 13. November wählte die DDR-Volkskammer den Reformkommunisten Hans Modrow zum neuen Ministerpräsidenten, dessen Stellvertreter der neue Ost-CDU-Vorsitzende Lothar de Maizière wurde. Vier Tage später schlug die DDR-Regierung eine »Vertragsgemeinschaft« mit der Bundesrepublik vor, wandte sich aber deutlich gegen Spekulationen über eine Wiedervereinigung. Am 26. November traten namhafte DDR-Intellektuelle, denen sich später Spitzenpolitiker wie Egon Krenz und Hans Modrow anschlossen, in dem Aufruf »Für unser Land« dafür ein, die Eigenständigkeit der DDR »als sozialistische Alternative zur Bundesrepublik« zu bewahren. Andernfalls drohe »ein Ausverkauf unserer materiellen und moralischen Werte« und über kurz oder lang die Vereinnahmung der DDR durch die BRD. Schon in den Tagen zuvor war indessen bei Massendemonstrationen in Leipzig

und Plauen erstmals die Wiedervereinigung gefordert worden.
Am 28. November schlug Bundeskanzler Helmut Kohl dem Bun-
destag in einem Zehn-Punkte-Plan vor, »konföderative Struktu-
ren« zu entwickeln »mit dem Ziel, eine Föderation, das heißt eine
bundesstaatliche Ordnung in Deutschland zu schaffen«.
  Am gleichen 1. Dezember 1989, an dem der folgende Text in
der Wochenzeitung DIE ZEIT erschien, beschloß die DDR-
Volkskammer, den Führungsanspruch der SED aus der Verfassung
zu streichen. Aber auch danach hieß es noch immer in deren
Artikel 1: »Die DDR ist ein sozialistischer Staat der Arbeiter und
Bauern. Sie ist die politische Organisation der Werktätigen in
Stadt und Land.«

Für die weitere Entwicklung der DDR sehe ich mindestens vier
Modelle. Erstens ihr eigenes, altes. Dann bleibt sie im großen
ganzen, wie sie ist, mit kosmetischen Korrekturen. Einige neue
Vokabeln wie Umkehr und Neubeginn, eine große Debatte, die
bekannte Aussprache mit den Massen – und dann weiter im
Trott. So hätte es die SED sicher am liebsten, und die Partei ist ja
noch immer die mächtigste Kraft im Lande. Nur momentan stellt
sie sich gedankenschwer oder gar tot.
  Das zweite Modell ist das sowjetische: also Glasnost, eine relativ freie öffentliche Debatte (relativ, denn die neuen Stimmen
müssen mühsam um Zulassung, Büros, Papierzuteilung kämpfen), auch eine begrenzte Parlamentarisierung – aber zugleich die
Entschlossenheit, die privilegierte Position der Staatspartei irgend-
wie zu sichern. Nach Jahren der SED-Verstocktheit scheint sich
Krenz erneut auf das sowjetische Vorbild zu besinnen; »von der
Sowjetunion lernen heißt...«
  Das dritte Modell ist das polnische. Eine instabile Gemenge-
lage von alt und neu. Eine mißtrauische Koaliton von Alt- und
Neukommunisten, aufmüpfenden Blockparteien, verstärkt durch
die neuen Bewegungen und gestützt von den evangelischen
Kirchen, vielleicht auch verstärkt durch einen freier gewordenen
FDGB. Irgendein runder Tisch also, mit sanft auseinander stre-
benden Kräften und ungewissem Ziel.
  Im vierten Modell endlich sind wir bei Ungarn. Das wäre,
zumindest politisch, schon fast eine westliche Demokratie, mit

Parteienpluralismus, Parlamentsherrschaft, mit unabhängigen Gerichten, Menschenrechten. Vielleicht gäbe das am Ende eine Art sozialdemokratische, Österreich ähnliche DDR.

Voraussetzung des Erfolges eines jeden dieser Modelle ist die wirtschaftliche Erholung der DDR. Daran hängt alles andere. Die Krise dort ist offenbar viel größer als bisher bekannt. Statistiken wurden gefälscht, Erfolge herbeigelogen, fundamentale Fehlentwicklungen und eine rapide wachsende Rückständigkeit verschwiegen, Mängel aller Art verharmlost. Unersetzliche Kulturwerte wurden klammheimlich verschleudert, Stadtbüchereien wie Museen geplündert, granitenes Straßenpflaster gleichfalls in den Westen durch den Staat verhökert. Die DDR steht heute nicht auf Platz sieben oder neun der Industrienationen, sondern irgendwo hinter Nummer 20.

Sie fällt mehr und mehr zurück; je deutlicher die Fakten ans Licht kommen, desto brüchiger erscheint ihre Position. Der Ausreisestrom der letzten Monate hat schon jetzt die Krise verschärft, hat neue Lücken gerissen: Hier gibt es keinen Bäcker mehr, dort keine Busfahrer. Überall fehlen Handwerker und Ärzte.

Jeder Eingeweihte weiß, was not täte. Die Rezepte eines ökonomischen Neuanfangs sind bekannt: Ohne umfassende Wirtschaftsreform läuft nichts. Das bedeutet Währungsreform, Preisreform, Abbau der horrenden Subventionen, Ende des allzuständigen Planungswesens, Übergang zur Marktwirtschaft, mag sie nun sozialistisch oder sozial heißen. Darauf kommt alles an. Auf die Konsequenzen ist indessen niemand vorbereitet. In der Bevölkerung träumt man weithin von einem westlichen Konsum-Schlaraffenland, anstrengungslos, zugleich aber von der Weitergeltung der bisherigen sozialen Errungenschaften, die sich schon jetzt der DDR-Staat nicht mehr leisten kann.

Auch das Bewußtsein der oppositionellen Bewegung hinkt dem Stand der internationalen Diskussion über mögliche Alternativen des Wirtschaftens um Jahre, wenn nicht Jahrzehnte hinterher. Laienspielgruppen bestimmen das neue Bild. Dort liest man jetzt Otašik, mit roten Ohren. Vielleicht findet sich mehr Sachverstand bei der alten SED?

Selbst wenn eine neue Führung der DDR zu einschneidenden Wirtschaftsreformen bereit wäre (und dafür gibt es bisher keine Anhaltspunkte), würde der Umbau Jahre dauern – drei, fünf –, ehe die neue Marktwirtschaft greift, sich die Verhältnisse spürbar bessern. Zunächst jedoch wird der Lebensstandard weiter sinken. Ist die DDR-Bevölkerung gewillt – bei offener Grenze –, den Gürtel nochmals enger zu schnallen? Ist genug neuer Idealismus im Land mobilisierbar, um nach Jahrzehnten des Betrugs und der Ausbeutung mit vereinten Kräften, unter welcher Führung auch immer, den schwierigen Neuanfang zu wagen? Hilfe von außen kann nur Hilfe zur Selbsthilfe sein. Ohne ein völlig geändertes Gesamtklima wird sie nichts nutzen.

Infolge der offenen Grenze wird sich der ökonomische Verfall indessen beschleunigen. Wer irgend kann, wird an Westgeld zu kommen versuchen; der Polenmarkt am Potsdamer Platz war nur ein kleines Vorspiel. Die Empörung in der DDR, auch seitens der neuen Bewegungen, gegen »Schwarzarbeiter«, »Schieber« und »Spekulanten« brandet bereits auf. Aber wie will man dem (längst vom Regime eingeleiteten) Ausverkauf administrativ beikommen? Kann man die Mauer als Zollbarriere halten? Will man zur peinlichen Schnüffelei in allen Taschen, Rucksäcken, Koffern zurückkehren? Wird man im Westen Arbeitenden gar die Ausreise verweigern?

Und wie wird das alles auf die Stimmung in der DDR wirken? Ist sie nicht erneut in der gleichen Situation wie vor dem 13. August 1961: vor dem drohenden Ruin, wirtschaftlich und damit auch politisch, infolge einer unaufhaltsamen Massenauswanderung und durch den ständigen Abfluß von Dienstleistungen und Konsumgütern?

(1989)

Wegbereiter Adenauer

Jeder große Erfolg hat viele Väter. Aber ohne Adenauer wäre die Bundesrepublik keinesfalls zu dem geworden, was sie heute ist. Adenauer war der wichtigste deutsche Wegbereiter der Entwicklung, die uns jetzt die Wiedervereinigung gebracht hat.

Adenauer wußte: Nie wieder durfte Deutschland in die Isolierung geraten. Das neue, demokratische Deutschland mußte sich dauerhaft im gleichgesinnten Westen verankern. Sonst gab es langfristig keine Chance, die Freiheit zu sichern, keine Aussicht, die Einheit aller Deutschen zurückzugewinnen. Nur ein wirtschaftlich, politisch und militärisch zusammenwachsendes Westeuropa mit den Vereinigten Staaten im Rücken würde stark und attraktiv genug werden, um eines Tages den Osten Europas anzuziehen und an sich zu binden. Für eine Westorientierung waren damals alle; angesichts der sowjetischen Bedrohung lag das nahe. Aber Adenauer wollte mehr: Auch nach dem Ende der aktuellen Ost-West-Spannungen, dem Abflauen des Kalten Krieges, dem Scheitern des kommunistischen Expansionismus sollte Deutschland ein untrennbarer Teil des Westens bleiben – für alle Zeiten.

In vielen Grundfragen gab es damals mehr Einigkeit im Ansatz als später. Es war Kurt Schumacher, der 1947 die »Prosperität der Westzonen« zum »ökonomischen Magneten« machen wollte. Es sei »realpolitisch vom deutschen Gesichtspunkt kein anderer Weg zur Erringung der deutschen Einigkeit möglich als diese ökonomische Magnetisierung des Westens«. Westen hieß für ihn allerdings nur Deutschlands Westen. Schumachers Magnettheorie beruhte auf der Erwartung, daß ein wirtschaftlich und sozial attraktives Westdeutschland wie von selbst das östliche Deutschland in die Einheit hineinziehe. Adenauer hingegen war überzeugt, daß eine rein national begriffene, national betriebene Wiedervereinigungspolitik keinerlei Aussicht auf Erfolg habe. Er ging davon aus, daß nur die europäische Integration mit dem Rückhalt der Vereinigten Staaten eine genügend große Sogkraft entwickeln könne. Klaus Gotto hat mit Recht gesagt: »Für ihn hieß das Magnetfeld Europa und eben nicht nur Rumpfdeutschland. Alles andere war für ihn eine Politik erneuter Selbstüberschätzung und drohender Selbstisolierung der Deutschen.«

Adenauer hat sich zu Lebzeiten und danach viel fundamentale Kritik gefallen lassen müssen: Westintegration und Wiedervereinigung seien offensichtlich Gegensätze. Wer nach Leipzig und Dresden wolle, dürfe nicht in Züge nach Paris oder Brüssel einsteigen. Es sei die Lebenslüge der Bundesrepublik, die Westintegration als unerläßliche Voraussetzung jeder erfolgversprechenden Wiedervereinigungspolitik auszugeben. Adenauer habe die Wiedervereinigung abgelehnt, ja gefürchtet wegen des protestantischen, auch sozialdemokratischen Übergewichts, das seinem CDU-Staat mit dem Hinzukommen der DDR-Bevölkerung drohe. Vermutlich hat man bei solchen Mutmaßungen das Rheinische an Adenauer überschätzt. Sein Rheinland war seit zwei Generationen preußisch, als er geboren wurde. Adenauer war in vielem ein rheinischer Preuße, ein sehr Preußischer Rheinländer. In der Zeit, in der er zum Manne wurde, war er, wie seine ganze Mitwelt, wilhelminisch geprägt.

Seit dem Wandel in Osteuropa und der DDR hat Adenauers Deutschland-Politik zugleich mit seiner Westpolitik eine glänzende Rechtfertigung erfahren. Natürlich hat niemand die Entwicklung Polens, Ungarns, der Sowjetunion vorausberechnen können – auch er nicht, der schon vor fast einem Vierteljahrhundert starb. Aber seine Grundannahmen über die lähmenden Auswirkungen der Unfreiheit, die längerfristige Hinfälligkeit der sozialistischen Systeme haben sich ebenso als richtig erwiesen wie sein Vertrauen in die Anziehungskraft einer geeinten westeuropäisch-atlantischen Welt.

Adenauers Einsichten müssen auch in Zukunft der Maßstab unseres Handelns bleiben. Die Wirkungsmöglichkeiten der Deutschen werden nicht kleiner, wie viele in der bisherigen DDR und manche Westdeutsche glauben, sondern werden größer durch unsere Einbindung in die EG und die Nato. Die entsprechenden Souveränitätsverzichte machen sich vielfältig bezahlt.

Viele fragen jetzt außerhalb unseres Landes: Wie wird die vergrößerte Bundesrepublik mit ihrer neuen Macht umgehen? Deutschland wird seine zweite Chance, die ihm jetzt zufällt (etwas ganz Seltenes in der Geschichte, wie Fritz Stern betont), nur dann konstruktiv für uns und die anderen Europäer nutzen können, wenn es sich an die staatsmännische Klugheit seines Gründungskanzlers hält.

(1990)

In Bismarcks Grenzen

Kurz nach der Wiedervereinigung, im Oktober 1990, wurde ich von Journalisten gefragt, wie nach meiner Einschätzung dieses Ereignisses, Ursachen und Folgen, zwei Jahrzehnte später, in Geschichtsbüchern des Jahres 2010, dargestellt werden würde.
Mein Versuch einer Antwort, ein Gedankenspiel, erschien in der Frankfurter Allgemeinen Zeitung vom 9. November 1990.

Noch zwei Jahrzehnte später erstaunt der lautlose, gewaltfreie Zusammenbruch der DDR, ihr überraschendes, sanftes Ende in den Monaten nach der letztlich ungeplanten, halbdurchdachten, überstürzten Öffnung der Berliner Mauer am 9. November 1989. So friedlich stirbt nur, wer von allem und sich selbst längst aufgegeben ist. Auch jene Hunderttausende scheinbar unerschütterlicher Idealisten, die ihrer Utopie treu blieben und ausharrten, statt wie so viele andere damals nach Westen abzuwandern, hatten die eigene DDR, tief resigniert, seit Jahren innerlich aufgegeben, die ganze Sache des Sozialismus insgeheim für unrettbar verloren gehalten. Eine neue Dolchstoßlegende – daß irgendein Verrat den wahren, humanen Sozialismus hinterhältig um seine Chancen gebracht habe – kam erst später auf, vor allem unter westlichen Sozialisten; sie fand, verständlicherweise, nur mäßig Gehör.

Sowenig wie 1918 war dieser 9. November ein Blitz aus heiterem Himmel. Auch diesmal war der deutsche Umsturz kein Einzelfall. Teils zielbewußt, teils unfreiwillig hatte Gorbatschow, ein Held des strategischen Rückzugs und gleichzeitig der Totengräber des Sowjetimperiums, in den Jahren zuvor den kommenden Untergang des kommunistischen Weltreichs signalisiert. Schon Jahrzehnte früher war der katastrophale wirtschaftliche Niedergang, der moralische und gesellschaftliche Zerfall in sämtlichen Ländern des sozialistischen Lagers, überall Gegenstand ratloser Erörterungen gewesen. Achselzuckend beklagte man – unverhüllt im Westen, heimlich im Osten – die offenbare Unmöglichkeit durchgreifender Reformen, also fundamentaler ökonomischer und politischer Selbsterneuerungen der dort maßgeblichen, gleichförmigen, primitiven Systeme. Sie alle lebten davon, daß sie, rücksichtslos in jeder Hinsicht, weit über ihre Verhältnisse lebten. Sie hatten mit dieser Kahlschlag-Attitüde das eigene Scheitern selbst von langer Hand planmäßig in die Wege geleitet. Nach strikt marxistischen Kriterien nahm es seinen Lauf.

Die Auflösung der rigiden, fassadenhaft gewordenen Herrschaftsapparate, von den mutigen Polen, dann den umsichtigen Ungarn in Gang gesetzt und offen vorangetrieben, beschleunigte, der Dominotheorie folgend, im Laufe der späten achtziger Jahre die kommunistischen Zusammenbrüche: Was in Warschau noch zehn Jahre gedauert hatte und in Budapest zehn Monate, vollzog sich in Leipzig und Ost-Berlin innerhalb von zehn Wochen, dann später in Prag in nur zehn Tagen (Timothy Garton Ash). Wie von Termiten zerfressen oder durch rundum mangelnde Pflege verwahrlost, verfault, stürzten beim ersten Windstoß der Veränderung die morschen, altersschwachen Gebäude dieser *Anciens régimes* des 20. Jahrhunderts eins nach dem anderen in sich zusammen.

Erstaunlich bleibt im Rückblick beim Fall von Mauer und DDR, wie verblüfft man damals zumal im Westen Deutschlands über diese Entwicklung war, wie unvorbereitet auf die plötzlich erreichbare Wiedervereinigung und erst recht auf die mit ihr einhergehende Aufwertung, den Machtzuwachs der Deutschen – von dem wir, so ganz anders als in der ersten Hälfte des zwanzigsten Jahrhunderts, einen verantwortungsbewußten, maßvollen Gebrauch gemacht haben. Die neue Vormachtrolle Deutschlands war bekanntlich weniger durch die Vergrößerung der Bundesrepublik bedingt als durch den gleichzeitig sich anbahnenden Zerfall der Sowjetunion. Ebenso bedeutungsvoll für unser Schicksal war, daß es auch nach 1990 bei der westlichen Verankerung Deutschlands blieb.

Wir hätten seither unsere außerordentlich aktive, in Europa weithin positiv bewertete Rolle gar nicht spielen können, wenn wir die Handlungsrahmen des Nordatlantischen Bündnisses und der Europäischen Gemeinschaft von uns aus in Frage gestellt oder auch nur relativiert hätten. Die lebenskluge Zurückhaltung, demonstrative Bescheidenheit und europäische Einordnung bleiben das Vermächtnis des damaligen, langjährigen Außenministers. Wäre nämlich ihre unverhoffte Großmachtrolle den Deutschen zu Kopfe gestiegen, hätten die alten Ängste und das neue Mißtrauen sofort alle europäischen Nachbarn veranlaßt, sich gegen uns zusammenzuschließen, um uns einzudämmen, zu isolieren, was die Deutschen gekränkt mit einer verstärkten Konzentration auf die eigenen Interessen beantwortet hätten. Damit wäre es möglicherweise unter veränderten Rahmenbedingungen und in anderen Formen zu ähnlich unheilvollen Konstellationen gekommen, wie sie unsere katastrophalen Niederlagen 1918 und erst recht 1945 herbeigeführt haben. Zumindest wäre in einer Situation deutscher Isolierung und Selbstisolierung die umfassende, großzügige Unterstützung der neuen osteuropäischen Demokratien, dieser entscheidende deutsche Beitrag zu deren wirtschaftlicher und damit auch sozialer und politischer Stabilisierung, unwahrscheinlich gewesen, vermutlich unmöglich geworden.

Aber die vertrauensvolle westliche Einbettung unseres Landes blieb auch nach 1989/90 die entscheidende Voraussetzung erfolgreicher deutscher Wirksamkeit, die alle unsere Regierungen im Auge behalten haben – oft enttäuscht darüber, daß in der neuen Situation so wenig wie in der alten die NATO und vor allem die Europäische Gemeinschaft die weiterreichenden, hochgespannten politischen Erwartungen erfüllt haben, die man lange Zeit immer wieder an diese beiden Vertragsgemeinschaften geknüpft hatte.

Am schnellsten begriff 1989/90 Bundeskanzler Kohl die unerwartete Chance, die sich uns bot. Er hat sie sofort beherzt und zugleich umsichtig genutzt. Die Sozialdemokraten hingegen ließen eine große geschichtliche Chance vorübergehen, auf die sie doch, mit der neuen Ostpolitik Brandts, nach 1969 ursprünglich selbst hingearbeitet hatten. Wie schon in der Gründungsphase der ursprünglichen Bundesrepublik verkannten sie wiederum die Zeichen der Zeit.

Hatten sie nach 1948/49 Erhards soziale, populäre Marktwirtschaft wegen ihrer vermeintlichen Rücksichtslosigkeit erfolglos bekämpft und Adenauers Westintegration um der (damals freilich aussichtslosen) Wiedervereinigung willen vehement abgelehnt (Stalins Bedingungen hätten, wie die SPD seit ihrer Zwangsvereinigung mit der KPD in der Sowjetzone 1946 eigentlich wußte, die Unfreiheit des ganzen Landes nach sich ziehen können), so neigten sie diesmal umgekehrt und eher konservativ dazu, die grundsätzliche Wünschbarkeit einer deutschen Zweistaatlichkeit und die Wahrung westdeutscher sozialer Besitzstände für ihre Hauptanliegen zu halten. Indem sie sich aber auf die Anprangerung negativer Begleitumstände der Vereinigung konzentrierte, die es übrigens unleugbar gab, machte die SPD unfreiwillig deutlich, daß auch sie die Entwicklung zur Einheit als solche für zwangsläufig hielt, also keine grundsätzliche Alternative erkennen konnte und vorzuschlagen wußte.

Diese Sprachlosigkeit hatte ihre Gründe. Als im Dezember 1989 klar zu werden begann, daß es auch bei massiver westlicher Wirtschaftshilfe keine Chance gab, eine eigenständige, lebensfähige DDR zustande zu bringen, weil es vor Ort an wichtigen Voraussetzungen einer freien, dynamischen und rechtsstaatlichen Entwicklung fehlte, war diese Einsicht vor allem für beträchtliche Teile der kulturellen, meinungsbildenden Eliten in beiden damaligen Staaten ein großer Schock. Zumal im linken und linksliberalen Spektrum der westdeutschen öffentlichen Meinung hatte man schon lange mehr und mehr die Zerreißung Deutschlands nach 1945 als endgültig empfunden, ja als gerechten Urteilsspruch der Geschichte über die Reichsgründung von 1871 verstanden. War nicht die Rückkehr zu vorbismarckschen Formen deutscher Staatlichkeit geboten, längerfristig die Wiederherstellung eines Deutschen Bundes angezeigt? Spätestens seit den siebziger Jahren galt das Reich Bismarcks weithin als eine von Anbeginn verfehlte Konstruktion, eine gewaltsame, aufs Scheitern angelegte Kunstschöpfung, die denn auch bloße Episode geblieben war. Bei solchen Einschätzungen spielte unter Linken eine Rolle, daß man dort den zweiten deutschen Staat trotz aller seiner Mängel als ein sozialistisches Experiment auf deutschem Boden betrachtete, das als Gegenmodell grundsätzlich Respekt, ja Unterstützung verdiene.

Jetzt, im Jahre 2010, sieht man deutlicher als vor zwanzig, vierzig oder sechzig Jahren, wie die deutsche Geschichte seit 1871 verstanden werden muß. Über alle Brüche und Wandlungen hinweg, die das Land erlebt hat, fällt eindrucksvoll die Kontinuität von Staat und Gesellschaft ins Auge. Das Völkerrecht, seinerzeit oft als weltfremd belächelt, hat mit großer Einmütigkeit schon in den ersten Jahrzehnten nach 1945 die Bundesrepublik Deutschland juristisch für identisch mit dem Deutschen Reich erklärt. Die DDR war in dieser Sicht schon damals nur eine vorübergehende Sezession, die Abspaltung eines Landesteils, der Bonner Staat hingegen, entgegen dem Augenschein, rechtlich das Reich. Jeder Blick auf die Landkarte seit 1990 zeigt sofort, daß wir Deutschen wieder in den Grenzen des Bismarckreiches leben, freilich verkürzt um jenes reichliche Viertel des Landes, das 1945 polnisch geworden ist. Nicht nur geographisch, auch rechtlich, institutionell, gesellschaftlich, politisch ruht die Gesamtverfassung des heutigen Deutschland noch immer auf vielen der Fundamente, die in der Ära Bismarcks vor nun fast anderthalb Jahrhunderten gelegt wurden.

Freilich wurde der Staats- und Gesellschaftsbau durch die vier Jahrzehnte nach 1949 ganz wesentlich modifiziert; völlig neue Flügel kamen hinzu, anderes wurde umgebaut oder abgerissen. Durch das zeitweilige, bedrohliche Vordringen der Russen bis in die Mitte Deutschlands ergab sich der Zwang für den verbleibenden Rest, festen Rückhalt, verläßliche Freunde im Westen zu suchen, um die eigene Freiheit zu retten. Durch Adenauers erfolgreiche Integrationspolitik ist Deutschland energisch nach Westen verlagert, in allen Lebensbereichen tiefgreifend verwestlicht worden. Das Symbol dieser Umorientierung war – oder wurde, richtiger gesagt, 1990 – Bonn, diese bescheidene Universitätsstadt an den Ufern des Rheins, und das lange Zögern, den Regierungssitz nach Berlin zurückzuverlegen, entsprang bei manchen nachdenklichen, sorgenvollen Zeitgenossen wesentlich der Befürchtung, ein von der alten Reichshauptstadt her regiertes Deutschland könnte weniger westlich, international weniger vertrauenswürdig wirken als der bisherige Bonner Staat.

Das heutige Deutschland ist eine geglückte Synthese aus Bismarcks Reich und Adenauers Rheinbund. Anders gesagt: Wir leben noch immer im Deutschland Bismarcks, aber in der weltoffenen, republikanischen Form, die ihm die Ära Adenauers gegeben hat.

(1990)

Zwiespältige Heimkehr

Ich bin in den siebziger, achtziger Jahren regelmäßig in der damaligen DDR gereist, erzählte anderen gern aus »meiner DDR« und hatte dabei oft Schwierigkeiten, selbst Freunden verständlich zu machen, was ich mit *meiner* DDR meinte. Natürlich nicht das klägliche Regime, die Mauern und Schikanen, seine Staatssicherheit und alle sonstigen kleinkarierten, auch boshaften Unzulänglichkeiten. Meine private Entdeckerfreude galt all dem, was darunter, dahinter lag – verschüttet, verwahrlost, vergessen: dem alten Deutschland, das mir bis dahin weithin unbekannt geblieben war.

Ich hatte jahrzehntelang keine Ahnung vom unglaublichen kulturellen Reichtum dieser historischen Räume – besonders zwischen Wittenberg und Weimar, in der Lausitz, der Altmark, dem Saale- und Unstruttal. Wie herrlich die alten Städte – Bautzen, Meißen, Naumburg, Wismar! Goethes Gedichte kann man nur richtig verstehen, fand ich, wenn man durch die Hügellandschaft Thüringens reist, und Caspar David Friedrichs romantisches Genie erst dann ganz begreifen, wenn man seine Bilder mit ihren bescheidenen Vorlagen, etwa in Eldena, vergleicht. Entdeckungen überall: Barlachs melancholische Güstrower Schwere. Gothas dreihundertjähriges Hoftheater. Natürlich Wörlitz. Pücklers Park in Branitz. Auch die Schlachtfelder von Frankenhausen und Roßbach. Friedrichs Sanssouci. Bachs Thomaskirche. Die Brandenburger, Mecklenburger Alleen.

Ich habe erst auf diesen Reisen begriffen, wo zumindest wir norddeutschen Protestanten die Fundamente unserer Identität finden, und so war jede dieser Erkundungsfahrten eine Heimkehr, ein Stück glücklicher Wiederentdeckung eigener Wurzeln, eine lang entbehrte Selbstvergewisserung. Sobald man die ärgerlichen Banalitäten des unsäglichen Regimes hinter sich gelassen hatte, konnte man sich sogleich zu Hause fühlen, war im eigenen Deutschland angelangt, was meinen Bonner Verfassungspatriotismus nicht ausschloß, sondern ganz im Gegenteil vertiefte und beflügelte.

Ist den Westdeutschen in ihrer großen Mehrheit eigentlich je bewußt geworden, welch ungeheure Verarmung jeder von ihnen 1945 dadurch erlitten hatte, daß die Hälfte des Landes an die Polen, die Russen und die deutschen Kommunisten verloren gegangen war? Vermutlich kann ein Volk eine Katastrophe solchen Ausmaßes zunächst nur dadurch überleben, daß es sie verdrängt, vergißt. Die phantastische Schrumpfung unseres historisch-räumlichen Erinnerungsvermögens in den Nachkriegsjahrzehnten wird im Rückblick die nach uns Kommenden eines Tages ganz besonders erstaunen.

Wir haben in einem tieferen Sinne 1990 eher stumpf auf die Neuvereinigung Deutschlands reagiert. Indem wir auf jedes

Pathos verzichteten – es kam uns gar nicht in den Sinn –, haben wir uns nicht als besonders aufgeklärte, moderne Europäer, sondern als armselige, kurzsichtige Deutsche erwiesen. Durch diese Dumpfheit wurde die Angliederung der DDR zu einer Bagatelle, zu einem Routinevorgang gemacht, obwohl die Lage Ungewöhnliches verlangte und Alltagstrott eigentlich verbot.

Denkt man an diese »nationalen Aufgaben«, wird bei einem solchen Begriff sofort klar, wird heute viel deutlicher als in früheren Jahren, daß es Deutschland als Nation eigentlich gar nicht mehr gibt. Es gibt nach wie vor die Bundesrepublik – Deutschland ganz leise hinterhergesagt. Und irgend jemand, ich glaube Lothar de Maizière, hat einmal gemeint, der Gang der nächsten Jahre werde, wenn das Ganze gelingt, dazu führen, daß man mehr und mehr das zweite Wort stärker betone, also von der Bundesrepublik *Deutschland* spreche und eines Tages überhaupt nur noch von Deutschland. Im Augenblick sieht es nicht danach aus – noch nicht.

Die Vorstellung einer deutschen Identität, einer historischen Kontinuität ist vollständig verschwunden. Ich kritisiere das nicht. Ich bin überzeugt: Das Land hätte die totale Niederlage von 1945, die jenseits aller Sieger-Rhetorik eben doch ein ganz, ganz tiefer Fall war, ein Zerfall Deutschlands war, nicht überlebt, wenn es sich im Westen wie im Osten nicht völlig von allen alten Vorstellungen getrennt hätte, was Deutschland sei, Deutschland ausmache. Ob das nun ein Vedrängungsprozeß war oder ein glückliches Vergessen, wollen wir dahingestellt lassen. Aber die entschlossene Abwendung von unserer Geschichte hat meiner Ansicht nach den energischen Neuanfang im Westen überhaupt erst möglich gemacht. Denn wäre man sich des ganzen Ausmaßes der Katastrophe bewußt geworden, die das Werk von Jahrhunderten zunichte machte, wäre man möglicherweise gelähmt gewesen. So aber endete die Vorstellungswelt der Westdeutschen an der Wartburg; östlich von ihr begann undurchdringliche Wildnis. Man war gut beraten, falls man sich nicht trostlos grämen wollte, die Gebiete, die hinter der Mauer lagen, möglichst vollständig links liegen zu lassen – zu vergessen.

Dabei vergaßen oder übersahen wir allerdings auch, wie tiefgreifend das Regime des etablierten Sozialismus unsere Landsleute – zumindest viele von ihnen – sich gefügig machte, indem es sie verformte. Die alte DDR ist nicht nur materiell und personell, auch psychologisch bisher als das Problem, das sie ist, keineswegs erkannt. Die Mischung aus Autoritätsgläubigkeit (also der Hoffnung, daß irgend jemand von oben, früher Honecker und jetzt Kohl, die Dinge regeln wird), einer verbreiteten Antriebsarmut und gleichzeitig großen Erwartungshaltung ist besonders ungünstig für das, was wir als Selbständigkeit in der Demokratie, aber auch der Wirtschaft voraussetzen.

Ein Politikwissenschaftler hat geschrieben, die ganze ehemalige DDR sei »so etwas wie eine sozialpsychiatrische Herausforderung«. Man konnte in diesem Gebilde, das sich DDR nannte, nur überleben, wenn man den Kopf einzog, keine Initiative entfaltete, soweit wie irgend möglich graue Maus war. Und das ist natürlich ein ungeeignetes Verhalten, wenn man sich nun in die ganz anders gearteten, neuen Verhältnisse einer freien Gesellschaft einfügen soll. Ich glaube, um das einmal ganz pauschal zu sagen, daß eine solche Anpassung genauso lange dauern wird, wie es gedauert hat, die DDR zustande zu bringen und dann zugrunde zu richten. Wir müssen also in Generationen rechnen, bis alle mentalen, emotionalen Defizite beseitigt sind.

Inzwischen ist zumindest mehr oder weniger allen Berlinern klar und vielen in der Bundesrepublik wird zunehmend deutlich, wie wenig der anfängliche Optimismus begründet war. Alles erweist sich als sehr viel schwieriger, langwieriger. Die Meisterung dieser enormen Integrationsaufgabe ist obendrein wesentlich eine Frage des behutsamen Umgangs mit den neuen Landsleuten, an dem es leider immer wieder fehlt. Arroganz mag es hier wie dort geben. Aber in der früheren DDR ist es die Arroganz der überspielten Schwäche, des uneingestandenen Unterlegenheitsgefühls, auf westdeutscher Seite die Überheblichkeit vermeintlicher Stärke.

Es ist heute fast unmöglich, einem DDR-Publikum die Wahrheit über die dortige Gesamtsituation zu vermitteln und nicht gleichzeitig die Arroganz des Westlers herauszukehren, weil man, will man ehrlich sein, sehr unerfreuliche Dinge sagen, unfreundlich klingende Mitteilungen machen muß: über die oft fehlende Motivation, den trostlosen Zustand des Landes, die Sinnlosigkeit aller Opfer der letzten vierzig, fünfundvierzig, sechzig Jahre. So gut wie nichts Positives bleibt weit und breit. Die DDR-Errungenschaften, von denen manche Leute lange Zeit schwärmten, sind inzwischen auf mehr oder weniger nichts zusammengeschrumpft. Es ist natürlich außerordentlich schwierig, sich vor allem in fortgeschrittenen Lebensaltern klarzumachen, daß man unter Regimen gelebt hat, die kein Dankeswort verdienen, im Gegenteil, denen nur Verwünschungen hinterherhallen. Das ist für die eigene Lebensbilanz etwas außerordentlich Belastendes.

Es ist überdies verletzend für das Selbstwertgefühl, plötzlich als Mensch zweiter Klasse zu erscheinen, der nicht fähig ist, seine eigenen Angelegenheiten zu regeln. Das Minderwertigkeitsgefühl wird nicht dadurch weniger schmerzhaft, daß viele es teilen. Und an tausend Dingen, die im praktischen Alltagsgeschäft auffallen – Anträge werden nicht bearbeitet, Post kommt nicht an, Anfragen bleiben unbeantwortet, Stagnation allenthalben –, zeigt sich auf Schritt und Tritt der marode Zustand des ganzen Gebiets.

Die Malaise liegt vor allem daran, daß tatkräftige Menschen fehlen. Der Sozialismus lief sozusagen von selbst – schlecht und recht. Diese Regime waren darauf eingestellt, von einem mittelprächtigen Politbüro, meistens eher unterqualifizierten Leuten, von oben nach unten dirigiert zu werden – abgeschottet gegen die Außenwelt, die Weltwirtschaft. Eine Kommandowirtschaft kann in ihrem Rahmen eine Zeitlang funktionieren – bis alles zusammenbricht. Aber in einer Gesellschaft, die auf freie Initiative angewiesen ist, läuft nichts ohne Mut zur eigenen Entscheidung. Und die große Illusion im Westen lag in der Annahme: Wenn man die Kommandowirtschaft und den Terror beseitige, seien sofort freie Individuen da, die sich selbständig betätigen und alles Mögliche in Bewegung setzen würden.

Trostlos sah es wohl in vielen Führungsetagen der DDR aus. Wieso und woher sollten eigentlich jetzt Unternehmer auftauchen? Unternehmertum setzt vielfältige Kenntnisse, ein Geflecht von Verbindungen, setzt Erfahrungen und Traditionen voraus. Zunächst einmal fehlte es weithin an allen diesen Eigenschaften, und noch immer ist nicht sicher, wie rasch sie sich in hinreichender Zahl entwickeln, auch wenn es hoffnungsvolle Ansätze an vielen Orten gibt.

Was bringt ein junger Mensch heute aus der DDR mit? Er muß

völlig von vorne anfangen. Die Universitäten waren weitgehend keine Universitäten, die Schulen keine Schulen. Ich bin verblüfft, daß der Zustand (was wir manchmal geahnt, aber eigentlich ernsthaft nicht für möglich gehalten haben) bei näherer Betrachtung gerade in diesen Bereichen, auf die das Regime so stolz war, derart verheerend ist. Zum Beispiel muß die Betonung des Russischen als Sprache und des Marxismus-Leninismus als Philosophie dazu geführt haben, daß sich in den Köpfen überhaupt nichts tat. Es ist wirklich erstaunlich, daß Millionen von Menschen viele Milliarden von Stunden mit diesen Inhalten jahrzehntelang verbracht haben mit der Folge, daß bei den meisten nichts, überhaupt nichts, in den Köpfen oder Herzen hängen blieb.

Und in der Umwelt sieht es nicht anders aus. Mit anderen Worten: der Verwüstungsvorgang hat eine Intensität, die in ganz Westeuropa überhaupt nicht erkannt wird. Neues Bewußtsein, neue Kreativität, neue Führungsfähigkeit kann sich nur bilden, wenn auf allen Gebieten gesellschaftlichen Daseins neue Spitzenbegabungen entdeckt und gefördert werden. Schließlich geht es um die Schaffung einer neuen bürgerlichen Gesellschaft aus der Retorte.

(1991)

Gibt es deutsche Interessen?

Es geht heute wie immer wesentlich darum, unsere Interessen mit denen der anderen abzustimmen – europäischen Interessen, atlantischen Interessen. Unseren Führungsgruppen ist allerdings nicht recht klar, was die Interessen unseres Landes sind und wie sie mit denen der anderen zu kombinieren wären, weil schon das Wort »Interesse« auf weitverbreitete Ablehnung stößt.

Interessen gelten als etwas Minderwertiges, Schmutziges; Interessen sind für viele die negative Seite des Kapitalismus, der gern genutzt, aber selten offen bejaht wird. Wir wollen an eine ideale Welt glauben, an das vereinte Europa, an Menschenrechte, den Fortschritt. Übrigens sehr vage und unverbindlich.

Ich habe das 1990/91 deutlich empfunden. Wenn man im letzten Jahr Oskar Lafontaine hörte: der Nationalstaat sei nicht mehr die Antwort, man müsse ihn hinter sich lassen und in europäischen, kosmopolitischen Dimensionen denken, auch die Verteidigung in einem solchen europäischen Rahmen organisieren, dann klang das nach etwas. Als wir aber 1991 den Golfkrieg erlebten, war plötzlich von all dem überhaupt nicht mehr die Rede.

Unsere wichtigsten europäischen Alliierten, übrigens auch östliche Nachbarn wie die Tschechen und Polen, beteiligten sich prompt und mit großer Einmütigkeit, während sich unsere Regierung bedeckt hielt, auf heimliche Hilfsdienste beschränkte. Und die Sozialdemokraten, die noch kurz zuvor immer von Europa als dem einzig zeitgemäßen Rahmen unserer Verteidigung geredet hatten? Sie hatten ihre Worte offenbar plötzlich vollkommen vergessen und hüllten sich in betretenes Schweigen, statt die Regierung zu einem gemeinsamen europäischen Engagement zu drängen. Manch ein Sozialdemokrat versuchte, sich gleichzeitig auch aus den NATO-Verpflichtungen zu schleichen. Ein lamentables Bild!

Es gibt in allen Lagern eigentlich nur noch Redensarten und ängstliches Lauschen auf die Meinungsumfragen. Wir sind eine Demoskopie-Demokratie geworden; die Politiker wollen nur noch beliebt sein und folgen daher blindlings dem, was sie in Umfragen als momentane Tendenz ausmachen. Das reicht natürlich nicht. Insofern führt die Frage, hinter welcher Politik unser Land steht, in die Irre. Es gibt keine Politik Deutschlands, die mehr wäre als die allseitige Verkündung guten Willens. Es gibt auch keinerlei Diskussionen unter den Deutschen darüber, welche Prioritätenliste, welche Reihenfolge es bei unseren Interessen gibt und wie sie abgestimmt werden könnten mit den Interessen anderer. Diese dringende Diskussion findet in der Öffentlichkeit nicht statt. Das glauben uns viele Ausländer gar nicht. Sie halten eine derartige Harmlosigkeit der Deutschen gar nicht für möglich und neigen daher zu einer geradezu grotesken Fehleinschätzung dessen, was in Deutschland im Augenblick los ist. Sie vermuten, wir hielten mit unseren Absichten hinter dem Berge.

Andere Völker gehen ganz selbstverständlich – und das beweist eine Mentalität, die von der unsrigen denkbar verschieden ist – von den eigenen Definitionen ihrer nationalen Interessenlage aus und halten es für ebenso selbstverständlich, daß wir das auch tun! Es scheint mir beispielsweise in Polen sofort viel mehr darüber diskutiert worden zu sein, was die Vereinigung Deutschlands bedeute und welche Sicherheitsvorkehrungen Warschau treffen müsse, als bei uns erörtert worden ist, inwieweit es unsere eigene Interessenlage verändert, daß auch wir Westdeutschen jetzt die Nachbarn der Polen sind.

Insofern fürchte ich, daß man bei uns gar nicht auf interessierte, engagierte Gruppen von Bürgern trifft, die sich mit solchen Fragen beschäftigen. Das ist, sagen sich auch die meisten Politiker, für den nächsten Wahlkampf nicht relevant, ebensowenig für die anstehenden Lohn- und Tarifrunden. Die sozialen Sicherungssysteme werden davon ebenfalls nicht unmittelbar betroffen, und die Zukunft des Landes oder die nationalen Aufgaben, du lieber Gott, wer diskutiert denn etwas so Theoretisches! Wer hält dergleichen überhaupt für Fragen, die einer Diskussion bedürfen?

Das Auswärtige Amt ist der einzige Platz, an dem bei uns Außenpolitik kontinuierlich und umfassend behandelt wird. Ob sie allerdings dort kontrovers diskutiert wird, weiß ich nicht. Da ich den Außenminister nicht für einen konzeptionell interessierten Menschen halte, sondern eher für eine geniale taktische Begabung, könnte ich mir denken, daß selbst dort unsere Lage nicht oft kontrovers diskutiert wird. Genscher hat die Neigung, für die in der Tat lange Zeit vieles sprach, alle Probleme zu harmonisieren, gleichzeitig damit freilich auch zu bagatellisieren und daher zu glauben, alle unsere Ziele ließen sich in sämtlichen Windrichtungen störungsfrei gleichzeitig und parallel verfolgen. Hinzu kommt, daß Behörden wie das Auswärtige Amt bei der öffentlichen Meinungsbildung eine eher geringe Rolle spielen, weil Beamte bekanntlich ihre Meinung nur dann äußern dürfen, wenn der jeweilige Chef das wünscht. Der Chef macht die *public relations* des Hauses, das ist sein Privileg, auch seine Aufgabe.

Und außerhalb des Auswärtigen Amtes, das beunruhigt mich schon seit 1969, finden eindringliche Situationsanalysen, Konstellationsanalysen allzu selten statt. Es gibt die offiziöse *Deutsche Gesellschaft für Auswärtige Politik* in Bonn, es gibt die *Stiftung Wissenschaft und Politik* im idyllischen Ebenhausen, die *Hessische Stiftung für Friedens- und Konfliktforschung* in Frankfurt, das Berliner *Aspen-Institut,* einige weitere Diskussions-

Akademien, vor allem die in Tutzing, es gibt, über viele Orte verstreut, Experten für dieses Land, jenes Problem: insgesamt ist das wenig – viel zu wenig für einen Staat unserer Größe und Bedeutung. Wie gesagt: dieser Mangel ist nicht neu, sondern ist schon 1969 erkennbar geworden, also vor mehr als zwanzig Jahren.

Durch die Neue Ostpolitik Willy Brandts und die aus ihr folgende, partielle Anerkennung der damaligen DDR erweiterte sich der Handlungsspielraum der Bundesrepublik beträchtlich. Es war ein Symbol dieser internationalen Bedeutungserweiterung, daß wir in jenen Jahren Mitglieder der Vereinten Nationen wurden.

Bis dahin hatte sich unsere Außenpolitik wesentlich auf Westeuropa und die atlantischen Beziehungen beschränkt. Das lag zum Teil daran, daß in den Anfangsjahren der Bundesrepublik noch große Teile der Erde, vor allem in Afrika, Kolonialgebiete waren. Seit Anfang der sechziger Jahre gab es zwar auch eine westdeutsche Entwicklungspolitik, also Hilfe verschiedenster Art für die neuen Staaten, die kurz zuvor unabhängig gewordenen Länder. Aber in unserem Falle stand sie zunächst völlig im Dienste der Hallstein-Doktrin, also des Versuchs, eine Anerkennung der DDR durch weitere Regierungen zu verhindern. Das war von vornherein ein eher begrenztes Ziel, eigentlich nur ein Mittel zum Zweck gewesen, das sich allmählich verselbständigt hatte. Im Laufe der Zeit wurde das Bemühen Bonns, sämtliche Regierungen aller Kontinente an einer Aufwertung des »Zonenregimes« zu hindern, kontraproduktiv. Es zeigte sich, daß unser Versuch, der DDR den Weg in die Welt zu verlegen, unseren eigenen Handlungsspielraum international einengte. Obendrein war offensichtlich, daß dieser politische Gesichtspunkt wirtschaftlich vor Ort sinnvolle Hilfsaktionen nicht unbedingt förderte.

Nach 1969 befreiten wir uns von dieser Verkrampfung. Man fand sich mit der DDR schlecht und recht ab. Das hätte die Möglichkeit geboten, uns wirklich weltweit eigene Meinungen zu bilden, unsere eigenen Interessen zu definieren, also endlich das zu tun, was unsere Außenminister bis zum heutigen Tage zwar oft proklamiert, aber nie wirklich in die Tat umgesetzt haben: eine eigene, kohärente Außenpolitik zu entwickeln, vor allem für die uns nahen, besonders wichtigen Regionen, und die

Optionen dann unserem Lande beharrlich nahezubringen, also den Sinn der Öffentlichkeit für Rangfolgen, Durchsetzungsmöglichkeiten und Gefährdungen unserer Interessen nachhaltig zu schärfen.

Nichts dergleichen geschah, nach 1969 so wenig wie nach 1989. Der Gewinn an Selbstsicherheit und Weite blieb damals schon aus; provinzielle Denkhemmungen und Verklemmungen herrschten weiter vor. Es lief 1969 ähnlich wie 1989, wenn auch zwanzig Jahre früher angesichts der vergleichsweise geringen, eher atmosphärischen Veränderungen nur ansatzweise erkennbar, im Kleinformat. Die Westdeutschen brachen nicht zu neuen Ufern auf, empfanden die sich ihnen jetzt öffnenden Wirkungsfelder nicht als Gestaltungschance, als Befreiung aus der bisherigen Bewegungsarmut, sondern eher als ärgerliche Ruhestörung, irritierende Zumutung. Sie hofften nämlich, weltpolitische Zwänge nunmehr loszuwerden, internationalen Verwicklungen besser ausweichen zu können, waren besonders darauf aus, künftig mit der Sowjetunion nicht mehr im bedrohlichen Konflikt, sondern in behaglichem Frieden zu leben. Der ostpolitische Hauptunterhändler jener Jahre, Egon Bahr, sagte Anfang der siebziger Jahre, die neue Ostpolitik werde von der Öffentlichkeit unterstützt, weil die Deutschen ein tiefes Ruhebedürfnis hätten. Diese Ruhe werde es indessen nicht geben.

Solche Warnungen fruchteten wenig. Man überließ nun erst recht die Sorge um die internationalen Beziehungen ausschließlich dem dafür vorgesehenen Bonner Amte. Denn die sozialliberale Ära charakterisierte sich nicht allein durch ihre Ostpolitik, sondern mindestens ebenso stark durch einen Linksruck in wichtigen, meinungsbildenden Gruppen. Dieser Stimmungsumschwung bedeutete, obwohl man sich weltweit interessiert, ja engagiert gab, eine energische Wendung nach innen; künftig konzentrierte man sich, zumindest rhetorisch, ganz auf interne Reformen und Pseudoreformen. Diese Bewußtseinsveränderung ließ sich an den Universitäten gut beobachten, zumal in Berlin. Fortan widmeten damals Studenten ihre Aufmerksamkeit mehr und mehr Gewerkschaftsproblemen oder Basisbewegungen statt Fragen außenpolitischer Ortsbestimmung.

Der Trend, sich eigentlich nur mit den eigenen Angelegenheiten zu beschäftigen, mag Demokratien allgemein eigen sein. In unserer Lage kann er, sobald wir auf uns selbst gestellt sind, höchst bedrohlich werden. Seit 1989 ist offensichtlich, daß unsere gedankliche Horizontverengung zum Dauerzustand geworden ist. Wir haben lediglich unsere lokalen Angelegenheiten im Kopf, aber auch sie nur auf ganz enge, kleinliche Weise.

Dieser Befund ist verblüffend. Denn heute ist noch viel mehr mit Händen zu greifen als 1969 und in den Jahren danach, daß wir auf uns alleine gestellt gar nicht lebensfähig sind. Ein Land, das in einem so hohen Maße von Exporten und Importen abhängig ist, ein Land, das weltweite Wirtschaftsinteressen hat, muß sich natürlich über die Schutzbedürftigkeit dieser Interessen im klaren sein. Oder ist die Frage ganz abwegig: Was machen wir eigentlich, wenn irgend jemand anfängt, unsere Schiffe auf hoher See zu kapern? Diese Befürchtung haben wir nie gehabt, und wenn einer sie geäußert hätte, wäre das immer für absurd gehalten worden. Hätte dieser Gedanke jemandes Kopf gekreuzt, wäre ihm sofort eingefallen: so etwas kann gar nicht passieren, und wenn doch, dann werden uns schon die Amerikaner aus der Patsche helfen.

Das Beispiel zeigt, in welchem Umfang wir uns ganz selbstverständlich auf die USA als umfassende Schutzmacht verlassen. Die Frage, unter welchen Voraussetzungen sie auch künftig diese Rolle übernehmen werden, und was wir tun müssen, um sie bei dieser Geneigtheit zu erhalten, hat uns, glaube ich, nicht ernstlich je beschäftigt. Insofern sind all die positiven Entwicklungen, die wir nach 1945, dann verstärkt nach 1949, erlebt haben, auf der illusionären Grundlage entstanden, daß es eine Stabilität der Welt gibt, die sich von selbst erhält, die unseres eigenen Zutuns und auch der Allianzen nicht bedarf. Man hat mehr und mehr den Zustand der Sicherheit, der durch das westliche Bündnis geschaffen worden war, für einen naturwüchsigen Zustand gehalten.

Die wichtigste Voraussetzung, um der Zukunft gewachsen, für künftige Bedrohungen gewappnet zu sein, liegt in einer ständigen, sorgfältigen, nüchternen Beobachtung der gesamten Umwelt, übrigens auch der ökologischen. Man muß wie ein Radarschirm, der unaufhörlich den Himmel absucht, sich geräuschlos dreht, ohne Unterlaß die internationale Konstellation analysieren, inmitten derer wir uns befinden, muß sich der Interessen bewußt sein, die wir haben, und der Möglichkeiten, sie zu schützen. Das müssen natürlich nicht alle Mitbürger tun. Wie in anderen Politikfeldern auch genügt ein meinungsbildender Teil der Bevölkerung. Bei dieser Bestandsaufnahme müssen wir sehr viel deutlicher als bisher unterscheiden zwischen moralisch wünschbaren Entwicklungen – und unseren wirklichen, zwingenden Interessen.

(1991)

Die Atempause der Weltgeschichte ist vorüber

Im Rückblick erscheinen mir die Jahrzehnte seit 1945 als eine Atempause der Weltgeschichte für uns Deutsche. Nachdem das Reich von 1871 ein so bemerkenswerter Mißerfolg geworden war und wir zuletzt unsere Souveränität, unsere Selbstbestimmung verloren, also die Verantwortung für unsere eigenen Angelegenheiten, für das Schicksal der Deutschen eingebüßt hatten, haben wir uns rasch in jenem bequemen Zustand letztendlicher Verantwortungslosigkeit gemütlich eingerichtet, der uns jetzt zu schaffen macht.

Jahrzehntelang haben die westlichen Alliierten unser Schicksal verwaltet und unsere Freiheit geschützt. Zunächst als Besatzungsmächte. Aber auch als wir 1955 die Besatzungsherrschaft losgeworden waren, haben wir die Grundeinstellung der Zeit zuvor beibehalten. Wir hatten uns rasch daran gewöhnt, unsere eigene Verantwortung an unsere neuen Bundesgenossen zu delegieren. Ich habe diesen Verzicht immer sehr deutlich gespürt in der Formulierung von Herrn Genscher: wir seien »in die Bündnisse eingebunden«. Diese Formel ließ einerseits Freiwilligkeit, andererseits Unvermeidlichkeit erkennen. Viele von uns ließen in der Schwebe, was wir aus eigenem Entschluß taten und was eine Spätfolge des Zweiten Weltkriegs war.

Die Diskussion, wie es mit uns Deutschen weitergehen soll, werden wir jetzt führen müssen, und ich glaube, wir werden dabei nicht umhinkommen, die Geschichte vor 1945 etwas genauer zu betrachten. Wenn man mich fragt, warum das Deutsche

Reich zwischen 1871 und 1945 diese katastrophische Entwicklung genommen hat, kann ich nur immer wieder sagen: weil unsere Führungsschichten nicht auf der Höhe der Probleme waren. Es gelang ihnen nicht, eine Sicht unserer Interessen und der internationalen Rolle des Landes zu entwickeln, die nach innen und außen tragfähig gewesen wäre.

Spätestens seit dem Abtreten des Reichsgründers haben die Deutschen keine Führungsschicht besessen, die den äußeren und inneren Problemen Deutschlands gleichermaßen gewachsen gewesen wäre. Es gelang nicht, einen Konsens über Lage und Ziele des Reiches herbeizuführen, also eine Politik zu entwerfen und durchzuhalten, die unseren Möglichkeiten mit Augenmaß Rechnung getragen hätte und gleichzeitig mit den Interessen unserer großen europäischen Nachbarn vereinbar gewesen wäre. Insofern ist das Wort Horst Krügers zutreffend, das Reich sei offenbar zu groß gewesen für unseren politischen Verstand.

Die Deutschen sind in der Zeit des Reiches zwei Grundorientierungen, Grundmustern gefolgt. Die eine Lösung, die Bismarck vorschwebte, dann wieder Stresemann, vielleicht Brandt, ein Konzept, das jedenfalls emotional auch heute breiten Anklang fände, wenn es artikuliert würde, bestand darin, einen vorsichtigen Ausgleich zwischen den verschiedenen Mächten Europas anzustreben, die Rolle des ehrlichen Maklers zu übernehmen, wie Bismarck gesagt hat, also zwischen den Interessen der anderen uneigennützig zu vermitteln und damit Verständnis, Vertrauen, Wohlwollen für das Reich in seiner Mittellage zu schaffen. Eine solche Politik setzte herausragende, ja fast unheimliche Fähigkeiten des Gespürs, der Balance, auch das Doppelspiels voraus, die schon über die Kraft Bismarckscher Staatskunst gingen.

Erst recht fehlten sie seinen Nachfolgern. Maßgebliche meinungsbildende Gruppen wollten auch gar nicht einsehen, warum man sich diese mühsame Zurückhaltung auferlegen müsse und das neue Reich immer kleiner machen solle, als es sei, weshalb also gerade Deutschland bescheidener zu sein habe als andere, vergleichbare Staaten.

Daher kam es zum entgegengesetzten Modell: zur Großmachtrolle, wie man sie unter Wilhelm II. anstrebte und dann noch einmal, erst recht, mit Hitler. Hier ging es nicht länger um Ausgleich zwischen den anderen Machtkonkurrenten, sondern um ihre Beherrschung. Man war der Überzeugung, daß das Reich zur Großmacht, zur Weltmacht aufsteigen müsse, um sich zu behaupten. Im Zeitalter der Großräume und Rohstoffquellen müsse Deutschland sich das europäische Festland gefügig machen, Rußland, Frankreich und England an die Ränder treiben, die USA fernhalten.

Man weiß, was daraus geworden ist. Zwei verzweifelte Versuche, die Großmachtposition im Alleingang zu erobern, sind am Ende in einem Ausmaß mißlungen, das die Geschichte unseres Volkes langfristig, wenn nicht dauerhaft umgeformt hat. Nicht nur die Verbrechen Hitlers werden uns noch lange zu schaffen machen.

Neben der moralischen Diskreditierung hat das völlige Scheitern der Großmachtambitionen bei den Deutschen einen anhaltenden Schock ausgelöst, der noch nicht überwunden ist. Das zeigt sich seit der Wiedervereinigung ganz deutlich. Jenseits unserer Alltagsgeschäfte stecken wir in tiefen Selbstzweifeln. Nicht nur unsere Rolle in Europa ist uns unklar. Auch das Verständnis unserer historischen Herkunft und Problemlage ist abhanden gekommen. Wir können uns auf unsere seltsame, verwirrende Mißerfolgsgeschichte vor 1945 keinen vernünftigen Reim machen.

Es gab einen, der das konnte, und dies macht seinen anhaltenden Erfolg, seinen Ruhm aus: Konrad Adenauer. Dieser deutsche Gründervater der Bundesrepublik hat sich mit seinem originellen dritten Modell neben Bismarck und Hitler einen herausragenden Platz in der deutschen Geschichte geschaffen.

Adenauer war aufgrund seiner Beurteilung des Bismarck-reiches und durch die Erfahrungen eines langen Lebens – er wurde 1876, nur fünf Jahre nach der Reichsgründung, geboren – zu der Überzeugung gelangt, daß die Deutschen weder den Gefahren noch den Anforderungen ihrer europäischen Mittellage gewachsen seien: der drohenden Isolierung, den Reizen eines unbeständigen Schwankens zwischen Ost und West, der Notwendigkeit eines feinen Ausbalancierens fremder, oft übermächtiger Kräfte. Bismarck sei es gerade noch gelungen, das komplizierte Spiel mit vielen Kugeln zu meistern. Aber unter seinen Nachfolgern hätten sich solche Kunstgriffe rasch als zu schwierig, ja als unmöglich erwiesen. Adenauer fand daher, daß Deutschland durch seine Selbstdefinition als Land zwischen Ost und West überfordert sei.

Eine dauerhafte Lösung des deutschen Problems lag seiner Meinung nach deshalb nicht in einer bloßen *Westorientierung;* die wollten damals alle nennenswerten politischen und gesellschaftlichen Gruppen. Unmittelbar nach dem Krieg, im Angesicht der russischen Greuel, der Millionen von Vertriebenen, von Flüchtlingen, der Gewaltpolitik, die Moskau und seine deutsche Partei in der damaligen sowjetischen Besatzungszone trieben, gab es für die Masse der Deutschen überhaupt keine Alternative zur Westorientierung. Jeder wollte nach Westen, alle suchten dort Schutz und Hilfe – wo denn sonst? Das war nach Lage der Dinge nichts Überraschendes. Adenauer aber wollte aus dieser momentanen Fluchtneigung nach Westen, aus diesem Anlehnungsbedürfnis der Besiegten, ein dauerhaftes Konstruktionselement der Zukunft machen. Er wollte die *Westintegration.*

Die Lehre, die er aus der jüngeren deutschen Geschichte, aus der Niederlage, Zerstückelung und Schwächung Deutschlands gezogen hatte, war einfach. Er hielt es überhaupt für ein besonderes Lob, wenn man ihn einen großen Vereinfacher nannte. Adenauer war entschlossen, die Bundesgenossenschaft zwischen den Deutschen und dem Westen *auf Dauer* zu sichern. Das war das Besondere seines Konzepts. Er wünschte sich die Deutschen – zunächst wenigstens diejenigen von ihnen, die unter die westlichen Besatzungsmächte geraten waren – fortan als Teil eines westeuropäischen Bundesstaates, fest eingefügt in die Gemeinschaft der älteren westeuropäischen Demokratien, zu ihrem eigenen Besten dauerhaft mit dem Westen verbunden, fest verankert im freien Europa. Geschützt und garantiert werden sollte dieser westeuropäische Verbund von den USA. Ein gutes Verhältnis zwischen einem vereinten Europa und den Vereinigten Staaten von Amerika war nach Adenauers Auffassung eine entscheidende Voraussetzung für die erfolgreiche Selbstbehauptung Europas.

Das bleibt auch heute richtig und wichtig. Aber sehen das auch unsere Landsleute so? Vielen Jüngeren, vermute ich, und zumal unseren neuen Mitbürgern aus den östlichen Bundesländern erscheint die ganze Westpolitik und ganz besonders der Gedanke einer Westintegetration mehr und mehr als eine Langzeitfolge der amerikanischen, britischen, französischen Besatzungsherrschaft, die manche geradezu mit dem Satellitenverhältnis der DDR zur Sowjetunion gleichsetzen. Die eine wie die andere Bindung, die man gleichermaßen als Fessel sieht, heißt es jetzt heimlich mehr und mehr, gelte es fortan zu überwinden.

Sollte diese Einschätzung überhandnehmen, zur Mehrheitsmeinung werden, müßte das fatale Folgen haben. Wir wären wieder da, wo wir vor 1945 waren: allein auf uns gestellt.

(1991)

Wie neu ist die neue deutsche Lage?

Wie neu die deutsche Lage ist, kann man sehr einfach beantworten: Sie ist vollkommen neu, wenn wir an die Situation der Deutschen vor 1989 denken und gleichzeitig überhaupt nicht neu, wenn wir das Deutschland vor 1945 oder 1933 betrachten.

Allein diese beiden Daten reichen aus, um uns alle zu erschrecken. Viele unserer Landsleute weichen vor allem deshalb der Einsicht aus, daß die neue Lage die alte sein könnte, weil sie sich der Tatsache bewußt sind, wie wenig wir diese alte Lage gemeistert haben.

Das Hauptproblem war immer, unser Schicksal als Nationalstaat in der Mitte Europas durch feste Allianzen so zu sichern, daß er bestandsfest wurde. Man kann wohl ohne jede Übertreibung sagen, daß man sich in Deutschland dieser Aufgabe nie gewachsen gezeigt hat.

Wir haben nach 1945 geglaubt, daß das im Grunde genommen an der Neigung der früheren Politik gelegen habe – im Kaiserreich, auch in der Weimarer Republik –, zu schaukeln, also sich nicht recht klar zu werden, wohin man sich dauerhaft orientieren, auf wen konzentrieren müsse. Konrad Adenauer, dem wir hierbei alle mehr oder weniger schnell, mehr oder weniger langsam gefolgt sind, hat diese Neigung zur Nichtfestlegung immer wieder deutlich kritisiert. Ich glaube, nach dem Ende der Ost-West-Spannung und dem Auseinanderbrechen des sowjetischen

Imperiums zeigt die neue Situation nach 1990 im Kontrast, daß wir uns deshalb sehr viel leichter mit der Lage nach 1945 getan haben, weil sie uns zunächst von den Siegermächten vorgegeben war. Im wesentlichen geschahen zwei Dinge: Einmal waren wir die Verantwortung für unser eigenes Schicksal losgeworden und haben uns diese Entwicklung mit Erleichterung, mit Zustimmung zu eigen gemacht. Zweitens, was noch wichtiger war: Wir waren aus der Mitte Europas erlöst. Wir waren der östlichste Teil eines großen, westeuropäisch-atlantischen Reiches geworden und waren damit von all den Schwierigkeiten befreit, die die alte Lage mit sich gebracht hatte.

Das heutige Hauptproblem ist die Rückkehr der alten Lage. Denn es wird immer deutlicher, daß mit dem Ende der Sowjetunion weit mehr zugrunde gegangen ist als nur die UdSSR und ihr Imperium. Ich glaube, man kann am Alterungsprozeß der NATO, den ich mit großer Trauer konstatiere, aber auch an Krisenerscheinungen der westeuropäischen Einigung, die meiner Ansicht nach offenkundig sind, deutlich sehen, daß sehr viele Institutionen – die CDU, die alte Bundesrepublik, die EG, auch die NATO – an die Ost-West-Mauer angebaut waren; nun, da die Mauer eingestürzt ist, haben auch diese westlichen Institutionen und Allianzen an Standfestigkeit eingebüßt. Ein Teil der Stabilität, die der Kontinent in seiner Westhälfte besaß, ist mit den Veränderungen der letzten Jahre ins Wanken geraten. Diese neue Situation sollte nicht nur, wie häufig, als Gefahr begriffen, sie muß auch als Chance gesehen werden, etwas Selbstverständliches wiederherzustellen, nämlich einen deutschen Nationalstaat in der Mitte Europas.

Ich glaube, daß die Einigung Europas nur dann Bestand hat, wenn sie aus in sich stabilen, leistungsfähigen und demokratischen Nationalstaaten besteht. Die Schwierigkeit, die wir uns selber immer wieder bereiten, indem wir einen Nationalstaat bei den Deutschen problematisch finden, halte ich für übertrieben. Wir alle wissen, daß das, was unter Hitler passiert ist, eine wirkliche Katastrophe für uns, unsere Nachbarn und für das Ansehen unseres Volkes gewesen ist. Daß sich dieses Unheil wiederholen könnte, ist indessen völlig ausgeschlossen. Denn es rührte her von einer einzigartigen Kombination verschiedener, unglücklicher

Faktoren. Ich habe niemals nach 1945 auch nur eine Sekunde geglaubt, ein vergleichbares Verhängnis in Deutschland könnte wiederkehren. Alles Gerede über einen wieder zu Kräften kommenden Nazismus, Radikalismus von rechts usw. ist weit übertrieben. Es ist aus einer traumatischen Sorge heraus verständlich, die viele bei uns erfüllt. Aber bei ruhiger Betrachtung der Deutschen und dessen, was sie vor Hitler waren, in ihrer langen Geschichte dargestellt haben und was sie in den letzten vier Jahrzehnten gewesen sind, kann man doch mit einiger Zuversicht in die Zukunft blicken.

Wir sollten also mit mehr Selbstvertrauen an die neue Situation herangehen und nicht glauben, daß uns diese zwölf Jahre auf die Dauer wirklich lähmen dürfen. Nur wenn wir unseren historischen Blick auf diese beiden vergangenen Regime, die braune und die rote Diktatur, einengten, die tatsächlich wenig Ermutigung bieten, wäre Resignation gerechtfertigt. Daß aus ihnen nichts Bleibendes, nichts Positives entstanden ist, wir mit den Folgen beider Regime schwer belastet sind und noch lange zu tun haben werden, ist uns allen klar.

Worin liegt das eigentliche Problem der neuen Lage? Es liegt wohl darin, daß die beiden Grundpfeiler unserer auswärtigen Orientierung in Zweifel gezogen sind: Die Verbindung mit Frankreich scheint mir heute viel problematischer zu sein, als sie das vor einigen Jahren war, und – sehr zu meinem Bedauern – ist auch das Bild der Vereinigten Staaten, die Allianz mit ihnen, in letzter Zeit bei uns wie drüben etwas verblaßt.

In den USA kann man beobachten, daß die Amerikaner jetzt mit Erschrecken feststellen, was alles bei ihnen im argen liegt. Während der Jahrzehnte des Kalten Krieges verdeckten äußere Gefahren die internen Mißstände. Es gibt in Amerika heute eine deutliche Tendenz, sich auf die eigenen, inneren Probleme zu konzentrieren; der neue Präsident ist offenkundig vor allem innenpolitisch orientiert und international viel weniger interessiert und engagiert.

Dieser partielle Rückzug, die Wendung nach innen in Washington, wird für uns alle, in welche Richtung wir auch sonst tendieren, zum besonders schwierigen Problem, wenn sich wirklich herausstellen sollte, was ich schon jetzt für einigermaßen erwiesen halte, daß es innerhalb Europas keine Führungsmacht gibt. Keine der europäischen Mittelmächte kann auf die Loyalität der anderen Partner wirklich rechnen. Wenn weder die Deutschen noch die Franzosen in der Zukunft eine Chance haben, in diesem Kontinent die Richtung vorzugeben, auch gemeinsam mit England nicht dazu imstande sein werden – das scheint mir die wesentliche Einsicht der Bosnienkrise zu sein –, wird das Fehlen einer nichteuropäischen Führungsmacht um so schmerzlicher. Denn das hieße, daß wir bald in den alten Schwierigkeiten stecken werden. Wir Deutschen können eine europäische Führungsposition nicht ausfüllen – wollen es auch nicht –, würden zudem in große Schwierigkeiten geraten, wenn wir erneut auf Alleingänge verfielen. Auf der anderen Seite wird auch Frankreichs Potential nicht ausreichen, in der Zukunft europäische Gestaltungskraft zu gewährleisten, und die USA werden möglicherweise zur Führung nicht länger aufgelegt sein. Damit deutet sich sehr viel mehr von früheren Konstellationen an, als uns allen lieb sein kann.

Klaus Blech, einer unserer Spitzendiplomaten, Staatssekretär im Bundespräsidialamt unter Richard von Weizsäcker, hat kürzlich in einer Diskussion deutlich gemacht, daß die Unverträglichkeiten Deutschlands in der Mitte Europas wiederkehren können, diesmal aber dann nicht unsere Schuld wären. In den Augen vieler Europäer liege alles Unheil an unserer ungeschickten Größe. Diese habe die Kehrseite, daß sich die anderen Staaten des Kontinents über die Frage, was aus Deutschland werden, wie es sich konstruktiv einordnen könne, nie hinreichend Gedanken machten. Die Deutschen müßten in Zukunft damit rechnen, daß ihre Existenz in Europa von anderen, sei es aus Neid, aus Mißgunst, aus Verdruß, erneut als problematisch empfunden werde.

Wir sollten uns alle mit der komplizierten Rolle, die wir vielleicht künftig wieder spielen müssen, sehr viel genauer beschäftigen als in den letzten Jahrzehnten, da unser Volk – liebe-, anerkennungsbedürftig und hoffnungsvoll, wie es ist – auf Abneigungen, die uns entgegengebracht werden, überhaupt nicht vorbereitet ist. Wir hatten in den letzten Jahrzehnten aufgrund der Tatsache, daß wir unsere Schrecken verloren hatten und wegen der konstruktiven Rolle, die wir zu spielen imstande waren, ein viel angenehmeres internationales Klima, als wir es in der Zukunft vermutlich haben werden. Ich glaube, daß eine wichtige Aufgabe in Deutschland darin bestehen wird, unsere Landsleute, uns alle, zu beruhigen und uns Mut zu machen, dieser schwierigen, in vieler Hinsicht angefeindeten, problematischen Rolle, die damit zusammenhängt, daß wir eben doch zu den mächtigeren, größeren Völkern in Europa gehören, gewachsen zu sein.

Die Frage ist nur, in welchem Sinne wir größere Verantwortung übernehmen müssen. Die wesentlichen Veränderungen, die die Konstellation auch im ganzen Westen maßgeblich beeinflussen werden, finden östlich von uns statt. Das muß man in Berlin eigentlich keinem erklären. Denn man weiß hier: Ein gestohlenes Auto kommt schon mit neuen Papieren an der Grenze an, die weniger als eine Stunde von uns entfernt ist. Wir sind ganz nah an Osteuropa, das sich über mehr als 10 000 Kilometer bis zur Beringsee dehnt. So nah der Ostgrenze ist Berlin in seiner Geschichte noch nie gewesen. Was sich jenseits unserer Grenze vollzieht, wird aber für die Interessen, für die Stabilität, für die Sicherheit ganz Deutschlands und Europas von ausschlaggebender Bedeutung sein.

Wir müssen zum Beispiel ein unmittelbares nationales Interesse an der Stabilität Polens entwickeln, weil ein Land mit 40 Millionen Einwohnern in einer wirtschaftlichen, sozialen und politischen Krise, die in den nächsten Jahren immer möglich ist, unser Land in unmittelbare Mitleidenschaft ziehen würde. Ich bin nicht sicher, ob man sich irgendwelche Illusionen über das nördliche Ostpreußen machen soll. Nachdem ich im Sommer 1993 selber dort gewesen bin, glaube ich, daß dieses Gebiet zu jenen Wüsten gehört, die keine Entwicklungschancen haben. Mir scheinen also im besonderen Maße Polen und auch die Tschechische Republik unserer Aufmerksamkeit zu bedürfen. Wir müssen diesen beiden unmittelbaren Nachbarn unsere Märkte öffnen, müssen ihnen Sicherheit, Stabilität für eine gedeihliche Entwicklung verschaffen, ihnen also rasch zur Mitgliedschaft in der NATO und der Europäischen Union verhelfen. Die EU-Osterweiterung wird erhebliche Schwierigkeiten mit unseren westlichen Partnern mit sich bringen, die nicht ohne weiteres bereit sind, unsere neue, zusätzliche Priorität ernst zu nehmen.

Ich glaube nicht, daß unsere Westbindung als solche angezweifelt werden darf. Ich halte es im Gegenteil für völlig falsch, eine solche Forderung aufzustellen, denn die Westbindung, die Integration unseres Landes in den europäischen Westen, ist die große gemeinsame Leistung der Generationen gewesen, die die Bundesrepublik aufgebaut haben. Daran muß auf jeden Fall festgehalten werden. Aber diese Westbindung, diese Westintegration wird auf die Probe gestellt werden, sobald wir uns energisch als Sprecher der ostmitteleuropäischen Nachbarn verstehen, uns ihre Sorgen innerhalb der westeuropäischen Gemeinschaft zu eigen machen. Ich glaube also, daß neue Gegebenheiten es notwendig machen, unsere Position im Westen neu zu definieren.

Dabei erweist sich, daß es ›den‹ Westen gar nicht mehr gibt. Wir müssen feststellen, daß England, Frankreich und die Vereinigten Staaten, unsere wichtigsten westlichen Partner, heute nicht mehr ohne weiteres auf einen Nenner zu bringen sind. Diese neue Neigung zum Auseinanderdriften des alten Westens, zu dem wir glücklicherweise gehören, wird uns große Schwierigkeiten machen. Das sind vielleicht nicht so ganz neue Probleme – es gab immer schon die Schwierigkeit, Frankreich und Amerika zusammenzuhalten. Alle Bundesregierungen haben sich bei dem Versuch dieser Harmonisierung große Verdienste erworben. Die Hindernisse gemeinsamer Lagebeurteilung und gemeinsamen Handelns sind jetzt aber viel größer geworden und erfordern möglicherweise mehr, als unser Land zu leisten imstande ist.

Zugleich muß betont werden: Wir alle sollten mit mehr Zuversicht und mehr Selbstvertrauen in die neue Situation hineingehen. Ich sehe in der verbreiteten Neigung, das Land insgesamt für nicht belastbar zu halten – auch unsere Regierung tendiert hierzu –, eine erhebliche Unterschätzung unserer gemeinsamen Leistungskraft. Betrachtet man unsere Geschichte über die Jahrhunderte hinweg, aber gerade auch im 19. und im frühen 20. Jahrhundert, sieht man, daß die Deutschen mit ganz anderen Schwierigkeiten fertig geworden sind als denen, die sie im Augenblick haben. Daran sollten wir uns zuversichtlich erinnern.

Wir dürfen uns beim historischen Rückblick nicht nur auf die beiden Diktaturen beschränken. Eine solche Blickverengung lähmt unser Land, gibt ihm nur schwache Wurzeln, während es doch tiefe Wurzeln braucht, wenn das Wetter stürmischer wird.

Danach gefragt, wie wir uns in Zukunft verhalten, was wir uns gegenseitig versprechen sollten, möchte ich mit Schiller dazu aufrufen:

> *» Wir wollen sein ein einig Volk von Brüdern,*
> *in keiner Not uns trennen und Gefahr«*

(wobei man heutzutage natürlich die Schwestern einbeziehen muß). Diese Bereitschaft, sich als eine Not- und Verantwortungsgemeinschaft zu empfinden, muß in unser Volk zurückkehren. Wir haben jahrzehntelang zu allseitigem Vergnügen in der Vorstellung gelebt, daß der Einzelne vor allem etwas von der Gemeinschaft erwarten darf und kann. Ich glaube, die Stunde ist gekommen, wo wir uns dazu verpflichten müssen, etwas für dieses Land und für die Gemeinschaft der hier Lebenden zu tun. Die Prioritäten müssen sich umkehren. Denn keine Gesellschaft, in der das Fortkommen jedes einzelnen dem Wohl der Allgemeinheit übergeordnet ist, kann schwierige Krisen überstehen. Es muß immer beides angesprochen und in eine Balance gebracht werden: der Einzelne und die Gemeinschaft.

Eine Stärkung des Gemeinschaftsgefühls und der Leistungsbereitschaft der Deutschen ist notwendig, damit wir uns vor den Herausforderungen der Gegenwart und Zukunft bewähren können.

SIEBTES KAPITEL

Woher wir kommen, wer wir sind, wohin wir gehen

Mein Jahrgang, meine Generation, mußte nicht mehr in den Krieg, aber sie hat ihn am Ende mit einer Wucht erfahren – jedenfalls dann, wenn man 1945 im Ostteil des damaligen Reiches lebte –, die das ganze Leben prägte. Wir waren als Kinder, als Heranwachsende, ganz wach dabei, haben aber nicht – auch nicht im weitesten Sinne – zu den Handelnden, den Tätern gehört.

Für mich persönlich waren Urereignisse, die mich nie wieder losgelassen haben, der Untergang Dresdens am 13. Februar und der Einmarsch der Russen Ende April 1945. Wir hatten nicht die glanzvollen Jahre des aufsteigenden Dritten Reiches bewußt erlebt, wir erlitten seine Katastrophen gegen Ende des Zweiten Weltkrieges. Als 1943 in Berlin wegen des Luftkriegs die Schulen geschlossen wurden – ich war damals elf – und die meisten meiner Klassenkameraden am Zehlendorfer Gymnasium in Berlin tief in das heutige Polen kinderlandverschickt wurden, meinte meine Mutter, nachdem sie unseren Atlas studiert hatte, das sei viel zu weit weg. Ich solle lieber nach Dresden, zu meiner Großmutter Anna, die ich sehr mochte. So habe ich dort von 1943 bis 1945 gelebt und die Schule besucht, an der mein Vater Abitur gemacht hatte.

Wir hofften damals, ja wir gingen davon aus – wie viele Deutsche, vor allem die Dresdner –, daß diese Stadt der Kunst und Kultur vom Bombenkrieg verschont bleiben würde. Ganz illusionär fühlte man sich in Dresden sicher. Es war undenkbar, daß eine Stadt wie Florenz oder Paris ausgelöscht werden könnte. Aber am Abend des 13. Februar 1945 mußten wir im Verlauf der verschiedenen Angriffswellen zur Kenntnis nehmen, daß unsere Hoffnungen leer und eitel gewesen waren. Die flächendeckende Vernichtung der Stadt zielte nicht auf die Industriegebiete, sondern auf das kulturell einzigartige Zentrum. Dresden und die

Deutschen dort sollten aus dem Gedächtnis der Menschheit ausgelöscht werden. »Dresden?« Es gebe diese Stadt nicht mehr, sagte Sir Arthur Harris, der Oberbefehlshaber des britischen Bomber Command (wie man im Tagebuch John Colvilles nachlesen kann), als er einige Tage nach diesem Kriegsverbrechen gefragt wurde, welchen Zweck die Aktion gehabt habe. Im Untergang des alten Dresden sah ich mich Stunden um Stunden dem Tod gegenüber. Nie wieder in meinem Leben habe ich so viele Leichen gesehen wie in dieser Nacht und am nächsten Morgen.

Und ich habe nie wieder so große Angst gehabt wie beim Endkampf um Berlin, in der halben Stunde nach dem Abzug der letzten deutschen Soldaten und vor der Ankunft der ersten Rotarmisten. Ich rechnete damals seit Wochen mit unser aller Ende. Ich kann mich erinnern, daß ich von meiner kleinen, arg reduzierten Klasse, die inzwischen in Berlin wieder halbwegs normalen Unterricht hatte (denn der Rückzug im Osten hatte zur Räumung der schulischen Ausweichquartiere geführt), zu unserem Lateinlehrer geschickt wurde mit dem Auftrag, ihm unsere Weigerung mitzuteilen, lateinische Vokabeln zu lernen. Da Defätismus streng bestraft wurde, die Eltern in Schwierigkeiten bringen konnte, mußte ich diesem Lehrer in Andeutungen nahebringen, warum wir nicht mehr lernen wollten. Wir glaubten, daß demnächst der Krieg aus und damit alles zu Ende sein würde. Man kann raten, was Dr. Roos antwortete: »Non scholae, sed vitae discimus« (also: nicht für die Schule lernen wir, sondern für das Leben), woraufhin ich ihm sagte: »Aber das ist es doch gerade«. »Wieso denn?« Ich wollte nicht heraus mit der Sprache, druckste herum. Aber ich weiß noch heute genau, was ich ihm sagen wollte und nicht vermitteln konnte, weil es als Defätismus gegolten hätte und damit gefährlich gewesen wäre: Wir alle würden diesen Krieg nicht überleben. Es habe keinen Sinn, sich anzustrengen, fremde Vokabeln zu pauken. Denn in ein paar Wochen spätestens sei doch sowieso alles aus. Wie wir umgebracht würden, war mir und meinen Mitschülern natürlich unklar, ob wir verschleppt oder erschossen, verhungern oder auf andere Weise umkommen würden. Aber wir Kinder hatten keinen Zweifel, daß es keine Chance gab, das Kriegsende zu überleben. Der Bombenterror der Angloamerikaner gegen die Zivilbevölkerung,

Frauen, Kinder, Alte, die Greuelnachrichten aus Ostpreußen nach dem Eindringen der Roten Armee hatten uns überzeugt, daß wir von West wie Ost nichts zu erwarten hatten. Wenn man diese Vorstellung völligen Ausgeliefertseins einmal gehabt, die Erfahrung einer wirklichen Stunde Null einmal gemacht hat, verändert sie für immer das ganze Leben.

Die Angst, Folge völliger Schutzlosigkeit, hielt tagelang, über Monate hinweg an. Nicht nur die ersten Stunden nach der Eroberung waren fürchterlich. Die Plünderungen. Vergewaltigungswellen. Dauersorge um die eigene Mutter. Alle Kleidung gestohlen. Immer Hunger, über Jahre. Mehrfach wurde ich hinter dem Haus an die Wand gestellt, die Augen verbunden, mit ausgebreiteten Armen, und dann Schüsse – über meinem Kopf in die Wand.

Der 8. Mai war nur im milden Rückblick eine Erlösung. Der furchtbare Lärm war verstummt, Stille lag über dem Land. Absolute Ruhe. Es fuhren keine Verkehrsmittel, gab natürlich keine Autos, keinen Strom, kein Wasser, nichts. Innere Ruhe setzte erst ein, als die Amerikaner kamen, als sie Anfang Juli in den Teil der Stadt gelangten, in dem ich lebte. Gleichwohl blieb unter der Oberfläche noch lange ein Gefühl des Bedrohtseins im Bewußtsein lebendig. Bis weit in die fünfziger Jahre hinein sind Menschen aus den Westsektoren Berlins verschleppt worden, auch Väter meiner Freunde. Lange, lange existierten Elemente des Chaos und Züge beginnender Normalisierung nebeneinander. Das Glücksgefühl, dies alles überlebt zu haben, kam erst sehr viel später auf. Eine tiefe Dankbarkeit für all das, was in den folgenden Jahrzehnten unser rasch wachsender westdeutscher Lebensstandard möglich machte, hat mich nie wieder verlassen.

Der wichtigste Unterschied zwischen den Generationen liegt hier: Wer den Zweiten Weltkrieg bewußt erlebt hat, behält nach meinen Beobachtungen immer diesen Hintergrund seines Lebensgefühls. Der heutige Wohlstand erscheint uns als Leihgabe, nicht als sicheres Dauergeschenk. Er kann wieder wegfallen und sollte daher, wenn man es recht bedenkt, mit einer gewissen Gelassenheit betrachtet werden. Man kann, wenn es sein muß, auch ohne ihn zurecht kommen. Man überlebt, wenn es nicht fürchterlich wird, Zeiten des Mangels.

Das ist nicht unbedingt die Sicht späterer Generationen. Entscheidend für Deutschland in den nächsten Jahren wird sein wie sie, die immer steigenden Wohlstand erlebt haben und für selbstverständlich halten, auf Zeiten zunehmender, wenn auch nur relativer Verarmung, auf verminderte Erwartungen, bescheidenere Lebensverhältnisse reagieren werden. Für meine Generation hat das Kriegsende andere Maßstäbe gesetzt. Es war wirklich ein Nullpunkt, von dem aus alles, was danach kam, strahlend aussah – ein großes, unverdientes Glück. Die heutigen Deutschen sind viel bequemer geworden als die damaligen. Weithin herrscht das Lebensgefühl einer Freizeit-, einer Feriengesellschaft. Die wohlfahrtsstaatliche Umverteilung wird in einem Maße als verbrieftes, unantastbares Anrecht verstanden, was noch in den fünfziger, sechziger Jahren undenkbar war.

Die neoliberale Blüte der Weltwirtschaft, die den Aufschwung nach 1945 ermöglichte, war in Deutschland während der fünfziger Jahre an deutlichsten sichtbar. Im Einklang mit den marktwirtschaftlichen Überzeugungen Ludwig Erhards schuf der Staat die Rahmenbedingungen individueller Eigentätigkeit, die Voraussetzungen mittelständischer Selbständigkeit. Die soziale Marktwirtschaft appellierte an die Verantwortungsbereitschaft des Einzelnen. Sie wollte ihn befähigen, seine eigenen Kräfte einzusetzen, und ihn nur dann unterstützen, wenn er vorübergehend in Not geriet. Das Problem begann, sagt der Münchner Wirtschaftshistoriker Knut Borchardt, als man Anfang der siebziger Jahre nicht mehr vom »Wirtschaftswunder« sprach, sondern den wachsenden Wohlstand als normal betrachtete, nicht als staunenswertes Ergebnis einer großen, gemeinsamen Anstrengung unserer Landsleute. Das Wirtschaftswunder war die Folge der kollektiven Entschlossenheit, rasch die fürchterlichen Zerstörungen und Vertreibungsfolgen zu beseitigen, zu beheben. Es war das Resultat einer ungeheuren Leistungsbereitschaft der Westdeutschen, die Selbstvertrauen schuf. Man hat heute vergessen, wie verbreitet in den fünfziger Jahren eine optimistische Grundstimmung war, die nach meiner Erinnerung jene Phase mehr als alles andere auszeichnete. »Bonn ist nicht Weimar«, schrieb der Schweizer Publizist Fritz René Allemann 1955 im »Monat«, einer damals außerordentlich wichtigen Zeitschrift, die die deutsche Westwendung und den Aufbau der Zweiten Republik intellektuell begleitete, politisch fundierte, so herausragend wie kein anderes Presse-Erzeugnis jener Zeit das Lebensgefühl verkörperte und beflügelte. »Bonn ist nicht Weimar« wurde zu einem Buchtitel, den jeder erleichtert, ja fröhlich im Munde führte. Die Westdeutschen waren damals stolz auf sich selber. Wie nach einem Filmriß zurückgespult, wurden die fünfziger Jahre, was nach Überzeugung älterer Zeitgenossen die dreißiger Jahre hätten sein sollen, wenn es mit rechten Dingen zugegangen wäre.

Man muß sich stets ins Gedächtnis rufen, wie bescheiden wir damals noch waren, wie armselig die Lebensverhältnisse. Fotos des Berliner Kurfürstendamms zeigen irgendwo in der Ferne einzelne, verlorene Autos. Es ging noch lange herbe zu, nicht wohlgenährt. Kühlschränke, Waschmaschinen, Fernseher, Pkws sind erst in den sechziger Jahren allgemein verbreitet. Der Vietnamkrieg wurde der erste internationale Großkonflikt, der in allen deutschen Wohnzimmern stattfand. Nun erst breitete sich wohlfahrtsstaatliches Denken in unseren Parteien aus. Die große Zeit der Bundesrepublik waren die beiden ersten Jahrzehnte, zwischen 1949 und 1969. Für die folgende Phase, 1969 bis 1989, gilt das Sprichwort: »Die Söhne essen die Früchte, und die Väter rutschen auf den Schalen aus«. Seither, man nehme nur das rasche Wachsen der öffentlichen Schulden, lebte die Bundesrepublik über ihre Verhältnisse.

Während der frühen Aufbauphase in Westdeutschland war der amerikanische Rückhalt psychologisch entscheidend. Angesichts der sowjetischen Bedrohung, die kein Hirngespinst war, vermittelte er das unerläßliche Sicherheitsgefühl, ohne das alle deutschen Anstrengungen von vornherein sinnlos erschienen, aussichtslos gewesen wären. Die amerikanische Zusage, auch der Bundesrepublik auf die Beine zu helfen, setzte bei uns Kräfte frei, die nicht nur wirtschaftlich, sondern vor allem psychologisch-moralisch von großer Bedeutung waren. Der damalige erste Planungschef im State Department, George F. Kennan, meinte später, schon mit der Verkündung des Marshallplans im Juni 1947, allein mit der Ankündigung amerikanischer Hilfszahlungen, hätten die Vereinigten Staaten die Hälfte dessen erreicht, was sie sich mit diesem Projekt vorgenommen hatten. Es waren also nicht so sehr die Gelder, die dann später kamen, sondern es war die bloße Zusicherung, Europa nicht im Stich zu lassen, mit der die Amerikaner, zumal in Deutschland, entscheidende Impulse freisetzten. Die Luftbrücke im Jahr darauf, 1948/49, schuf eine Verbundenheit zwischen den USA und den Deutschen, zumal den Berlinern, die bis heute andauert.

Ähnlich lebensnah lernten viele Angehörige meiner Generation in den USA eine eindrucksvoll funktionierende Demokratie kennen. Wir studierten in den Vereinigten Staaten, fanden Amerika großartig. Ernst Fraenkel, einer meiner Berliner akademischen Lehrer, hatte uns eingeschärft, der Beitrag der Deutschen zu Theorie und Praxis westlicher Demokratien sei relativ gering. Unerläßlich für uns sei der Blick in andere Länder, nach Frankreich, Großbritannien, in die USA. Fraenkel hatte als Emigrant besonders die amerikanische Demokratie kennen- und lieben gelernt. Als er nach dem Kriege nach Deutschland zurückkehrte und – gemeinsam mit einer ganzen Reihe anderer Professoren, die zurückkamen – der Berliner Freien Universität Glanz verlieh, brachte er uns mit leidenschaftlicher Eindringlichkeit seine eigenen Lebenserfahrungen nahe. Durch ihn wurden die USA, aber auch Großbritannien und Frankreich, große, bewunderte Vorbilder, auch für uns eine Heimat, Länder wirklicher Freiheit und Demokratie. Thomas Jefferson, der als junger Mann die amerikanische Unabhängigkeitserklärung verfasste und als einer der wichtigsten Gründungsväter später Präsident der USA wurde, war mir der liebste amerikanische Politiker der Vergangenheit. Wie viele meiner Generation richtete ich mich in jenen Jahren geistig in den weiten westeuropäisch-atlantischen Räumen ein: bei Locke und Burke, Harrington und Madison, Montesquieu und Tocqueville. Bei ihnen allen fanden wir die Vordenker der freiheitlichen Demokratie, die uns in Deutschland fehlten.

Freilich frage ich mich heute, inwieweit wir mit diesem Bemühen, uns das politische Denken des Westens anzueignen, Einzelgänger blieben, Außenseiter statt Wegbereiter waren. Unter deutschen Intellektuellen ist die Geringschätzung der Vereinigten Staaten seit Jahrzehnten weit verbreitet. Die wenigsten wissen, wie stilvoll sie, nicht nur in Washington, ihre Demokratie zu inszenieren verstehen, ihr damit eine bemerkenswerte Würde verleihen – weitaus mehr, als das bisher die deutsche Politik bei uns vermochte. Wir haben, ohne uns dessen bewußt zu sein, große Defizite in der repräsentativen Darstellung unseres Staates. Anders als die USA, Frankreich und Großbritannien wissen wir noch immer nicht, wie wir auf angemessene Weise unserer Republik Rang und Form geben könnten. Schon als Student und dann später bei USA-Besuchen hat mich immer wieder der aristokratische Zug der amerikanischen Politik, den diese Demokratie gerade in Washington besitzt, verblüfft und mit Neid erfüllt. Das Gleiche gilt für Frankreich. Ich wußte, daß ich es mir lebenslang übel nähme, wenn ich nicht zeitweilig in Paris leben, französisch lernen würde, und ging daher nach dem Assessor-Examen zum Entsetzen meiner Eltern für zwei Jahre, 1960/62, dorthin; meine Mutter wie mein Vater fürchteten, daß ich nie einen ordentlichen Beruf ergreifen würde. Ein Großteil der Faszination, die von den Franzosen auf unsere Führungsschichten ausgeht, kommt von dem selbstbewußten, präsidial-monarchisch geprägten Stil, den die französische Republik so wirkungsvoll zur Geltung bringt. Er überwältigt uns, weil wir nichts Vergleichbares haben. Wir sollten uns in dieser Hinsicht etwas von unseren Alliierten abgucken, sollten mehr Verständnis für die Notwendigkeit würdiger Repräsentation entwickeln, sollten auch die deutsche Demokratie symbolisch zu überhöhen suchen, um unsere Gemeinsamkeiten, unsere Zusammengehörigkeit, allen Landsleuten eindrucksvoll vor Augen zu führen.

Die alte Bundesrepublik war sich immer einig in der gemeinsamen Ablehnung des Rechts- wie des Linksextremismus. Nach dem Verschwinden des Nationalsozialismus bildete der Antikommunismus bis in die späten sechziger Jahre hinein eine wichtige ideologische Klammer der westdeutschen Gesellschaft. Man wußte immer, daß mit Stalin und seinen Trabanten kein Kompromiß möglich gewesen war, je möglich würde. Westliche Freiheit und deutsche Einheit waren nicht gleichzeitig zu erreichen. Das zeigte sich klar bei der Diskussion über die Märznote 1952, mit der Stalin seinen Kriegsalliierten einen Friedensvertrag für ein vereintes, neutralisiertes Deutschland vorschlug. Keine einzige gesellschaftliche Gruppe, keine Partei, keine Zeitung, kein Gewerkschaftler, die Wirtschaft sowieso nicht, sprach sich damals für eine positive Reaktion aus. Auch Publizisten wie Paul Sethe oder Marion Gräfin Dönhoff, die später die Meinung vertraten, damals sei eine Chance verpaßt worden, haben sich im Frühjahr 1952 nicht so geäußert. Man wußte auf dem Höhepunkt des Kalten Krieges genau, wen man vor sich hatte, und hatte begriffen, was sein Einfluß in einem wiedervereinigten Deutschland bedeuten würde. Erst nach dem 20. Parteitag der KPdSU 1956, der zunächst internen, dann auch öffentlichen Verurteilung der Verbrechen Stalins, verblaßte dieses Bewußtsein. Seither wurde es im Westen wieder denkbar, Kommunist und gleichzeitig ein anständiger Mensch zu sein. In den sechziger, siebziger Jahren wurde es geradezu Mode, jedenfalls in der jungen Generation, sich besten Gewissens zu einer der vielen Spielarten des Kommunismus zu bekennen.

Zuvor war das ganz anders. Der gemeinsame Antikommunismus überbrückte in der Parteienlandschaft alle anderen Gegensätze. Liest man heute die Entscheidung des Bundesverfassungsgerichts zum KPD-Verbot von 1956, dann finden sich dort detaillierte Ausführungen, weshalb diese Partei, so wie sie sei, keinen Platz in der freiheitlichen Verfassung habe. Aber dort steht auch, unter welchen Umständen, bei welchen strukturellen Veränderungen, sie künftig mit der Verfassung der Freiheit vereinbar werden könne. Das war damals allgemeine Meinung. Bis auf verschwindende Minderheiten billigte die Bevölkerung diese Auffassung.

Erst in unseren Tagen löst sich dieser Konsens auf, der jahrzehntelang die Bundesrepublik verband. Nach den Bundestagswahlen 1998 erklärten führende Sozialdemokraten, daß sie die PDS, also die frühere SED, für eine normale Partei hielten, mit denen Koalitionen zumindest auf Länderebene möglich seien, was in den Jahrzehnten zuvor, besonders in der Anfangsphase der Bundesrepublik, mit Sicherheit ausgeschlossen war. Diese untergründigen Erschütterungen unserer politischen Fundamente, die seit 1990 zu spüren sind, heben sich unvorteilhaft von dem hohen Maß an Übereinstimmung ab, das die alte Bundesrepublik in diesem Punkte auszeichnete.

Sicherlich wäre eine Regionalpartei in der früheren DDR plausibel. Das gescheiterte Honecker-Regime hat viele reale und vor allem mentale Probleme hinterlassen, die uns noch lange beschäftigen werden, bis das Land wirklich zusammenwächst. Sie rufen nach einer politischen Stimme, einer Partei, die sich die Nöte der Ostdeutschen zu eigen macht, sie gegenüber allen Landsleuten vertritt.

Problematisch ist allerdings, daß diese Sprecher-Rolle gerade von der PDS wahrgenommen wird, obwohl sie doch mit der (lediglich umbenannten) alten SED identisch ist. Man fragt sich verwundert, woher gerade diese Staatspartei der untergegangenen DDR den Mut nimmt, sich laut protestierend als Sachwalter ostdeutscher Interessen zu empfehlen. Sie und niemand sonst hat doch das Debakel herbeigeführt, dessen Beseitigung heute so große Schwierigkeiten macht. Sie hat, mit Moskau im Hintergrund, die Lebensschicksale von Millionen Menschen verkümmern lassen, sie eingesperrt und gequält, aus dem Lande getrieben, zu tausenden umgebracht.

Allerdings ist es der PDS maßgeblich durch Gregor Gysi gelungen, die Öffentlichkeit vergessen zu lassen, wer sie ist, woher sie kommt. Sie war ursprünglich die alte SED und ist noch immer nichts wesentlich anderes. Diese betongrau-triste sowjetische Kaderpartei hat bei uns inzwischen das schillernde Erscheinungsbild von Gysis bunter Truppe. Gysi gehört zu den seltenen Politikern, die mit einem faulen Apfel einen florierenden Obstladen eröffnen können.

Die Erfolgsgeschichte der alten Bundesrepublik erklärte sich, wie gesagt, wesentlich daraus, daß alle diesen Staat prägenden Parteien von links bis rechts einig waren in der Abkehr, der Abwehr rechts-und linksradikaler Kräfte. Dieser Grundkonsens konservativer und progressiver Parteien wird jetzt möglicherweise stillschweigend aufgekündigt durch ein lautlos heraufziehendes »antifaschistisches« Linksbündnis, das sich durch eine Gegnerschaft gegenüber Union und FDP definiert, den Unterschied zu diesen Parteien für fundamentaler hält als die Distanz zwischen SPD und PDS.

Es wäre in der alten Bundesrepublik undenkbar gewesen, mit einer Partei zusammenzuarbeiten, ja Koalitionen zu schließen, bei der ein Gauleiter der NSDAP Ehrenvorsitzender wäre. Bei der PDS hält man es anders. Hans Modrow, der als Erster

Sekretär der SED-Bezirksleitung Dresden eine vergleichbare Position innehatte, präsidiert heute unangefochten dieser Partei. Es spielt offenkundig keine Rolle, daß er wegen Wahlfälschung rechtskräftig verurteilt wurde. Es scheint seine Genossen ebenso wenig zu bekümmern (oder haben sie es vergessen?), daß Modrow noch in der Schlußphase der DDR fanatisch blutige Ausschreitungen der Staatsorgane gegen Demonstranten billigte, als in der Nacht vom 4./5. Oktober 1989 Züge mit DDR-Flüchtlingen auf dem Wege von Prag in die Bundesrepublik den Dresdener Hauptbahnhof passierten.

Das mag man achselzuckend für Petitessen, für Bagatellen halten. Aber es ist kein Rückfall in den Kalten Krieg, wenn man daran erinnert, daß der Gegensatz zwischen Kommunisten und Sozialdemokraten viel älter ist als deren schmerzhafte, opferreiche Zwangsvereinigung in der Sowjetzone 1946. Die Bruderfeindschaft reicht bis in den Anfang des Jahrhunderts zurück. Sie wird erst dann als erledigt gelten können, wenn die fundamentalen Meinungsunterschiede ausgeräumt sind, die einst, zwischen 1916 und 1919, zur Entstehung des Spartakusbundes, der USPD und dann der KPD geführt haben.

Zentral war von Anfang an – und blieb über Jahrzehnte hinweg – eine unterschiedliche Beurteilung der russischen Oktoberrevolution. In der SPD lehnte man den rohen Autoritarismus Lenins strikt ab, die Gewaltmethoden der Bolschewiki. Anders urteilten die Dissidenten der späteren KPD. Die unterschiedlichen Einstellungen beider Lager zur repräsentativen, parlamentarischen Demokratie, zum Begriff der Avantgarde, zur Gewalt, zur Freiheit, zur Offenheit gesellschaftlicher Entwicklungen und damit zu Wirtschaft und Wettbewerb blieben so grundsätzlich entgegengesetzt, daß man von einer tiefen, unheilbaren Feindschaft zwischen Sozialdemokraten und Kommunisten sprechen muß – lange vor der erzwungenen Beseitigung der ostzonalen SPD bei der SED-Gründung. Hat man heute vergessen, daß die Kommunisten am Ende der Weimarer Republik nicht die Nationalsozialisten, sondern die Sozialdemokraten, die sie »Sozialfaschisten« nannten, für ihre Hauptfeinde hielten und erbittert bekämpften, was wesentlich zum Untergang der Ersten Republik beigetragen hat?

Man ist schlecht beraten, wenn man in unserer jetzigen Kuschelrepublik diese konzeptionellen Abgründe für bloße Mißverständnisse hält, als bedauerliche Verbohrtheiten der Vorfahren abtun will. Denn solange der Grundgegensatz nicht ausgeräumt ist, die Kommunisten ihre schweren Irrtümer nicht offen eingestanden, ihre Grundpositionen nicht dem Rahmen unserer Verfassung der Freiheit angepaßt haben, werden fundamentale Unterschiede immer wieder neu aufbrechen.

Es geht bei alledem nicht nur um historische Streitfragen, die man ohne Schaden für unser Land den Geschichtslehrern überlassen könnte. Es geht um eine Wirtschafts- und Sozialpolitik, die die Zukunft des Landes sichert. Zu ihr trägt die PDS bisher nichts bei. Viele in der PDS glauben nach wie vor, daß die DDR an den Unzulänglichkeiten des Politbüros unter Erich Honecker gescheitert sei. Richtig ist jedoch, daß die Kommunisten vom Funktionieren der Wirtschaft, von den Triebkräften einer Gesellschaft, von den Motiven der Menschen eine vollkommen verkehrte Meinung hatten und haben. Ihr gutgemeinter, ausufernder Wohlfahrtsstaat hatte keine wirtschaftliche Basis. Die PDS will noch immer nicht wahr haben, daß die zentral gelenkte Staatswirtschaft überall in der Welt gescheitert ist. Nachdem die SED ihren Staat in den Bankrott getrieben hat, darf sie in ihrer neuen Form, als PDS, nicht die Chance erhalten, im Zusammenwirken mit verblendeten Sozialdemokraten nun die Zukunft ganz Deutschlands aufs Spiel zu setzen.

Der Kahlschlag unter den traditionellen und neuen Eliten während der DDR-Zeit hat die kreativen Mittelschichten in den Westen getrieben. In den fünfziger Jahren – wir lebten in West-Berlin, in Zehlendorf – standen immer wieder Freunde meiner Eltern plötzlich vor der Tür, die bei Nacht und Nebel die DDR verlassen hatten, weil sie sich bedroht fühlten, Verhaftungen fürchteten, Haus und Hof, alle Habe zurückließen. Die Schrecken der Roten Armee setzten sich fort. Man spürte, daß sich unter den Kommunisten Fürchterliches vollzog, eine brutale, gewaltsame Umgestaltung. Wenn heute Memoiren von Altkommunisten an eine wunderbare Aufbauphase des DDR-Sozialismus erinnern, kann ich nur das Gegenbild erkennen, die Seite der Opfer. Was Kommunisten auf ihrer sowjetisch beschützten Spielwiese enthusiastisch gestimmt haben mag, war in meiner Sicht Beginn eines gesamtgesellschaftlichen Leidensprozesses in der damaligen DDR, der drei Millionen und mehr Menschen aus dem Lande gejagt, bürgerliche, findige, unternehmerische, eigensinnige Individualisten ungeheuer dezimiert hat. Die Langzeitfolgen auch dieser Diktatur werden uns noch Jahrzehnte belasten, mag sie auch kürzer geherrscht, weniger brutal gewütet haben als ihr Vorbild in der Sowjetunion. Der Schriftsteller Alexander Solschenizyn hat kürzlich geschrieben, beim bolschewistischen Massenmord habe es sich nicht um einfachen Genozid gehandelt, bei dem irgendwelche Menschenmengen in die Vernichtung getrieben wurden, sondern er sei selektiv gewesen. »Jeder wurde herausgerupft, der in irgendeiner Weise auffiel. Der Apparat des KGB und der Partei war so groß, um jeden aufzuspüren, der Initiative erkennen ließ, Protest äußerte, kurz, den Versuch machte, hervorzustechen.«

Wolf Jobst Siedler, der Berliner Publizist und Verleger, nennt den Nationalsozialismus ein autoritäres Regime mit großer krimineller Energie – daher kam es zu entsetzlichen Vernichtungsaktionen, die immer als Schande auf Deutschland lasten werden –, die DDR aber ein totalitäres Regime mit geringer krimineller Energie. Sie hat daher keine Massenmorde auf dem Gewissen. Aber da sie fast viermal so lange wie das Dritte Reich existierte, hat sie viele der ihr unterworfenen Menschen durch engstirnige Drangsalierungen passiv und lethargisch gemacht, um ihr Selbstwertgefühl, ihre Selbständigkeit, ihren Lebensmut gebracht. Dieser Unterschied der beiden Diktaturen erklärt, weshalb nach dem Zusammenbruch der Diktatur die Startbedingungen der Bundesrepublik so ungleich viel besser waren als die der DDR. Die psychische Hinterlassenschaft der roten Herrschaft, die innerlich Unabhängige entmutigte, stellt seit 1990 die frühere DDR vor fast unüberwindliche Probleme.

Meine eigene Sicht der Welt in den Jahrzehnten der Teilung war – und ist wohl noch immer – durch West-Berlin bestimmt. Ich habe mich oft gefragt, weshalb ich die Stadt nicht verlassen habe. Trotz spielte dabei eine Rolle. Ich fand, daß man nicht weggehen durfte. Denn die Lebensfähigkeit West-Berlins beruhte zentral nicht auf der Anwesenheit alliierter Garnisonen, sondern lag im Vertrauen der Bevölkerung auf die Verläßlichkeit der alliierten Zusicherungen. Mußte man nicht immer fürchten, daß einträte, was der sowjetische Diplomat Valentin Falin auf einem Empfang 1971 vor vielen Augen- und Ohrenzeugen erklärt hatte? Er wisse gar nicht, hatte er gesagt, was die Deutschen eigentlich wollten. Aufgrund der geographischen Lage sei die politische Situation West-Berlins doch offensichtlich unnatürlich. Deshalb werde die Stadt ganz von selbst, früher oder später, »der natürlichen Schwerkraft der Dinge folgend«, an die DDR fallen. Es gab für mich nie einen Zweifel, daß ein freies, westliches Berlin von der unbedingten Entschlossenheit der Westmächte abhing, besonders natürlich der Amerikaner.

Anfangs war diese Willenskraft alles andere als selbstverständlich. Im Frühsommer 1948, nach der Währungsreform, bei Beginn der Blockade, hing die Existenz West-Berlins zeitweilig an einem seidenen Faden. Beim fünfzigsten Geburtstag der Luftbrücke haben viele Deutsche jener Handvoll Menschen in Washington, aber auch in Berlin gedacht, denen es zu verdanken ist, wenn die Westsektoren damals gerettet wurden. Aber selbst in späteren Jahrzehnten, als die Freiheit West-Berlins längst eine amerikanische Prestigefrage geworden war, blieb die Konstellation immer prekär. Berlin lag nun einmal im Mittelpunkt der Auseinandersetzungen. Es war der Ort, wie der sowjetische Partei- und Regierungschef Nikita Chruschtschow gesagt hat, wo die Sowjetunion jederzeit dem Westen auf die schmerzenden Hühneraugen treten konnte. Man mußte hier immer mit einer abnehmenden Neigung der Amerikaner zum unbedingten Engagement rechnen. Lag nicht nahe, daß sie sich irgendwann, nach Jahrzehnten, entnervt eines Tages auf faule Kompromisse einlassen könnten? Wenn das geschah, war in der Tat klar, daß die Stadt nicht frei bleiben, sondern über kurz oder lang Teil der DDR werden würde. Mir war natürlich immer bewußt, daß mein eigener Beitrag zur Sicherung Berlins nur minimal sein konnte. Aber ich fühlte die Verpflichtung, mein winziges Terrain nicht zu räumen. Außerdem hing ich an der Freien Universität, an meinen Studenten.

Man muß sich immer wieder vor Augen halten, wie unglaublich naiv die Westmächte 1945 gegenüber den Sowjets gewesen waren (müssen Demokratien derart kurzsichtig sein?). Sie hatten sich nicht einmal ihre eigenen Zugangsrechte nach Berlin von den Sowjets vertraglich zusichern lassen. Noch viel weniger hatten sie an eine Vereinbarung für die Deutschen gedacht. Sie kam erst durch das Viermächte-Abkommen von 1971 zustande. Aber auch danach war unsicher, ob die DDR nicht weiter versuchen werde, West-Berlin, diesen Pfahl in ihrem Fleische, an sich zu bringen. Als der Publizist Peter Bender 1986 die Frage aufgeworfen hatte, wie lange es die Amerikaner wohl noch in Europa aushalten würden (»Irgendwann werden die Amerikaner gehen, aber die Russen bleiben«), schrieb ich in einem Beitrag zur Festschrift der 750-Jahr-Feier Berlins: Wenn die Amerikaner gingen, werde Berlin nicht mehr die Stadt sein, in der ich leben könne.

Die USA erwiesen sich als umsichtige, standhafte Schutzmacht, die Sowjetunion war vorsichtiger als befürchtet. Indessen gab es Jahre, in denen innerhalb West-Berlins, nämlich an den Universitäten, ideologisch verwirrte Kräfte die Freiheit der Stadt spielerisch zu unterminieren versuchten. Sie waren, um absurde Forderungen durchzusetzen, zeitweilig bereit, den Zugang nach West-Berlin ihrerseits zu blockieren, also die Nabelschnur des Überlebens zu zertrennen. Beim Kampf gegen den angeblich weiter wirksamen Ungeist des Nationalsozialismus waren ihnen selbst die sowjetisch kontrollierten Kommunisten als Bundesgenossen willkommen. Ihr Haß auf die Braunen machte sie blind für die totalitäre Natur der Roten. Sie leugneten glatt die Gemeinsamkeiten dieser beiden Unheilsregime, nutzten mit rigoroser Einseitigkeit die schlimme Erbschaft des Nationalsozialismus für Zwecke ihres Machtkampfes.

Dadurch lernte man das Dritte Reich nicht klarer sehen. Es wurde im Gegenteil immer rätselhafter. In den fünfziger Jahren war nach meinen Beobachtungen noch weit verbreitet, daß man bei der Beurteilung des Nationalsozialismus grobe Klötze und Keile vermeiden müsse. Sie erfordere Augenmaß, feinere Werkzeuge. Ich war damals Fakultätsassistent bei den Juristen der FU, wo – was man sich heute gar nicht mehr vorstellen kann – frühere NSDAP-Mitglieder neben zurückgekehrten Emigranten arbeiteten, miteinander harmonisch kooperierten. Man war sich damals offensichtlich bewußt, daß pauschale Zurechnungen falsch gewesen wären, es oft von winzigen Zufällen abgehangen hatte, in welches der entgegengesetzten Lager man geriet, wo man mitlief, mitlaufen mußte. Obwohl heute die umgekehrte Einschätzung vorherrscht, scheint mir, daß man zu jener Zeit, jedenfalls in meinem Gesichtsfeld, fairer urteilte, Nuancen deutlicher erfaßte als später. Es waren die 68er, die selbstgerecht und besserwisserisch pauschal alles, was vor ihrer Zeit gewesen war, dem Faschismus zurechneten, erst mit der Ankunft ihrer eigenen Generation Demokratie, Freiheit und Fortschritt gesichert glaubten. Der Gegensatz zwischen denen, die die Stunde Null 1945, und denen, die sie erst 1968 ansetzten, hat zu einem lange schwelenden Konflikt geführt, der erst jetzt, wo die 68er an der Macht sind, mit ihrem zeitweiligen Sieg sein Ende finden kann.

Weil meine Generation an den Untaten des Dritten Reiches nicht im geringsten beteiligt war, aber unser Land, wenn auch nur aus Kindersicht, in jener Phase erlebt hat, sollte sie in den kommenden Jahren versuchen, das Bild der Deutschen von sich selbst zurechtzurücken, aufzuhellen. Es hat sich in letzten Jahrzehnten mehr und mehr verdüstert. Heute erscheint vielen unser Volk in großem Maße mitschuldig an den Verbrechen Hitlers; gleichzeitig ist die Zahl der Widerstandskämpfer im Nachhinein stark angewachsen.

Ich halte diese Zweiteilung für irreführend. Fanatische Nazis waren wohl ebenso eine Minderheit wie die bewundernswerten wirklichen Widerstandskämpfer. Die überwältigende Mehrheit unserer Landsleute stand zwischen diesen beiden Polen, bestand unheroisch aus Mitläufern – wie wohl bei fast allen Völkern, zu allen Zeiten. Offensichtlich war das Hauptbestreben der Mehrheit während des Krieges, einigermaßen heil durchzukommen. Man sorgte sich um die Männer im Felde und fürchtete die Bomben, Evakuierungen, Versorgungsnöte. Das ist gewiß nicht großartig. Andererseits ist die Masse der Bevölkerung nur in einem eher abstrakten Sinn in die Schuld jener Phase eingebunden.

Schuld ist nur das individuell Zurechenbare. Natürlich haften die Untaten des Dritten Reiches an allen Deutschen, auch an kommenden Generationen. Aber diese historische Haftung muß klar unterschieden werden von der Schuld der Täter. Insofern ist die These absurd, die Deutschen seien sämtlich, sozusagen genetisch, bei jeder sich bietenden Gelegenheit zu schlimmsten Verbrechen aufgelegt. Wir müßten also permanent wachsam sein, wo jener Ungeist wieder auftauche, der die moralische Katastrophe herbeigeführt habe.

Das ist eine unhaltbare Behauptung. Wir sind nicht verantwortungsloser, nicht krimineller veranlagt als andere Völker. Nichts spricht dafür, daß sich die gleiche fürchterliche Konstellation, die wir nach 1933 erlebt haben, je in unserer Geschichte wiederholen könnte. Mein Stuttgarter Historikerkollege Eberhard Jäckel hat »mit Entschiedenheit« Hitlers Sieg 1933 mit einem GAU, in der Kernkraftsprache dem »größten anzunehmenden Unfall« verglichen. Er sieht überzeugend in Hitlers Machtergreifung ein ganz ungewöhnliches, fatales Zusammentreffen ganz verschiedener Ursachen, die unglücklicherweise gleichzeitig wirksam wurden.

Als nach dem letzten Weltkrieg behauptet wurde, wir Deutschen seien von Luther bis Hitler auf einem Weg des Unheils gewesen, glaubten das wenige. Inzwischen haben sich mehr und mehr Menschen diese These zu eigen gemacht. Sie ist dadurch nicht richtiger geworden. Wir sollten uns keinen Selbsthaß, keinen negativen Nationalismus einreden lassen. Bei ruhiger Betrachtung spricht nichts dafür, daß unser Volk gefährdeter, gefährlicher ist als andere Völker. Unsere Geschichte früherer Jahrhunderte bietet im Gegenteil viele Anhaltspunkte, daß wir auf weite Strecken zu einem friedfertigen, in sich gekehrten Dasein neigten. Auch jetzt sind wir, was manche bedauern, andere begrüßen, in eine menschenfreundliche, aber antriebsarme Provinzialität zurückgefallen. Wer uns wesentlich aus Kriegsfilmen kennt, wie sie in anderen Ländern produziert wurden, vermutet bei uns offensichtlich eine ganz andere Mentalität als die, die wir wirklich haben.

In der Breite der Gesellschaft sind heute die 68er die maßgebliche Generation. Sie sind an der Macht, geben den Ton an, die Richtung vor. Gleichzeitig waren sie immer vom Schicksal bevorzugt. Sie haben weder in ihrer Jugend die Entbehrungen meiner Generation erlebt, noch leiden sie unter den Schwierigkeiten der heute Jungen. Sie sind eine Altersgruppe, die immer nur Aufstieg, Wohlstand, wachsende Lebenschancen wahrgenommen, für selbstverständlich gehalten hat. Sie sind daher historisch ganz untypisch, obwohl sie gegenwärtig innen- und außenpolitisch Deutschland umzuprägen versuchen.

Bei den meisten Menschen scheinen die inneren Orientierungsraster sehr früh festzuliegen, die Maßstäbe, mit denen man Informationen prüft und einordnet. Sie dienen offenbar im späteren Leben wesentlich nur zur Bestätigung eigener vorgefaßter Meinungen. Das macht es den 68ern heute so schwer, sich zurechtzufinden. Zwischen dem, was sie als junge Leute für relevant, für eine angemessene Beschreibung der Wirklichkeit, für entsprechende Handlungsimperative gehalten haben, und den heutigen Realitäten gibt es gewaltige Unterschiede. Ohne Übertreibung kann man sagen, daß ihre damalige Sicht der Welt und die heutigen Verhältnisse so gut wie nichts miteinander zu tun haben. Das kann ihnen – und uns – noch schwer zu schaffen machen.

Nach meinem Eindruck ist Deutschland in diesem Jahrhundert noch mehr als sonst ganz wesentlich von Generationsgegensätzen geprägt worden. Das begann am Anfang des Jahrhunderts mit der Jugendbewegung, dann mit dem Geist von 1914. Die euphorische Romantik dieser Impulse ging, politisch aufgeladen, schon vor 1933 mehr und mehr in die »Bewegung« ein. Die Älteren, die die Republik ablehnten, wollten zurück zur Monarchie, Jüngere wollten den Führerstaat. Die Nationalsozialisten waren unter anderem auch eine Jugendbewegung. Hitler war 1933 ein Mann von 44 Jahren, also nach heutigen Begriffen ein sehr junger Kanzler.

Meine eigene Generation kennzeichnet, daß sie den Generationskonflikt nicht austrug – nicht austragen konnte. Entweder waren unsere Väter gefallen oder lange im Krieg, dann in der Gefangenschaft. Als sie zurückkehrten – abgerissen, elend, deprimiert, wenn nicht körperlich versehrt –, waren auch sie ganz offensichtlich Opfer dieses fürchterlichen Krieges. Unsereiner war froh, wenn überhaupt ein Vater zurückkam. Viele Gleichaltrige warteten vergebens. Als die Väter dann da waren, mußten sie sich beruflich neu orientieren, in einer auch familiär veränderten Umgebung Fuß zu fassen suchen. Es wäre uns gar nicht in den Sinn gekommen, mit diesen gedemütigten Gestalten Streit anzufangen. Sie waren gestraft genug. Man war gemeinsam elend dran. In meiner Jugend herrschte eine Solidarität der Generationen – übrigens aller Generationen.

Im Buch des Soziologen Helmut Schelsky »Die skeptische Generation« ist einiges von dem eingefangen, was ich für die Mentalität meiner Jahrgänge halte. Sicherlich gibt es zusätzliche Erklärungen, zum Beispiel den inzwischen ganz verblaßten Gedanken der Volksgemeinschaft, der nicht nur eine Propagandafloskel des NS-Regimes war, sondern nun auch der allgemeinen Not entsprang, der Überzeugung, nur gemeinsam lasse sich die Lage meistern. Die 68er, also die Studenten, die wir Ende der sechziger Jahre hatten, waren die erste deutlich nach dem Krieg geborene Generation, stammten aus den späten vierziger, frühen fünfziger Jahren, gehörten eindeutig nicht mehr in die Kriegsgeneration, teilten also nicht die Katastrophenerfahrung und fanden daher die friedliche, versöhnlerische Gemeinschaftsideologie, jetzt christlichen Zuschnitts, ganz absurd, ja verhängnisvoll. Daher entlud sich ihr Empörungspotential nicht nur gegen die eigenen Eltern, sondern gegen alle Vorgänger-Generationen, denen sie pauschal die Verstrickung in den Nationalsozialismus suggestiv zum Vorwurf machten.

Seither und noch immer teilt dieser Unterschied unser Land. Auf der einen Seite finden wir die, die ich die Generation von 1945 nenne und zu der alle rechnen, die vor 1940 geboren sind, also den zweiten Teil des Dritten Reiches, vor allem den Krieg, am eigenen Leibe erlebt haben und in Erinnerung behalten, ob sie 1945 nun fünf, fünfzig oder siebzig Jahre alt waren. Auf der anderen Seite finden wir die Nachkriegsjahrgänge der 68er Generation, aber auch die 89er. Die wichtigste Aufgabe meiner Generation stellt sich erst jetzt, seit 1990, mit zunehmender Dringlichkeit, obwohl die meisten ihrer Angehörigen von dieser Verpflichtung noch gar nichts ahnen: Meine Generation, eine Zwischengeneration, sollte vor ihrem Verschwinden dazu beitragen, das Bild Deutschlands und der Deutschen zurechtzurücken, das die 68er verzerrt haben. Wir sollten unseren Landsleuten helfen, ihren Frieden mit sich selber zu machen.

Gleichzeitig müssen wir den Jüngeren zu verdeutlichen suchen, was in den Zeiten des Deutschen Reiches von 1871 unsere außenpolitischen Probleme waren. Denn an ihnen ist das damalige Deutschland gescheitert. Außenpolitik, nicht nur die Deutschlands, muß man über weite Zeiträume hinweg betrachten, um langfristige Konstellationen und zufällige, kurzfristige Aufgaben unterscheiden zu lernen. Unsere Außenpolitik war und bleibt immer geprägt von unserer Mittellage in Europa.

Nach 1945, zur Zeit der alten Bundesrepublik, konnten wir das eine Weile vergessen. Denn nicht die geographische Situation, sondern der ideologische Ost-West-Gegensatz war damals bestimmend. Das bescherte der Bundesrepublik, bei allen Schmerzen der Teilung, das Glück der Eindeutigkeit: Wir hatten nur noch einen Gegner, wenn auch einen sehr bedrohlichen, den ganzen Osten, statt der alten Orientierungsschwierigkeiten und Partnerprobleme in allen Windrichtungen.

Schon im Entspannungszeitalter, seit den sechziger Jahren, trübte sich diese Klarheit ein. Seit der Wiedervereinigung stecken wir mehr und mehr in den früheren Schwierigkeiten, die wir vor 1989 für endgültig überwunden hielten. Außenpolitisch ist unsere heutige Situation, wenn wir sie mit der vor der Wiedervereinigung vergleichen, ganz und gar neu. Aber sie ist überhaupt nicht neu, wenn man sie mit der Lage Deutschlands in der ersten Hälfte des Jahrhunderts vergleicht. Eine wichtige Ursache des Erfolgs der alten Bundesrepublik war, daß nach 1945 Außen- und Sicherheitspolitik weitgehend von anderen entschieden wurden. Ältere Diplomaten und Politiker sind manchmal etwas beleidigt, wenn man sie fragt, ob eigentlich von einer deutschen Außenpolitik vor 1990 die Rede sein könne. Diese Reserve ist verständlich; denn im vorgegebenen Rahmen ist damals viel geleistet worden. Aber im Grunde bestand unsere Außenpolitik darin, uns kooperativ einzufügen in das westeuropäisch-atlantische Kräftefeld, was wir erleichtert, mehr und mehr freiwillig, getan haben. Wir waren froh, die eigene Verantwortung auf diesen heiklen Gebieten losgeworden zu sein, fuhren gern im Konvoi mit, weil wir davon überzeugt waren, in diesem Bereich vor 1945, milde gesagt, nicht besonders erfolgreich gewesen zu sein. Statt dessen konnten wir uns in der Nachkriegszeit auf das konzentrieren, was wir für unsere Stärke hielten und halten: auf Wirtschafts- und Sozialpolitik.

Durch die Wiedervereinigung sind wir in die gesamteuropäische Einbettung zurückgekehrt. Das hatte sich schon in Jahrzehnten zuvor in dem Maße angebahnt, in dem sich unsere Neue Ostpolitik entwickelt hatte, entwickeln mußte – wegen Berlins, auch mit Rücksicht auf die Landsleute in der DDR, darüber hinaus wegen der im westlichen Lager zunehmenden Entspannungsneigung, der wir uns nicht entziehen konnten.

Die Westdeutschen praktizierten schon lange vor 1990 eine seltsam schwebende Außenpolitik zwischen Frankreich, den USA und der Sowjetunion. Wir ließen jeden dieser drei Partner wissen, wir könnten mit ihm nur in dem Maße kooperieren, wie es die Beziehungen zu den anderen beiden nicht beschädige. Wir betonten, immer auf Frankreichs Seite zu sein. Denn ohne Paris gebe es keine Europäische Gemeinschaft, keine Union. Aber die Amerikaner waren unerläßlich für den Schutz Berlins und Deutschlands. Daher bedeuteten wir den Franzosen, sie müßten auf unsere Bindung an die USA Rücksicht nehmen. Den Amerikanern erklärten wir, sie seien zwar unsere wichtigsten Alliierten, müßten aber verstehen, daß (West)Europa nicht ohne Frankreich geeint werden könne, weshalb Bonn nie Frankreich links liegen lassen werde. Amerikaner wie Franzosen ließen wir wissen, daß die 16 Millionen eingesperrter Landsleute und West-Berlin die Entspannungspolitik für uns zu einer sehr viel dringlicheren Aufgabe machten als für sie beide. Insofern seien wir gezwungen, auf Ostberlin, auf Moskau in erheblichem Umfang Rücksicht zu nehmen – wobei wir natürlich gegenüber den Russen unterstrichen, daß wir mit ihnen nur in dem Maße kooperieren könnten, das mit unseren westeuropäischen und atlantischen Bindungen vereinbar sei. Schon in den siebziger, achtziger Jahren schuf diese allseitige Halbherzigkeit Probleme. Es wurde klar, daß sie die Deutschen je nach den Druckverhältnissen, die in der Weltpolitik herrschten, in Schwierigkeiten bringen müsse.

Das zeigt sich jetzt und wahrscheinlich künftig in wachsendem Maße. Die allmähliche Veränderung der Perspektive kann man beispielsweise an der deutschen Zeitgeschichtsschreibung ablesen. Einige Jahrzehnte zurück herrschte in einem lautstarken Teil dieser Zunft die Meinung vor, es gebe einen sogenannten Primat der Innenpolitik, diese präge auch die äußeren Verhältnisse. Das hatte man vor 1945 umgekehrt gesehen, was nun als falsch galt: von äußerem Druck auf Deutschland, gar einer Einkreisung, könne keine Rede sein. Die wesentlichen Fehler unseres Landes, hieß es nun, hätten an den inneren Verhältnissen, am gesellschaftlichen Zustand des Reiches gelegen. Es sei die versteinerte, autoritäre, vordemokratische Verfassung Deutschlands gewesen, die alle unsere Schwierigkeiten mit der äußeren Welt herbeigeführt habe.

Lange Zeit war der Publizist Sebastian Haffner der einzige, der sich gegen diese Argumentation auflehnte. Deutschland sei außen-, nicht innenpolitisch gescheitert, in zwei Weltkriegen untergegangen, die nicht aus inneren Spannungszuständen und Verwerfungen Deutschlands, sondern aus der ungeschickten Größe des Reiches und seiner mißlichen geographischen Lage zwischen den übrigen europäischen Großmächten, den damaligen Weltmächten, zu erklären sei. Inzwischen fällt auf, daß selbst früher als links geltende Autoren in Darstellungen der Außenpolitik des Kaiserreichs vor 1914 viel abgewogener, viel gerechter urteilen. Mittlerweile scheint die neuerdings herrschende Meinung wieder dort angelangt zu sein, wo sie schon in meiner Studentenzeit war. Jetzt hält man wieder den Ersten Weltkrieg keineswegs für einen deutscherseits herbeigeführten (oder gar herbeigesehnten) imperialistischen Ausflug in die Weltpolitik, sondern schreibt diese Urkatastrophe des Jahrhunderts, was die Deutschen angeht, eher unserem Ungeschick zu. Wir waren nicht fähig, mit unserer neuen wirtschaftlichen und militärischen Macht, die sich beide, zumal nach 1890, mächtig entwickelten, konstruktiv umzugehen. Wie vergleichbare Länder ließen wir uns auf einen Wettlauf um Weltgeltung ein. Auch uns fehlte damals die Einsicht in die Wichtigkeit eines europäischen Konzerts. Wir waren so wenig wie unsere Konkurrenten bereit, harmonisch mit anderen zusammenzuspielen.

Deutschland ist vor 1914 keineswegs zielbewußt auf den Krieg zugesteuert, wie das der Hamburger Historiker Fritz Fischer temperamentvoll in seinem »Griff nach der Weltmacht« behauptet hat. Wir sollten heute über die Fehlschläge unserer Vorfahren milder urteilen. Das kann nicht heißen, daß sie großartig gewesen wären, sich besonders klug verhalten hätten. Sie waren unerfahren, schwankten zwischen Kleinmut und Größenwahn. Aber die Schwierigkeiten, mit denen sie zu tun hatten, waren nicht allein von ihnen herbeigeführt worden. Die Spannungen des Reiches vor allem mit Frankreich und Rußland, dann aber auch mit Großbritannien, lagen auch an den anderen. Wir sehen das jetzt deutlicher als vor 1990. Seit die alten Konkurrenzgefühle uns gegenüber wieder auftauchen, müssen wir für möglich halten, daß sie in der Zwischenzeit immer andauerten, nur überdeckt waren. In den Nachkriegsjahrzehnten, während des Kalten Krieges und unter dem Eindruck des gemeinsamen, großen Westblocks, waren die Rivalitäten, so schien es uns Deutschen, so weit verschwunden, daß kaum einer bei uns ihr Wiederaufleben für möglich gehalten hätte. Vielleicht haben wir auch, froh darüber, wieder etwas mitspielen zu dürfen, nicht so genau hingesehen.

Verblüfft müssen wir jetzt feststellen, daß unsere heutige Situation ganz entfernt der am Anfang des Jahrhunderts ähnelt. Natürlich gibt es nicht diesen imperialistischen Überdruck, der damals aus der Konkurrenz wirklicher oder potentieller Weltmächte entsprang, gibt nicht das damalige Potential, noch weniger die Risikobereitschaft jener Zeit, schon gar nicht den Glauben an den Krieg als erlaubtes Mittel der Konfliktlösung. Natürlich dämpfen auch die großen Paktsysteme der NATO und der EU. Hilfreich ist auf allen Seiten ein dominierendes Interesse aller Beteiligten an einem funktionierenden Gemeinsamen Markt. Aber es geht in Europa nach wie vor weniger harmonisch zu, als wir uns eher naiv in den Jahrzehnten vor 1990 eingebildet haben. Selbst enge Verbündete spähen uns mit Hilfe der Geheimdienste aus, um deutsche Firmen auf den Weltmärkten auszustechen.

Wir haben vor 1933 in Europa selten eine so lange Phase konstruktiver Zusammenarbeit erlebt wie nach 1950, das ist wahr. Diese Westverankerung ermöglicht uns außerdem heute eine aktive Ostpolitik gerade deshalb, weil wir EU-Mitglied sind. Es wäre für kleine Länder wie Tschechien, die Slowakei oder Ungarn, erst recht die baltischen Länder, aber selbst für größere wie Polen viel schwieriger, mit uns gelassen zu kooperieren, wenn sie bilateral, also je einzeln, nur mit uns zu tun hätten. Es beruhigt sie, Deutschland als Partner im Rahmen des größeren

EU-Verbundes vor sich zu haben. Von den Deutschen alleine möchte man sich, denken unsere kleineren Nachbarn, nicht gern umarmen lassen. Wenn wir aber als Teil des vereinten Europa auftreten, gelten wir als vertrauenswürdig. Wir Deutschen haben also ein wirkliches Interesse an der Fortsetzung der europäischen Integrationspolitik, wobei freilich zu fragen ist, wie sie künftig vernünftigerweise aussehen kann.

Das Wachstum der EU bedeutet seit langem keine Stärkung, sondern eine Schwächung der Gemeinschaft. Das Europa der Sechs in den fünfziger Jahren war viel homogener, damit auch viel leistungs- und handlungsfähiger als der jetzige 15er-Club, der künftig immer weiter wachsen soll. Das macht den Franzosen seit langem Sorgen, weil sie auf ein geeintes Europa unter französischer Führung hoffen, das ein Faktor der Weltpolitik wird, auch militärisch. Die USA ihrerseits begrüßen eine solche Entwicklung, freilich ohne antiamerikanische Pariser Spitzen. Seit einem halben Jahrhundert fördern sie die Einigung des Kontinents, weil sie sich von ihr eine teilweise Entlastung von der Bürde versprechen, als (inzwischen) einzige Weltmacht für alles und jedes verantwortlich zu sein. Das Wachsen der EU zeigt aber, daß gleichzeitig die Schwierigkeiten, die internen Interessengegensätze wachsen. Europa sieht vom Mittelmeer her anders aus als vom Nordkap. In Helsinki hat man andere Sorgen als in Dublin, in Lissabon andere als in Prag. Eine Heterogenisierung, eine gewisse Regionalisierung macht sich in der europäischen Union mehr und mehr bemerkbar. So hat der Widerstand der Südeuropäer gegen die EU-Osterweiterung natürlich damit zu tun, daß sie eine Verminderung der Wohltaten fürchten, die sie bisher aus der gemeinsamen Kasse erhalten haben.

Bis zum vergangenen Herbst war man in der Bonner Politik überzeugt, Deutschland habe – allein schon wegen der Nähe seiner künftigen Hauptstadt zur polnischen Grenze, eine knappe Autostunde von Berlin entfernt – ein viel größeres Interesse an der Stabilisierung der Ostmitteleuropäer als Frankreich oder Spanien, Irland oder gar Island. Für Frankreich hat der Gedanke, daß die EU auf Dauer an der Oder aufhört, überhaupt nichts Erschreckendes. Im Gegenteil: das wäre willkommen. Die Deutschen müssen aber an der Stabilität ihrer unmittelbaren

Nachbarn interessiert sein, vor allem wenn sie so groß und bevölkerungsreich sind wie Polen. Kazimierz Wóycicki, ein kluger polnischer Analytiker, schrieb vor drei Jahren, die Deutschen hätten vor 1933, danach sowieso, ihre entscheidenden Fehler im Osten gemacht, nicht im Westen. Die Westpolitik Deutschlands bis zur Weimarer Republik sei im großen und ganzen verständlich, ja streckenweise sinnvoll und erfolgreich gewesen. Spätestens der Verlust großer Teile ihres Territoriums an Polen und Russen hätte die Deutschen zu der Einsicht bringen sollen, daß sie die Bedeutung des ganzen östlichen Europa für das europäische Gleichgewicht, den Frieden auf dem Kontinent, doch offenbar kraß fehleingeschätzt hätten.

Tatsächlich haben die Deutschen weithin klare Vorstellungen von Frankreich, Großbritannien, den USA. Sie kennen viele Teile der Welt, aber kaum die Länder östlich von uns, und noch weniger interessieren sie sich für sie. Kürzlich hat der polnische Staatspräsident gesagt, es gebe zwischen unseren beiden Ländern zwei Themen, die öffentlich zwar eine Rolle spielten, aber als Panikparolen gelassen zur Seite geschoben werden sollten. Das erste dieser Themen sei das angeblich massive Eindringen polnischer Migrationsarbeiter in den deutschen Arbeitsmarkt. Das ist eine deutsche Befürchtung, offenbar die primäre Sorge des gegenwärtigen Kanzlers, Gerhard Schröder, wenn er an Polen denkt. Und zweitens sprach Aleksander Kwasniewski von der Sorge in Polen, die Deutschen könnten massenhaft Land zurückkaufen, sobald die Freizügigkeit und der freie Grunderwerb in allen EU-Mitgliedstaaten auch für Polen gelte.

Kwasniewski betonte, in seiner Sicht werde die Tragweite beider Probleme sehr übertrieben. Die günstige Wirtschaftslage Polens, der Boom, den das Land jetzt erlebe, mache Arbeitsplätze in Deutschland weniger und weniger wichtig für Polen. Was polnische Sorgen vor deutschen Grundstückskäufen angehe, so spielten sie wesentlich nur in der Propaganda der Nationalisten eine Rolle. Es gebe nämlich keine Anzeichen dafür, daß Deutsche in großem Umfange Land in Polen zu kaufen beabsichtigten.

Leider werden die Deutschen aus dieser gelassenen Beobachtung wohl nicht den Schluß ziehen, unseren EU-Partnern zu signalisieren, daß wir zentral an Polens rascher Aufnahme interessiert sind. Im Gegenteil scheinen wir uns momentan auch in diesem Punkte die französische Sicht zu eigen zu machen, zunächst müßten die Institutionen der Gemeinschaft reformiert und die EU-Finanzen geordnet werden, ehe man an die Erweiterung denken könne. Ein kompliziertes Sonderproblem bleibt der künftige Agrarmarkt. Außerdem ist es natürlich schwierig, in einem Augenblick den finanziellen EU-Beitrag Deutschlands reduzieren zu wollen, wo wir, und zwar um unserer eigenen Stabilität willen, das größte Interesse an einer Osterweiterung der Gemeinschaft haben. Wenig deutet darauf hin, daß die rotgrüne Außenpolitik die verschiedenen, gerade auch historischen Komponenten, die in diesem Raum berücksichtigt werden müssen, rechtzeitig und nüchtern bedacht hat. Sie besitzt bisher offenbar kein kohärentes Konzept, das unsere Partner in West und Ost überzeugen könnte.

Der Umbruch von 1989 hat in allen europäischen Ländern alte Fragen neu aufgeworfen: Was ist Europa? Wo liegen seine Grenzen, besonders im Osten? Unser Kontinent ist eine Wertegemeinschaft. Deshalb haben wir Deutschen zwischen 1933 und 1945 zunehmend weniger zu Europa gehört. Die Russen haben sich schon nach der Oktoberrevolution mehr und mehr aus Europa verabschiedet. Promenierte man 1914 in St.Petersburg, hatte man selbstverständlich den Eindruck, mitten in Europa zu sein. Wer heute den Newski-Prospekt entlang eilt, kann zwar immer noch die herrlichen Kulissen einer europäischen Großstadt des 18./19. Jahrhunderts bewundern. Aber wenn er sich auf der Straße umschaut, die Bevölkerung um sich herum betrachtet, wird er bekümmert konstatieren, daß das aristokratische und bürgerliche Publikum vom Anfang des Jahrhunderts spurlos verschwunden, ausgerottet, außer Landes getrieben worden ist. Abstrakte Diskussionen, wo die Grenzen Europas liegen, sind unnütz. Wir sollten geduldig abwarten, wie sich die Völker entwickeln und entscheiden. Was immer unsere Kriterien sind: Ostmitteleuropa ist mental in weiten Bereichen so europäisch wie wir. Die Stabilisierung dieser Räume besitzt für uns absolute Priorität. Gemeinsam mit unseren Verbündeten müssen wir das Menschenmögliche tun, um den Gebieten zwischen uns und den Russen einen verläßlichen westlichen Rückhalt zu verschaffen.

Rußland entzieht sich wegen seiner schieren Größe und aufgrund der Tatsache, daß Länder dieses Umfangs Kontinente in sich selbst sind, im Guten wie im Bösen unserer Beeinflussung. In Rußland, aber auch China, Indien, Brasilien, selbst den USA, hat die Masse der Bevölkerung lebenslang nie eine Grenze gesehen. Das prägt auf andere Weise das Bewußtsein als Europa mit seinen vielen Grenzen, Nachbarn, Sprachen und Interessen auf engem Raum. Obwohl die heutigen Russen nur partiell als Europäer gelten können, bemühen wir uns weit mehr um sie als um die Ostmitteleuropäer. Das hat verschiedene Ursachen, entspringt teils kultureller Sympathie, bei der die russische Literatur, auch die Musik eine große Rolle spielen, teils der Legende, wir seien eigentlich immer Verbündete gewesen, teils unserem schlechten Gewissen wegen des Zweiten Weltkriegs, teils unserer anhaltenden, unterschwelligen Furcht vor den Russen. Dementsprechend gehen sie immer noch gern ziemlich imperial mit uns um.

Selbstverständlich ist zu wünschen, daß Rußland eine Marktwirtschaft wird, die soziale Gesichtspunkte berücksichtigt. Natürlich hoffen wir zugleich auf eine stabile Demokratie dort, und zwar eine repräsentative, weil eine Präsidialherrschaft wie die jetzige, selbst wenn sie handlungsfähig wäre, zum Mißbrauch einlädt, solange ihr kein verantwortliches Parlament gegenübersteht. Die Aussichten, beide Wünsche verwirklicht zu sehen, sind heute schlecht, noch schlechter als am Anfang des Jahrzehnts. Insofern ist es verblüffend, bei Egon Bahr zu lesen, Rußland sei keine Bedrohung mehr. Daher brauchten wir die Amerikaner nicht mehr so nötig wie früher. Das scheint mir beides wenig überzeugend. Momentan scheidet Moskau als imperiale Bedrohung aus. Aber wie lange? Die Amerikaner sind nicht nur wegen der Russen unentbehrlich, bei denen niemand weiß, wie es weitergeht, sondern heute in erster Linie wegen unserer westeuropäischen Alliierten, vor allem Frankreichs und Großbritanniens. Nur wenn die USA als Vorsitzende aller Verbündeten, als Mannschaftsführer, in Europa präsent bleiben, haben wir Deutschen auf dem Kontinent, wie der Balkan lehrt, eine konstruktive Gestaltungchance.

Was Rußland angeht, müssen wir uns auf alle möglichen

Alternativen einstellen, müssen immer mit dem Schlimmsten rechnen. Unsere neue Regierung baut zu Recht nicht mehr auf einen Moskauer Partner allein, sondern bemüht sich, alle nur denkbaren, uns sympathischen oder unsympathischen Führungspersönlichkeiten dort gleichermaßen wahrzunehmen. Sie will sich mit ihnen austauschen, ihre Ansichten, Einsichten, Absichten frühzeitig leidenschaftslos zu ergründen versuchen. Die bisherige exklusive Beziehung zu einer Leitfigur, die Kameraderie zwischen Helmut Kohl und Boris Jelzin, war kurzsichtig, hat auch Deutschland nichts gebracht, aber viel Geld gekostet.

Wir dürfen nie vergessen, wie begrenzt unser Einfluß ist, wie wenig wir allein ausrichten können. Diese Einsicht hat uns in den letzten Jahren oft gefehlt. Wir haben auch nach dem Abzug der Roten Armee in hoffnungsvollem Überschwang gern Geld nach Rußland fließen lassen. Wir können uns die bisherige Naivität unseres Umgangs mit den Russen auf die Dauer nicht leisten.

Wie wichtig Ostmitteleuropa für unsere Stabilität sein mag, wie bedrohlich Rußland vielleicht wieder wird – das Hauptbetätigungsfeld unserer Außenpolitik bleibt die Verankerung im Westen, – Konrad Adenauers Vermächtnis an uns, bis heute. Sein Integrationsentwurf nach 1945, so naheliegend, ja selbstverständlich er uns heute vorkommt, war zunächst eine ganz eigene, einsame, kühne Antwort auf die Herausforderung, daß die Russen an der Wartburg standen. Der erste Bundeskanzler konnte dabei auf Gedanken zurückgreifen, die ihm schon Jahrzehnte früher gekommen waren: daß die politische Machtverteilung im Reich neu austariert werden müsse, ein Preußen, das zwei Drittel des Reichsgebiets umfaßte, nicht im Interesse Deutschlands und zumal der Rheinlande liege, man also zu einer Neugliederung kommen solle, was unter anderem einen großen rheinischen Bundesstaat im Verband des Reiches (oder an seinem Rande) bedeuten werde. 1945 war Deutschland in einer Situation, die den Konzepten entgegenkam, die Adenauer schon ein Vierteljahrhundert früher im Kopf gehabt hatte. Wesentlich war dies der Grund, warum er eher als andere begriff, die Aufgabe deutscher Politik, soweit es sie überhaupt schon wieder gab, könne nicht darin bestehen, das auseinanderbrechende Reich über die wachsende Ost-West-Spaltung hinweg zusammenzuhalten. Jakob

Kaiser schwebte eine willensstarke Mobilisierung aller nationalen Kräfte vor. Adenauer hielt diesen Versuch für ehrenwert, aber völlig aussichtslos. Insofern ergriff er entschlossen die einzige Chance, die die Situation bot, griff Vorstellungen auf, die allein damals erfolgversprechend waren.

Adenauers Grundeinsicht war ganz einfach. Es gebe im Zeichen Stalins keine Chance der Wiedervereinigung, sondern nur die Westintegration. Eine Möglichkeit späterer Wiedervereinigung werde sich nur eröffnen, wenn wir uns zunächst mit dem Westen zu einem festen europäisch-atlantischen Block verbänden. Der Unterschied zwischen Kurt Schumacher und Konrad Adenauer damals bestand darin, daß Schumacher glaubte, der Westen Deutschlands werde einen ausreichenden ökonomisch-sozialen Magneten bilden, der die Sowjetzone aus dem Ostblock herauslöse. Währenddessen war Adenauer überzeugt, dazu sei die Bundesrepublik zu schwach. Ohne ganz Westeuropa und die USA werde die Anziehungskraft nicht ausreichen, die DDR herüberzuziehen.

Das blieb lange umkämpft. Die SPD war über lange Phasen der fünfziger Jahre hinweg die Partei der Wiedervereinigung, obwohl sie selbst nie wußte, wie man dergleichen bewerkstelligen könne. Auch die Masse unserer Landsleute war noch lange der Meinung, daß ein einiges Deutschland, Bismarcks Gründung von 1871, selbstverständlich der natürliche Zustand des Landes sei, man daher allen Tendenzen der Zerreißung kraftvoll widerstehen müsse. Erst später wuchs in der Bundesrepublik still die Überzeugung, notfalls gehe es auf die Dauer auch ohne Wiedervereinigung, vielleicht sei es sogar besser, wenn alles so bleibe, wie es sei. Hinzu kam die von Adenauer stammende, in der politischen Führung der Bundesrepublik mehr und mehr verbreitete Überzeugung, man müsse unbedingt das Schaukelnde und Unstete vermeiden, das man in der Außenpolitik des Wilhelminischen Reiches zu erkennen meinte. Die einzige realistische Aussicht auf eine spätere Wiedervereinigung, die wir hatten – glaubten mit Adenauer zunehmend mehr einflußreiche Köpfe – sei eine Verschmelzung mit dem Westen und damit die Vermeidung sowohl einer tendenziellen Selbstisolierung wie der Einkreisung durch andere. Es deutet allerdings viel darauf hin, daß auch

Adenauer in dem Maße, in dem Rußland wieder als außenpolitischer Mitspieler auftauchte, in die alten Orientierungsschwierigkeiten geraten wäre, wenn er länger regiert hätte. Zeigte nicht der schwierige Balance-Akt des Entspannungszeitalters seit den sechziger Jahren, wie schwer es uns fiel, klaren Kurs zu halten? Schon damals war allerdings zugleich unübersehbar, daß eine umsichtige Ostpolitik neben aller Westintegration in unserer Lage einfach unerläßlich war, ist und bleibt.

Nach seinem Ausscheiden 1963 und erst recht nach seinem Tode dreieinhalb Jahre später wuchs das Ansehen Adenauers sehr. Die Sozialdemokraten, die lange Zeit heimatlose Linke, alle meinungsbildenden Gruppen, eigentlich das ganze Land, versammelten sich mehr und mehr um den Gründungskanzler. Der Höhepunkt dieser Entwicklung war der 100. Geburtstag 1976. Damals gab es keine Stimme mehr, die den Separatisten vom Rhein kritisiert hätte. Alle sagten, sein Werk sei die Grundlage, auf der die Bundesrepublik aufbaue. Dieser Triumph wurde Adenauer überdies in einer Phase zuteil, die von den Sozialliberalen und nicht von der CDU bestimmt wurde; Helmut Schmidt war Kanzler, als Adenauer hundert wurde.

Ich habe schon damals das Gefühl gehabt, dieser allgemeine Enthusiasmus werde nicht immer anhalten, die einhellige Anerkennung werde sich abflachen, und zwar aus zwei Gründen: Zum ersten findet die Notwendigkeit, sich auf den europäischen Osten einzulassen, kein Vorbild in der Adenauerschen Politik. So lange er Kanzler war, blieb die DDR die SBZ, war also im Grunde nicht vorhanden, zumindest kein Gesprächspartner, und auch in Ostmitteleuropa sowie gegenüber der Sowjetunion gab es zu seiner Zeit keine Handlungsspielräume. Das ist seit 1990 völlig anders. Damit wird seit wir in das vereinte Deutschland zurückgekehrt sind, das aus Bismarcks Gründung hervorgegangen ist, Adenauers Regierungszeit – wie die ganze Bonner Republik – eine (glückliche) Ausnahmesituation unserer Geschichte. Außerdem schien mir früh: wenn irgendwann die Landsleute aus der DDR zurückkehren in den gemeinsamen Staat, werden sie uns fragen, warum wir sie nicht früher herausgeholt haben, beispielsweise 1952 der Ansatz der Märznote Stalins nicht weiterverfolgt wurde. Habt ihr nicht, werde es dann heißen (dachte ich mir),

durch die Bonner Politik des Westabmarschs die Wiedervereinigung verhindert? Die DDR-Deutschen können Adenauer nicht
im gleichen Maße wie die Westdeutschen als Gründungsvater der
Bundesrepublik schätzen, weil sie für diese Westintegration das
Opfer der Teilung bringen mußten. Es war unvermeidlich, ging
nicht anders. Aber das wird umstritten bleiben. Daher ist zu vermuten, daß im wiedervereinigten Deutschland das Ansehen Adenauers abnehmen wird.

Man sieht heute deutlich die besonderen Rahmenbedingungen
deutscher Politik zwischen 1945 und 1990, die damit eröffneten
Chancen und Begrenzungen, die diese Phase unserer Geschichte
möglich machten. Ein Großteil der westlichen Landsleute blickt,
verständlicherweise nostalgisch, auf die untergehende Welt der
Bonner Republik. Sie schien uns zwar damals sehr bedroht durch
die Sowjetunion und deren atomare Vernichtungskapazitäten.
Aber in Wahrheit war sie ein idyllisches Gehege, ein Puppen-
heim, ein Paradies. Aus ihm sind wir seit zehn Jahren vertrieben.

Aber ich greife vor. Kaum hatte die Bundesrepublik unter
Adenauer im Westen Fuß gefaßt, setzte die Entspannungspolitik
ein. Sie war nicht unsere Erfindung, sondern ging zurück auf
amerikanische Ansätze unter John F. Kennedy, französische unter
Charles de Gaulle, britische unter Harold Macmillan. Seit den
späten fünfziger Jahren gab es einen erheblichen alliierten Druck
auf die Westdeutschen, jener Detente nicht länger auszuweichen.
Ein Jahrzehnt lang versuchte Bonn jedoch, sich diesem Trend
entgegenzustemmen, und zwar mit dem Hinweis, wir Deutschen
seien vom ideologischen Gegensatz zwischen freier Welt und
totalitärem Sozialismus stärker betroffen als der übrige Westen.
Das kommunistische Regime der DDR sei derart gräßlich, daß
die Entspannungspolitik für uns weitaus größere Komplikatio-
nen mit sich bringe.

Unter Willy Brandt und Walter Scheel machten wir uns dann
die Entspannung zu eigen. Westliches Mißtrauen blieb. Die gleichen Länder, die uns vorher als nicht genug entspannungsbereit
kritisiert hatten, meinten nun, wir seien offenbar darauf und
daran, ins östliche Lager überzulaufen, was natürlich eine unbe-
rechtigte Sorge war.

Mit unserer deutschen Entspannungspolitik haben wir die

Wiedervereinigung wohl nicht beschleunigt. Es war und blieb immer unser Dilemma, daß wir zu schwach waren, die DDR auf diese oder jene Weise aus dem Sattel zu heben, geschweige denn, den Sowjetblock zu beeinflussen. Aber wir haben mit unseren Umarmungsversuchen den Kommunisten psychologisch erleichtert, sich allmählich mit der Perspektive ihrer Entmachtung anzufreunden, mit dem Ende ihrer Herrschaft abzufinden. Wenn es nicht zur Entspannungspolitik gekommen wäre, hätte man damit rechnen müssen, daß die östlichen Regime, zumal das unsrige, zur Gewalt gegriffen hätten, um sich an der Macht, am Leben zu halten.

In verschiedenen osteuropäischen Ländern, auch in Rußland, breitete sich seit den frühen sechziger Jahren mehr und mehr die Überzeugung aus, die Planwirtschaft, die offenkundig nicht funktioniere, müsse marktwirtschaftlich aufgelockert, ergänzt, flexibler gemacht werden. Diese Versuche zogen sich über Jahrzehnte hin mit dem bekannten Ergebnis. Sie führten zu nichts. Jüngere kommunistische Eliten – vor allem in Ungarn, auch in Polen – die nicht mehr jene begrenzten Berufsrevolutionäre der vorhergehenden Generation, sondern universitär ausgebildete, ökonomisch denkende Manager waren, häufig auch den Westen kannten, kamen zu der Überzeugung, aus eigener Kraft sei keine durchgreifende Verbesserung der eigenen wirtschaftlichen Lage zu erwarten. Man brauche die Hilfe des Westens. Um sie zu gewinnen, seien innenpolitische Zugeständnisse an die eigenen Bevölkerungen, auch an Dissidenten in gewissem Umfange unerläßlich – Veränderungen, die man im berühmten dritten Korb des Helsinki-Abkommens ohnehin zugesagt hatte. Die Regime begannen zu lavieren, gingen, teilweise zum Schein, zu demokratischeren Formen über. Es gab also Auflockerungen, größere Spielräume. Sie wären nicht denkbar gewesen, wenn es damals im Osten noch das alte, unversöhnliche Feindbild gegeben hätte. Wenn die kommunistischen Führungen geglaubt hätten, es gebe für sie keine akzeptable Wahl zwischen Beharren und Selbstmord, hätten sie sich vermutlich mit allen Mitteln dem Wandel entgegengestemmt. Aber der Westen erschien inzwischen in mildem, versöhnlichen Lichte: als technisch versierter, hilfsbereiter und kooperativer Partner.

Helmut Kohl setzte die sozialdemokratische Ostpolitik fort; der Übergang von Schmidt zu ihm war kein Bruch. Es war eine besondere Leistung Kohls, sogar Franz-Josef Strauß in diese Politik einzubinden, indem er durch ihn den Milliardenkredit an die DDR einfädeln ließ, damit Strauß zum Mitstreiter machte. Trotzdem blieben in den achtziger Jahren Unterschiede zu den Sozialdemokraten erkennbar. Während sich die SPD, in die Opposition verbannt, auf eine angeblich zweite Phase der Entspannung einließ, eine Art Nebenaußenpolitik, mit der sie der SED stückweise entgegenkam, verschwieg Kohl die fortbestehenden Gegensätze nicht. Die Rede, die er während des Honecker-Besuchs im September 1987 in Bonn hielt, zeigte eine beträchtliche Reserve; der damalige Kanzler benannte deutlich die Unterschiede der Systeme, die Unvereinbarkeit vieler Positionen. Nicht alle Sozialdemokraten achteten auf diese Klarheit. Gerade auch unter den jetzt Regierenden gab es einige, die zu jener Zeit die Betonung einer begrenzten Kameraderie mit Kommunisten für angebracht hielten. Entscheidend war das nicht. Ausschlaggebend war nichts auf der deutschen Bühne. Allein wesentlich war die Tatsache, daß 1985 Gorbatschow an die Macht kam und illusionär (aber sonst wäre es nicht gelungen!) annahm, man könne das ganze Regime reformkommunistisch umgestalten. Gorbatschow war einer der produktiven Irrtümer, die es ab und an in der Geschichte gibt: positive Folgen wider Willen.

Kohls Rolle bei der Wiedervereinigung war eine politische Meisterleistung. Während zuvor seine Fähigkeit, sein Verdienst häufig darin gesehen wurde, geduldig Probleme auszusitzen, hat er hier die Dinge energisch treibend in die Hand genommen, gemeinsam mit den Amerikanern, deren ausschlaggebende Rückendeckung lange von deutscher Seite nicht angemessen gewürdigt worden ist. Gegen zähen Widerstand in Moskau, London und Paris hätten wir ohne die Vereinigten Staaten die Wiedervereinigung natürlich nie erreicht. Die amerikanische Entschlossenheit, uns den Weg zu bahnen, war die wichtigste Voraussetzung des Erfolgs. Bush und Baker sind zusammen mit Kohl die Väter dieser Vereinigung, niemand sonst.

Diese historische Reminiszenz kann man nicht oft genug betonen. Denn die Vereinigung Deutschlands war eine Stunde der

Wahrheit im westlichen Bündnis. Wir haben dabei lernen müssen (was man bei aller Betonung deutsch-französischer Freundschaft, deutsch-britischer Zusammenarbeit nie vergessen sollte), daß Rivalitätsgefühle, wie sie in London und Paris uns gegenüber 1989/90 nachweisbar waren, wahrscheinlich weiter bestehen und wieder neu auftauchen können. Den Amerikanern liegen sie fern. Die USA halten uns zu Recht für keine politische Konkurrenz, sondern sehen in uns potentiell eine Kraft, die helfen kann, Europa zu stabilisieren und damit nicht nur in diesem Teil der Welt, sondern vielleicht auch ein bißchen darüber hinaus Ordnung zu schaffen. In welchem Umfang wir dieser Erwartung entsprechen können, steht auf einem anderem Blatt.

Nicht nur bei den Verbündeten, auch in Deutschland selbst gab es, vor allem in der SPD, aber nicht nur dort, starke Gruppen, die – wie beispielsweise Oskar Lafontaine – die Wiedervereinigung rundweg ablehnten, sie (übrigens mit teilweise absurden Begründungen) – für verfehlt, zumindest für verfrüht hielten. Sie bevorzugten statt dessen eine Strategie, die die DDR von außen stützen sollte, ohne sie zum Beitritt zu ermuntern. Wäre man solchen Stimmen gefolgt, hätte man kostbare Zeit verloren, vielleicht die Vereinigung ganz scheitern lassen. Denn die kurze historische Chance bestand darin, daß Gorbatschow schon geschwächt und damit zu Konzessionen geneigt sein mußte, also bereit, die DDR aufzugeben, gleichzeitig aber noch so stark, dieses Zugeständnis an die Deutschen in den eigenen Reihen durchzusetzen. Wenige Monate später, im Dezember 1990, war die günstige Gelegenheit schon wieder endgültig vorbei.

Kohl hat diese Zusammenhänge frühzeitig geahnt und die Gelegenheit kühn genutzt. Denn am Beginn, im November 1989, war überhaupt nicht sicher, ob das Projekt bei den westlichen Alliierten in Europa, von der Sowjetunion ganz zu schweigen, durchsetzbar sein würde. Allerdings hat er, um den Widerstand Frankreichs auszuräumen, mit der Währungsunion, genauer gesagt: mit seiner Zustimmung zum Zeitplan der Einführung des Euro, ein Opfer gebracht, das riskant groß war, wobei – zu hoffen ist, daß alle Bedenken vom Gang der weiteren Entwicklung widerlegt werden.

Bis zum Herbst 1989 war die deutsche Position, eine gemeinsame Währung solle die europäische Vereinigung krönen, also nach der Schaffung eines bundesstaatlichen Gebildes eingeführt werden. So war es ja bisher historisch immer: daß erst der neue Staat kam und dann seine gemeinsame Währung. Diesmal soll nun die Reihenfolge umgekehrt werden, das gemeinsame Geld die Einheit herbeizwingen. Die EU-Mitglieder besitzen aber bisher noch immer ein großes Maß an Unabhängigkeit. Daher ist es eine offene Frage, ob die Befürworter der Währungsunion recht behalten werden, wenn sie glauben, dieser kühne Schritt werde zwangsläufig die politische Einigung Europas nach sich ziehen. Frühere Münz-Unionen unabhängiger Staaten sind bisher sämtlich über kurz oder lang auseinandergebrochen.

Wie auf vielen anderen Feldern war Frankreich auch bei der Euro-Frage die treibende Kraft. In der westeuropäischen Nachkriegspolitik besaß Frankreich bekanntlich eine Veto-Position. Wenn Paris ein Projekt ablehnte, konnte man es vergessen, selbst wenn alle anderen einig waren. Die Franzosen hatten nach 1945 klar erkannt, daß die Diskreditierung Deutschlands durch das Dritte Reich seine Führungsposition in Europa ausschloß. Frankreich beanspruchte sie. Hatte es nicht bis ins 19. Jahrhundert auf dem Kontinent den Ton angegeben? Zuletzt noch einmal unter Napoleon III., nur mit Ach und Krach nach dem Ersten Weltkrieg. Das Bismarcksche Reich hatte diese Spitzenstellung Frankreich erfolgreich streitig gemacht. Daher lag die Auflösung des 1871 gegründeten Deutschland im französischen Interesse. Durch den Gang der Dinge wurde dieses Ziel ohne französisches Zutun im wesentlichen nach 1945 erreicht. Da Frankreich zu den Siegermächten zählte, gab es seither eine neue Balance: die Westdeutschen waren wirtschaftlich wichtiger als Frankreich, aber die Franzosen eindeutig politisch einflußreicher als wir. Da Planungschef Jean Monnet und Außenminister Robert Schuman weitblickend waren, versuchten sie nicht wie Frankreich nach dem Ersten Weltkrieg, eine einseitige Niederhaltung Deutschlands durchzusetzen, die auch diesmal hätte scheitern müssen. Vielmehr schlugen sie das Prinzip formell gegenseitiger Kontrolle vor, das die Bundesrepublik akzeptieren konnte. Weil sich die Deutschen mit ihrer Position abfanden und sie weiter hinnehmen, gibt es nach wie vor, trotz wachsender Nervosität in Paris, eine relativ stabile Beziehung zwischen beiden Ländern, dem Kern der Union. Aber wird das so bleiben? Ist das Arrangement zukunftsfähig? Entscheidend wird werden, inwieweit die Franzosen zentralen Interessen Deutschlands Rechnung tragen.

Frankreich wird sich jetzt schmerzlich wieder der historischen Tatsache bewußt, daß es ihm schon nach dem Ersten Weltkrieg nicht gelungen ist, einen lebensfähigen *Cordon sanitaire* zwischen Russen und Deutschen aufzubauen. Nach französischer Einschätzung zeigt sich jetzt erneut wie schon in der Zwischenkriegszeit, daß unser Land im ostmitteleuropäischen Raum die wirtschaftlich wichtigste Macht wird, was unseren politischen Einfluß in Europa steigern muß, ohne daß Frankreich die Möglichkeit sieht, dieser für Paris unerfreulichen Entwicklung einen Riegel vorzuschieben.

Doch möglicherweise ergibt sich eine Chance, Deutschlands Machtzuwachs zu bremsen, indem man die Osterweiterung der EU hinausschiebt. Das müßte die Deutschen ärgern, wenn die neue Regierung den erforderlichen Durchblick, eine angemessene Vorstellung unserer Interessenlage besäße. Doch überraschend hat die rotgrüne Koalition in der Erweiterungsfrage offenbar die französische Position übernommen. Die Erweiterung scheint ihr nicht mehr so wesentlich. Man glaubt, sie verschieben zu dürfen. Vordringlich soll die Reform der EU sein, um sie erweiterungsfähig zu machen. Das kann dauern. Aber dürfen wir die Aufnahmekandidaten wirklich warten lassen? Verpufft nicht die große psychologische Bedeutung einer europäischen Anbindung, wenn man die Antragsteller lange Jahre vor der Tür hält? Sie warten seit 1990. Schon am Anfang dieses Jahrzehnts hätte sich die EU zu einem positiven Grundsatzbeschluß aufraffen sollen. Die praktischen Folgen der Aufnahme könnten später geklärt werden.

Vermutlich wird aber die Gemeinschaft in den kommenden Jahren überhaupt mehr nach innen als nach außen blicken. Anpassungsschwierigkeiten der Währungsunion werden viel Aufmerksamkeit fordern. Zugleich hat die frühere Begeisterung für Europa auch bei uns nachgelassen. Nachdem der Nationalstaat zurückgekehrt ist, brauchen wir nicht mehr unbedingt »Europa« anstelle der Nation.

Bei allen unseren Partnern wurde das immer anders gesehen als bei uns. Für sie war das vereinte Europa nicht die Widerlegung der eigenen Identität, nicht die Aufhebung der eigenen Nation, sondern eine zweite Form kollektiver Existenz, der man sich gleichzeitig zugehörig fühlte.

Brüssel ist im Bewußtsein der Völker noch immer eine nützliche Hilfskonstruktion für stille Zeiten. Die Kommission prägt nicht das Bewußtsein der Völker. Sie ist eine Bürokratie, die nach ihrem zeitweiligen Nutzen beurteilt wird, aber die Menschen nicht im Kern berührt. Das Demokratiedefizit der Europäischen Union liegt nicht nur an den schmalen Kompetenzen eines Parlaments, das vor Machtworten zurückschreckt. Viel wesentlicher ist, daß sich in diesem Parlament nicht spiegelt, was die europäischen Völker für ihre Identität halten. Nach wie vor blicken sie auf ihre nationalen Parlamente, erwarten von ihnen die öffentliche Erörterung und Beseitigung ihrer Sorgen und Nöte. Die Deutschen denken nicht an das Straßburger Parlament, wenn sie etwas auf dem Herzen haben, sondern an den Bundestag, die Franzosen an die Nationalversammlung, die Briten an ihr Unterhaus. Das wird noch lange so bleiben.

Es ist eher unwahrscheinlich, daß man viel erreichen wird, wenn man dem europäischen Parlament mehr Kompetenzen einräumt. Denn bisher überlagert kein europäisches Bewußtsein die nationalen Zugehörigkeiten. Es gibt keine öffentliche Meinung Europas, sondern nur national unterschiedliche öffentliche Meinungen. Kein Fernsehsender wird überall als gleich relevant empfunden, keine Zeitung überall gelesen. Welche Vielfalt der Sprachen und erst recht der Sichtweisen! Europa war immer Einheit in Vielfalt, eine unglaublich vielfältig abgewandelte Einheit, und hoffentlich wird das auch in Zukunft so sein, weil Einheit *und* Vielfalt zu Europa gehören. Möglicherweise wird sogar der wirtschaftlich rasant voranschreitende Vereinigungsprozeß im Gegenzug nationale, kulturelle und regionale Identitäten stärken. Vermutlich braucht der einzelne, brauchen aber auch Gruppen und ganze Völker den Rückhalt des Eigenen, des Gewohnten, Überschaubaren. Die Europäisierung, die Globalisierung erst recht, wird die Sehnsucht nach heimatlicher Geborgenheit überall wachsen lassen.

Wenn wir Deutschen Europa wirklich dienlich sein wollen, müssen wir in erster Linie unser Land in Ordnung bringen, längst überfällige Reformen beherzt anpacken. Wir sollten Leistungsfähigkeit und Lebensfreude steigern, der Zukunft zugewandt sein. Unser Aufschwung, wenn er denn kommt, wird sich, wie überall anderswo, im nationalen Rahmen vollziehen. Das fröhliche Selbstbewußtsein, das die neue Regierung erkennen läßt, ist an sich eine gute Sache. Es zeigt, daß sie etwas Wichtiges erkannt hat. Aber es genügt, für sich allein genommen, natürlich nicht. Die Bürger wollen von der neuen Koalition, das Ausland will von den Deutschen wissen, was wir denn nun konkret selber anzupacken gedenken. Mit Wortklaubereien, lyrischen Redensarten werden wir nicht über die Runden kommen. Wir müssen uns so nüchtern wie handlungsbereit den neuen Realitäten stellen.

Aber verdrängen wir sie nicht lieber, Koalition und Bevölkerung gemeinsam? Wahrscheinlich hat der Publizist Joachim Fest mit seiner Behauptung Recht, der Nationalsozialismus sei im tiefsten Grunde Wirklichkeitsverweigerung gewesen. Wenn das stimmt, entsprach dieses Regime den Deutschen mehr, als uns lieb sein kann. Diese Eigenheit haben sie noch immer. Das fand auch Hannah Arendt, als sie schrieb, der wohl hervorstechendste, auch erschreckendste Aspekt der deutschen Realitätsflucht liege in der Haltung, mit Tatsachen so umzugehen, als handele es sich um bloße Meinungen. »Man hat es hier nicht mit Indoktrinationen zu tun, sondern mit der Unfähigkeit und dem Widerwillen, überhaupt zwischen Tatsache und Meinung zu unterscheiden.«

Auch der sozialliberalen Regierung Brandt/Scheel wurde vorgehalten, sie sei illusionär. Die beiden sozialdemokratischen Machtwechsel von 1969 und 1998 lassen sich indessen überhaupt nicht vergleichen. Wie idyllisch wirkt inzwischen die alte Bundesrepublik, wie klein ihre damaligen Probleme! Schon 1990 hatte ich den Eindruck, der Bonner Staat liege hinter uns. Was ich bis dahin für den entscheidenden Einschnitt in der Geschichte der Bundesrepublik gehalten hatte: die Wahl Willy Brandts zum ersten sozialdemokratischen Kanzler seit Hermann Müller, also nach fast vierzig Jahren, den Machtwechsel zu Gunsten der

Sozialliberalen, war nach der Wiedervereinigung im Rückblick für mich plötzlich nur noch von eher marginaler Bedeutung. 1969 war jetzt nur noch eine Bodenwelle, kein tiefes Tal, wie ich früher gemeint hatte, das die christdemokratische von der sozialliberalen Phase trennte.

Heute betrachtet man fast mit Rührung, aber auch mit dem nostalgischen Gefühl, mit dem man unwiederbringlich Verlorenem nachtrauert, den Beginn der Koalition von 1969. Sie war die menschlich angenehmste Regierung, die wir je hatten. Man ging entspannt, ja freundschaftlich miteinander um, gerade auch zwischen den Koalitionspartnern. Da ließe sich eine Parallele ziehen zu dem lockeren, heiteren Ton heute. Noch nie habe ich eine Regierung erlebt, die so viel lacht, umarmt, schulterklopft, küßt und herzt wie die jetzige. Aber es wirkt eher aufgesetzt, übertrieben, wie eine Masche, wie falsche Signale an unsere Mitbürger in einer ernsten Lage des Landes. Während man heute denkt, die demonstrativ gute Laune sei nur für das Fernsehen bestimmt, lediglich für Fotoreporter gut, konnte man damals wirklich den Eindruck gewinnen, Menschen zu erleben, die sich aufrichtig sympathisch waren. Das lag wesentlich an der starken Ausstrahlung von Brandt, an der Persönlichkeit des Kanzlers. Auch Schröder hat Charme, kann gut mit Menschen umgehen. Aber steckt viel dahinter? Wird er im Laufe der Zeit das Gewicht, die Überzeugungskraft, die emotionale Ernsthaftigkeit gewinnen, die Brandt besaß? Die heutigen Probleme sind sehr viel größer als die damaligen. Doch unser Führungspersonal ist unvergleichlich schwächer, weit weniger überzeugend. Man kann natürlich die jetzigen Biographien mit den damaligen nicht vergleichen, übrigens in allen Parteien, mit wenigen Ausnahmen.

Dabei wurde die Wahl 1998 von der SPD weitaus strahlender gewonnen als 29 Jahre früher. 1969 konnte fraglich sein, wer eigentlich Sieger war. Bundeskanzler Kiesinger glaubte noch in der Wahlnacht, es werde bei seiner Großen Koalition bleiben. Er wußte nichts von der Absprache zwischen Brandt und Scheel aus dem Frühjahr, kannte nicht Brandts Überzeugung, beim damals wichtigsten ungelösten Problem, den Beziehungen zur DDR, zu Osteuropa und der Sowjetunion, könne man mit der Union nicht weit kommen. Alles werde, gehe man weiter mit ihr zusammen statt mit den kleinen Liberalen, festgefahren bleiben. Aber das war eine Minderheitsmeinung. Von den drei Großen der SPD waren Herbert Wehner und Helmut Schmidt für die Fortsetzung des Bündnisses mit der CDU/CSU. Die FDP, auf die sich Brandt stützte, war bei den Bundestagswahlen 1969 nur mit Ach und Krach über die Runden gekommen; eine solche Partei konnte für den vorsichtigen Wehner kein Partner sein. Er wollte auf Nummer Sicher gehen. Er fürchtete (was dann auch passierte), die sehr kleine Mehrheit der sozialliberalen Koalition werde im Zuge der Neuen Ostpolitik rasch abbröckeln. Dann werde die erste sozialdemokratische Regierung seit Jahrzehnten ein schmähliches Ende nehmen, damit auf lange Zeit die Chancen der SPD ruinieren. Tatsächlich war die Regierung im Jahre 1972 am Ende ihrer Kunst, als sie die Mehrheit im Bundestag verloren hatte und vorzeitig Neuwahlen ausschreiben mußte, die sie haushoch gewann – durch die großartige, souveräne Wahlkampfführung Willy Brandts. Schmidt und Wehner hatten auf sein Debakel gesetzt, rechneten fest mit ihm. Es kam für Brandt dann doch, allerdings anderthalb Jahre später, aus anderen Gründen, so daß Schmidt, mit Wehners Hilfe, Kanzler werden konnte.

Die Abwahl einer Regierung durch die Bevölkerung, wie wir sie 1998 erstmals erlebt haben, ist eine Neuheit, eine erfreuliche Errungenschaft. Die Sozialdemokraten haben im letzten Herbst eine Machtposition in Deutschland errungen, von der ihre Vorgänger 1969 nur träumen konnten. Allerdings tragen sie damit auch die ungeteilte Verantwortung. Überdies war ihr Sieg im Bund nicht allzu überraschend angesichts eines Kanzlers, der 16 Jahre lang im Amt war und sich mehr und mehr für unersetzlich, für die einzige Führungsfigur seiner Partei, für deren personifiziertes Programm hielt. Den wollten die Wähler nicht mehr.

Die Bundestagswahl vom 27. September 1998 brachte jedoch weit mehr als nur die Abwahl eines Kanzlers, dessen Zeit abgelaufen war, und seiner Regierung, obwohl manche Wähler offenbar keine weiteren Absichten hatten. Sie rechneten anscheinend mit einer Großen Koalition, einer ähnlichen Politik wie der vorherigen, ein wenig sozialer. Statt dessen hat sich die politische Landschaft Deutschlands grundlegend verändert.

Das verblüffendste Ergebnis der Wahl ist nicht, daß eine rotgrüne Koalition regiert, sondern die Erklärung führender Sozialdemokraten kurz nach der Wahl, die PDS sei eine demokratische Partei wie jede andere auch. Das wirkte sich zunächst nur in der Mecklenburg-Vorpommerschen SPD/PDS-Regierungsbildung aus. Aber deren Tragweite wird unter Umständen groß sein. In Sachsen-Anhalt wie Thüringen bahnen sich ähnliche Verhältnisse an. Werden solche Bündnisse auf die frühere DDR beschränkt bleiben? Breite Koalitionen zwischen SPD, Grünen und PDS sind auch im Bund denkbar, absehbar geworden. Selbst wer die PDS gelassen betrachtet, wird wünschen, daß sie dort vor allem aus zwei Gründen von einer Regierungsbeteiligung vorerst ausgeschlossen bleibt. Zum einen, weil sie die folgenreichen Irrtümer ihrer Geschichte und den Unrechtscharakter ihres DDR-Regimes nach wie vor nicht begreift, nicht einräumen will, ja zunehmend verstockter, rechthaberischer wirkt. Zum anderen wegen ihres hartnäckigen Unverständnisses für die ökonomischen Ursachen ihres Scheiterns. Sie will nicht wirklich von ihrer doktrinären Verblendung lassen, die nirgendwo in der Welt wirtschaftlich vernünftige Resultate erzielte. Es ist psychologisch bedauerlich, daß der DDR ein Staatsbankrott erspart blieb. Denn er hätte mehr Menschen die Augen öffnen, Dolchstoßlegenden vorbeugen können. Statt dessen erleben wir, wie nach 1918 auf der Rechten, jetzt links nostalgische Verklärungen, wo in Wahrheit nichts zu beschönigen ist.

Eine zusätzliche Chance der PDS wird sich vielleicht künftig dann eröffnen, wenn die SPD, mit Schröder und Lafontaine an der Spitze, die finanziellen Realitäten ernst zu nehmen beginnt und einen sozialpolitischen Konsolidierungskurs einschlägt. Dann würden die Sozialdemokraten wohl den Faden der Vorgängerregierung wieder aufnehmen und, wahrscheinlich mit Modifikationen, fortspinnen. Das könnte einen Teil der SPD-Linken mit Abscheu erfüllen. Diese sozialdemokratischen Linksprotestanten, auch entsprechende Grüne, wären dann vielleicht versucht, sich mit der PDS zu verbinden, zu ihr überlaufen, so daß sie auch im Westen Fuß fassen, möglicherweise über den Status einer vergangenheitsfixierten, ressentimentgeladenen Regionalpartei hinauswachsen würde.

Vermutlich wird es noch dauern, bis die Linksunion Gestalt

gewinnt, irgendwann im ersten Jahrzehnt des nächsten Jahrhunderts. Die drei Parteien in ihr haben aber schon heute einen Vorsprung vor Union und FDP von rund zehn Prozent, gemeinsam über fünfzig Prozent der Stimmen. Kommt aus den Reihen einer wachsenden Zahl ausländischer Neubürger bald weitere, breite Unterstützung zu Hilfe, könnte ihr Vorsprung uneinholbar werden.

Auf der einen Seite sieht man also eine heraufziehende Linksunion, auf der anderen die ebenso verblüffende Ratlosigkeit und Schwäche der CDU. Das muß nicht viel heißen; wie alle Oppositionen wird auch die Union in erster Linie nicht an die Macht kommen wegen eigener personeller und programmatischer Qualitäten, sondern aufgrund des Verdrusses der Wähler über die jetzt amtierende Regierung – falls die Opposition einen medientüchtigen Kanzlerkandidaten parat hat. Die wahrscheinlich einzig realistische Chance der Union, die gegenwärtige Koalition in absehbarer Zeit erfolgreich herauszufordern, liegt beim bayerischen Ministerpräsidenten. Aber seine Kandidatur ist nicht leicht zu bewerkstelligen, würde eine erhebliche Einflußveränderung zwischen beiden Parteien voraussetzen. Die große CDU müßte einen Vorrang der kleineren CSU neidlos und damit ressentimentfrei zugeben. Dafür spricht vorerst wenig. Außerdem gefährdet Edmund Stoiber seine Position und die der CSU in Bayern, wenn er sich auf die nationale Bühne begibt.

Was und wen immer die Union in den nächsten Monaten und Jahren personell und programatisch auf die Beine stellen mag, wird möglicherweise wenig nützen. Es spricht auch nach der Hessenwahl viel dafür, daß die gegenwärtige Regierung lange im Amt bleiben kann wegen allumfassender Koalitionsmöglichkeiten. Unverhofft findet sich die SPD in der strategisch glücklichen Lage, nur noch potentielle Alliierte um sich zu sehen, mit allen anderen Parteien, wenn sie es denn will, Regierungsbündnisse eingehen zu können. Überraschungen, Farbkombinationen aller Art sind nicht auszuschließen. Aber das ist nicht erst heute so.

Seit einiger Zeit – genauer gesagt: seit dem 1. März vergangenen Jahres – kommt man aus dem politischen Staunen nicht heraus. Es begann damit, daß an jenen 1. März 1998 bei den niedersächsischen Landtagswahlen ein keineswegs erfolgreicher Ministerpräsident wiedergewählt wurde, und zwar mit einer höheren als der erwarteten Stimmenzahl. Dieses lokale oder regionale Ereignis wurde nicht nur von den Anhängern der SPD und nicht nur in Niedersachsen, sondern verblüffenderweise in der ganzen Republik als ein schmetterndes Signal verstanden, daß Gerhard Schröder Bundeskanzler werden solle, Helmut Kohl ablösen müsse. Noch erstaunlicher war, daß auch bei den damaligen Regierungsparteien, vor allem bei der CDU, diese Niedersachsenwahl quasi als Gottesurteil begriffen und gewissermaßen gesenkten Hauptes akzeptiert wurde, so daß im Grunde genommen schon im Frühjahr die Bundestagswahl des Herbstes als entschieden gelten konnte.

Die Union strich die Segel, rollte kleinlaut die eigenen Fahnen ein. Selbst unter den CDU-Sympathisanten hätte im letzten Sommer kaum einer sagen können, was die – sagen wir: drei – wichtigsten politischen Vorhaben der damaligen Koalition sein würden, falls sie doch noch die Wahlen gewinnen sollte. Das einzige Personalangebot wie der einzige Programmpunkt von CDU und FDP hieß Kohl – und dies, obwohl überall – und offenkundig bis weit in die Unionswählerschaft hinein – der Wunsch unüberhörbar war, nach anderthalb Jahrzehnten diesen Regierungschef los zu werden. Wie gelähmt sah die alte Koalition ihrem Untergang bewegungslos entgegen, gab alles schon vor der Wahlschlacht resigniert verloren.

Dann kam der Wahltag, und der Sieg der Roten und Grünen wurde weitaus glänzender, als selbst Optimisten der damaligen Opposition zu hoffen gewagt hatten. Damit fiel der Plan, die geheime Erwartung auch vieler Sozialdemokraten, in sich zusammen, es werde zu einer Großen Koalition unter Führung der SPD kommen, bei der regierungserfahrene CDU-Leute für die nötige Expertise sorgen würden. Unverhofft – und vor allem gänzlich unvorbereitet – saß statt dessen Rotgrün auf den Regierungsbänken. Das hatte auch eine Mehrheit jener Wähler, die diese Kombination zustande gebracht hatte, eigentlich nicht gewollt. Meinungsumfragen zeigen, daß viele Kohl weghaben wollten, aber Rotgrün keineswegs zutrauten, die Sache besser zu machen als die alte Koalition.

Entsprechend bescheiden-ängstlich, ja täppisch begann die neue Ära. Von einer inspirierenden Aufbruchsstimmung, einem zielbewußten Gestaltungswillen konnte bei dieser Regierung anfangs keine Rede sein. Erst recht wurde niemand in der Bevölkerung von dem erhebenden Gefühl beflügelt, einem glanzvollen Epochenwechsel beizuwohnen. Die Zeiten sind auch nicht danach. Das wird die neue Koalition spätestens dann sehen, wenn sie sich dringenden Aufgaben zuwendet: unser Bildungssystem zukunftsfähig zu machen, vor allem den Sozialstaat, die öffentlichen Finanzen überhaupt, zu konsolidieren. Zunächst beschränkte sich ihre sozialstaatliche Phantasie darauf, vernünftige Reformansätze ihrer Vorgänger rückgängig zu machen. Mit diesem strukturkonservativen Fundamentalismus, mag er auch weithin populär sein, werden die neuen Leute, wie sich bald herausstellen wird, nicht weit kommen.

Aber das werden sie ganz von alleine merken. Wie bei den meisten Menschen, die neu in Positionen der Verantwortung geraten, gilt vermutlich auch in dieser Regierung der alte Satz: Wem Gott ein Amt gibt, dem gibt er auch Verstand. Bis das eintritt, muß man sich allerdings manchmal eine Weile gedulden. Erste Anzeichen stimmen hoffnungsfroh. Umgekehrt machte allerdings die Beobachtung melancholisch, mit welchem Eifer die neue Koalition anfangs grüne Glaubenssätze des kleinen Partners als eigene Herzensanliegen ausgab und vor allem anderen durchzusetzen versuchte. Auf Biegen und Brechen sollten in der Ausländerpolitik wie beim Ausstieg aus der Atomenergie vollendete Tatsachen geschaffen werden, ohne daß die Bevölkerung den Eindruck gewinnen konnte, die Konsequenzen seien auf beiden Feldern sorgfältig bedacht worden.

Was wird während dessen aus der CDU? Sie wirkt weithin desorientiert. Zusätzlich stellt sich die Frage, ob sie die Fähigkeit zur Volkspartei behält. Wie und wo soll sie sich künftig positionieren? Es gibt bei uns seit Jahrzehnten zwei sozialdemokratische Parteien. Aber die eine, nämlich die CDU, traf gern Beschlüsse, die ihre eigenen Wähler verärgerten, ihnen Geld aus der Tasche zogen zugunsten der Wähler der anderen, eigentlichen sozialdemokratischen Partei, der SPD, ohne daß deren Wähler das merkten, schon gar nicht der Union dankbar als Verdienst anrechneten. Experten schätzen, daß diese Entwicklung die Union ein Drittel ihrer Stammwähler gekostet haben könnte.

Möglicherweise gehören in den jetzigen knappen Zeiten Volksparteien, die alle Schichten und Gruppen umfassen, ohnehin der Vergangenheit an. Seit langem leben wir über unsere Verhältnisse; das Ausmaß der öffentlichen Verschuldung schreit zum Himmel. Mehr und mehr muß man, was man den einen gibt, anderen wegnehmen. Außerdem gehen innerhalb der eigenen Klientel die Interessen und Ansichten allzu weit auseinander.

Sind wir damit schon bei den tieferen Ursachen der Niederlage der Union? Warum hat Helmut Kohl die geistig-moralische Wende, die er 1982 angekündigt hatte, nie versucht? Wollte er sich vor allem auf die Fragen konzentrieren, die damals vordergründig dringend waren, etwa die Nachrüstung? Vermutlich ist ihm außerdem früh klar geworden, daß er Menschen nicht emotional bewegen, nicht mobilisieren konnte. Seine Ausstrahlung im Fernsehen, bei öffentlichen Auftritten, blieb immer begrenzt. Er riß nicht mit, galt immer wesentlich als Aussitzer – die Wiedervereinigung ist die große Ausnahme, die die Regel bestätigt. Obwohl Warten als solches bei Strukturproblemen nichts bringt, ist geduldiges Wartenkönnen eine wesentliche Voraussetzung politischen Erfolges. Denn es dauert ungeheuer lange, bis sich etwas bewegt. Mit Eselsgeduld müssen Politiker immer wieder das Gleiche erzählen, weshalb sich viele Intellektuelle, ungeduldig wie sie sind, in der Politik fehl am Platze fühlen. Kohl hat, falls er wirklich eine Wende wollte, vermutlich vor dem sozialdemokratischen Beharrungsvermögen der Wählerschaft aller Parteien rasch resigniert. Er mußte bald merken, daß es kühne Veränderungen, einen zielbewußten Aufbruch in die Zukunft, zur Zeit ausschloß. Im Rahmen seiner Möglichkeiten hat Kohls Kabinett dennoch manches bewirkt. Die CDU/CSU/FDP-Koalition wollte in die richtige Richtung, hat jedoch nicht genug Vertrauen in den Bereichen gewonnen, die den Wählern nahegingen. Sie wirkte herzlos, weil sie die erforderlichen Opfer nicht plausibel machen konnte.

Auf der anderen Seite läßt das Auftreten der neuen Administration bisher Ernst und Verantwortungsbewußtsein vermissen. Deutsche Politiker sollen gewiß nicht immer mit traurigen Augen aus dunklen Anzügen blicken; optimistische Ausstrahlung, beschwingte Heiterkeit sind gut. Aber der Bürger muß spüren, daß seine Probleme erkannt sind, ernst genommen, Konsequenzen gezogen werden. Das als richtig Erkannte muß den Menschen verständlich gemacht und entschlossen durchgesetzt werden. Am einen wie anderen fehlt es bisher vollkommen.

Gewiß soll man mit neuen Regierungen anfangs milde sein. Aber es war schon seltsam, wie zerstreut der neue Kanzler sein erstes Programm im Parlament vortrug. Man hätte, wenn schon nicht eine Fanfare, immerhin Klarheit erwartet. Doch seine Regierungserklärung war widersprüchlich. Es blieb dunkel, worauf er letztlich hinaus will, was ihm wirklich wichtig, wofür er zu kämpfen entschlossen ist. Schon in den Wochen zuvor hatte man den Eindruck, daß ihm Regierungsgeschäfte fern lägen. Es schien ihm genug, Bundeskanzler zu sein; seine Antrittsbesuche in anderen Ländern machten ihm sichtlich Freude. Hingegen überließ er die Koalitionsvereinbarungen weithin Oskar Lafontaine. Inzwischen schwächt sich allerdings das beunruhigende Gefühl ab, der wichtigste Mann der Regierung sei der Parteivorsitzende und Finanzminister. Lafontaine ist stiller geworden als anfangs, lernt offenbar rasch. Aber wenn Gerhard Schröder Erfolg haben will, wird von ihm nicht nur unbändig gute Laune, sondern geballte Entschlossenheit ausgehen müssen, die die großen, drängenden Probleme in den Mittelpunkt stellt.

Dabei sollte man ihm raten, nicht weiterhin die Beseitigung oder doch deutliche Senkung der Arbeitslosigkeit zur Meßlatte von Erfolg oder Mißerfolg seiner Regierung zu machen. Hat er vergessen, daß sein Vorgänger die Arbeitslosigkeit bis zum Jahre 2000 halbieren wollte? Das Beispiel müßte ihn warnen, und er sollte wissen, daß der Staat heute gar nicht mehr die Möglichkeit hat, Entscheidendes auf diesem Gebiet zu tun. Er kann Geld für Arbeitsbeschaffungsmaßnahmen, Umschulungen, Lohnzuschüsse ausgeben. Aber er kann von sich aus keinen einzigen kreativen, aus sich heraus tragfähigen, profitablen Arbeitsplatz schaffen. Er muß seinen Bürgern ein möglichst freies Betätigungsfeld eröffnen, ihre Initiativen mobilisieren, indem er das Dickicht der Vorschriften lichtet, die Steuern kräftig senkt, zur Selbständigkeit ermutigt, dem Mittelstand den Rücken frei hält. Von alledem sind wir bei dieser Koalition himmelweit entfernt. Dann sollte aber auch Schröder das Urteil über seine Regierung nicht von der Reduzierung der Arbeitslosigkeit abhängig machen, sondern sich auf Felder konzentrieren, auf denen er mit seinen Leuten etwas ausrichten kann. Beispielsweise könnte sich Rotgrün mit einer großzügigen Förderung der Grundlagenforschung, auch der umsichtigen Erneuerung unseres ineffizienten Bildungssystems große Verdienste um unser Land erwerben. Zudem würde damit ein entscheidender Beitrag zur Rückgewinnung einer industriellen Spitzenposition geleistet.

Die Gefahr, daß sich die Stagnation fortsetzt, die am Ende schon die vorherige Regierung mehr und mehr kennzeichnete, ist groß. Die SPD will links sein, gibt sich progressiv, ist aber konzeptionell stockkonservativ. Alles soll bleiben, wie es ist. Dieser Konservatismus, an den wir uns gewöhnt haben, ist längst nicht mehr zeitgemäß. Die finanziellen Grundlagen für das Versprechen, das Leben des einzelnen durch Staatsleistungen angenehm zu gestalten, kommen seit langem ins Wanken. Wir brauchen daher eine ernsthafte Diskussion über die wirklichen sozialen Probleme des Landes. Welche Personengruppen, die unverschuldet in Not sind, müssen wir solidarisch unterstützen? Welche Leistungen, die der Staat freundlicherweise in üppigen Zeiten zugesagt hat, sind andererseits heute entbehrlich? Welche Systemänderungen sind denkbar? Was lehren uns die Erfahrungen anderer Länder?

Letztlich wird diese Regierung vermutlich keinen größeren Schaden anrichten, obwohl das nicht sicher ist, wenn man an ihre anfänglich kühne Ausländer- und Energiepolitik denkt. Aber wahrscheinlich wird sie auch nicht viel Positives bewegen, weil sie sich nicht an erstarrte Strukturen heranwagt. Die latente Krise des Landes, die sich seit 1990 zunehmend verschärft, frißt sich weiter. Irgendwann werden wir mit unserer Wirklichkeitsverweigerung einbrechen, das Geschrei, der Jammer groß sein. Aber dann wird auch die Bevölkerung, und sei sie noch so sozialkonservativ, einsehen und sagen, daß es so nicht weiter gehe. Unter dem Druck der Krise muß dann etwas passieren. Vermutlich leider nicht eher. Bis dahin, und das kann dauern, müssen wir geduldig weiter warten.

Die heutigen Parteien werden zum erforderlichen Bewußtseinswandel aus sich heraus nicht viel beitragen. Zusammen mit den Medien könnten sie Bewußtseinsänderungen anstoßen. Medienparteien setzen sich durch. Nicht nur mit der Bevölkerung, sondern auch mit den eigenen Mitgliedern und Funktionären kommunizieren heutige Parteiführungen über den Bildschirm. Freilich ist auch hier eine Mischung von Ausstrahlung und Substanz entscheidend. Mit lächelndem Party-Gehabe allein kommt man nicht weit. Es war ein interessanter, moderner Wahlkampf, den die SPD 1998 führte, wobei sie sich an den USA orientierte. Schon der Leipziger Parteitag im Spätherbst 1997 war eine gelungen inszenierte Theaterveranstaltung, deren politische Substanz freilich hinter emotionalen und symbolischen Gesten zurücktrat. Das mag bei solchen Gelegenheiten angehen. Aber es genügt natürlich nicht für die anschließende Politik.

Für die Aura einer neuen Regierung, für ihre öffentliche Ausstrahlung, wird künftig entscheidend sein, ob ihr Spitzenkandidat frühzeitig einen Kreis angesehener Fachleute der verschiedensten Gebiete gemeinsam mit Journalisten als Vordenker, Sprecher und Verkünder neuer Konzepte gewinnt. Das ist im Wahlkampf wichtig, aber auch beim Start der neuen Politik. Diesmal haben drei interessante Namen – Michael Naumann, Walter Riester und Jost Stollmann – im Sommer 1998 für Schröder ungewöhnlich positiv gewirkt. Vermutlich war ihre Zahl aber zu klein, die Unterstützung der wohlgesonnenen Medien zu gering, um anhaltend dem Kanzler einen verläßlichen Rückhalt in der Öffentlichkeit zu verschaffen. Es ist ihm bisher nicht gelungen, im Zusammenwirken mit prominenten Stimmen, relevanten Sprechern verschiedener gesellschaftlicher Bereiche, der Bevölkerung zu vermitteln, welche Markenzeichen seine Regierung auszeichnen sollen. Das war ganz anders im Herbst 1969, beim Anfang der Regierung Brandt, als mit Unterstützung der veröffentlichten Meinung eine neue Ostpolitik gegen Widerstände auch in den eigenen Reihen, bei der SPD wie der FDP, ins Werk gesetzt wurde. Weder Schröder noch die SPD beschäftigen heute die Phantasie der Bevölkerung. Das öffentliche Bild des neuen Kabinetts wurde anfangs, wenn überhaupt, wesentlich von grünen Positionen, einer trotzig-fundamentalistischen Sprache bestimmt. Was soll man etwa davon halten, wenn es im Koalitionsvertrag heißt, ein »unumkehrbarer« Zuwanderungsprozeß werde anerkannt? Und wie soll der Ausstieg aus der Kernenergie »unumkehrbar« gesetzlich geregelt werden? Dergleichen gibt es nicht.

Fundamentalismus fällt überraschenderweise selbst beim wichtigsten Vertreter des Realismus in dieser Partei auf, beim Außenminister. Der erste Eindruck von ihm im neuen Amt war ausgesprochen positiv. Kleider machen Leute. Aber das war es nicht allein. Er fand den richtigen Ton, wirkte professionell, betonte demonstrativ, daß er natürlich deutsche und nicht grüne Politik machen werde.

Doch dann hat er weltweit Erstaunen hervorgerufen mit seinem ungestümen Plädoyer für einen Verzicht der westlichen Atommächte auf den atomaren Erstschlag. Es wäre verständlich gewesen, wenn er diese Forderung mit leidenschaftlicher Eindringlichkeit nicht nur im Koalitionsprogramm untergebracht, sondern auch auf Parteitagen der Grünen erhoben hätte. Außerdem war denkbar, diese grüne Forderung hinter verschlossenen Türen bei unseren Alliierten zu erwähnen, danach den Gedanken, der ohnehin eingehende Gespräche, langes Nachdenken erfordert, in Konsultationen der kommenden Jahre einzubringen. Schließlich ist das Thema nicht neu, auch kompliziert, zumal Abschreckungstheorien schwierige psychologische Erwägungen beinhalten. Es wird seit Jahrzehnten darüber diskutiert, wie man diktatorische Regime glaubhaft von massenmörderischen Abenteuern abhalten kann. Mit dem Verschwinden der Sowjetunion hat sich das Thema nicht erledigt. Es ist unklar, ob Rußland nicht in absehbarer Zeit doch noch bedrohlich wird. Schon heute muß man bei Diktatoren wie Saddam Hussein immer mit schlimmen Überraschungen rechnen. Es wäre leichtfertig, ja verantwortungslos, wenn man aus freien Stücken die Option ausschließen wollte, solchen Figuren im Augenblick tödlichen Bedrohtseins zuvorzukommen.

Obendrein ist unser Gewicht bei diesem heiklen Problem ganz gering, unsere Meinung nicht gefragt. Wir sind keine Atommacht, werden nach menschlichem Ermessen nie eine werden, hatten und haben auf diesem Felde keine eigene Verantwortung.

Gleichzeitig sind wir über Jahrzehnte hinweg jedoch auf den atomaren Schutz unserer Partner, zumal der USA, angewiesen gewesen. Was Joseph Fischer und erst recht, auf seinem Felde, Jürgen Trittin mit ihren unbedachten Auftritten angerichtet haben, ist ihnen vermutlich gar nicht hinreichend klar. Wenn sie sich die Folgen solcher leichtsinnigen, unernsten Blitzaktionen aber künftig nicht vor Augen halten, werden wir rasch wieder in die Isolierung geraten. Sie ist schon am Anfang des Jahrhunderts, unter ganz anderen Umständen, Deutschland gefährlich geworden. Die Parallele besteht auch darin, daß die damalige Reichsführung nicht begriff, weshalb die eigenen losen Reden in anderen Hauptstädten als bedrohlich empfunden wurden.

Im Umgang mit den Vereinigten Staaten spielt untergründig noch immer eine Rolle, daß die 68er unter dem Eindruck des Vietnamkrieges, vorsichtig ausgedrückt, sehr skeptisch gegenüber den USA waren. In deutschen Medien werden die Amerikaner besonders in Krisenzeiten sehr kritisch gesehen. Es gibt einen verbreiteten Antiamerikanismus. So hat beispielsweise während des Golfkrieges Anfang 1991 unsere Presse erschreckend einmütig die Motive der Amerikaner verdächtigt, ihr Verhalten verurteilt. Das hatte damals keine direkten Auswirkungen, weil Kohl die Presse geringschätzte, sich über sie hinwegsetzte. Daher war Deutschland zwar nicht mit Soldaten, aber mit erheblichen Finanzbeiträgen an der Seite der Vereinigten Staaten im Golfkrieg zu finden. Vermutlich wäre es bei einem vergleichbaren Konflikt heute anders. Gäbe es diesmal ähnlich grelle Stellungnahmen gegen die USA, würde sich unsere gegenwärtige Regierung mutmaßlich nicht so eindeutig wie damals an die Seite Washingtons stellen.

Der tiefere Grund des latenten Antiamerikanismus ist ein dumpfer, verklemmter Nationalismus. Viele Deutsche haben innerlich ihren Platz auf dieser Erde noch nicht gefunden, beneiden die Amerikaner um ihre Position, mißgönnen sie ihnen aber auch und glauben, daß wir eine bedeutendere, freilich ganz andere Rolle spielen sollten als heute. Wir müßten, fordern sie, viel konsequenter als die USA für Menschenrechte eintreten, uns als Weltfriedensmacht bewähren. Zumal den Grünen liegen die Menschenrechte besonders am Herzen. Das ist an sich ein schöner Zug. Er ist aber bei *Amnesty International* besser aufgehoben als in der Bundesregierung eines Handelsstaates mit weltweiten Abhängigkeiten. Wenn wir wirklich konsequent der grünen Marschroute folgten, würde uns das rasch vereinsamen lassen. Ein Großteil der Regime dieser Erde geht mit seinen Menschen brutal um. Wer ihnen allen die Leviten lesen will, wird sich in kurzer Zeit isolieren. Haben wir uns nicht gegenseitig seit vielen Jahren ermahnt, nie wieder auf einen deutschen Sonderweg zu geraten?

Wir sollten uns in erster Linie darum bemühen, unsere Umgebung zu stabilisieren – in deren wie im eigenen Interesse. Sobald Parlament und Regierung in Berlin sitzen, wird vermutlich Ostmitteleuropa nach und nach besser wahrgenommen werden. Das ist unsere vordringliche Aufgabe. Die Oder, früher die Mitte der Monarchie, bildet nun unsere östliche Grenze. Die Polen sind nach den Franzosen unser größter, wichtigster Nachbar.

Weshalb sind so wenige bei uns neugierig, wie es dort und weiter östlich aussieht? Schon die Atlanten behandeln den Raum zwischen uns und den Russen stiefmütterlich. Hindert der verdrängte Schmerz über den Verlust vieler Gebiete, in denen die Deutschen einst zu Hause waren, ihre architektonischen Spuren hinterlassen haben, unsere sonst doch unbändige Reiselust? Ist es die Furcht, Landschaften zu betreten, die einst von Deutschen und Juden geprägt wurden? Die einen sind ermordet, die anderen hat man vertrieben. Hindert uns was, nach der Heimat von Paul Celan, Johannes Bobrowski oder Elias Canetti zu suchen? Warum will so selten jemand von uns herausfinden, wie es in der Bukowina, in Siebenbürgen oder Galizien heute aussieht? Wer war denn schon auf dem Windenburger Leuchtturm, an der melancholischen Memel, in der Festung Chotin über dem ukrainischen Dnjestr, bei Thomas Mann auf der Kurischen Nehrung? Wer kennt den Domberg von Reval und die Tartlauer Kirchenburg? Wer sah den Flügelaltar der Söhne des Veit Stoß in der Stadtpfarrkirche des heute rumänischen Mühlberg? Wer besuchte das Jurewkloster mit der herrlichen Georgskathedrale am Ilmensee, dort, wo der Wolchow entspringt? Wenn noch immer nur wenige das ganz mittelalterliche Thorn oder, gleichfalls an der Weichsel, die alte Königsstadt Krakau kennen, obwohl doch beide Orte in unserer Nähe liegen, darf man sich nicht wundern, wenn ihnen die Kreml von Nowgorod oder Pleskau, dieser Hansestädte, nichts sagen.

»Die Mitte liegt ostwärts« war schon in den achtziger Jahren die Programmschrift des Historikers und Publizisten Karl Schlögel, der heute an der Viadrina lehrt. Mit vielen Essays hat er uns seither die landschaftlichen Schönheiten, den kulturellen Reichtum jener lange vergessenen Gebiete Europas neu vor Augen geführt, uns mit den wachen jungen Intellektuellen dort bekannt gemacht. Was Johann Joachim Winckelmann im achtzehnten Jahrhundert für die Wiederentdeckung der Antike, den Beginn der Klassik bedeutete, muß Schlögel in unseren Tagen werden. Nur wenn wir uns das Verlorene neu vor Augen führen, innerlich aneignen, werden wir imstande sein, uns einen vernünftigen, fröhlichen Reim auf unsere alte, schwierige Mittellage zu machen. Das wird nach dem Umzug der Hauptstadt verstärkt die Aufgabe Deutschlands. Wir haben in der weiten Welt nicht viel zu bestellen. Unser vordringliches Tätigkeitsfeld liegt in Europa. Fest in der EU verankert, müssen wir uns tatkräftig um die Stabilisierung Ostmitteleuropas bemühen.

Was bedeutet der Umzug sonst noch? Nicht nur gegenüber Ostmitteleuropa brauchen wir ein neues, einfühlsames Bewußtsein unserer Rolle. Auch uns selbst sollten wir künftig besser wahrnehmen. Die Masse der Westdeutschen wird erst, wenn die Hauptstadt wieder Berlin ist, überhaupt merken, was sich 1990 ereignet hat. Nach dem Umzug wird man hoffentlich allmählich erfahren, was von der »Berliner Republik« zu halten ist, von der man jetzt so viel hört.

Die Regierungserklärung Schröders enthielt erste, unsichere Hinweise, was er sich unter einer »Republik der Neuen Mitte« vorstellt, die von Berlin ausgehen soll. Er pries das weltoffene Klima, Berlin als Anziehungspunkt für Jugend und kulturelle Avantgarde, sah in Berlin eine »heitere und aufregende Stadt« für jüngere Deutsche und Europäer, »die sie von Fußballspielen und der Love Parade her kennen. Auch und gerade an diesen Traditionen werden wir anknüpfen, wenn wir Berlin zur Hauptstadt einer Republik der Neuen Mitte machen wollen.«

Das wird nicht reichen. Man muß sich gedanklich mehr

anstrengen bei diesem Ortswechsel, der zugleich eine Rückkehr in unsere lange Geschichte ist, auf die man sich so oder so neu einstellen muß. Wer einen neuen Stil deutscher Politik entwickeln, sich offener, unbefangener, souveräner geben möchte als im kleinstädtisch zugeschnittenen Bonn, muß sich an einem hohen Anspruch messen lassen. Er muß mehr im Blick haben als die letzten fünfzig Jahre. Aber er darf gleichzeitig keinen Augenblick die Tugenden vergessen, die der alten Bundesrepublik Respekt und Zustimmung der Welt eingetragen haben: die Bescheidenheit des Auftretens, den kooperativen Arbeitsstil, die Fähigkeit anderen zuzuhören, ihre Interessen wahrzunehmen, behutsam am Konsens mitzuwirken.

Falls sich eine selbstbewußte Stillosigkeit durchsetzt, wird das auch die Substanz der Bundesrepublik verändern, obwohl die etablierten Institutionen, das Grundgesetz, die Parteien, die Apparate natürlich bleiben. »Berliner Republik« – das sind bisher nur zwei Worte. Aber sie spiegeln eine verbreitete, vage Erwartung. Es fällt auf, daß immer weniger von der »Bundesrepublik« die Rede ist, ihre 50-Jahr-Feier nur müdes Interesse findet. Mehr und mehr wird von »Deutschland«, von der »Republik« gesprochen. Schröder hat Recht: auffällig viele junge Menschen – und nicht nur junge – blicken erwartungsvoll auf Berlin, ziehen dorthin. Medien, Zeitungen, Verlage rechnen mit einer neuen Metropole, stellen sich auf sie ein. Diese breite, mächtige Erwartung ist in sich ein Element der Veränderung. Sie wird uns das Bestehende mit anderen Augen wahrnehmen lassen. Sie schafft eine Atmosphäre, in der Neues die Chance erhält, zum Thema zu werden, sich durchzusetzen. Bonn war immer untypisch für die Bundesrepublik, weil es bürgerlicher, gesetzter, provinzieller war als große Teile des Landes. Man bekam dort wenig von dem mit, was die Deutschen bewegte. Berlin ist der umgekehrte Fall. Es ist schlechter beieinander als alle anderen Großstädte. Es ist arm. Vieles liegt im argen, muß und wird unbedingt geändert werden. Zugleich ist die kulturelle, künstlerische Vielfalt außerordentlich. Soziale Spannungen sind sichtbar, die Ghettobildung in einigen Bezirken weit fortgeschritten. Zugleich regt die Stadt an und auf, inspiriert Gespräche, Auseinandersetzungen. Die Geschichte Deutschlands ist hier unausweichlich überall näher als sonstwo.

Das alte West-Berlin und die Hauptstadt der DDR leben immer noch weitgehend nebeneinander her, gehören politisch in verschiedene Welten, und dennoch sieht man nirgendwo in Deutschland so viel Neugier und Wandel.

Das wird atmosphärisch eine Menge ausmachen, falls sich die Nation, deren Kraft der Kanzler beschwört, nach einer Pause von fünfzig Jahren zu einer richtigen Hauptstadt aufrafft, also nicht länger mit einer bloßen Geschäftsstelle zufrieden ist. Die Union, die bei weitem wichtigste Partei der alten Bundesrepublik (alle anderen waren im Grunde nur Zutaten), prägte mit Westintegration und Marktwirtschaft den Bonner Staat, dessen Symbol die DMark war. Jetzt liegt in der Berliner Republik eine breite Linksunion in der Luft, und die Westverlagerung Deutschlands wird ergänzt werden durch ein umfassend konstruktives Engagement in den Staaten östlich von uns. Sie werden in Berlin ungleich stärker ins Blickfeld rücken als am Rhein. Andererseits hat zu Beginn dieses Jahres das waghalsige westeuropäische Experiment des Euro begonnen, das – wenn es gelingt – die Verschmelzung des Kontinents bewirken könnte, in jedem Falle die EU vor eine große Bewährungsprobe stellt. Deutschland steht also vor einer Reihe neuer, ungewohnter Herausforderungen. Vieles spricht dafür, daß wir zwischen Ost und West, auch zwischen Freiheit und Gleichheit, nach außen und im Innern eine neue Balance finden müssen. Die künftige Synthese, so ist zu vermuten, wird dem neuen, jetzt schon populären Namen der kommenden Berliner Republik Inhalt und Sinn geben.

Vielleicht werden wir sogar eine neue Verfassung brauchen. Es war gut, daß wir ein solches Vorhaben 1990 nicht angepackt haben. Denn die Runden Tische damals konnten kaum überzeugen. Aber in Zukunft kann sich die Frage nochmals und anders stellen. Je nach politischem Geschmack wird bei uns Margaret Thatcher oder Tony Blair gepriesen. Jedoch ist in Deutschland vollkommen undenkbar, was erst die eine, dann der andere in den ersten Monaten ihrer Regierung gestaltend zustande gebracht haben. Unser Grundgesetz räumt siegreichen Parteien keine vergleichbaren Gestaltungsmöglichkeiten ein, macht tatkräftiges Regieren kaum möglich. Das deutsche Regierungssystem von 1949 entstand unter dem Eindruck der Katastrophe, zu der die Diktatur geführt hatte. Vom Nationalsozialismus geschockt, haben die Verfassungsväter eine ausgewogene Machtbalance ersonnen, die der Immobilität und dem Stillstand Vorschub leistet, die ohnehin in unserer Konsensgesellschaft naheliegen. Das wird sich in Krisenzeiten fatal bemerkbar machen. Möglicherweise hat das Grundgesetz, unsere verfassungspatriotische Grundlage, seine beste Zeit hinter sich.

Beispielsweise bedarf der deutsche Föderalismus bestimmt einer Neuordnung. Einiges mag inzwischen dafür sprechen, ihn ganz abzuschaffen. Theoretisch könnte man ihn auf Verwaltungsaufgaben und die regionale Traditionspflege mit Fahnen und Landesvätern reduzieren. Das Grundgesetz jedoch verbietet absolut seine Beseitigung, und wir haben in unserer langen Geschichte gute Erfahrungen mit ihm gemacht. Also muß er neu geordnet werden. Man sollte dem Bund, den Ländern und Kommunen je eigene Aufgabenbereiche und entsprechende eigene Finanzquellen zuweisen, also die volle Verantwortung auf den ihnen eingeräumten Feldern übertragen. Die Konstruktion des Bundesrates, die aus dem Bismarckreich stammt, also unter ganz anderen Voraussetzungen geschaffen wurde, ist antiquiert. Welche Rechtfertigung soll es auf Dauer dafür geben, daß der Bundesrat der Regierung immer wieder in den Arm fällt, ohne selbst Verantwortung im Gesamtstaat zu übernehmen? Es war beschämend, in welchem Maße sich die Länder bei der Wiedervereinigung verweigert haben. Auch jetzt ist bereits zu sehen, daß die neue Bundesregierung, obwohl die Mehrzahl der Länderregierungen ihrer Couleur ist, mit ihrem Widerstand rechnen muß.

Das Verhältnis von Bund und Ländern muß also neu bedacht werden. Aber es geht nicht nur um dieses Thema. Auch eine Direktwahl des Bundespräsidenten und neue Kompetenzen für ihn sind ebenso zu erwägen wie die Einführung des Mehrheitswahlrechts, das starke Kräfte der Union wie der SPD in den sechziger Jahren einführen wollten, entsprechende Beschlüsse beinahe getroffen hätten. Alle diese verfassungspolitischen Gedanken sind vorerst freilich für die Katz. Erst nach einer großen Erschütterung, einer revolutionären Bewußtseinsänderung, wird eine grundlegende Umgestaltung der Verfassung denkbar werden. Vielleicht haben wir Glück, und der Druck der Verhältnisse erzwingt eine andere Regierungspraxis. Dann könnten wir beim Grundgesetz bleiben. Goethe, den wir in diesem Jahr nicht grundlos feiern, hatte jedenfalls Recht, als er sagte, das größte Bedürfnis der Menschen sei eine mutige Obrigkeit.

Offensichtlich haben wir sie nicht. Woran liegt das? Zunächst einmal an der Bevölkerung. Auf der einen Seite kennt sie genau die Mißstände, weiß gut, daß es so wie bisher nicht weitergeht. Auf der anderen Seite glaubt sie gern denen, die ihr suggerieren, alles könne so bleiben wie bisher. Vor die Wahl gestellt, für Einschränkungen, für Verzichte zu votieren, oder gegen sie, wird man, so lange es geht, gern alles beim Alten lassen.

Ein zweiter hemmender Faktor sind die organisierten Interessen, die größeren und kleineren Zusammenschlüsse, Einspruchsmöglichkeiten, Mitspracherechte, die wir in verschwenderischer Fülle teils aus eigener Kraft wachsen ließen, teils mit wohlmeinenden Gesetzen geschaffen haben. Sie bilden, wenn etwas reformiert werden soll, eine mächtige Phalanx, die sich, auch mit Mobilisierung der Straße, Veränderungen entgegenstemmt.

Die dritte Kraft, die mutigem Handeln entgegenwirkt, sind die Medien. Ihr Bereich hat sich enorm ausgeweitet, gehorcht in der Mehrzahl kommerziellen Gesichtspunkten, nicht dem öffentlichen Interesse. Aber auch die öffentlichrechtlichen Anstalten sehen ihre Aufgabe, wie Journalisten überhaupt, wesentlich in der Kritik, nicht in der Entwicklung konstruktiver Vorschläge. Da auch die in den Medien maßgeblichen Generationen unter dem Einfluß der 68er stehen, ist Entscheidungshilfe für eine wirklichkeitsnahe Politik vorerst von dort kaum zu erwarten.

Erst an vierter Stelle sind die Politiker aller Sparten zu nennen, wenn man nach den Gründen unserer Stagnation fragt. Sie bewegen sich verständlicherweise, so bedauerlich das ist, zumeist nur in dem engen Rahmen, den ihnen die anderen drei Faktoren lassen. Das ist nicht nur in Deutschland so, aber hier besonders ausgeprägt. Eine ganze Reihe europäischer Länder, etwa Schweden, die Niederlande oder Großbritannien, sind in den letzten Jahren zu mutig durchgreifenden Veränderungen imstande gewesen, die man bei uns bisher für undenkbar hält.

Vielleicht fällt es anderen Völkern leichter, ihre Probleme zu lösen, weil sie sich nicht nur geographisch, sondern auch historisch bei sich mehr zu Hause fühlen. Die Rückkehr nach Berlin kann die Heimkehr in die deutsche Geschichte bedeuten. Das erschreckt viele. Aber es bietet auch Chancen, unserem Lande eine festere Grundlage für sein Selbstgefühl zu verschaffen. Dem Zeitklima entspricht der Rückblick. Es gab Perioden, in denen sich die Gesellschaft in utopischen Zukunftsentwürfen wiederfand. Wir sind am Beginn einer Phase, in der die deutsche Geschichte neu Gewicht gewinnt. Es wäre unsinnig zu behaupten, Geschichtskenntnis führe zur Verherrlichung der Vergangenheit. Aber auch das Gegenteil ist unrichtig. Die Geschichte lehrt, wie es zu Erfolgen und Niederlagen kam, was Fortschritt und Reaktion ausmachen, was bedeutend wurde, Schwierigkeiten abgerungen ist. Sie gibt Fingerzeige für das eigene Leben, wonach man streben, was man besser bleiben lassen sollte. Die Kenntnis der Geschichte gerade auch im Kleinen, lokalen Rahmen, vermittelt Einsichten, die bescheiden werden lassen, Menschen von aller Besserwisserei abhalten. Wer unsere Vergangenheit unter die Lupe nimmt, wird rasch von der verbreiteten Vorstellung Abschied nehmen, wir seien klüger und tapferer als unsere Vorfahren. Wer sich neugierig und aufgeschlossen (und nicht im Gefühl der Überlegenheit, das immer unberechtigt ist) verschiedenen Phasen der Vergangenheit zuwendet, wird überraschende Entdeckungen machen. Der große Vorteil gegenüber allen spekulativen Visionen, gedanklichen Konstruktionen, die nur Behauptungen sind, aber noch nicht erprobt wurden, ist bei der Geschichte die Gewißheit, daß man im vergangenen Leben frühere Wirklichkeit aufspürt. Man wandert auf Wegen, auf denen vor uns andere sich erprobt haben.

Die unbefangene Neugier, früheres Leben zu entdecken, ist uns seit Jahrzehnten verleidet. Denn deutsche Geschichte wird weithin nur mit jenen zwölf Jahren gleichgesetzt. Im Mittelpunkt deutscher Selbstverständigungsversuche steht bisher monolithisch die NS-Vergangenheit, der Eisblock der Verbrechen jener Zeit. Im Abstand zu den Ereignissen sind die dunklen Schatten, die er wirft, immer länger geworden. Vielleicht wären die Nationalsozialisten längst vergessen, wenn sie nicht diese Untaten zu verantworten hätten. Die Verbrechen sind das einzige, was wir jetzt noch mit ihrer Ära verbinden. Der Berliner Sozialwissenschaftler Alexander Schuller hat im Augustheft des »Merkur« 1998 unter der Überschrift »Mythos Mord. Über den Totalitarismus« die Frage aufgeworfen, woher die verquere Anhänglichkeit an den Terror komme. Kann es sein, fragt Schuller, daß Nationalsozialismus wie Kommunismus nicht trotz, sondern wegen der vielen Morde faszinieren, die sie auf dem Gewissen haben? Paradoxerweise, schreibt Schuller, rette die weltweite Erinnerung an den Holocaust das Dritte Reich vor dem Abgrund des Vergessens. Das Holocaust-Mahnmal am Brandenburger Tor werde die jüdischen Opfer beklagen, zugleich aber die Wirkungsmacht des Nationalsozialismus feiern. »Der Mythos ist stärker als alle Vernunft.«

Welcher Mythos? Welchen geheimnisvollen Sog übt der politische Mord auf die Phantasie gerade von Intellektuellen aus? »Wer mordet, beansprucht historische Legitimität. Damit kann eine neue Elite ihren Anspruch auf Macht dokumentieren und realisieren. Durch Tod zum Leben ist ein biblisches Prinzip, aber dialektisch gewendet enthält es auch den Appell, daß nur derjenige zum Leben kommt, der selbst tötet, das blutige Schwert der Apokalypse führt.« Wer andere töte, partizipiere am Mythos der Unsterblichkeit.

Der Totalitarismus stelle den Versuch dar, die Vergänglichkeit, die Nichtigkeit des Menschen manifest zu machen. In diesem Sinne sei das Morden des Totalitarismus ein mythischer Akt. »Wer Kommunist ist oder Faschist, den kümmert die Realität nicht. Jedenfalls nicht die empirische. Kommunisten und Faschisten leben in einer anderen Welt, mitten im Mythos, in einer uns unzugänglichen, geschichtlichen Leidenschaft.«

Alle Forschung, alles Nachdenken und Debattieren, Bücher, Filme werden uns nicht von dieser düsteren Vergangenheit befreien. Sie lastet auf unserem Land. Nichts wird uns von ihr erlösen. Das müssen wir hinnehmen. Die Deutschen werden immer fragend vor diesem riesigen, schweigenden Berg stehen, diesen Eisblock ratlos umkreisen, nicht verstehen, wie es dazu kommen konnte. Sie werden keinen Trost daraus schöpfen können, daß auch unsere damaligen Gegner während des Zweiten

Weltkrieges furchtbare Verbrechen an deutschen Frauen, Kindern und Greisen begangen haben. Der Vergleich entlastet nicht. Es nimmt nichts weg von deutschen Untaten. An Auschwitz, an dem, wofür diese Chiffre steht, ist nichts zu retten. Es bleibt an uns haften, so lange es Deutsche gibt.

Wenn das Land mit sich selbst ins Reine kommen will, muß es sich mit dieser Tatsache abfinden. Die untilgbare Erinnerung muß hingenommen werden. Man muß als Deutscher mit der Vorstellung leben, daß in jeder Familie ein naher oder ferner Verwandter zu vermuten ist, den man als Mörder bezeichnen muß. Aber das heißt nicht, daß die ganze Familie aus Mördern bestünde. Ebenso wenig kann man sagen, die ganze Verwandtschaft sei für den einen verantwortlich. Nachdrücklich möchte man späteren Generationen die Einsicht ans Herz legen, die der Publizist Sebastian Haffner in seinem Buch »Von Bismarck zu Hitler« formuliert hat: »In einer Geschichte des Deutschen Reiches dürfen wir die Judenverfolgung und die versuchte Judenausrottung nicht verschweigen. Sie ist geschehen, und sie ist ein ewiger Schandfleck auf dieser Geschichte. Aber wir können sie andererseits nicht zu den Elementen zählen, die, wie so vieles andere im Führerstaat, in der Geschichte des Deutschen Reiches von vornherein angelegt waren. Auch ohne Hitler hätte es nach 1933 wahrscheinlich eine Art Führerstaat gegeben. Auch ohne Hitler wahrscheinlich einen zweiten Krieg. Einen millionenfachen Judenmord nicht.« Wenn die Deutschen irgendwann in der Zukunft ihren Frieden mit sich selbst machen, werden sie ihn in solchen Sätzen finden.

So schrecklich die Erinnerungen an die Untaten unauslöschlich auf uns lasten, so deutlich ist zugleich, daß sie nicht die ganze deutsche Geschichte ausmachen, die fast ein Jahrtausend umfaßt. Es ist falsch zu glauben, unsere Geschichte müsse und könne nur im Lichte der Vernichtungslager gesehen werden. Wir sollten uns gegenseitig dazu ermuntern, an vielen anderen Orten nach unseren Wurzeln zu suchen, tiefer in unseren Vergangenheiten zu graben. Dabei wird, wer unvoreingenommen ist, viel Positives finden. Welch kulturellen, geistlichen und geistigen Reichtum finden wir seit der Reformation im Raum zwischen Wittenberg und Weimar! Was hat das mitteleuropäische Deutschland allein im achtzehnten und neunzehnten Jahrhundert in Philosophie und Wissenschaft, Musik, Literatur und bildender Kunst der Welt gegeben! Im einzelnen wird jeder die Akzente anders setzen. Es kann kein einheitliches Geschichtsbild geben. Viele wichtige Erinnerungen sind regional. Es ist sogar immer wieder gefragt worden, ob es überhaupt *eine* deutsche Geschichte gibt oder nicht vielmehr verschiedene, eher unverbundene Geschichten. Wie viele Dynastien – die Sachsen, Salier, Staufer, Habsburger, Hohenzollern, um nur einige besonders wichtige zu nennen – wie viele, viele Hauptstädte! Vielleicht ist die Wandlungsfähigkeit und Vielgestaltigkeit Deutschlands, die Europa im Kleinen nachbildet, unser wichtigstes Kennzeichen. Nur Gleichgültigkeit uns selbst gegenüber kann dazu führen, diesen Reichtum angesichts von Auschwitz für irrelevant zu halten. Es ist eine bedauerliche Verkümmerung, sich als Deutscher nichts aus der Vergangenheit positiv anrechnen zu wollen. Wir sollten uns nicht die Menschenfeindlichkeit und den Vernichtungswillen Hitlers und seiner Bewegung zu eigen machen. Wir dürfen seinen Nihilismus nicht verinnerlichen, nicht auf unsere ganze Geschichte anwenden. Sie kann sich doch insgesamt sehen lassen. Die Deutschen haben über Jahrhunderte hinweg in Europa konstruktiv gewirkt.

Goethe hat im Zeichen der Hellas-Begeisterung gefordert: »Jeder sei ein Grieche auf seine Weise, aber er sei's.« Das gilt auch für uns Deutsche heute. Jeder sollte sich vergegenwärtigen, was ihm aus der deutschen Vergangenheit wichtig ist, und vermitteln und weitertragen, was er an unserem Volke wertvoll findet. Dabei wird immer vieles aus anderen Völkern ins Deutsche einfließen. Es macht unseren Reichtum aus, daß wir stets ein Transitland, ein Ort der Begegnungen und Einflüsse aus allen Himmelsrichtungen gewesen sind, eine leuchtende Farbe im großen europäischen Teppich.

Eine aufgeschlossene Grundeinstellung, die Bejahung unseres Volkes durch die Deutschen, wird befreiend wirken. Sie wird keinesfalls heißen, obwohl das manche fürchten, wir würden dann den großen, schweigenden Berg vergessen. Das Gegenteil wird der Fall sein. Sobald sich die Deutschen als das erkennen, anerkennen, was sie über lange Strecken ihrer Geschichte gewesen sind – ein bescheidenes, menschenfreundliches, tüchtiges, auch friedliches Volk –, werden sie Auschwitz nicht mehr für das zentrale Datum, nicht für die Essenz unserer Geschichte halten und damit leichter ertragen können. Um Deutschland und Europa dienlich zu sein, dürfen wir das braune Verhängnis natürlich nicht aus dem Gedächtnis verlieren, werden das auch nicht. Aber wir müssen dennoch gleichzeitig eine gute Meinung von uns selber haben.

Dafür bedarf es öffentlicher Emotionen. Die Bundesrepublik war lange Zeit aus guten Gründen stolz darauf, ein ganz und gar rationales Gebilde zu sein. Alle Politik, aller Erfolg wurden nur daran gemessen, wie viel Geld gemacht und bewegt wurde, was finanziell den Bürgern angeboten werden konnte. Selbst die unerhörte Begebenheit der Wiedervereinigung wurde nicht als das Glück einer Rückkehr kulturell reicher Gebiete in das gemeinsame Land gesehen, sondern vor allem unter dem Gesichtspunkt betrachtet, was sie kostete. Diese Reduzierung unserer Lebenseinstellung ist ebenso bedauerlich wie sie erklärlich war als Reaktion auf den Mißbrauch aller Emotionen im Dritten Reich.

So wie Gefühle für jeden einzelnen unerläßlich sind, wenn er nicht krank werden soll, spielen öffentliche Emotionen für jedes Land eine wesentliche Rolle. Von ihnen hängt die innere Balance, Festigkeit und Ausstrahlung ab. Wer sich als einzelner nicht bejahen kann, ist für seine Umgebung kein Vergnügen, sondern eine Last. So lange die Deutschen sich mit ihrem negativen Nationalgefühl, ihrem Selbsthaß quälen, werden sie für andere unberechenbar sein. Wir werden für uns wie für unsere Nachbarn erfreulicher, wenn wir lernen, ohne Selbstüberhebung gern Deutsche zu sein.

Man hat gesagt, daß eine Nation an ihrer Überzeugung zu erkennen sei, große Dinge in der Vergangenheit getan zu haben, und an der Entschlossenheit, sie auch in Zukunft zu tun. Sind wir eine Nation, wollen wir Großes tun? Es gibt seit langem ein seltsames Schwanken bei uns zwischen einer jedenfalls rhetorisch weltweiten Beglückungsbereitschaft und einer kleinmütigen, zerknirschten Selbstverleugnung. Die Deutschen wissen im Grunde nicht, was sie wirklich wollen sollen in dieser Welt. Sie besaßen nie eine eigene zivilisatorische Idee, wußten nie, in welche Formeln sie das, was ihnen als wertvoll vorschwebte, kleiden sollten, um es anderen Völkern nahe zu bringen, sie für uns einzunehmen. Die Russen hatten den Panslawismus, die Franzosen die Ideen von 1789, Briten und Amerikaner ihre langen demokratischen Traditionen. Bei uns nichts dergleichen. Orientierungsschwierigkeiten, Unberechenbarkeiten. Das macht uns haltlos, erschwert auch alle Diskussionen über Einbürgerungen und Staatsangehörigkeiten. Was meinen wir mit Integration? Welche Werte sollen gelten? Was erwarten wir von neuen Mitbürgern? Welche Kenntnisse müssen sie nachweisen, welche Leistungen erbringen?

Wenn unser Deutschland nur eine Versorgungsgemeinschaft und Umverteilungsagentur von Geldern und Chancen wäre, würde es keinen Bestand haben, Selbstgefühl und Würde nicht zurückgewinnen. Jeder weiß aus seinem eigenem Leben, daß man nicht allein von materiellen Leistungen leben kann. Seelische Kräfte spielen eine entscheidende Rolle. Was wollen wir aus den letzten fünf Jahrzehnten in das Erbe der Menschheit einfließen lassen? Gibt es Leistungen der DDR, die in das Gedächtnis der Welt eingehen können? Kaum. Und die Bundesrepublik? Im Wahlkampf von 1972 betonte Willy Brandt sehr den Stolz auf das eigene Land, auf das Modell Deutschland, unter dem man damals wohlfahrtsstaatliche Errungenschaften, Mitbestimmungsmodelle, weit geöffnete Bildungssysteme verstand. Heute betrachten wir all dies nicht ohne Skepsis. Aber die Bundesrepublik kann stolz darauf sein, daß sie über ein halbes Jahrhundert hinweg – die längste gute Phase, die wir in der neueren Geschichte gehabt haben – eine weltweit geachtete, lebendige Demokratie, eine kraftvolle Wirtschaft, umfassenden Rechtsschutz und ein leistungsfähiges Sozialsystem entwickelt hat. Diese Pfeiler unseres Selbstvertrauens sind fest in den Köpfen und Herzen der Mitbürger verankert.

Was bisher noch fehlt, hat der Ungar György Konrád, der Präsident der Berlin-Brandenburgischen Akademie der Künste, im März 1998 angedeutet. Bei der Eröffnung einer Ausstellung im *Deutschen Historischen Museum* über die Mythen der europäischen Nationen fragte er: Was hält Gemeinschaften zusammen, was Religionen und Familien, Nationen und Parteien? Es seien gemeinsame Märchen, das, was wir lesen, worin wir unterwiesen werden, was wir auf Schritt und Tritt hören, etwa im Radio, wovon in der Familie oder der Kneipe die Rede sei, was wir uns durch Bildung aneigneten. Der Mensch habe das Bedürfnis, irgendwohin zu gehören. Die Masse der Bevölkerung müsse sich nicht sonderlich den Kopf darüber zerbrechen. Denn sie erbe eine Märchensammlung, die für das kollektive Ego eher angenehm als unangenehm sei. »Jede Nation braucht eine Abstammungssage, ruhmreiche Anekdoten und Erinnerungen an gemeinsame Leiden. Wenn wir keine Geschichte haben, existieren auch wir selbst nicht.« Zu den religiösen Festen, sagt Konrad, gesellten sich die nationalen. Die Erzählungen, die an sie anknüpfen, hätten emotionale Wirkungskraft. An den Loyalitäten gegenüber dem Mythos lasse sich die Loyalität der Bürger zum Staat ablesen. Offenbar gebe es das Bedürfnis, vom gemeinsamen Selbst gelegentlich ergriffen zu sein. Man brauche erhebende Feste, bei denen man die Alltäglichkeit hinter sich lasse. »Die sonntäglichen Hochgefühle sind wichtig. Nötig sind nicht nur Wein und Fleisch, sondern auch das Pathos.« Was die Kirche früher war, wurde später das Vaterland. »Die kollektiven Mythen sind unvermeidlich. Lediglich ihr Äußeres wandelt sich. Dies ist der Stoff, aus dem wir gemacht sind.«

In der erwähnten Ausstellung wurden die Mythen der Völker an Beispielen illustriert. Für die Deutschen des neunzehnten Jahrhunderts waren wichtig die Schlacht im Teutoburger Wald, der Tod Barbarossas, die Reformation als nationalgeschichtliches Ereignis, die Befreiungskriege und die Reichsgründung. Heute sähe die Auswahl sicher anders aus, obwohl man darüber im einen oder anderen Falle streiten kann. Zumindest die beiden letzten Daten könnten noch immer Anknüpfungspunkte gemeinsamer Selbstvergewisserung sein. Jedoch kommen jetzt auch andere Begebenheiten in Betracht, zum Beispiel die Revolution von 1848.

Selbst wer nicht weit in die Vergangenheit zurück möchte, findet in der Mitte unseres zwanzigsten Jahrhunderts zwei Ereignisse in Deutschland, die »mythenfähig« sind, anders ausgedrückt, Vorbildcharakter haben und Anlaß zur Freude, Gelegenheit zu gemeinsamem Stolz bieten. Der 3. Oktober, unser jetziger Nationalfeiertag, gehört nicht dazu. Er ist nichtssagend, inhaltsleer, nicht überhöhungsfähig. Kaum jemand weiß, weshalb wir gerade diesen Tag feiern. Wer herumfragt, wird selten eine richtige Antwort hören. Und selbst wer sie kennt, ist als Lehrer in großer Verlegenheit, was er den Schulkindern aus diesem Anlaß erzählen soll. Die Benennung dieses Tages war ein Mißgriff. Kein Wunder, daß jede öffentliche Diskussion vermieden wurde.

Der frühere Nationalfeiertag der Bonner Republik, der 17. Juni, war bis zur Wiedervereinigung problematisch. Denn die Westdeutschen feierten etwas, was die DDR-Deutschen acht Jahre nach dem Kriegsende getan hatten. Seit die beiden Teile des Landes wieder zusammengekommen waren, fiel dieser Einwand weg. Im Gegenteil sprach – und spricht immer weiter – viel dafür, diesen Tag jetzt gesamtdeutsch zu begehen und dabei den Heroismus der Ostdeutschen zu feiern. Es wäre nur gerecht gewesen, wenn die Zivilcourage unserer Landsleute auf diese Weise dauerhaft gewürdigt worden wäre. Obendrein hätte man damit den Herbst 1989 in die richtige historische Perspektive gerückt. Denn was 1953 an den sowjetischen Panzern gescheitert war, wurde ohne das Eingreifen der Russen 36 Jahre später zum Erfolg.

Unser Volk quält sich zu Recht mit seinem nationalsozialistischen Erbe. Um so unverständlicher ist, daß es sich auch schwer tut mit erhebenden Erinnerungen seiner Geschichte, auf die es stolz sein könnte, über die es glücklich sein müßte. Was haben die Franzosen aus dem Sturm auf die Bastille gemacht, einem – historisch genau betrachtet – bescheidenen, risikoarmen Ereignis! Und wir? Unser Land ist nicht so reich an eindrucksvollen Freiheitsbewegungen, das es sich Vergeßlichkeit erlauben dürfte und leisten könnte.

Ein großer Augenblick unserer Geschichte waren tatsächlich die Tage und Taten des 16./17. Juni 1953. Erstmals im damaligen Ostblock, drei Jahre vor den Ereignissen in Polen und Ungarn 1956, fünfzehn Jahre vor dem tschechoslowakischen Frühling 1968, kam es in jenen Junitagen im sowjetisch besetzten Teil Deutschlands zu einer machtvollen Erhebung. Innerhalb weniger Stunden wuchs ein sozialpolitischer Demonstrationszug, mit dem Bauarbeiter der Stalin-Allee gegen die administrativ verordnete Lohndrückerei des SED-Regimes aufbegehrten, zu einem wirklichen Volksaufstand in der gesamten DDR an. Der 16./17.

Juni war eine Revolte aus dem Volke, spontan, ohne eigentliche Führung, von anrührender Humanität. Denn man hat damals, vielleicht naiv, statt Bahnhöfe, Postämter, Rundfunksender zu besetzen, als erstes unschuldig eingesperrte Landsleute, politische Gefangene, zu befreien versucht. Im Laufe weniger Stunden beteiligten sich in hunderten von Orten viele Hunderttausende von Menschen. Höhepunkt waren überall Massenkundgebungen, bei denen spontan die Einheit und Freiheit Deutschlands gefordert wurde: Menschenrechte, freie Wahlen, Demokratie.

Seit 1945 hatte die Sowjetunion gewaltsam die Umgestaltung ihrer Zone vorangetrieben, seit Sommer 1952 die rücksichtslos forcierte, sozialistische Verformung unerträgliche Ausmaße angenommen. Hunderttausende waren währenddessen in den Westen geflohen. Unter denen, die blieben, wuchs die Empörung, die sich nach Stalins Tod explosionsartig Luft machte. Hätten damals die Russen nicht gewaltsam eingegriffen, wäre das Regime, dessen Führer die Hauptstadt bereits fluchtartig verlassen hatten, schon im Sommer 1953 und nicht erst im Herbst 1989 von dieser elementaren Volksbewegung hinweggefegt worden. Was jetzt, vor einem Jahrzehnt, glücklich gelang, endete 1953 in Erschießungen, in langen Einkerkerungen. Tausende mußten in Gefängnissen ihren Freiheitswillen büßen.

Der 17.Juni war und ist, seit 1989 erst recht, für immer ein Anlaß stillen deutschen Stolzes. Der Mut, die Entschlossenheit der Männer und Frauen unseres Volkes, die für die Ziele dieses Tages viele Jahre der Haft, ja in mehr als hundert Fällen ihr Leben hingegeben haben, müssen im Gedächtnis der Nation bewahrt werden. Denn wofür sie eintraten, bildet heute und in Zukunft die Grundlage unseres gemeinsamen, jetzt glücklich wieder vereinten Staates: Deutschlands Einheit in Freiheit, der Menschlichkeit verpflichtet, eine wirkliche Demokratie.

Das andere der beiden großen erinnerungswürdigen Ereignisse unserer jüngsten Geschichte ist der 20. Juli 1944. An diesem Tage explodierte wenige Meter von Hitler entfernt bei der Lagebesprechung im Führerhauptquartier nahe Rastenburg eine Bombe, die dort unter dem Kartentisch von dem jungen, schwer kriegsverletzten Oberst Claus Schenk Graf von Stauffenberg, Vater von vier kleinen Kindern, deponiert worden war. Als

Generalstabsoffizier gehörte er zu den ganz wenigen, die Zugang zum Führer hatten. Hitler blieb unverletzt. Noch am Abend des gleichen Tages wurde Stauffenberg im Hof des Berliner Bendlerblocks zusammen mit drei Mitverschwörern erschossen. Aber mit dieser Tat, die das noch immer weithin gottähnlich verehrte Staatsoberhaupt zu beseitigen versuchte, hat Stauffenberg die Ehre Deutschlands gerettet.

Bei der Opposition gegen Hitler handelte es sich um eine Ansammlung höchst ungleichartiger, nach Herkunft, Denkungsart und politischer Richtung in vieler Hinsicht voneinander verschiedener Einzelner. Im Grunde wußte jeder, daß der Staatsstreich ohne ernsthafte Erfolgschance war. Selbst ein gelungenes Attentat hätte das Land nicht aus dem Würgegriff der Machthaber befreit. Der Kampf um Hitlers Erbe im Inneren hätte dann erst begonnen, sein Ausgang wäre überaus ungewiß gewesen. Es gab außerdem keinerlei Aussicht, an der bedingungslosen Kapitulation vorbeizukommen, auf die sich die Kriegsalliierten verständigt hatten. Insofern ist immer wieder argumentiert worden, es sei gut gewesen, daß der Anschlag auf Hitlers Leben in der ostpreußischen »Wolfschanze« scheiterte. Denn er hätte zum Zusammenbruch der Fronten zumal im Osten, hätte zum Bürgerkrieg führen können, hätte vor allem mit einer neuen Dolchstoßlegende den Beginn der späteren Bundesrepublik schwer belastet. Auf der anderen Seite steht solchen Erwägungen gegenüber, daß eine immerhin denkbare, frühere Beendigung des Krieges nach dem Tode Hitlers Millionen Menschen das Leben gerettet, anderen unsägliches Leid erspart, auch die Zerstörung vieler unserer historischen, wunderschönen Städte verhindert hätte.

Aber bei der Würdigung dieses Tages kommt es auf solche Erwägungen nicht an. Die Attentäter handelten, obwohl sie wußten, daß ihr Unternehmen fast aussichtslos war. Der 20. Juli war vor allem eine symbolische Tat. Darin lag sein Sinn, seine Rechtfertigung. Gerade die Aussichtslosigkeit des Unternehmens hat ihm seine moralische Größe gegeben. Ohne Rückhalt im eigenen Volk und ohne Ermutigung des Auslands haben die Verschwörer im Grunde aus Selbstachtung gehandelt, aus Verantwortungsgefühl unserem Volk gegenüber. Deutsche Soldaten wollten unter Einsatz ihres Lebens ein Beispiel geben. Der 20.

Juli war eine heroische Tat, die Tausende unserer besten Köpfe mit dem Leben bezahlt haben.

Schon diese beiden Daten unserer jüngsten Vergangenheit zeigen, daß auch unser Volk Anlaß hat, stolz zu sein. Im einem Falle waren es Angehörige der Elite aller politischen Richtungen, die sich gegen die Tyrannei erhoben haben, im anderen war es eine spontane Massenbewegung. In beiden Fällen ging es um die Würde des Menschen, um Gerechtigkeit, Verantwortung für das Gemeinwesen. Man muß also gar nicht weit zurückgehen, dann findet man auch in Deutschland bewundernswerte Beispiele des Freiheitswillens und des Mutes.

Traditionen verstehen sich nicht von selbst. Sie können auch nicht beliebig geschaffen werden. Andererseits hat uns der Historiker Eric Hobsbawm belehrt, wie viele ehrwürdige Traditionen, die wir für althergebracht halten, relativ jung sind, etwa in England erst im neunzehnten Jahrhundert erfunden worden sind. Auch die eindrucksvolle Kontinuität der französischen Nationalgeschichte von Karl dem Großen oder Ludwig dem Heiligen über Heinrich IV., Ludwig XIV., Napoleon und Charles de Gaulle bis hin zu Jacques Chirac ist nicht naturwüchsig, sondern eine bewußte Konstruktion. Sie postuliert eine Folgerichtigkeit, die die Zeitläufe nicht unbedingt besaßen.

Trotz der Probleme, die wir mit der deutschen Geschichte haben, ab und an wehleidig übertreiben, sollten wir uns an den Franzosen in dieser Hinsicht ein Beispiel nehmen. Ohne die Brüche zu verschweigen, die auch andere Länder immer wieder erlebt haben, könnten wir einen sinnvollen, folgerichtigen Zusammenhang finden und begreifen. Man muß die Vielgestaltigkeit, Vieldeutigkeit und Offenheit unserer Geschichte annehmen. Sie ist nicht nur beunruhigend, nicht nur Anlaß zur Sorge. Man kann gleichzeitig aus ihr Mut schöpfen. Unsere Vergangenheit hat viele große Momente. Auch wir haben Anlaß zu Selbstvertrauen, Würde und bescheidenem Stolz. Was uns im letzten halben Jahrhundert gelungen ist, war nach dem Vorangegangenen nicht selbstverständlich. Es ist, alles in allem, eine großartige Leistung.

Von Präsidenten der französischen Republik bis zu einfachen Bürgermeistern auf dem Lande weiß man, daß sie in feierlichen

Augenblicken, etwa am Nationalfeiertag, die Republik und Frankreich hochleben lassen: »Vive la Republique, vive la France!« Diese freudige Bejahung der Staatsform, die wir uns gegeben haben, und Deutschlands, in dem wir leben, das wir mehr lieben sollten, könnten wir mit fröhlicher Selbstverständlichkeit auch bei uns einführen, sollten wir zur guten Gewohnheit werden lassen. Die lange, lange Geschichte Deutschlands und das in fünfzig Jahren Bundesrepublik glücklich Erreichte rechtfertigen es, daß auch wir feierlich ausrufen: »Es lebe die Republik, es lebe Deutschland!«

Nachbemerkung

Mein Verlag machte mir 1998 überraschend den Vorschlag, ich solle zum fünfzigsten Jahrestag der Bundesrepublik einige Arbeiten verschiedener Lebensphasen, auch Auszüge aus Büchern, neu herausbringen, da sie noch immer lesenswert seien. Man hatte bereits, um mich zu überzeugen, eine eigene Auswahl vorbereitet, die man mir gegen Ende letzten Jahres zuschickte. Ich zögerte zunächst, wußte nicht recht, was ich von der Sache halten sollte. Beim Lesen war ich dann allerdings, wie ich zugeben muß, streckenweise ganz angetan. Ich hielt allmählich für möglich, daß Eindrücke aus dem Jahr 1945, aber auch Texte, die ich im Laufe der folgenden Jahrzehnte verfaßt hatte, andere Menschen, jüngere wie ältere, immer noch interessieren könnten.

Zum Teil fand ich die vorgeschlagene Auswahl plausibel. Andere Stücke leuchteten mir weniger ein. Insgesamt gab es natürlich viel zu viel Material, andererseits eine Obergrenze für den Umfang eines solchen Bandes. Wir diskutierten, immer wieder, hin und her, bis zuletzt. Manches fiel heraus, anderes kam hinein. Hier gab ich nach, dort der Verlag.

Auf seine Bitte habe ich Anfang dieses Jahres den Text verfaßt, mit dem das Buch schließt. Er versucht in Andeutungen ein Resümee lebenslang prägender Erfahrungen und Einsichten. Darüber hinaus enthält dieser Essay Mutmaßungen über die Richtung, in der sich unser Land, seine Politik, gegenwärtig zu bewegen scheint. Außerdem finden sich einige Andeutungen über ganz auffällige emotionale Defizite der Deutschen: ihren Mangel an positiven Gefühlen dem eigenen Land, eigenen Landsleuten gegenüber. Wir sind mit uns selbst fundamental nicht im Reinen, können Deutschland und die Deutschen, also uns selbst, nicht recht leiden. Viele junge Leute, aber nicht nur sie, wissen nicht, wer sie sind. Sie sprechen mit Wärme von ihren Heimatorten, fühlen sich, wenn auch eher vage, als Europäer. Aber dazwischen ist nichts; mit Deutschland hätten sie am liebsten gar nichts zu tun. Das erklärt wahrscheinlich zu einem Gutteil, warum es zu dem Ruck nicht kommt, den Roman Herzog wiederholt angemahnt hat.

Am Schluß versuche ich einen behutsamen Hinweis, wie man unserer Melancholie, unserem Mangel an Selbstachtung und Würde, vielleicht beikommen, sie nach und nach mildern könnte. So ist auch der Titel des Bandes entstanden. Ich habe in den letzten Jahren bei Vorträgen – in Hamburg wie München, Osnabrück oder Dresden – manchmal mit den beiden Sätzen geschlossen, die jetzt diesen Titel bilden. Die Resonanz war immer sehr ähnlich. Zunächst erstauntes Aufhorchen, dann deutlich spürbare, tiefe Erleichterung, am Ende starke, freudige Zustimmung. Es wäre schön, wenn Leser sich durch meinen Titel anregen ließen, die Republik und unser Deutschland unbefangener als bisher zu bejahen. Sonst werden wir auf die Dauer nicht zu Rande kommen.

Ich möchte meinem Verlag herzlich danken, insbesondere Jürgen Horbach, Michael Neher und Bernhard Suchy, daß sie den Gedanken dieses Buches hatten und mir tatkräftig geholfen haben, es dann auch zügig zustande zu bringen.

Berlin, am 14. Februar 1999   *Arnulf Baring*

Textnachweis

Im Dresdner Höllensturm: »Dresdner Bombennacht Vor dem Hauseingang die Hölle.« Welt am Sonntag, 5. Februar 1995.

Der 8. Mai 1945: Merkur. Heft 324 (Mai 1975)

Wolfskinder: »Ewige Stunde Null. Das Schicksal deutscher Waisen
im besetzten Ostpreußen.« Frankfurter Allgemeine Zeitung, 5. Juli
1996

Gedanken in Auschwitz. Merkur. Heft 196 (Juni 1964)

Der Kölner Konrad Adenauer: Arnulf Baring: Im Anfang war Adenauer. Die Entstehung der Kanzlerdemokratie, München, S. 86-109
(Auszüge)

Entscheidungszentrum Bundeskanzleramt: Ebd. S. 9-30 (Auszüge)

Theodor Heuss: Ebd. S. 284-289 (Auszüge)

Gründungsstufen, Gründungsväter: Merkur. Heft 372 (Mai 1979).

Die unvergleichliche Bedeutung der USA: »Die Gründung der Bundesrepublik Deutschland- Die Rolle der Vereinigten Staaten in den
Jahren 1945 - 1949 und danach.« Zeitschrift für Kulturaustausch.
37. Jg. 1987, 2. Vj.

1948, 1958, 1968: drei Berlin-Krisen: »Die Rolle Berlins seit dem
Zweiten Weltkrieg.« In: Otto Büsch (Hg.): Jahrbuch für die
Geschichte Mittel- und Ostdeutschlands. Band 34. Berlin 1985.

Der 17. Juni 1953: Arnulf Baring: Der 17. Juni 1953, Stuttgart
1983.

Patriotische Fragezeichen: Der Monat. Heft 164 (August 1962)

Noch eine Republik!: Der Monat. Heft 180 (September 1963)

Die Studentenbewegung: Arnulf Baring: Machtwechsel. Die Ära
Brandt-Scheel, Stuttgart 1982.

Zur Verantwortung der Intellektuellen:»In einen Topf...Folgen der
Gewalt: Ausflucht in Pauschalurteile.« DIE ZEIT, 23. 6. 1972.

1969: Der Irrtum Kurt Georg Kiesingers. Die Wahlnacht; Herbert
Wehner und Helmut Schmidt: Mißvergnügte;

1974: Das Ende Willy Brandts: Arnulf Baring: Machtwechsel.

Die Wende kam schon vor acht Jahren: DIE ZEIT, 8. Oktober 1982.

Auf Luthers Spuren: Die politische Meinung. Nr. 228 (September/
Oktober 1986).

Der Ausverkauf der DDR hat begonnen: DIE ZEIT, 1.12.1989.

Wegbereiter Adenauer: Frankfurter Allgemeine Zeitung,
29. September 1990.

In Bismarcks Grenzen: Frankfurter Allgemeine Zeitung, 9. November 1990.

Zwiespältige Heimkehr: »Deutsche Spurensuche«. In: Arnulf Baring, Deutschland, was nun? Ein Gespräch mit Dirk Rumberg und Wolf Jobst Siedler, Berlin 1991, S. 46-48.

Gibt es deutsche Interessen?: Ebd. S. 131-137

Die Atempause der Weltgeschichte ist vorüber: Ebd. S.125-129.

Wie neu ist die neue deutsche Lage? Arnulf Baring und August Schatz (Hg.): Eine neue deutsche Interessenalge? Koordinaten deutscher Politik zwischen Nationalismus und Moralismus. Veröffentlichungen der Hanns Martin Schleyer-Stiftung, Bd. 41, Köln 1994, S.13-19.

Personenregister